清代通史

四

萧一山 著

商務印書館
创于1897 The Commercial Press
2019年·北京

第四册目录

中卷

第三篇　经学隆盛时之清代学术

第三篇　经学隆盛时之清代学术

第十章　汉学隆盛时期之先声

六十一　总　说

（一）乾嘉学风

自顾炎武攻击晚明之空疏，而以“经学即理学”之言号召，于是清代学风，日趋朴实。清初之阎若璩、胡渭、毛奇龄、万斯大、王夫之诸人皆以生平之全力，一意于经，其成绩已略近于乾嘉学派之考证精神矣。惟其时门径初辟，方法未精，成绩虽多，而精核者寥寥。且诸大师感于时势之激刺，慨然有经济之思，喜谈治典政要，亦不尽与乾嘉学者“为学问而治学问”之旨趣相同。又其时理学之遗风未歇，程、朱、陆、王之余绪，犹复深印于人心，其为理学保守门户者，固勿论矣；即乾嘉学者所崇奉之顾、阎、胡，间亦杂糅前人之论，而别择未严，清代经学之特色，尚未见也。自元和惠栋严画汉宋之界，其弟子江声、余萧客承之，于是汉学之壁垒乃森严矣。戴震继起，“分析条理，参严密瑮，上溯古义，而断以己之律令”（章炳麟《清儒》语），由好古进而为精核，由信古进而为创造，提倡考据之精神，建立治学之方法，其弟子段玉裁、王念孙继之，益精核无伦，而清代考证之真精神乃确立矣。故论乾嘉学派者虽不能不推惠栋有创始之功，若言夫真正建设，则应以戴震为大宗焉。自是以还，经学渐成一尊之局，流风所被，成为学者社会之一般嗜好，竭生平之功力以赴之，虽境遇至为困苦者，亦不稍减其学问之欲，反以是为高尚。其时之显官如王昶、毕沅、朱筠、阮元诸人，又复羽翼于其间，而当时政府及社会心理亦颇知尊重学者，故经学考证风气,充满国中,实从来未有之奇迹。至其治学范围,则以经学为根柢,以渐及于小学、音韵、天算、地理、金石、乐律、典章、制度、校勘、辑佚等等,其成绩皆灿然可观。惟彼辈所致力者,大抵属于书本工夫,所研究者偏重于已往之陈迹,而非新颖之问题,虽对于古学有整理之功,然殊无新发明、新境界,谓之为"古学复兴"则可,称之为中国学术思想之光明时代则不可也。此章学诚所以对于经生有"襞绩补苴"之讥也。顾欧洲近世之文明,开端于"文艺复兴时代"(Renaissance),以其于新思想之浚发,有间接之功也。清代学者疲精于古书之整理,使后人读古书省无限之精神,而其于诸子学之复兴,影响于近时之新思想者尤巨,吾辈受其遗赐,承其"功力"之贡献,而益求创造焉,则将来中国学术界必有光明灿烂之一日,清儒之功,亦不可泯也。

(二) 乾嘉学派及重要学者之年代

乾嘉时代为清代经学隆盛之时,故本篇所述,以此为主。乾嘉诸大师皆互相师友,不喜区别门户,殊无严密之界限可分。惟就诸人之治学而言,大抵可分"吴"、"皖"两派,吴始惠栋,承其学者有江声、余萧客、江藩等,张惠言亦与此派接近。大抵好博尊闻,崇奉汉儒,汉人所是者是之,汉人之所非者非之,识不高而心不细,不能区别是非,其大短也。皖派始于戴震,承其学者有段玉裁、王念孙、王引之等,而焦循亦与此派之精神接近。别择是非,深刻断制,而立说一以征验为主,其治学方法重精审,其治学精神贵创造;故此派之成绩最为优良,乃乾嘉学派之主干也。后人喜以汉学概括清儒,不知惠派乃纯汉学,而戴派则非汉学也。又其时有章学诚、崔述等者,以史学为主,颇不满于经生家之"襞绩补苴",则又与吴、皖两派略有不同。至其时以文学著称之桐城派,则识力远不足与经学家京焉。兹按各家生年之先后,依次排列于后,则其时代可以比较而得,皎然不紊矣。

沈德潜　康熙十一年生——乾隆三十一年卒

江　永　康熙二十年生——乾隆二十七年卒

沈　彤　康熙二十七年生——乾隆十七年卒
杭世骏　康熙三十五年生——乾隆三十七年卒
惠　栋　康熙三十六年生——乾隆二十三年卒
秦蕙田　康熙四十一年生——乾隆二十九年卒
齐召南　康熙四十二年生——乾隆三十三年卒
全祖望　康熙四十四年生——乾隆二十年卒
褚寅亮　康熙五十四年生——乾隆五十五年卒
卢文弨　康熙五十六年生——乾隆四十九年卒
程晋芳　康熙五十七年生——乾隆四十九年卒
*庄存与　康熙五十八年生——乾隆五十三年卒
王鸣盛　康熙六十一年生——嘉庆二年卒
江　声　康熙六十一年生——嘉庆四年卒
纪　昀　雍正元年生——嘉庆十年卒
戴　震　雍正元年生——乾隆四十二年卒
蒋士铨　雍正三年生——乾隆四十九年卒
王　昶　雍正二年生——嘉庆十一年卒
顾栋高　康熙十八年生——乾隆二十四年卒
赵　翼　雍正五年生——嘉庆十九年卒
钱大昕　雍正六年生——嘉庆九年卒
姚　鼐　雍正七年生——嘉庆二十年卒
朱　筠　雍正七年生——乾隆四十六年卒
毕　沅　雍正八年生——嘉庆二年卒
汪辉祖　雍正八年生——嘉庆十二年卒
余萧客　雍正十年生——乾隆四十三年卒
翁方纲　雍正十一年生——嘉庆二十三年卒
罗有高　雍正十二年生——乾隆四十四年卒
钱　塘　雍正十三年生——乾隆五十五年卒
段玉裁　雍正十三年生——嘉庆二十年卒
桂　馥　乾隆元年生——嘉庆十一年卒

丁　杰　乾隆十三年生——嘉庆十二年卒
任大椿　乾隆三年生——乾隆五十四年卒
章学诚　乾隆三年生——嘉庆六年卒
崔　述　乾隆五年生——嘉庆二十一年卒
邵晋涵　乾隆八年生——嘉庆元年卒
汪　中　乾隆九年生——乾隆五十九年卒
钱　坫　乾隆九年生——嘉庆十一年卒
王念孙　乾隆九年生——道光十二年卒
武　亿　乾隆十年生——嘉庆四年卒
洪亮吉　乾隆十一年生——嘉庆十四年卒
庄述祖　乾隆十五年生——嘉庆二十一年卒
刘台拱　乾隆十六年生——嘉庆十年卒
孔广森　乾隆十七年生——乾隆五十一年卒
孙星衍　乾隆十八年生——嘉庆二十三年卒
凌廷堪　乾隆二十二年生——嘉庆十四年卒
郝懿行　乾隆二十二年生——道光五年卒
徐养原　乾隆二十三年生——道光五年卒
张惠言　乾隆二十六年生——嘉庆七年卒
姚文田　乾隆二十六年生——道光七年卒
焦　循　乾隆二十八年生——嘉庆二十五年卒
阮　元　乾隆二十九年生——道光二十九年卒
臧　庸　乾隆三十二年生——嘉庆十六年卒
王引之　乾隆三十一年生——道光十四年卒
顾广圻　乾隆三十五年生——道光十九年卒
方东树　乾隆十七年生——咸丰元年卒
*刘逢禄　乾隆三十七年生——道光九年卒
*凌　曙　乾隆四十年生——道光九年卒
梁章钜　乾隆四十年生——道光二十九年卒
俞正燮　乾隆四十年生——道光二十年卒

*宋翔凤　乾隆四十一年生——咸丰十年卒

胡培翚　乾隆四十七年生——道光二十九年卒

以上排列至胡培翚为止，篇中所述，除数人外，大抵一依年代先后为顺序。表中凡加星号（*）者，如庄存与、刘逢禄诸人，亦乾嘉时代之重要学者，然以其与今文学特别有关，拟于卷下中，别为专篇述之。

（三）乾嘉学术之特色及其影响

清代学术至乾嘉而极盛，考据之学，风靡一世，当时号称"汉学"。曾国藩所谓"乾隆中叶，海内魁硕奇士，崇尚鸿博，繁称旁证，考核一字，累数千言不能休，别立帜志，号曰'汉学'。深摈有宋诸子义理之说，以为不足复存"是已。惟汉学之名，用之于惠派则可，用之于戴派，则未必允当。盖惠派专以古今为是非之标准，而笃守汉儒家法；戴派则每发明一义例，必通诸群书而皆得其读。岂惟不将顺古人，虽其父师，亦不苟同。但以客观的钩稽参验为证，"先定底本之是非，而后断其立说之是非"（段玉裁《经韵楼集·与诸同志论校书之难》）。故可称为考据学而非纯汉学也。清学即以此派为正统，其治学方法，可得而言者：一曰注意，凡常人容易滑眼看过之处，彼善能注意观察，发现其应特别研究之点，所谓读书得间是已。二曰虚己，注意观察之后，获有疑窦，不以一时主观之感想，轻下判断。必先空明其心，惟取客观的资料以研究之。三曰立说，研究非散漫无纪也，先立一假定之说以为标准，即所谓"大胆假设"也。四曰搜证，既立一说，绝不遽信为定论，乃广集证据，务求按诸同类之事实而皆合，即所谓"小心求证"也。五曰断案，六曰推论，经数番归纳研究之后，"揆之本文而协，验之他卷而通，虽旧说所无，可以心知其意。……凡其散见于经传者，皆可比例而知，触类长之"（王引之《经传释词·自序》）。即此可以得正确之断案，又可以推论于同类之事项而无阂也。梁任公先生述正统派之特色，大略如下：

一、凡立一义，必凭证据，无证据而以臆度者，在所必摈。

二、选择证据，以古为尚。以汉唐证据难宋明，不以宋明证据难汉唐,据汉魏可以难唐,据汉可以难魏晋,据先秦西汉可以难东汉,以经证经,可以难一切传记。

三、孤证不为定说,其无反证者姑存之,得有续证则渐信之。遇有力之反证则弃之。

四、隐匿证据或曲解证据,皆认为不德。

五、最喜罗列事项之同类者,为比较的研究,而求得其公则。

六、凡采用旧说,必明引之,剿说认为大不德。

七、所见不合,则相辩诘,虽弟子驳难本师,亦所不避。受之者从不以为忤。

八、辩诘以本问题为范围,词旨务笃实温厚,虽不肯枉自己意见,同时仍尊重别人意见。有盛气凌轹,或支离牵涉,或影射讥笑者,认为不德。

九、喜专治一业,为"窄而深"的研究。

十、文体贵朴实简洁,最忌"言有枝叶"。

当时学者以此种学风相矜尚,自命曰"朴学",其学问之中心,则经学也。经学之附庸为小学,以次及于史学、天算学、地理学、音韵学、律吕学、金石学、校勘学、目录学等,一皆以此种研究精神治之。质言之,则举凡自汉以来书册上之学问,皆加以一番琢磨,施以一种组织,其直接之效果:一、向觉难读难解之书,自此可以读,可以解。二、许多伪书及书中窜乱芜秽者,可以知所别择,不必虚糜精力。三、有久坠之绝学或前人向不注意之学,自此皆卓然成一专门学科。其间接之效果:一、读诸大师之传记及著述,见其"为学问而治学问",治一业终身以之,铢积寸累,先难后获,无形中受一种人格的观感,使吾辈兴奋向学。二、用此种研究法以治学,能使人细心得间,忠实独立,不敢雷同欺饰,亦不敢执一自是。此其长也。当时才智之士,既以此为好尚,相与淬励精进,阘冗者犹希声附和,以不获厕于其林为耻,于是"家家许郑,人人贾马",书肆中充满解经说文辑佚之书,而理学书遂无人问津矣(《啸亭杂录》礼亲王昭梿记载此事)。富商大贾,亦竞趋时髦,思自附于风雅,广蓄书画图器,邀名士鉴定,洁亭舍,丰馆谷以待,乃至贩鸦片起家之伍崇曜,亦有《粤雅堂丛书》之刻,而其书且以精审闻,他可推矣。然以此而钻牛角,贻笑柄者,亦颇不乏其例;黠者且伪撰典故，愚试官，获上选。惟皆无重大关系故不著，其于后世政治社会有深巨之影响者，厥惟人才之败坏，实较科举为尤甚。朱希祖先生云："乾隆、嘉庆之际，考据之学为极盛时期，一世聪明才智之士，既多专治古学，不问时事，于是政治、经济无正直指导之人，贪庸当道，乱阶由是酝酿。迨道光、咸丰，遂一败而不可收拾。其时学者，以考古为本分，而鄙夷时事，忘其祖宗不得已之苦心，于是内讧外患，相逼而来。既无审察大势之人，又乏深悉国计民生之士，虽曾、左、胡、李诸人，勉强勘定内乱，而其好古自是，不明欧洲学术之本原，故对外既失肆应之方，对内又无根本之计，全国人才，不足应付变局。而又鬻官爵，税鸦片，政以贿成，国计民生，同归凋敝，驯至丧师失地，终遂覆亡。此皆专治古学，不问时事者厉之阶也。"（初版《清代通史序》）朱氏所论，不仅民国以后之人能言之，即清末之人亦能言之，理学家、史学家与今文学家之排诋朴学，容俟后论。夏炯《乾隆诸君学术论》云："乾隆以后近百余年来讲学之士，专为一节一句，一文一字，盈千累百，刺刺不休，不特丝毫不适于用，且破坏碎裂，转为贼经。今就其稍著者论之：穿凿性理，故为艰深，勾股割圜，改宣城之面目；六书音韵，窃江氏之绪余，是休宁戴氏之学也。据此校彼，改异为同，明知无用之辨，好为小慧之行，是抱经卢氏之学也。生今反古，以篆代真，说《尧典》不让三万言之繁，诠《禹贡》独无一二端之得，是艮庭江氏之学也。炫博矜奇，以多为富，读史不镜得失，仅详某本或作某；《养新》萃为一录，令人味之无可味，是嘉定钱氏之学也。妄诞已邀宽典，著述仍窃虚名，汉魏之音，掇拾前人所唾弃，传志诸作，不明体要而立言，是稚存洪氏之学也。考工何补匠氏？辨谷正算老农。禀资既愚，不能贯通经注；傅会不合，因而转驳郑君，是新安程氏之学也。割裂本经之句读，变易传注之原解，《广雅》一字，疏至千言；语助之词，汇成巨帙，是高邮王氏之学也。自知浅陋，依傍他人，著书亦觉其多多，鸣虫终诮其唧唧，是金坛段氏之学也。此数人者。皆近百年来名稍显著之人，试取其书，平心而察之，徒觉其芜鄙琐碎，坐井观天而已。"辜鸿铭《幕府纪闻》云："名儒大家，负泰山重名者，日夜穿凿经史，讲究谬异，金石、说文二家，宋明以前之所无。顾亭林、钱大昕诸家以考证为学以来，务出新奇，务胜宋明。其为无用，百倍宋儒，此与晋时老庄相距几何?”洪允祥《读史随笔》云:“满清以武力屠杀汉族,旋又愚以利禄荣辱,今日所谓清代之名臣者,皆当时皇帝之弄臣也。今日所谓清代名儒者,皆不得已而托于破碎琐屑之考据、训诂,以自藏其身者也。故清人考据之学,其始与魏晋人之谈老庄,同一用心,其后则盛名所在,人皆附之矣。”左宗棠《吾学录序》、孙鼎臣《畚塘刍论》,皆有天下不乱于发贼,而乱于汉学之说。曾国藩尝言:“近世学者,不以身心切近为务,恒视一世之风尚以为程而趋之,……适以自丧其守,而为害于世。”(见《年谱》)所以精于考据学之刘传莹,在报国寺与国藩讨论后,亦云:“近代儒者,崇尚考据,疲精费日力而无当于身心。”孟森谓清人以文字罹祸者,“明于论人,昧于自卫,往往如此。实则草昧之国,无法律之保障,人皆有重足之苦。无怪嘉乾士大夫,屏弃百务,专以校勘、考据为业,借以销磨其文字之兴,冀免指摘于一时。盖亦扪舌括囊之道矣。专制之可畏如此!”又说:“自《字贯》之狱兴,清一代无敢复言字书者,桂、段诸家,以治经不能不识字,则尽力于许书,以避时忌。清中叶聪明特达之士,恒舍史而谈经,皆是此意。于是二百年中,承学之士,无不是古非今,以应用之学术文字,为市井浅俗之所为,通人不屑道之矣。”是以考据学虽有归纳求证之法,擘绩补苴之功,然而无裨于实际,无益于社会,盖与静坐空谈之理学等耳,此亦见道不真之蔽也。颜习斋有云:“书之文字固载道,而文字不是道;犹车载人,车岂是人?”又云:“诗书犹琴谱也,烂熟琴谱,可谓学琴乎?更有妄人,指琴谱曰:‘是即琴也。’谱果琴乎?”考据学家原欲“灼然而知古今治乱之源”,谓非由字通词,由词通义不可,犹之渡江河必有赖舟楫。但以后却疲精瘁神于文字,繁称杂引,游衍而不得所归,是则只荡舟而不渡江河,日趋于支离琐碎,无怪乎有买椟还珠之讥矣。当时章学诚即以史学家之眼光,批评考据学之擘绩补苴,谓其疲精神于经传子史,而终身无得于学者;乃误执求知之功力以为学,是犹指秫黍以为酒也。由上述诸说观之,则可知清代之颜、章、曾、左,洎今世之夏、辜、孟、朱诸氏,均能抉汉学之症结而发其覆,奈何后来者反以“新汉学”为标榜而扬其余波乎?故不能不重有慨焉。

〔附言〕　柳诒徵《中国文化史》云:“满清中叶考据之学大兴,当时号称汉学。……清初诸大儒,学行兼崇,固不分所谓汉宋。其后虽亦有祖述而私淑之者,然由理学而趋于考据,乾嘉之际,遂风靡一时。讲求修身、行己、治国、成人者之风,远不如研究音韵、文字、校勘、金石、目录之学者之盛。虽经学家有古文今文、西汉东汉之区别,然亦承乾嘉之风而演进,仍以汉学相高,一涉宋明心性之谈,则相率而嗤之矣。近人尤称其治学之法,谓合于西洋之科学方法,实则搜集证佐,定为条例,明代学者已开其端,非清人所得专美(《毛诗古音考序》陈第、焦竑均有本证、旁证之言)。虽科条精密,后胜于前,然其能成为科学者,自文字音韵外,初不多觏也。高邮王氏校订群书,最称精善。然其法大抵先取宋人所辑类书如《太平御览》、《册府元龟》、《玉海》等书,比其异同,即据为己意。先立一说,而后引类书以证之。……恃宋人之类书以讲汉学,谓是即超宋人,不知在宋时其书本不误,自亦不必有校勘之学矣。汉学家所尚者考证,然其考证亦时有疏漏,观魏源讥纪昀之言可见。未观原书,遽以己意妄下论断,是岂得为考证之法乎?盖汉学家所考证者,局部之考证,于唐以下之书率不屑读,尤鄙夷宋人,好事诋斥,此皆其所短也。世尊乾嘉诸儒者,以其以汉儒之家法治经也。然吾谓乾嘉诸儒所独到者,实非经学,而为考史之学。考史之学,不独赵翼《二十二史札记》、王鸣盛《十七史商榷》或章学诚《文史通义》之类,为有益于史学也。诸儒治经,实皆考史,或辑一代之学说,或明一师之家法,于经义亦未有大发明,特区分畛域,可以使学者知此时代此经师之学若此耳。其于三《礼》,尤属古史之制度,诸儒反复研究,或著通例,或著专例,或为专图,或专释一事,或博考诸制,皆可为研究古史之专书。即今文学家标举《公羊》义例,亦不过说明孔子之史法,与公羊家所讲明孔子之史法耳。其他之治古音、治六书、治舆地、治金石,皆为古史学,尤不待言。惟限于三代语言文字制度名物,尚未能举历代之典籍,一一如其法以治之,是则尚有待于后来者耳。”陈登原《中国文化史》云:“综(顾、黄、颜)三家之说而通之,通经致用四字,足以概之。通经致用,反明学之运动也。然自天下大定,狎弄日甚(另有屠杀与玩弄一章),则当日力言经世致用之诸儒,自不期然而但以读书自慰。善夫王高士不庵之言曰:'宁人身负隐痛,思大揭其亲之志于天下,奔走流离,老而无子。其幽隐英发,数十年靡慹之衷,曾不得快然一吐。而使后起少年惟以多闻博学,其辱已甚!安得不掉首故乡,甘于客死?'(《鲒埼亭集》亭林《神道碑》)此言顾氏不得已而读书,而后人但慕其读书,而不谅其不得已也。傅山曰:'弯强跃骏之骨,而以呫哔朽之,是则埋吾血千年而碧不可灭者矣。'(《鲒埼亭集》青主《事略》)此语本已沉痛,而阎若璩之徒,顾以呫哔自朽,亦岂顾、黄、颜等初料所及哉?……惟帝皇之玩弄,使聪颖者不得不折而读书,而对于宋学,尤启厌恶之感。充其所之,则流于雕虫小技。刘献廷云:'为学须先开拓其心胸,务使识见广阔为第一义,次则于古今兴废沿革,礼乐兵农之政,一一淹贯,心知其事,庶不愧于读书。若夫寻章摘句,一技一能,所谓雕虫小技壮夫羞为者也。'凡献廷之所慨叹,而不知其没身以后,竟有徒贤博弈之考证学发挥光大,蔚为清学之重镇也。……诸大师之学问旗帜,竟由通经史而致用,一变而化为通经史于读书也。……何朴学实学之有?第……其效亦有可观者:其一则寻根究底,颇有合于科学之精神也;其二则敢于疑古,能去旧说之桎梏也;其三则欲读古书遂能多通古韵古文也;然其最大之发扬,则在史地之学。……然而四效虽可睹,而四弊亦作:其一则墨守泥古也;其二则迂愚可哂也;其三则细碎凌琐也;而最重之疵累,则为重学而轻德。乾嘉从来之朴学,其得失参半,盖可知云。"二氏述清学利弊,均能言简意赅,可供参考者也。

六十二　惠戴以前之学者
顾栋高、江永、沈彤、杭世骏
秦蕙田、齐召南、全祖望

(一) 顾栋高

乾隆时代经学之构成壁垒,始于元和惠栋。而年代稍先于惠氏者,如

顾栋高、江永、沈彤与杭世骏,及时代稍晚于惠氏之秦蕙田、齐召南、全祖望等,亦皆乾隆初年有名之学者,虽其议论不如专以汉学自命者之严谨,其方法亦不如后来之精密,然皆有一二著作,颇足资取,且考订之精神渐著,与汉学家亦为接近。况此诸人,与后来之经学家直接、间接均有师友之关系,其影响亦自不少。故于叙述惠学之先,略记诸人之概要于此。此数人中以顾栋高年最长。栋高字复初,又字震沧,晚年自号左畬。江苏无锡人。康熙六十年进士。乾隆十五年召举经明行修之士,栋高亦被荐,授国子监司业,以年老不能任职,赐司业衔旋里。高宗颇重其人,曾数次召见,均加恩礼。乾隆二十四年卒,年八十一。所著有:

《大儒粹语》二十八卷　《尚书质疑》二卷　《毛诗类释》二十一卷　《续篇》三卷　《春秋大事表》五十卷　《舆图》一卷　《附录》一卷

栋高之学,尚未脱理学气,《大儒粹语》即务为调和说者也。其《尚书质疑》共四十一条,非解释经义,惟于每条标举疑义撰论一篇,以发表个人之疑窦。论者多谓其书"据理臆断,不尚考证"。惟书中所发生之疑问,亦皆深有可取之点(如谓帝王巡狩,必不能一岁而至四岳等等)。足见其读书不尽迷信古人也。《春秋大事表》为其最著名之作,表分五十种,末附《舆图》一卷,五十表之名如下:

春秋时令表	春秋朔闰表(三)
春秋长历拾遗表	春秋列国疆域表
春秋列国爵姓及存灭表	春秋列国犬牙相错表(三)
春秋列国都邑表(四)	春秋列国山川表(二)
春秋列国险要表	春秋列国地形口号
春秋列国官制表	春秋列国姓氏表
春秋卿大夫世系表(二)	春秋刑赏表
春秋田赋军旅表	春秋吉礼表

春秋凶礼表	春秋宾礼表(二)
春秋军礼表	春秋嘉礼表
春秋五礼源流口号	春秋王迹拾遗表
春秋鲁政下逮表	春秋晋中军表
春秋楚令尹表	春秋宋执政表
春秋郑执政表	春秋齐楚争盟表
春秋宋楚争盟表	春秋晋楚争盟表
春秋吴晋事盟表	春秋齐晋争盟表
春秋秦晋交兵表	春秋晋楚交兵表
春秋吴楚交兵表	春秋吴越交兵表
春秋齐鲁交兵表	春秋鲁邾莒交兵表
春秋宋郑交兵表	春秋城筑表
春秋四裔表	春秋天文表
春秋五行表	春秋三传异同表(四)
春秋阙文表	春秋齐纪郑许宋曹吞灭表
春秋乱贼表	春秋兵谋表
春秋左传引据诗书易三经表	春秋杜注正讹表
春秋人物表	春秋列女表

以上诸表除少数属于经学外,大半均含史地之性质,故不能以纯粹经学书视之。表之重要,史学家类皆承认之,栋高此书,就春秋一代大事,而分析各为之表,研究者可以一览而了然其大势矣。至于此书缺误之处,自亦难免,然就大体论之,则亦费经营之佳作也。其后所附《舆图》,以当时地名省城为主,而于其间加红色字以表春秋时代之地域,两两比较,亦使人易于了解。至其间不精确之处,则绘图术未精,时代限之也。

(二) 江永

江永少栋高两岁,而与乾嘉学派之关系最深,大师如戴震、王鸣盛皆以先辈视之,盖其学诣之邃,确有可称者也。永字慎修,婺源人。少就学乡塾，与里中儿共治世俗学。一日见明丘濬《大学衍义补》，书中多征引《周礼》，奇之，乃求诸藏书家，借抄《周礼》正文，朝夕讽诵。永生平最长于礼学，其动机在此。自是益努力治经，凡十三经注疏，古今制度及钟律声音舆地无不探赜索隐，测其本始，而于天文地理之术，亦甚留意。年六十，尝偕友人入京，值开三礼馆，总裁方苞以经术自命，举冠礼、婚礼数条为问，永从容对答，迄不为其所难。乾隆间诏举明经之士，或欲以永荐，永辞谢。寄书弟子戴震曰："驰逐名场，非素心也。"（戴震《江先生事略》引）乾隆二十八年秦蕙田奉命修《音韵述微》，曾诏取永著《古韵标准》及《四声切韵表》以备参考。又蕙田所作《五礼通考》，摭永说入《观象授时类》，而《推步法解》，则载其全书，且以不得永所著《礼书纲目》为憾焉。永之著作有二十余种，其目如下：

《七政衍》一卷　《金水二星发微》一卷　《冬至权度》一卷　《恒气注》一卷　《历辨》一卷　《岁实消长辨》一卷　《历学补论》一卷　《中西合法拟草》一卷　《推步法解》五卷　《乡党图考》十一卷　《律吕阐微》十一卷　《律吕新论》二卷　《春秋地理考实》四卷　《古韵标准》六卷　《四声切韵》四卷　《音学辨微》一卷　《周礼疑义举要》六卷　《仪礼释宫增注》一卷　《仪礼释例》一卷　《礼记训义择言》六卷　《深衣考误》一卷　《礼书纲目》八十五卷　《读书随笔》十二卷　《考订朱子世家》一卷　《河洛精蕴》九卷　《近思录集注》十四卷　《四书典林》四十卷

永之贡献可分三端：一为礼学，二为音韵学与乐律学，三为历算学。关于礼学者：以《周礼疑义举要》较佳，其书融会郑注，参以新说，于经义多所阐发，所解《考工记》尤为精核。其《仪礼释宫》，虽颇有舛误，然精核者亦十之八九。《仪礼释例》之书虽标名释例，实止释服一类，寥寥数十条，盖未成之书也。其《礼记训义择言》参酌注家异同之说，而与陈澔《集说》多所出入，然所言均尚征实。其《深衣考误》则专考深衣之制，大率以《玉藻》之文为依据。至《礼书纲目》之作，则以朱子（熹）晚年所作之《仪礼经传通解》书未就,虽黄、杨两氏先后纂续,亦非完书,故为作此以终朱子未竟之绪。其不以礼书名者,如《乡党图考》,实亦侵入礼学之范围矣。于天算学,则能推阐梅文鼎之说而愈益加详,间亦正其疏漏。清代大师戴震,受其教益甚多。惟永笃信西法,往往护其所短,未免过矣。于音韵则古韵之发明特著,其《古韵标准》一书,以诗三百篇为主,谓之诗音;而以周秦以下音之近古者附之,谓之补韵;较之以今韵部分求古韵,或以汉魏以下,隋陈以前随时递变之音认为古音者,界限甚为分明。清朝初期音韵之作,除顾炎武外,此其最有系统者也。其《四声切韵表》考究切韵,而于人声分析尤详,其《音韵辨微》亦颇多论切韵之处,惟稍稍失之疏漏。至于讨论音乐之作,如《律吕新论》、《律吕阐微》,则皆偏考订方面,并应用算学以为推算;永本算学家,故能分析入微也。算学、礼学、音学,在清代均成专门之业,永于此三者皆有相当之贡献,故乾嘉诸大师对之,亦无不表相当之敬意。惟乾嘉诸大师专意于唐宋以前之经学,而于程朱之学,大抵置之不闻不问,永则犹保持康雍之遗风,于经学既别辟门径,而于宋儒则犹依违于其间,所作《近思录集注》,即表现此种精神者也。

(三) 沈彤

沈彤少江永七岁,字果堂,一字冠云,吴江人。康雍之间,何焯以制义倡导学者,彤与陈少章皆为知名弟子,而彤独潜心经学,与惠栋为友。曾试博学鸿词科,未入选。有人荐修三《礼》及《大清一统志》,议叙得九品官,耻不仕,遂回家专心治经。所著有:

《周官禄田考》三卷 《仪礼小疏》一卷 《尚书小疏》一卷 《春秋左传小疏》一卷 《果堂集》十二卷 (据江藩《汉学师承记》尚有吴江、震泽两县志若干卷)

就中惟《周官禄田考》成为完书,余均未成之残稿也。《禄田考》辨欧阳修"《周礼》官多田少,禄且不给"说,自述作书之大旨云:

官之命者必有禄，禄必称其爵而量给于公田，是《周官》法制之大端，其等与数之相等，在当时固彰彰可考也。自司禄籍亡，先后郑注内史专取诸《王制》，而本经之禄秩以晦。迨欧阳氏发官多田少，禄且不给之疑，后之傅会者且踵为诬谤。即信《周官》者，亦未得二者之等数，而此制几于无以复显。余尝研求本经，旁览传记，得其端于载师之都邑。以为有义例可推，确征可佐，凡内外官之禄，皆可得辨析整齐之，而前人之谬妄皆可得而破之。……遂摅曩时所得，为《官爵数》、《公田数》、《禄田数》三篇。后为问答于每篇之后，反复委蛇，以明其所以定是数之故，而总名曰《周官禄田考》。（《周官禄田考》卷一）

彤为此书，义例颇为严密，故《四库提要》评之云："其说精密淹通，于郑、贾注疏以后，可云特出。"惟《周官》之书久为学者所疑，大约出于汉人之伪造。书之本身已有问题，彤乃以实制而考订之，此亦惠派信古之色彩也。虽然，《周官》为我国第一流之作品，甚有研究之价值，则彤之此书，虽不能谓有功于周公，然亦未始不可为研究《周官》者之佐证也。且书中所用方法："凡田爵禄之数不见于经者则求诸注，不见于注者则据经起例，推阐旁通，补经所无。"则亦非平庸之学者所能为也。所著《仪礼小疏》，有《士冠礼》、《士昏礼》、《公食大夫礼》、《士丧礼》、《丧服传》五篇，每篇附以监本刊误，卷末又《左右异尚考》一篇，考证颇精。盖彤长于三《礼》，此书亦略等于《禄田考》之价值也。此外《尚书小疏》则仅数十条，且往往失之好异；《春秋左氏传小疏》意在订正顾炎武之补传，其中得失互见；至《果堂集》多说经之文，故《皇清经解》亦采入焉。

（四）杭世骏

杭世骏长惠栋一岁，文学兼经史家也。字大宗，又字堇浦，仁和人。乾隆元年召试博学鸿词，授翰林院编修，校勘武英殿《十三经》、《二十四史》，纂修《三礼义疏》。二十八年，诏举直言及通达治体者，或以世骏荐。世骏上书谓："我朝一统久矣，朝廷用人，宜泯满汉之见（见龚自珍《杭大宗逸事状》),满洲人官督抚者过多。”(详见第一章四节)以此触乾隆帝怒,掷其卷于地。下刑部议,拟死,朝臣苦谏,放归。自是家居,以授徒自给。先后主粤秀书院及安定书院(扬州),从游者甚众。世骏好辨,议论泉涌,从不让人,又不修边幅,颇有豪气,当时学者亦均重视之。乾隆三十年乙酉,高宗四举南巡,在籍文员迎驾湖上,上顾世骏曰:“汝性情改过么?”对曰:“臣老矣,不能改也。”上曰:“何以老而不死?”对曰:“臣尚要歌咏太平。”上哂之。乾隆三十八年卒,年七十八(龚自珍谓高宗癸巳南巡顾左右曰:“杭世骏尚未死么?”大宗返舍,是夕卒。按癸巳无南巡事,此出误传)。所著书有:

《石经考异》《礼例》《续礼记集说》《续方言》《经史质疑》《三国志补注》《诸史然疑》《汉书蒙拾》《后汉书蒙拾》《补晋书传赞》《史记考异》《汉书疏证》《两浙经籍志》《续经籍考》《道古堂诗文集》

《礼例》意在求礼之通例,自序云:“郑众、刘实撰《春秋例》,余以为《春秋》可以无例,而礼则非例不能贯也。……深于礼者病礼之断烂而思补其阙,承学之士又病礼之繁富而不得门,余特以例为之阶梯,而有志者即以津逮。礼无不归之例,而天下亦无难治之经。……”惟其书不完备,故其后凌廷堪有《礼经释例》之继作也。《续礼记集说》之作,发端于世骏在三礼馆时,所谓“续”者,续卫湜之《礼记集说》也。书中采集颇广,如吴澄《纂言》等有特别见解者,亦皆采入,自序云:“姑存其说,为迂儒化拘墟之见。”《续方言》采《十三经注疏》、《说文释名》诸书以补《方言》之缺,搜罗古义颇有裨于训诂。《经史质疑》为问答体,乃答他人之问而记录者,所讨论均甚细微,无深发明。《汉书》及《后汉书蒙拾》,则皆采撷原书而为简明之叙述者也。《两浙经籍志》,则世骏所担任,分修《浙江省志》之一部分也。自序谓“经籍之设,所以补列传之阙漏”,颇有见解。《道古堂文集》四十八卷、《诗集》二十六卷皆生平小品。文集中传状碑铭之类甚多,亦甚重要。盖世骏以文学而兼通史学,所作颇有相当之价值,清代学者之真相,借世骏之文而流传者不少,惟不及全祖望之专精耳。世骏有豪宕气,故其思想亦颇不平庸,文集足见其一斑。至于《王充论》一类之文,其见解未免为成见所拘,则亦时代限之也。

(五) 秦蕙田

秦蕙田少杭世骏六岁,少惠栋五岁,虽以显宦知名,亦学者也。蕙田字树峰,号味经,江苏金匮人。乾隆元年进士,官至太子太保、刑部尚书。居官勤谨,深为高宗所倚重。立朝三十年,公余之暇,闭户谢客,专力经术,尝谓:"儒者舍经以谈道非道也,离经以求学非学也,故以穷经为主。"(钱大昕《潜研堂集·秦尚书墓志铭》)生平尊崇学者,汲引后进,有通经嗜古者,常奖借不去口,以是学者翕然归之。乾隆二十九年以病卒于途次,年六十三。所著有:

《周易象日笺》《味经窝类稿》《五礼通考》

《五礼通考》为最有价值之作,蕙田在经学界之地位,亦以此书而得。康熙间徐乾学作《读礼通考》,体例甚佳,惟其书为乾学居丧时所编,故只限于丧礼。蕙田乃因其体例而续补之以成此书。凡分七十五类,乐律(附于吉礼宗庙制度之后)、天文、推步、勾股、割圜(立观象授时一目)、古今州国、都邑、山川、地名(立体国经野一目),无不载入。体大物博,历代典章俱在,曾国藩最重其书,谓"三礼之外,得此为四"。自今日观之,其书殊非普通礼书可比,其性质与类书同,中间保存中国礼制史之材料甚多,其价值足与《文献通考》埒。惟此书虽题为蕙田所作,然实成于众人,非完全出自蕙田一手,戴震、王昶等曾参与之,故全书各篇之价值,亦因之略有优劣也。后此黄以周著《礼书通故》,体裁较此更优,然晚出书之优于前人,乃通例使然,其得力于此书者,当甚多也。

(六) 齐召南

齐召南少蕙田一岁,字次风,号琼台,晚号息园。浙江天台人。乾隆元年召试博学鸿词,取十五人,召南与焉。改翰林院庶吉士,即充《大清一统志》纂修官,乾隆四年充武英殿校勘经史官,旋充《明鉴纲目》馆纂修官。八年充日讲起居注官。十二年充《大清会典》纂修官,旋充《续文献通考》纂修官。明年授礼部左侍郎。十四年,乘马惊,堕地,触大石上,脑涔涔流,赖蒙古医,得以渐痊。念母老已病,乃萌退志,坚辞获允。抵浙后,主教蕺山、万松两书院。方冀颐养余年,乃有同族齐周华者,富于排满思想,流离海外三十年,归尽毁其田产以刊所著书,复献之于大吏熊学鹏。学鹏奏之朝廷,周华磔死,其近族弟侄并子孙论大辟者凡十人。召南亦以徇隐罪,拟流,并没其家产,高宗念其年老赦之,并给还其财产之一部,作为养老之资。召南本以残废之身,兼以忧恐抑郁,是年卒。年六十有六。夫此号称知遇,身充皇子教师之人,而结局如此,专制之淫威,岂不可畏耶?召南机敏善考订,高宗得古镜于宁古塔,未详款式,问朝臣,莫能对,独召南引据书史,缕缕而陈。当时新疆初开,奉使或居官者于赴任之先,辄诣召南家问路程,召南口讲指画曰:某驿堠应宿何所,需若干粮,数万里外,了若指掌。或问何由知之,则曰不过《汉书·地理志》熟耳。盖召南之学,不以经学为限,其特长则在史地也。所著有:

《水道提纲》三十卷　《历代帝王年表》十三卷　《后汉公卿表》一卷　《史汉功臣侯第考》一卷

《水道提纲》专考河流,以郦道元之《水经注》,明于西北而暗于东南,且于域外之水道不详;又黄宗羲所撰之《今水经》知南而不知北,故作此书以补正之。书中以巨川为纲,而以所汇众流为目,故名纲目。条理颇为明析,足资研究地理者之参考。其《历代帝王表》、《后汉公卿表》、《史汉功臣侯第考》,则皆史书之部分问题,惟《历代帝王表》颇著称。召南曾数充官书纂修官,亦颇多撰述,如《一统志》中之河南、山东、江苏、安徽、福建、云南六省皆其编辑。外藩属国向无底本,召南所创新稿也。《明史纲目》前纪二卷,神、光、熹三朝亦召南所辑。至武英殿经史考证,亦以召南之功为多。如经部之《尚书》、《礼记》、《春秋》三传,史部之《史记功臣侯表》五卷,《汉书》百卷,《后汉书·郡国志》五卷,《隋书律历天文》五卷,《旧唐书律历天文》两卷,多出其手云。

(七) 全祖望

全祖望少惠栋八岁,乾隆初年之史学大家也。字绍衣,号谢山,浙江鄞县人。雍正七年充选贡入都,上书方苞,论《丧礼或问》,苞异之。李绂时为工部侍郎,见所为文曰"深宁、东发后一人也",遂相交游。三十二岁成进士,入庶常馆与李绂共借抄《永乐大典》。自是世渐知《大典》之可宝。祖望尚气节,不肯逢迎权贵,当事者多嫉之。明年散馆列下等,候补,乃辞官归。家贫,饮食或不继,严冬犹着夹衣。而编著不辍,重要之作多成于此。后四十四岁主蕺山书院,不数月与绍守不协,固辞归。四十八岁主粤东端溪书院,明年以疾辞归。乾隆二十二年卒,年五十一。卒时,其子已先死,贫至无以为敛!景况甚惨,以清高隽洁之士,竟至于此,良可慨也!所著书有:

> 《鲒埼亭集》三十八卷　《外编》五十卷　《诗集》十卷　《经史问答》十卷　《校水经注》三十卷　《续宋元学案》百卷　《困学纪闻三笺》十卷　《续甬上耆旧集》?卷

《鲒埼亭集》为祖望手定之本,存于扬州马氏丛书楼,后为杭世骏所得,藏匿累年,嘉庆间,史梦蛟得其稿而刻之,已非完璧,仅存三十八卷(原本五十卷)。论者谓已为杭氏窃取矣。祖望卒时,以遗稿授门生董秉纯,秉纯编次成《外篇》,付梓时,祖望已卒二十二年矣。秉纯序中述刻书经历,极为辛苦。乾嘉时代以提倡文化著称,对此高士之遗著,竟鲜提议为之助刻者,不能无遗憾矣!祖望人格最为高尚,生平服膺黄宗羲,有绍述之志。所为文简洁有含蕴,集中碑传志铭除少数应酬品外,大抵表彰清初学者之高节,能以最短之文,表示一人学术之流别及人格,如《梨洲先生神道碑文》、《亭林先生神道表》、《二曲先生窆石文》、《万贞文先生传》等,皆尤佳者。梨洲诸人之高尚,非有祖望之人格不足以深知,非有祖望之史笔,亦不能显示也。篇中刻意描划之处,皆明末忠义之士,颇含有革命思想。清末之革命家因其感发兴起者不少,则《鲒埼亭集》固不可以平常文集视之矣。《经史问答》,乃答问之录记,关于经者共一百五十三条,史百二十八条,虽片断而无系统,然其发明颇多,亦间有新思想。故阮元谓其书"与顾亭林《日知录》相埒"也(见《鲒埼亭集》阮序)。《宋元学案》,创始于黄宗羲,祖望续修之。自四十二岁起至卒之前一年,十年之内,未尝间断,用力至勤。其书虽尚不无缺点,然与我辈研究学术史以莫大之辅助,不能不感谢全氏也。所校《水经注》开始于四十五岁,主端溪书院时,已经七校矣,其后病中犹时时检阅,故甚精审,与戴震、赵一清之书足以媲美。《困学纪闻三笺》成于三十七岁,论者谓"在阎百诗、何义门二家之上"云(见《年谱》)。《续甬上耆旧集》搜集一方文献者也。总之,祖望之史学兴味甚高,其贡献以文集所述明清间逸事,及《宋元学案》为最大,校《水经注》次之,至于《经史问答》之有关史学者,亦极精粹可取焉。

第十一章　乾嘉时代之重要学者(上)

六十三　惠　栋(附惠周惕、惠士奇)

(一) 惠栋之家学

乾嘉时代,惠、戴两派,中分学界;惠派之开山即惠栋也。栋学有渊源,而得力于家学者尤多。曾祖有声,祖周惕,父士奇,皆知名学者。有声字朴庵,明岁贡生,与同里徐枋为友,以九经教授乡里,尤精于诗。祖周惕字元龙,一字研溪,时人称为老红豆先生,少从徐枋、汪琬游,康熙辛未成进士,著有《易传》、《春秋问》、《三礼问》、《诗说》及《研溪诗文集》。士奇字天牧,晚年自号半农,时人或称红豆先生,己丑成进士,数充学官,后奉命督学广东,毅然以经学倡,数年之间,学风丕变,粤人感之,既去为设木主陪祠先贤。丁未,奉旨修镇江城垣,以产尽停工罢官。丁巳,复补侍读,旋以病告归,辛酉年卒,年七十一。士奇学问渊博,"《九经》经文、《国语》、《战国策》、《楚辞》、《史记》、《汉书》、《三国志》皆能暗诵。尝与名流会,坐中有客前请曰:'闻君熟于《史》、《汉》,请为诵《封禅书》!'先生朗诵终篇,不失一字,合坐皆叹服。"(钱大昕《潜研堂集·惠先生传》)惠派之学,注重博闻强记,此于士奇见其端矣。所著有《易说》六卷,《礼说》十四卷,《春秋说》十五卷,《交食举隅》二卷。士奇富有信古精神,尝谓:

> 礼经出于屋壁,多古字古音,经之义存乎训,识字审音,乃知其义,故古训不可改也。康成注经皆从古读,盖字有音义相近而伪者,故读从之。后世不学,遂谓康成好改字,岂其然乎?康成三《礼》,何

休《公羊》,多引汉法,以其去古未远,故借以为说。贾公彦于郑注,如飞茅扶苏薄借綦之类,皆不能疏,所读之字不能疏,辄曰"从俗读",甚违"不知盖阙"之义。夫汉远于周,而唐又远于汉,宜其说之不能尽通也,况宋以后乎?周秦诸子,其文虽不尽雅驯,然皆可引为礼经之证,以其近古也。(《礼记》)

士奇对于经学之评价,完全以"古不古"为标准,愈古则可信之程度亦愈高。至惠栋则此种信仰益深矣。

(二)惠栋之事略及其在学术上之贡献

惠栋字定宇,号松崖,人亦称小红豆先生,元和人,惠士奇之次子也。承祖父之业,家有藏书,少年即锐志于学,父士奇视学粤东,从之任所,粤中高才生,皆以为不如,竞与为友。及士奇毁家修镇江城,产中落,栋往来京口,饥寒困顿,仍不少减其好学之志。雅爱典籍,得一佳本,不惜倾囊,或借读手钞,详加审阅,以故考古订误,均有发明。乾隆十五年,诏举经明行修之士,陕甘总督尹继善,两江总督黄廷桂,皆荐之,不用;益笃志于经学。问学者日众,江声、余萧客其尤著者。乾隆二十三年卒,年六十有二。所著见于传记者有下列各书:

《九经古义》十六卷 《周易述》二十二卷 《易汉学》八卷 《易例》二卷 《明堂大道录》八卷 《禘说》二卷 《古文尚书考》二卷 《春秋左传补注》六卷 《后汉书补注》十五卷 《续汉志考》一卷 《渔洋精华录训纂》二十四卷 《太上感应篇注》二卷 《山海经训纂》十八卷 (以下各书未刻) 《九曜斋笔记》二卷 《松崖文钞》二卷 《诸史会最》 《竹南漫录》(以上两书未成)

以上各书关于《易》学者,最为重要;《易汉学》专考汉儒之《易》说,掇拾绪论以见大凡。内分《孟长卿喜易》上下二卷,《虞仲翔翻易》一卷。《京君明房易》上下二卷(附述干宝),《郑康成玄易》一卷,《荀慈明爽易》

一卷。举凡“卦气”、“飞伏”、“爻辰”、“纳甲”等等之说,皆可略见梗概。惠氏此书之动机,由于不满魏晋以后之《易》书,故思别辑汉儒之说,以满其“汉学”之欲望。自无汉宋之成见者视之,汉儒之荒谬或驾乎宋儒以上,实无庸优劣于其间。惠书之贡献,不过搜讨之勤,能使久坠之汉儒学说,复活于吾人面前耳,谓其有功于《易》道,则未必也。所撰《周易述》,以汉儒荀爽、虞翻之说为主,而参以郑玄、宋咸、干宝之说,约其旨为注,演其说为疏。《下经》及《序卦》、《杂卦》,未成而卒。书末所附之《易微言》二卷,漫录古篇论《易》之语(如古子书及《大戴记》、《韩诗外传》及其他汉人书如《法言》、《太玄》之类),颇凌乱,盖亦未及排纂之稿本也。其《易例》一书,则根据汉说以发明《易》之本例,察其内容,乃随手题识以储作论之材料者,亦未成熟之作也。总之惠氏之《易书》,大体以汉人为宗,而更以荀、虞为主,编次不免芜杂。其旨则锐意贬宋复汉,其价值亦止于此,无创作之可言也。此外如《古文尚书考》,继续阎若璩之业,考订东晋晚出之二十五篇为伪,而以郑玄所传之二十四篇为孔壁真古文,其说较阎氏益为缜密。自是晚出《古文尚书》之伪乃为定谳。其《左传补注》之作,自序言之颇详,其略云:“尝见郑康成之《周礼》,韦宏嗣之《国语》,纯采先儒之说,末乃下以己意,令学者审其异同。杜元凯《春秋集解》虽根本前修,而不著其说,又其持论间与诸儒相违,于是乐逊序义、刘炫规过之书出焉。……因刺取经传附以先世遗闻,为补注六卷。……宗韦、郑之遗,前修不掩;效乐、刘之意,有失必规。其中于古今文之同异者尤悉焉……”(《春秋左传补注自序》)。此外较有价值之书,则为《九经古义》(栋所解之经,有《易》、《书》、《诗》、三《礼》、三《传》、《论语》,《左传》补注已单行,故名九经),其书掇拾汉儒专门训诂之学,以考见古义者也。自序云:

> 汉人通经有家法,故有五经师。训诂之学,皆师所口授,其后乃著竹帛,所以汉经师之说,立于学官,与经并行。五经出于屋壁,多古字古言,非经师不能辨。经之义存乎训,识字审音乃知其义;是故古训不可改也,经师不可废也。余家四世传经,咸通古义,守专室,申稿简,日有省也,月有得也,岁有记也。……因述家学,作《九经古义》

一书。(《九经古义述首》)

此可为惠氏治学之根本观念。其意盖以经典之真意存乎古训,而汉代经师,学有渊源,各守家法,皆所以传古训者;汉儒乃吾人通经之绝好介绍人,是以其说甚可尊也。惠氏所以汲汲于汉说之搜求,掇拾残剩者即在此。

(三) 惠学之批评

惠氏以深信汉人太过,其说常迂拘不可通;王引之评之云:"惠定宇先生考古虽勤,而识不高,心不细,见异于今者则从之,大都不论是非。"(《焦氏丛书》卷首《王伯申手札》)可为惠氏之定论。虽然,惠氏于乾嘉开始时期,坚固壁垒,锐意复古,使汉学成为严整之学派,于学风之开拓转变,亦大有力焉。王昶之论曰:

> 呜呼!自孔、贾奉敕作正义,而汉魏六朝老师宿儒专门名家之说并废。又近时吴中何氏焯、汪氏份以时文倡导学者,而经术益衰。先生生数千载后,耽思旁讯,探古训不传之秘,以求圣贤之微言大义。于是吴江沈君彤、余君萧客、朱君楷、江君声等先后羽翼之,流风所被,海内人士无不重通经,通经无不知信古,而其端自先生发之,可谓豪杰之士矣。(《惠定宇墓志铭》)

其言确能代表惠氏一部分价值,非阿谀也。近时梁任公亦有较平允之批评,其言曰:

> 惠派治学方法,可以八字蔽之,曰:"凡古皆真,凡汉皆好。"其言"经师说与经并行",意盖欲尊之使侪于经矣。……栋以善《易》名;其治《易》也,于郑玄之所谓"爻辰",虞翻之所谓"纳甲",荀谞之所谓"升降",京房之所谓"世应"、"飞",与夫"六日七分"、"世轨"诸说,一一为之疏通证明;汪中所谓"千余年不传之绝学"者也。以吾

观之，此其矫诬，与陈抟之"河图洛书"有何差别？然彼则因其宋人所诵习而排之，此则因其为汉人所倡导也而信之，可谓大惑不解。……平心论之，此派在清代学术界，功过参半。笃守家法，令所谓"汉学"者壁垒森固，旗帜鲜明，此其功也。胶固盲从、褊狭、好排斥异己，以致启蒙时代（清初）之怀疑精神，几夭阏焉，此其罪也。（《清代学术概论》）

观此，则惠氏之学，可以概见，而梁氏之言，亦可谓深中肯綮矣。

六十四　惠栋弟子及接近惠派之学者 江声、余萧客、王鸣盛、钱大昕

（一）江声

惠栋弟子最著者曰江声、余萧客。皆亲炙惠氏而恪守其治学宗旨者也。江声字鳢涛，后改叔沄。晚年以不谐于俗，取《周易》艮背之义，自号艮庭，学者称艮庭先生，吴县人。读《左传》怪古文与今文不类，三十五岁后，师事惠栋，得读惠氏《古文尚书考》及阎氏《尚书古文疏证》，渐晓古今文之由来，所作《尚书集注音疏》颇得力于此。声性耿介，当时知名之士如王鸣盛、王兰泉、毕沅等皆重其为人。惟赋性颇孤僻，生平不作楷书，喜为北宋人小词，皆以篆书书之，即与人往来笔札，亦皆作古篆，见者评以为天书符箓，群非笑之。嘉庆元年，诏开孝廉方正科，或以荐，赐六品顶带，嘉庆四年卒，年七十八。所著有：

《尚书集注音疏》十二卷　《六书说》一卷　《恒星说》一卷

《尚书集注音疏》为声最有名之著作。盖自《古文尚书》及《伪孔传》之伪既定，唐人根据孔传所作之正义，当然价值低落，于是尚书乃有另作新疏之必要，声之此书，即应此要求而出者也。声著此书，凡四易稿，积十余年而后成；书中以汉人之注为主体，凡伏生、马融、郑玄、许慎之说皆为

引入,乃以己意为之疏。书末附《尚书集注音疏述》,对于《尚书》传注之变迁,与今古文之纠纷,叙述颇明晰。自述作书之大意曰:

> 至唐贞观诏儒臣纂《五经正义》,孔颖达辈误以梅赜所上之书为壁中古文而为之正义,反庰(斥)郑氏所述之二十四篇为张霸伪造。斡弃周鼎,而宝康瓠。由是孔氏之古文亡,而郑氏三十四篇注亦与之偕亡矣。於戏!《尚书》之阨,一至于此哉!声窃愍汉学之沦亡,伤圣经之晦蚀,于是播阅群书,搜拾汉儒之注,惟马、郑、王三家仅有存焉。外此则许吝(慎)之《五经义谊》,载有今文古文家说,其书已亡,所存仅见。他如伏生之《尚书大传》则体殊训注,间有解诂而㠯(已)。爰取马郑之注,及大传异谊,参酌而缉之,更傍采他书之有涉于《尚书》者以益之。其王肃注与晚出之孔传本欲勿用,不得已始谨择其不谬于经者,间亦取焉。皆以己意为之疏,以申其谊。(《尚书集注音疏述》)

又曰:

> 吾师惠松崖先生《周易述》融会汉儒之说以为注,而复为之疏,其体例固有自来矣。声不揆梼昧,综核经传之训故,采摭诸子诸家之说,与夫汉儒之解以注《尚书》;言必当理,不敢衒奇,谊必有征,不敢欺世;务求惬心云尔。顾自唐宋以来,汉学微甚,不旁证而引申之,鲜不以为孟浪之言,奚以信今而垂后,则疏其弗可以㠯也矣。……惟曰庶无负昔闻之师说云尔。敢窃比先师之《周易述》,晞附著作之林哉?(《尚书集注音疏后》)

由前段可见其著书之动机,及取材;由后段可以见治学所取之态度。惠派学者皆笃信汉儒,故此书立意模仿惠栋之《周易述》,大体皆以汉儒之说为主。至此书之内容,则尚不免芜杂,今古文之说,亦不免混淆,且行文时之夹杂古字,失之矫异;皆吾人所不能满意者。惟搜讨之勤,引证之博,使汉儒之说复见于世,则亦有相当之价值也。

(二)余萧客

余萧客字仲林,别字古农,吴县人。少年好诗文,十五岁后,始悉经术之可贵。思读汉唐注疏,而家贫不能自置,乃从人借读,闻有异书,必徒步往借,虽仆仆五六十里,不以为劳也。年二十二,问学于惠栋,栋教以当务其远者大者,以探讨唐人以前之说为可贵,宋以下不必论也。旋应朱文游教读之聘,文游当时藏书之富,甲于吴门,萧客因得遍观群书,更于元妙观阅《道藏》,于南禅寺阅《佛藏》,皆与其学力以莫大之增益。然以阅读编著过勤之故,丧其目力,几至失明,后虽稍愈,仅能阅大字书而已(晚年教授乡里,闭目口授,时人呼为盲先生)。曾应直隶总督之聘,至保定修《畿辅水利志》。得间游京师,与朱筠、纪昀等相过从,朱、纪颇崇视之。后因目疾复作,乃归里,以教授为生。四库馆开,征求有名学者,以当校雠之任,或以萧客荐,以布衣与例不合,不许;贫困以终。所著书,有:

《尔雅释》　《注雅别钞》八卷　《文选纪闻》三十卷　《音义》八卷　《杂题》三十卷　《选音楼诗拾》?　《古经解钩沉》三十卷

《注雅别钞》为其少年作品,专攻陆佃《新义埤雅》及罗愿《尔雅翼》之误;后颇悔之,不欲以示人。萧客颇好选学,故名其楼曰选音,《文选杂题》等作品皆此类也。惟此等在经学中并不重要,其较重要者则《古经解钩沉》也。是书搜采唐以前诸儒训诂之说(惟其书尚存者不载,只采原书散佚而为古书所引者,故属于辑佚性质),与惠栋之《九经古义》略近。书分三十卷,首为《叙录》一卷,次《周易》一卷,《尚书》三卷,《毛诗》二卷,《周礼》一卷,《仪礼》二卷,《礼记》四卷,《左传》七卷,《公羊传》一卷,《穀梁传》一卷,《孝经》一卷,《论语》一卷,《孟子》二卷,《尔雅》三卷;《叙录》备述唐以前诸儒名氏及其已佚之书名(各存其说不传者不载)。《周易》以下各卷,则广收诸家经解,旁及史传,有片语单词可考者,悉著其目,而一一注明其所自出。并以北宋精本参校前明监版之讹舛,于辑佚之外,兼

及校勘。《自序》云:

> 己卯秋杪,萧客从事《钩沉》,……辛巳遂下榻滋兰精舍(朱文游家),丹青朝夕,乐不为疲,至有左目几成青盲。而《钩沉》得信而有征,于先儒言,匪面命之,提其耳焉。壬午二月,目疾甚,百方自疗,四月未尽,复转入虚损。……萧客摈绝交游,五年专力,穷则腴代樵苏,愁则娱同丝竹。上惭食时期月之敏,下非《两都》、《三都》之精,然蜜蜂以兼采为味,秋菊则落英可餐,绘事以众色成文,睢涣则余波未绝。(《钩沉序录后序》)

此亦足见其用力之勤矣。至于此书之价值,则其直接之功,在于辑合先儒之遗说,使散漫者一朝复集合于一目之下。其间接之影响,则在于提倡古训,盖自赵宋以降,注疏之学衰,先儒之故训,已不为世所重;惠派学者立意复古,惠栋之《九经古义》,既搜辑于前,而萧客此书,复赓续于后,其于昌明古训,提倡古学之功皆甚大。惟搜辑虽勤,而疏落之处亦多。如梁皇侃《论语义疏》当时日本尚有全帙;又唐史征《周易口诀义》当时《永乐大典》尚存遗说;而萧客谓皇氏书已亡,于史氏书则未采;皆其较著者。故戴震评其书有"有钩而未沉者,有沉而未钩者"之语(江藩《汉学师承记引》)。虽然,萧客贫士,从借读借钞中而有此种成绩,则非有不懈之毅力,不能至此,其搜辑之不完备,则地位与资力使之也。萧客自述云:"萧客少无过人之性,中复贫病相兼,三十以后,居然濩落。此集虽粗立规条,然病中涂抹,易稿再三,其间或旧注失收,或前后倒置,或本非散失,误行采入,不能保无一二抵牾。……"(《古经解钩沉例言》)观此当可谅然矣。

(三) 王鸣盛

江声与余萧客皆亲炙惠栋之教者,惠派嫡系也。其服膺惠氏而精神略与相近者,则有王鸣盛、钱大昕。鸣盛少惠栋二十五岁,长戴震一岁,与江声同年生,长余萧客十岁,其年代正值乾嘉经学隆盛之时。字凤喈,一字礼堂,号西庄,学者称西庄先生(晚年更号西沚),嘉定人。十七补县学生，肄业紫阳书院，东南才俊，会聚一堂，而以鸣盛为之最。尝从惠栋问经义，知训诂必以汉儒为宗，自是专究《尚书》之学。乾隆十二年中江南乡试。十九年成进士，授编修，公卿争礼致之。时秦蕙田方修《五礼通考》，属任分修。二十二年，擢侍读学士，三十四年，充福建乡试正考官，寻升内阁学士，兼礼部侍郎。事竣还京，以滥用驿马，被吏议降二级。二十八年丁忧回籍，自是绝意宦海，不复出矣。家居后，穷研经史，不与朝贵通音问，年六十八，两目忽瞽，阅二岁，得吴兴医针之而愈，著书如常时。嘉庆二年卒，年七十六。鸣盛之学，经史并治，而说经一以汉人为宗，郑玄、许慎尤所墨守。尝谓："汉人说经必守家法，亦云师法。自唐贞观撰诸经义疏，而家法亡。宋元丰以新经义取士，而汉学殊绝。今好古之儒皆知崇注疏矣，然注疏惟《诗》、三《礼》及《公羊传》犹是汉人家法，他经注则出于魏晋人，未为醇备。……"（钱大昕《潜研堂集·西沚先生墓志铭》）其著作之最著者：

《尚书后案》三十卷附《尚书后辨》　《周礼军赋说》四卷　《十七史商榷》一百卷　《蛾术编》一百卷

《尚书后案》为鸣盛最费力之作，凡经三十四年而后成，自序谓："嘻！草创于乙丑，予甫二十有四，成于乙亥，五十有八矣。寝食此中，将三纪矣。又就正于有道江声，乃克成此编。"鸣盛又自述作书之大旨云：

《尚书后案》何为而作也？所以发挥郑氏康成一家之学也，《书》本百篇，秦火后，伏生传今文三十四篇，孔安国得壁中古文，增多二十四篇，余四十二篇亡矣。三十四篇者，即二十九篇。《尧典》一，《皋陶谟》二，《禹贡》三，《甘誓》四，《汤誓》五，《盘庚》六，《高宗肜日》七，《卤伯戡黎》八，《微子》九，《太誓》十，《牧誓》十一，《洪范》十二，《金滕》十三，《大诰》十四，《康诰》十五，《酒诰》十六，《梓材》十七，《召诰》十八，《洛诰》十九，《多士》二十，《无逸》二十一，《君奭》二十二，《多方》二十三，《立政》二十四，《顾命》二十五，《费誓》二十六，

《吕刑》二十七,《文侯之命》二十八,《秦誓》二十九,伏书本二十八,《太誓》别得之民间,合于伏书故二十九。安国得古文,以今文读之,又于其中分《盘庚》、《太誓》各为三,分《顾命》为《康王之诰》,故三十四也。二十四篇者即十六篇,其目郑具述之,《舜典》一,《汨作》二,共九篇十一,《大禹谟》十二,《益稷》十三,《五子之歌》十四,《允征》十五,《汤诰》十六,《咸有一德》十七,《典宝》十八,《伊训》十九,《肆命》二十,《原命》二十一,《武成》二十二,《旅獒》二十三,《冏明》二十四也。自安国递传至卫宏、贾逵及郑氏皆为之注,王肃亦注之,惟郑师祖孔学,独得其真,但诸家只注三十四篇,及百篇之序,增多者无注,至晋又亡。好事者别撰增多二十五篇,内有《太誓》,故于三十四篇删去《太誓》,又分《尧典》之半充《益稷》,改为三十三篇,并撰孔传,盖出皇甫谧手云。夫增多者已亡矣,目犹在也,三十四篇汉注犹在也,晋人所撰与今古文二者皆不合,孔颖达作疏用之,反诬郑述增多为张霸书,自是三十四篇汉注亦亡矣。予遍观群书,搜罗郑注,惜已残阙,聊取马、王传疏益之,又作案以释郑义。马、王传疏与郑异者,条晰其非,折中于郑氏,名曰《后案》者,言最后所存之案也。至二十五篇则别为后辨附焉。……予于郑氏一家之学,可谓尽心焉耳矣,若云有功于经,则吾岂敢!(《尚书后案序》)

序中述《尚书》原委及作书大旨颇详,盖完全以郑玄为宗,认郑氏所注者,确为孔壁之真古文。书中极力搜郑氏遗注,然后加以案语,案语以释注为主,即疏也。书后附《尚书后辨》则专辨《古文尚书》之真伪者,其说亦颇可与阎、惠两家之书参看。不过申阎、惠之说而非别有创见也。《后案》与江声之《集注音疏》比,则搜罗益加宏富,至论其短则同失之繁琐,且于今古文之说不能划清,以致纠缠不清焉。其《周礼军赋说》共四卷,凡二十八条,前二卷论《周礼》井田之制及税法,后二卷专论军制,皆杂引前人之成说然后加以案语,虽考据颇详,惟无系统,类札记之属。所著《十七史商榷》,乃校读史书随手之札记汇而成之者,内分《史记》六卷,《汉书》二十二卷,《后汉书》十卷,《三国志》四卷,《晋书》十卷,《南史》、

《宋书》、《齐书》、《梁书》、《陈书》共十二卷,《北史》、《魏书》、《齐书》、《周书》、《隋书》共四卷,新、旧《唐书》二十四卷,新、旧《五代史》六卷,《缀言》二卷,都凡一百卷。书中所包者实有十九史,谓之十七史者,沿用宋时汇刻十七史之名也(多《旧唐书》、《旧五代史》两种)。书中注重校勘本文,补正讹脱,于事迹之虚实,纪传之异同,及舆地职官典章名物尤为加详,惟不喜夹杂议论。盖谓:

> 大抵史家所记典制,有得有失,读史不必横生意见,驰骋议论,以明法戒也;但当考其典制之实,俾数千百年建置沿革,了若指掌,而或宜法或宜戒,待人之自择焉可矣。其事迹则有美有恶,读史者亦不必强立文法,擅加与夺,以为褒贬也;但当考其事迹之实,俾年经事纬部居世次记载之异同,见闻之离合,一一条析无疑,而若者可褒,若者可贬,听之天下之公论焉可矣。书生胸臆,每患迂愚,即使考之已详,而议论褒贬,独恐未当,况其考之未确者哉!盖学问之道,求于虚,不如求于实,议论褒贬,皆虚文耳。作史者之所记录,读史者之所考核,总期于能得其实焉而已矣。(《十七史商榷序》)

此颇足以表现清代学者之治学精神,若辈所重视者,在实际之考核,而不尚空谈之言论;经生家一则曰"实事求是",再则曰"言而有征",故纯粹努力于实际材料之整理,与尚议论而不切实际者不同。移此精神以治史,故亦特别注重史料方面。清代学者对于史书之贡献,除表志之补作外,大部工夫即在于史书之校勘,谓之曰治经方法之副产物,盖相当也。鸣盛又论治经与治史异同之点曰:

> 读史之法与读经小异而大同,何以言之?经以明道,而求道者不必空执义理以求之也,但当正文字、辨音读、释训诂、通传注,则义理自见,而道在其中矣。……读史者不必以议论求法戒,而但当考其典制之实;不必以褒贬为与夺,但当考其事迹之实;亦犹是也,故曰同也。若夫异者则有矣,治经者断不敢以经驳经,而史则虽子长、孟坚,

苟有所失,无妨箴而砭之,此其异也。抑治经者岂特不敢驳经而已,往往文艰奥难通,若于古传注凭己意择取融贯,犹未免于僭越,但当墨守汉人家法,定从一师而不敢他徙。至于史,则于正文有失,尚加箴砭,遑论裴骃、颜师古一辈乎?其当择善而从,无庸偏徇,固不待言矣,故曰异也。要之,二者虽有小异,而总归于务求切实之意则一也。(同上)

此更足以表现惠派学者之治学方法,彼等注重墨守汉人家法,而不敢稍事批评,则未免太拘谨矣。如此治经,充其量不过为汉人之忠仆而已,何足贵哉?要之,《商榷》之书,实足为吾人读史之最好导师,鸣盛谓:"试以予书为孤竹之老马,置于其旁而参阅之,疏通而证明之,不觉如关开节解,箸转脉摇,殆或不无小助也。夫以予任其劳而使后人受其逸,予居其难而使后人乐其易,不亦善乎!"(同上)良非溢美也。

《蛾术编》分《说录》、《说字》、《说地》、《说制》、《说人》、《说物》、《说集》、《说刻》、《说通》、《说系》十门,共一百卷。钱大昕论其书"仿王深宁、顾亭林之意,而援引尤博赡焉"(《道古堂集·西沚先生墓志铭》)。予未读其书,不敢评也。

(四) 钱大昕(附弟大昭)

钱大昕乃王鸣盛之妹夫,少鸣盛六岁,少戴震五岁,长余萧客四岁,与王昶、姚鼐、朱筠等均系同时,相差不过一二岁而已。字晓徵,一字辛楣,号竹汀,嘉定人。少年肄业于苏州紫阳书院,与王鸣盛、王昶同学,甚相知。乾隆十六年,高宗南巡,召试赐举人,补内阁中书。十九年进士,改翰林庶吉士。二十二年授编修,明年迁侍读。二十八年擢侍讲学士,充日讲起居注官。三十二年乞假归。三十四年复入都。三十六年充《一统志》纂修官,次年补侍读,充《三通》馆纂修官。三十九年提督广东学政。次年丁父忧,时年四十八,不复仕矣。此后历主钟山、娄东、紫阳诸书院,而在紫阳至十六年之久,门下成学成名者不可胜计。嘉庆九年卒于书院,年七十有七(以上参大昕自撰《竹汀居士年谱》)。所著书有:

《唐石经考异》一卷　《经典文字考异》三卷　《声类》四卷　《二十二史考异》一百卷　《唐书史臣表》一卷　《唐五代学士年表》二卷　《宋中兴学士年表》一卷　《元史氏族表》三卷　《元史艺文志》四卷　《三史拾遗》五卷　《诸史拾遗》五卷　《南北史隽》一卷　《通鉴胡注辩证》三卷　《四史朔闰考》四卷　《吴兴旧德录》四卷　《先德录》四卷　《洪文惠年谱》一卷　《洪文敏年谱》一卷　《王深宁年谱》一卷　《王弇州年谱》一卷　《陆放翁年谱》一卷　《天一阁碑目》二卷　《疑年录》四卷　《日记》六十卷　《金石文字跋尾》二十卷　《金石文字目录》八卷　《附识》一卷　《十驾斋养新录》二十卷　《余录》三卷　《三统术》三卷　《黔口》一卷　《风俗通义逸文》一卷　《恒言录》十卷　《潜研堂文集》五十卷　《诗集》十卷　《续集》十卷

大昕之学，不名一家，举凡经史、金石、算术无不通达，而重要之贡献，则在于校勘。所著《二十二史考异》，主于校勘文字，考订典实，而识趣实驾王鸣盛《十七史商榷》而上之。二十二史者：《史记》、《汉书》、《后汉书》(《续汉志》)、《三国志》、《晋书》、《宋书》、《南齐书》、《梁书》、《陈书》、《魏书》、《北齐书》、《周书》、《隋书》、《南史》、《北史》、《唐书》、《旧唐书》、《五代史》、《宋史》、《辽史》、《金史》、《元史》也。自序谓："夫史之难读久矣。司马温公撰《资治通鉴》成，惟王胜之借一读，他人读未尽十纸，已欠伸思睡矣。况二十二家之书，文字烦多，义例纷纠，地则今昔异名，侨置殊所，职官则沿革迭代，冗要逐时，欲其条理贯串，了如指掌，良非易事。以予儋劣，敢云有得？但涉猎既久，启悟遂多，著之铅椠，贤于博弈云尔。且夫史非一家之书，实千载之书，袪其疑乃能坚其信，指其瑕益以见其美，拾遗规过，匪为龄龁前人，实足开导后学。考古者拾班、范之一言，摘沈、萧之数简，兼有竹素烂脱，豕虎传讹，易'斗分'作'升分'，更'子琳'为'惠琳'，乃由校书之陋，本非作者之愆；而皆文致小疵，目为大创，驰骋笔墨，夸曜凡庸，予所不能效也。更有空疏措大，辄以褒贬自任，强作聪明，妄生疻痏，不叶年代，不揆时势，强人以所难行，责人以所难受，陈义相高,居予过刻,予所不能效也。桑榆景迫,学殖无成,惟有实事求是,护惜古人之苦心,可与海内共白。自知檠烛之光,必多罅漏,所冀有道君子,理而董之!”此不仅为考异之序文,亦可视为大昕治学态度之重要表示也。所著《三史拾遗》、《诸史拾遗》亦主勘误,足补《考异》之所不及。而所作诸史志表亦颇佳,尤以《元史·艺文志》为最著,以其收罗甚富,且能考订精审也,大昕尝自述曰:

> 予补撰《元史艺文志》,所见元明诸家文集志乘小说,无虑数百种,而于焦氏《经籍志》,黄氏《千顷堂书目》,倪氏《补金元艺文》,陆氏《续经籍考》,朱氏《经义考》,采获颇多。其中亦多讹踳不可据者,略举数事以例其余,非敢指前人之瑕疵,或者别裁苦心,偶有一得耳。(《十驾斋养新录》卷十四)

大昕最不满意于《元史》,其论曰:

> 《元史》纂修,始于明洪武二年,以二月丙寅开,八月癸酉告成,计一百八十八日。其后续修顺帝一朝,于洪武三年二月乙丑再开局,七月丁未书成,计一百四十三日。综前后仅三百三十一日,古今史成之速,未有如《元史》者!而文之陋劣,亦无如《元史》者!盖史传信之书,时日促迫,则考订必不审,有草创而无讨论,虽班马难以见长。况宋王词华之士,征辟诸子,皆起自草泽,迂腐不谙掌故者乎?开国功臣,首称四杰,而赤老温无传;尚主世胄,不过数家,而郓国亦无传。丞相见于志者,五十有九人,而立传者不及其半。太祖诸弟,止传其一,诸子亦传其一。太宗以后皇子无一人立传者。本纪或一书而再书,列传或一人而两传,《宰相表》有姓无名,《诸王表》或有封号无人名,此义例之显然者,且纰缪若此,固无暇论其文之工拙矣。(《十驾斋养新录》卷九)

大昕尝发愤补作《元史》,惜未能成,即其遗稿亦不可见矣。大昕亦颇注重年谱，尝自撰《竹汀居士年谱》，又为惠适、惠迈、陆游、王应麟等作谱，惟失之太简耳。所著《疑年录》，起自郑康成，迄于邵二云，考核其间重要学者之生卒年月，按年排列，颇便检查，惜亦不完备也。其他如《声类》则专究小学；《三统术衍》及《三统术钤》，则讨论天算；《金石文跋尾》及《金石文字目录》，则专核金石；各有若干发明。其《恒言录》一书，则分门纂辑"成语"如"快活"、"沽名"、"名教"……等，一一论列其来源及出处，虽无关宏旨，然亦从可知汉学家好为支支节节之搜求，其精力之所萃大半在此也。大昕专门说经之书不多，惟《文集》与《十驾斋养新录》中，颇多短条之说明，且亦精赅详审，欲知大昕之精神，不可不于此求之。大昕虽亦接近惠派，然绝不类王鸣盛之主张墨守，此可于《答王西庄书》中见之。其言曰：

> 得手教，以所撰述，于昆山顾氏、秀水朱氏、德清胡氏、长洲何氏间有驳正，恐观者以诋诃前哲为咎。愚以为学问乃千秋事，订讹规过，非訾毁前人，实以嘉惠后学，但议论须平允，词气须谦和，一事之失，无妨全体之善，不可效宋儒所云一有差失，则余无观耳。郑康成以祭公为叶公，不害其为大儒，司马子长以子产为郑公子，不害其为良史。言之不足传者，其得失固不足辩，既自命为立言矣，千虑容有一失，后人或因其言而信之，其贻累于古人者不少。去其一非，成其百是，古人可作，当乐有诤友，不乐有佞臣也。且其言而诚误耶，吾虽不言，后必有言之者，虽欲掩之，恶得而掩之？所虑者古人本不误，而吾从而误驳之，此则无损于古，而适以成吾之妄，王介甫、郑渔仲辈皆坐此病，而后来宜引其为戒也。(《潜研堂文集》卷三十五)

此种态度甚为正当。学问之道，后人以时间之关系，常优越于前人；如必过信古人，明知其过而不敢纠正，则学术尤无进步之日，亦何贵乎有后人哉？大昕精于史学，故能深见及此，与经生之徒事呫哔者，盖有间矣。

大昕弟大昭，字晦之，又字竹庐，亦贯通经史，著书甚富，惟刊行者仅《后汉书补表》八卷而已。钱氏一门皆治古学，大昕侄辈之继起如塘、坫，皆当时人望,可谓盛矣。其弟子朱骏声,字丰芑,吴县人,嘉庆二十三年举人。大昕一见奇之曰:“衣钵之传,将在子矣。”咸丰元年以截取知县入都,进呈所著《说文通训定声》及《古今韵准》、《检韵》、《说雅》共四十卷,文宗披览,嘉其治学,赏国子监博士衔。八年卒,年七十一。骏声著述甚多,以《说文通训定声》为最有名,乾嘉学者之后劲也。子孔彰能传父业,有《说文粹》三编、《十三经汉注》及《中兴将帅别传》。

第十二章　乾嘉时代之重要学者(中)

六十五　经学大师——戴震(附洪榜)

(一) 戴震传

清代汉学之构成壁垒,始于元和惠氏之提倡尊古;然清学之优点,初不在是,其开辟研究之方法为一代倡者,则大师戴震也。震之年代,少江永四十二岁,少惠栋二十六岁。与钱大昕、王鸣盛皆为同时。字东原,安徽徽州休宁人。生十岁始能言,入塾读书,塾师授以《大学章句》,至"右经一章,……"问塾师曰:"此何以知其为孔子之言而曾子述之?又何以知其为曾子之意而门人记之?"师应之曰:"此先儒朱子所注云尔。"即问:"朱子何时人也?"曰:"南宋。"又问:"孔子、曾子何时人也?"曰:"东周。"又问:"宋去周几何时?"曰:"几二千年矣。"又问:"然则朱子何以知其然?"师无以应,大奇之(见洪榜《初堂遗稿·戴先生行状》)。读书每字必求其义,塾师略举传注训诂之语,意每不释。塾师因取许氏《说文》授之,震大好。自是广读字书,而于经中一字之义,必详考而后安,时年仅十六七耳。二十岁得见江永,乃以所学就正,永喜其少年博学,亦优礼之。同郡程瑶田、金榜等亦好学之士,并互相问难,以此其学日进。二十二岁以后,即斐然有作矣(二十二岁著有《筹算》一卷)。惟不得志于科举业,三十岁始补县学生,而治学之志,不以此稍沮也。三十三岁入都,寄旅于歙县会馆,贫至饭食不能继。而京中学者稍稍知震名,纪昀、王鸣盛、钱大昕、王昶、朱筠辈均在京师,往访之,听其言,观其书,皆大倾服。自是震之名渐重于公卿间,而世乃知有东原矣。秦蕙田方编《五礼通考》,闻震善步算,即延主其第,相与讨论,《五礼通考》中《观象授时》一门,采震之说颇多。次年(三十四岁)馆于王安国家,教其子念孙,戴门之高足弟子也。明年南旋(三十五岁),始识惠栋于扬州卢见曾署内(时卢为都转运使)。自此屡客扬州,时与卢文弨讨论校勘《大戴礼》,文弨悉从其说。四十岁举于乡,明年复入都,段玉裁从问学焉。此后为会试凡数次入都,皆不第。四十六岁应直隶总督方观成之聘,修《直隶河渠书》,书未成而方卒,继任杨廷璋不能礼敬,乃辞入都,而震固以未竟其业为深憾也。次年(四十七岁)应汾州太守之聘,修《汾州府志》,逾一年复修《汾阳县志》。五十岁自汾阳入京会试,不第后,乃南下主讲浙东金华书院。在浙逾一年,值开四库馆(五十一岁),纪昀等以震荐,召充纂修官。明年会试后不第,奉命与乙未贡士一体殿试,赐同进士出身,授翰林院庶吉士。而震已年五十三矣。自四十岁来,屡困于有司,终以赐同进士出身结局,距死之年仅二岁耳,制义之困人亦何深耶!震自入四库馆后,朝夕校著无暇时,四年之间,校著之书约十七种,且精核绝伦,不涉空浮,以致劳神伤身,而病作矣。初病足痿,不能行动,辗转床褥间,犹复校著不辍,四十二年卒于京,年五十五,仅享中寿耳。

(二) 戴氏之著述

戴氏少年即从事著述,迄死未辍;故作品颇多,然完成者则甚少。段玉裁《东原年谱》及各家称引,著校之目,总合已成、未成者约有五十余种。曲阜孔继涵所刻《戴氏遗书》共收十五种,其他刻本亦十数种,兹先将《遗书》之目列下:

《毛郑诗考正》五卷 《杲溪诗经补注》二卷(未成) 《孟子字义疏证》三卷 《原善》三卷 《原象》一卷 《方言疏证》十三卷 《声韵考》四卷 《声类表》十卷 《考工记图》三卷 《续天文略》二卷 《勾股割圜记》三卷 《策算》一卷 《水地记》一卷 《水经注》三十五卷 《文集》十卷

《毛郑诗考正》著作年代不可考,其书专考《诗毛传郑笺》之音读意义,而加以按语;惟仅有《周南》、《召南》,余均未成。《杲溪诗经补注》,三十一岁成。段《谱》云:"注诗《周南》、《召南》名之曰《杲溪诗经补注》,'杲溪'二字,盖以自别于诸言诗者。"《孟子字义疏证》,五十五岁写定,虽名《字义疏证》,实即戴氏发挥思想之作。自云:"生平著述之大,以此书为第一。"至其内容,则别于思想节下述之。《原善》一书,与《孟子字义疏证》同为发挥思想者,据段《谱》所考,成于三十岁至四十岁之间。是书有初稿与定稿两种:段氏经韵楼本为初稿,《遗书》本为定稿。定稿乃就初稿扩充而加详者,大旨无出入,可于自序知之。《原象》成于四十岁以前,内包《迎日推策记》一卷。段《谱》云:"……《原象》凡八篇,一篇、二篇、三篇、四篇即先生之《释天》也。五篇、六篇、七篇即《勾股割圜记》之上中下三篇也。其八篇则为矩,以准望之详也。《迎日推策记》亦旧时所为,玉裁与《释天》皆于癸未抄写,则成书皆在壬午(乾隆二十七年)前可知。至晚年合九篇为《原象》以为《七经小记》之一,天体算法全具于此。"《方言疏证》成于五十一岁至五十五岁之间。段《谱》云:"《方言》,汉扬雄撰,宋洪迈以为断非雄作,先生实驳正之。……先生以是书与《尔雅》相为左右,学者以其古奥难读,郭景纯璞之注,语焉不详,少有研摩者。故正讹补脱删衍,复还旧观。又逐条援引诸书,一一疏通证明,具列案语。盖如宋邢昺之疏《尔雅》,而精确过之,汉人训诂之学,于是大备。"《声韵考》四十四岁成。卷一上半论"反切之始","韵书之始","四声之始"。卷一下半及卷二论隋陆法言《切韵》、宋祥符《广韵》、宋景德《韵略》、宋景祐《礼部韵略》、宋宝元《集韵》。卷三论古音。卷四则附以杂论音韵之文六篇。《声类表》成于五十五岁,段《谱》云:"丁酉五月上旬作《声类表》凡九卷,即予所谓九类,每类为一卷也。先是癸巳春,先生在浙东金华书院,以古音分为七类,至丙申与予书,则七类又改为九类。至临终十数日之前,因成此书。孔户部刻诸微波榭,而冠以《与段若膺论韵》六千言者是也。九卷每类于今音古音无不兼综。户部书云:'凡五日而成。'固由精熟诣极,然先生神思亦恐太瘁矣。"《考工记图》,二十四岁著,只有图而无注。三十三岁,纪昀谋刻其书,乃为补注。纪序云:"戴君东原始为《考工记》作图也,图后附以己说而无注。乾隆乙亥夏(乾隆二十年,三十三岁),余初识戴君,奇其书,欲付之梓。迟之半载,戴君乃为余删取先后郑注而自定其说,以为补注。又越半载,书成,仍名《考工记图》,从其始也。”震亦于《后序》中撮述作书要旨曰:“考工诸器,高庳广狭有度,今为图敛于数寸纸幅中,或舒或促,必如其高庳广狭,然后古人制作昭然可见。不则如磬氏之磬,何以定倨句;㮚氏之量,何以测其方圆;径幂辉人之皋陶,何以辨其鼖鼓鼛鼓。又如凫氏之钟,后郑云:‘鼓六、钲六、舞四,其长十六。’又云:‘今时钟或无钲闲。’既为图观之,直知其误也。勾股法,自铣至钲,八而去二,则自钲至舞,亦八而去二,铣为钟口,舞为钟顶。记曰铣,曰钲者,径也。曰铣闲,曰钲闲,曰鼓闲者,崇也。曰修,曰广者,羡也。羡之度举舞,则钲无铣可知;而钲闲因铣钲舞之径以得其崇,然则记所不言者皆可互见。若据郑说,有难为图者矣。其他戈戟之制,后人失其形似;式崇式深,后人疏于考论;郑氏注固不爽也。车舆宫室,今古殊异,钟县剑削之属,古器犹有存者。执吾图以考之,群经暨古人遗器,其有合焉尔。”《续天文略》大约作于入四库馆后,惟在何年则无考。是书之作,盖以郑樵不通天文,《通志·天文略》甚不完全,故作此书以补之。书凡十目:曰《星见伏昏旦中》,曰《列宿十二次》,曰《星象》,曰《黄道宿度》,曰《七衡六间》,曰《晷景短长》,曰《北极高》,曰《日月五步》,曰《仪象》,曰《漏刻》。《勾股割圜记》三十三岁著。段《谱》云:“是年假馆纪尚书家所作”,乃专论算学之书。卷末自识云:“总三篇,为图五十有五,为术四十有九,记二千四百一十七字。因《周髀》首章之言,衍而极之;以备步算之大全,补六艺之逸简,治经之士,于博见洽闻,或有涉乎此也。”惟其书颇不易了解,故张惠言云:“此书务为简奥,变易旧名,恒不易了。”颇中其弊。《策算》二十二岁著,为震最早之作,初名《筹算》。段《谱》云:“首乘,次除,次命分,次开平方,次筹式,略横筹反对两勾股,略举经籍之资于算者推衍成帙,为治经之士览观。”《水地记》著作年代无可考。段《谱》云:“此书刻于孔户部只一卷,自昆仑之虚至太行山而止。洪舍人《行状》则曰‘未成书《水地记》七册’。盖所属草稿,尚不止此,渫谷取其可读者为一卷刻之,其丛残则姑置之。国朝之言地理者,于古为盛,有顾景范、顾宁人、胡朏明、阎百诗、黄子鸣、赵东潜、钱晓征,而先生乃出乎其上。盖从来以郡国为主而求其山川,先生则以山川为主而求其郡县。”戴氏治地学颇有新发明,惜所遗留者仅此一卷书也。《水经注》五十二岁成,是书重要之贡献在于校勘,前后凡十年而书始告成,为震毕生之大业。孔继涵序云:“东原氏之治《水经注》也,始于乾隆乙酉夏。越八年壬辰,刊于浙东,未及四之一,而奉召入京师,与修《四库全书》。又得《永乐大典》内之本,兼有郦道元自序,乃仍其四十卷,而以平日所得详加订正,进之于朝。令数百年经注溷淆前后错简者,整之还其旧。……”又段《谱》云:“杭州赵东潜一清精于地理之学,研摩《水经注》者数十年,但其校本从未至京师。先生与赵虽或相闻,未尝相识,其所业未尝相观也。四库搜讨遗书,赵书亦得著录。其书校正字句及剖析地理最详,而更正经注一如戴本者,盖赵精诣绝群。鄞县全谢山太史七校是书,深窥秘奥。两公交最深,或闭户暗合,或丽泽相取,而其说往往与先生同。是可以知著书精美,不患千年无校雠諟正之人,而学问深醇,即未相谋面,所言如一。且赵书经钱塘梁处素履绳校刊,有不合者,据戴本以正之;故今二本,大段不同者少也。”全、赵、戴三书价值相若,且有许多相同之处;因此发生剿袭之问题,而赵、戴间之争执尤甚。尊戴者谓赵书经梁处素按戴书照改,其后魏源则大为赵鸣不平。谓赵书先成,戴氏在四库馆中先睹,预窃之,故相合之处甚多。平心论之,戴氏未入四库馆以前,即校此书,以其平生治学方法之精审,与此书经过时间之久,当有可观之成绩;必谓剿袭,则未免太过。然赵书既先入四库馆,而戴又为最关心于此书者,则其取而资证,当在理想可能之中,然此固不足为震病也。夫赵在学术界之地位,全凭此书,尊戴者抑何必谓其书之袭戴而争此短长哉?戴氏之价值固不仅在此书也。《文集》收散篇之文,凡已附见专书者则不录,盖合诸书为全集也。以上乃《遗书》中所收入各书之大要也。遗书以外之刻本,尚有:

《屈原赋注》(七卷广州广雅书局刻本)　《绪言》(三卷南海伍氏粤雅堂刻本)　《尚书义考》(二卷贵池刘氏聚学轩《丛书》刻本)　《经考》(五卷南陵徐氏许斋刻本)　《汾州府志》(三十四卷

汾州刻本) 《汾阳县志》(汾州刻本) 《戴东原集》(十二卷经韵楼刻本)

《屈原赋注》成于三十岁,附《通释》二卷,《音义》三卷。段《谱》云:"《音义》三卷,亦先生所自为,假名汪君;《勾股割圜记》以西法为之注,亦先生所自为,假名吴君思孝:皆如左太冲《三都赋注》假名张载、刘逵也。"《屈原赋注》自序云:"……说《楚辞》者,既碎义难逃,未能考识精核,且弥失其所以著书之旨。今取屈子书注之,触事广类,俾与遗经雅记合致同趣。然后瞻涉之士,讽诵乎章句,可明其学,睹其心,不受后人皮傅,用相眩疑。书既藁就,名曰《屈原赋》,从汉志也。"《绪言》四十四岁著。此书为《孟子字义疏证》之初稿,虽不及《疏证》组织之密,然其中独具之粹言亦多,且足以觇戴氏思想之变迁。研究戴氏思想者,宜并《原善》、《疏证》共读之。《尚书义考》著作年代未详,仅成《尧典》一篇,卷首有义例十四条,申明义例甚详。此书段《谱》未言及,惟孔广森总序及王昶所作《墓志铭》有其目。洪榜所作《行状》有《今文尚书经》二卷,殆即此书异名耶?《经考》大约为三十五岁前后之稿,乃随时札记之类也。此书不见诸家著录,洪榜所作《行状》中有《经论》四卷,或指此耶?《戴东原集》乃段玉裁就《遗书》文集重加编定者。凡《论音韵》、《论六书》、《论转注》、《论义理》诸大篇,为孔氏所未录者,均重行录入。其中书札亦有为孔氏所未及见者。各卷之文大抵以类相从:卷一为通释群经之文;卷二为考证三《礼》名物数度之文;卷三为论小学训诂之文;卷四为论音韵之文;卷五为论天象之文;卷六为论水地之文;卷七为论算学之文;卷八为论义理之文;卷九为泛论学术书札;卷十为诸书序跋;卷十一为酬赠杂文;卷十二为传状碑志等。《汾州府志》与《汾阳县志》皆地志之书,而《汾州府志例言》论地志义例颇详,足以见戴氏对于地志之意见焉。孔刻遗书所收之《方言疏证》及《水经注》乃震校勘之作品,此外所校之书,尚有:

《周髀算经》校本(二卷孔氏《微波榭算经十书》刻本) 《九章算术》纂校本(九卷《算经十书》刻本) 《五经算术》纂校本(二卷

《算经十书》刻本)　《海岛经》纂本(一卷《算经十书》刻本)　《孔子算经》纂校本(三卷《算经十书》本)　《张丘建算经》纂校本(三卷《算经十书》刻本)　《夏侯阳算经》(三卷《算经十书》刻本)　《五曹算经》纂校本(五卷《算经十书》刻本)　《大戴礼》校本?　《仪礼集释》纂校本(武英殿聚珍板本)　《仪礼仪释宫》纂校本(武英殿聚珍板本)　《仪礼识误》纂校本(武英殿聚珍板本)

以上所校之书,皆成于晚年,且极精赅,戴氏治学之缜密可于此见之,其真正贡献亦在是也。此外书目为各家所著录而其书未刻或已佚者,如下:

《六书论》三卷　《转语》二十章　《尔雅文字考》十卷　《金山志》?　《直隶河渠书》一百十一卷　《仪礼考正》一卷　《大学补注》一卷　《中庸补注》一卷　《唐宋文知言集》二卷　《气穴记》一卷　《藏府象经论》四卷　《葬法赘言》四卷

以上诸书未成者居多(亦有成而已佚者),且关系颇微,故未刻行。然其中如《转语》及《大学补注》、《中庸补注》等书,观所遗之序文及年谱所载,亦颇重要。《转语·自序》云:

人之语言万变,而声气之微,有自然之节根。是故六书依声托事,假借相禅,其用至博,操之至约也。学士茫然,莫究所以。今别为二十章,各从声以原其义。……古今言音声之书,纷然淆杂,大致去其穿凿,自然符合者近是。昔人既作《尔雅》、《方言》、《释名》,余以为犹阙一卷书,创为是篇,用补其阙。俾疑于义者以声求之,疑于声者以义正之。……(《文集》)

段《谱》云:"玉裁按此于声音求训诂之书也,训诂必出于声音,惜此书未成,孔检讨广森序戴氏遗书亦云未见。"由此可知此书甚关重要者也。《大学》、《中庸》补注乃发明义理之书;段《谱》云:"《大学补注》一卷,《中庸补注》一卷(未成,至柔远人也,怀诸侯也而止),……盖亦癸未(四十一岁)以前所为,未暇竟成之耳。其言理皆与《原善》、《孟子字义疏证》无纤微不合者,皆存郑注而补之。《大学》之说亲民,说格物,《中庸》之说致中和,说上下察,尤可补先儒所不到。……"夫以戴氏之精密,对《大学》纠纷之说,必能解决其一部分,惜亦竟未刻也。

(三) 戴氏在学术上之贡献

戴氏长于小学、天算,而于校勘之功尤大。其小学书之最著者曰《声韵考》、《声类表》、《方言疏证》(《六书论》、《尔雅文字考》、《转语》均成于早年,不传)。自汉以来,转注之说失传,至有以转声为转注者,而左回右转之说为尤谬。震则谓指事、象形、谐声、会意四者为书之体,假借、转注二者为书之用。一字具数用者为假借,依于义以引申,依于声而旁寄,假此以施于彼也。数字共一用者为转注,犹云互训也。如"初"、"哉"、"首"、"基"之皆为"始","印"、"吾"、"台"、"予"之皆为"我",其义转相为注也。转注与假借正相反。《说文》于"考"训之曰"老也",于"老"训之曰"考也",即转相为注也(参看《东原集》卷三《答江慎修论小学书》)。江永谓"众说纷纭,得此论定,诚无以易矣"(《戴氏年谱》引)。震深于音韵之学,主张由声音以通训诂,开清代小学之法门。又颇精于古音,辨析入微,卓然成家。凌廷堪尝论其特点,甚扼要,录之如下:

> 自汉以来,古音寖微,学者于六书谐声之故,靡所从入。《广韵》东冬钟江真谆臻文欣元寒桓删山先仙阳庚耕清青蒸登侵覃谈盐添咸衔严凡共三十五韵有入声,外此如支脂等二十二韵无入声。顾氏《古音表》反是。先生则谓有入无入之韵当两相配,以入声为之枢纽。真以下十四韵与脂微齐皆灰,五韵同入声。东以下四韵及阳以下八韵,与支之佳吹箫宵肴豪尤侯幽十一韵同入声。侵以下九韵之入声,则从《广韵》无与之配。鱼虞模歌戈麻六韵,《广韵》无入声,今同以铎为入声,不与唐相配。而古音递转及六书谐声之故,胥可由此

得之,此古人所未发也。(《校礼堂集·东原先生事略状》)

测算之书,以《原象》、《迎日推策记》、《勾股割圜记》、《续天文略》、《策算》为代表,而所校诸算经尤有益于考古。其他水地及典章制度之学,亦均有发明,颇为当时所赞许,此皆一般人认为戴氏在学术上之贡献者也。惟戴氏之特别贡献,成其为一代宗师者尚不在是。吾尝谓戴氏著作之优点,不在其量而在其质,不在其博而在其精,不在其著作之勤,而在其能发明治学之方法与精神。何者?戴氏著述虽名目繁多,然多系未成之作,卷帙甚少,即其生平发愿所成之《七经小记》而亦未完全。盖以量而论,较之清初与同时作家之著作较多者,或皆不及。然以质论之,则深刻断制,精核缜密,虽单词只字,亦皆不苟。故其书自今读之,觉简奥艰深,几于一字不移矣。震之言曰:"学贵精不贵博,吾之学不务博也。"(《年谱》卷下)又曰:"知得十件而都不到地,不如知得一件却到地也。"(同上)又尝与姚鼐论学曰:

凡仆所以寻求于遗经,惧圣人之绪言暗汶于后世也。然寻求而获,有十分之见,有未至十分之见。所谓十分之见,必征之古而靡不条贯,合诸道而不留余议,巨细毕究,本末兼察。若夫依于博闻以拟其是,择于众说以裁其优,出于空言以定其论,据于孤证以信其通;虽溯流可以知源,不目睹渊泉所导,循根可以达杪,不手披枝肄所歧,皆未至十分之见也。以此治经,失"不知为不知"之意,而徒增一惑,以滋识者之辨之也。先儒之学如汉郑氏,宋程子、张子、朱子其为书至详博,然犹得失中判:其得者,取义远,资理闳,书不克尽言,言不克尽意,学者深思自得,渐近其区,不深思自得,斯草薉于畦,而茅塞其陆;其失者,即目未睹渊泉所导,手未披枝肄所歧者也。而为说转易晓,学者浅涉而坚信之,用自满其量之能容受,不复求远者闳者,故诵法康成、程朱不必无人,而皆失康成、程朱于诵法中,则不志乎闻道之过也。诚能有志乎闻道,必去其两失,殚力于两得。既深思自得而近之矣,然后知孰为十分之见,孰为未至十分之见,如绳绳木,昔以为直者,其曲于是可见也;如水准地,昔以为平者,其坳于是可见也。夫然后传其信,不传其疑,疑则阙,庶乎治经不害。……(《东原集》卷九《与姚孝廉姬传书》)

此最足以代表戴氏治学之精神,凡事必追根穷源,以明其真象,广征博据,以断其是非,而期于深思自得,以至于十分之见;无征不信,孤证阙疑,未获十分之见,虽先儒之说,亦不敢附和而立论也。戴氏尝自述其所自得于学者曰:

不以人蔽己,不以己自蔽,不为一时之名,亦不期后世之名。有名之见其弊二,非掊击前人以自表襮,即依傍昔儒以附骥尾:二者不同,而鄙陋之心同,是以君子务在闻道也。今之博雅能文章者,善考核者,皆未志乎闻道,徒株守先儒而信之笃。如南北朝人所讥"宁言周孔误,莫道贾服非",亦未志乎闻道者也。私智穿凿者或非尽掊击以自表襮,积非成是,而无从知,先入为主,而惑以终身。或非尽依傍以附骥尾,无鄙陋之心而失与之等,故难言也。……(同上《答郑丈用牧书》)

此可见其持论甚为平允;"不以人蔽己,不以己自蔽,不为一时之名,亦不期后世之名",实学者所当服膺者也。夫清代学者之最大贡献,校勘训诂而已,其成绩所以能卓越超绝者,则以其方法之精密与态度之谨严而已,戴氏提倡之功实居多也。使清代而无戴震,充其量由惠派学者之发展,不过"汉"学复兴耳,其何与于经学之进步哉!

(四) 戴氏思想之出发点

戴氏不仅为清代之经学大师,实亦近世之大思想家也。惟世人仅知其校勘考据之成绩,鲜有能知其思想者,即戴氏同时学者亦然。戴氏之言曰:"仆生平著述之大,以《孟子字义疏证》为第一,所以正人心也。"(段玉裁《戴集序》引)又尝谓:"六书九数等事,如轿夫然,所以舁轿中人也。以六书九数等事尽我,是误认轿夫为轿中人也。"(同上)此又足见戴氏之不愿仅为普通经生而止矣。惟戴氏之学,虽不以普通经生之业自限,而其思想则深受小学之暗示殆无疑。以训诂为根,而言义理,此所以有《孟子字义疏证》之名也。《疏证》之书,在初观其名者,岂不以为普通训诂之书耶?故戴氏思想之出发点乃在于小学,其注释义理,亦即其小学之结晶品也。戴氏尝谓:"经之至者道也,所以明道者其词也,所以成词者字也。由字以通其词,由词以通其道。"(《东原集·与是仲明论学书》)又曰:"仆自十七岁时有志闻道,谓非求之六经孔孟不得。非从事于字义制度名物,无由以通其语言,为之三十余年,灼然知古今治乱之源在是。……"(《年谱》)此纯本乎经学家之眼光以立言者也。亦从可知其思想之出发点矣。虽然,此有须辨明者:我国学者以过崇经典之故,立言每不敢越其范围,而显为异说,是以思想虽明与经典不合,亦必断章取义,摘其一辞一句借以为重。格物二字之解,至有七十余家之多,朱熹与王守仁之说,虽立于绝对相反之地位,而均自以得孔孟之真传,不肯认为个人之意见,以致纠纷永不可解。吾尝论千余年来之中国思想,大体为经典辞义之蜕变,由其解释不同,而其立说亦异,是以琐碎支节而无系统也。以吾人治思想史之眼光论之,各家之说,认为各家之思想,则直截了当,如仍存前人道统之成见,本一己之意而去取其间,必曰何者为真孔孟,何者为伪孔孟,则支节琐碎之纠纷,将愈增其繁难,而永无解决之望矣。戴氏固自以为由训诂以得孔孟之真传矣,然吾人谓其书持之有故,言之成理,成一家之言,则可也,必谓诚得孟子之真义,则亦谬矣。吾断言曰:《孟子字义疏证》者,乃借孟子以发挥个人之思想者也,谓之为戴氏个人之思想,亦无不可也。

(五) 理之客观性与普遍性

宋明理学家受释老之影响,故其言"理"皆涉虚玄,在于不可捉摸之境,其所谓"理",乃主观虚构之概念,故以理为如有物焉,得于天而具于心,殊令人难以索解也。戴氏之言理,则一反理学家之论调,其特别之点,可分二端:

(一) 理有客观之存在,其论曰:

理者,察之而几微,必区以别之名也;是故谓之“分理”。在物之质曰“肌理”,曰“腠理”,曰“文理”,得其分则有条而不紊,谓之“条理”。孟子称孔子之集大成,曰:“始条理者,智之事也;终条理者,圣之事也。”圣智至孔子而盛,不过举条理以言之而已矣。(《孟子字义疏证》卷上)

彼所谓理,即“事物之条理”,亦即客观之理。理学家以为理具于心,纯为主观之解释,戴氏则以心固有知理之可能性,然理实不在心;故曰:“就人心言,非别有理以与之而具于心也;心之神明于事物,咸足以知其不易之则,譬有光皆照,而中理者乃其光盛,其照不谬也。”(《疏证》卷上)既以理不在心,又理以为事物之条理,是以“天地人物事为不闻,无可言之理”(《疏证》卷上)。而求理之方,亦惟在天地人物事为之中,求其不可易者而已。故曰:

《诗》曰:“天生烝民,有物有则,民之秉彝,好是懿德。”孔子曰:“作此诗者其知道乎?”孟子申之曰:“故有物必有则,民之秉彝也,故好是懿德。”以秉持为经常曰则;以各如其区分曰理;以实之可言行曰懿德。物者事也,语其事不出乎日用饮食而已矣;舍是而言理,非古贤圣所谓理也。(《疏证》卷上)

又曰:

夫天地之大,人物之蕃,事为之委曲条分,苟得其理矣,如直者之中悬,平者之中水,圆者之中规,方者之中矩,然后推诸天下万世而准。……圣人亦人也,以尽乎人之理,群共推为圣智。尽乎人之理非他,人伦日用尽乎其必然而已矣。推而极于不可易之而必然,乃语其至,非原其本。后儒从而过求,徒以语其至者之意言思议视如有物,

> 谓与气浑沦而成。闻之者习焉不察，莫知其异于六经孔孟之言也。举凡天地人物事为求其必然不可易，理至明显也。从而尊大之，不徒曰天地人物事为之理，而转其语曰理无不在，视之如有物焉，将使学者皓首茫然，求其物不得。(《疏证》卷上)

求理于客观之天地人物事为中，此科学研究之范围也；求其必然不可易，乃科学家发明真理原则之精神也；故戴氏之所谓理，颇为亲切，与理学家所言之理大不同矣。

（二）理有普遍性。盖谓理有普遍之标准，凡天下万世所公认者始谓之理，其未至于公认之程度，乃少数人之意见，非理也。故曰："心之同然者始谓之理，谓之义，则未至于同然，存乎其人之意见，非理也，非义也。凡一人以为然，天下万世皆曰是不可易也，此之谓同然。"(《疏证》卷上)然则理之标准将若何？戴氏则以"情"当之。其论曰："理也者，情之不爽失者也；未有情不得而理得者也。"(《疏证》卷上)既以"情之不爽失者"为理之标准，故求公理之方法，在乎以情絜情，而无不得其平，即所谓"恕"也。其言曰："凡有所施于人，反躬而静思之，人以此施于我，能受之乎？凡有所责于人，反躬而静思之，人以此责于我，能尽之乎？以我絜之人则理明。天理云者，言乎自然之分理也；自然之分理，以我之情絜人之情而无不得其平是也。"(同上)理是否有固定之标准，哲学家聚讼纷纭，至今不决。戴氏以情为公理之标准，固颇有批评之点，然据行为派心理学家之分析研究，情为"内部之行为"，根据于生理作用，人之生理既大同小异，故人之情虽千差万别，而其报本相同之点颇多，故出情以言理，颇合于自然之趋势，深足以矫正个人之偏执谬见。戴氏之所以特别重情之故亦在是。盖深明乎理学家凭个人之主观冥想，而以意见为理之弊也。戴氏以为"苟舍情求理，其所谓理，无非意见也，未有任其意见而不祸斯民者"(《疏证》卷上)。因痛论其祸曰：

> 今之治人者，视古贤圣体民之情，遂民之情，遂民之欲，多出于鄙细隐曲，不措诸意，不足为怪；而及其责以理也，不难举旷世之高节，

著于义而罪之。尊者以理责卑,长者以理责幼,贵者以理责贱,虽失谓之顺,卑者幼者贱者以理争之,虽得谓之逆。于是下之人不能以天下之同情,天下所同欲,达之于上。上以理责其下,而在下之罪人不胜指数。人死于法,犹有怜之者,死于理,其谁怜之!(《疏证》卷上)

千余年来,思想家绝无如此言之沉痛者,戴氏可谓曲尽民隐,对于旧"理"教革命之第一人也。

(六) 性之一元论

宋儒论性分别"义理"、"气质",谓义理之性乃人之本性,无有不善,而气质之性则起于成形之后,夹杂物欲,而天理以泯,故主于"明善以复初",变化气质而加澄治之功。虽其说谓"性即理也",表面亦主性善;然谓"才说性时便已不是性"(程颐语),"人生以后,此理已堕在形气中,不全是性之本体"(朱熹语);无异于承认性之为恶也。惟亦巧于撮合,以天理为性之本体,而具于人心,气质虽非性之本体,而理亦寓焉。是以天理、气质截为两断,故为二元之性论。清初颜元力辨气质非恶,而以气质为作圣之具——为人之根基,其说颇为明透。戴氏继续辩驳而发为性之一元论,其说益精美矣。一元论者不承认理气之分,而谓性者,血气心知而已。惟戴氏之言性也,常本之天道,故于叙性论之前,不可不略述其"天道观"。戴氏不言鬼神,不涉玄虚,其解释天道,为唯物的、自然的,因常以五行阴阳,气化流行以为说。而谓:"天道者,五行阴阳而已矣。"(《原善》卷上)又谓:"道犹行也,气化流行,生生不息,是故谓之道。《易》曰'一阴一阳之谓道';《洪范》'五行:一曰水,二曰火,三曰木,四曰金,五曰土';行亦道之通称。举阴阳则赅五行,阴阳各具五行也;举五行即赅阴阳,五行各有明阳也。"(《疏证》卷中)盖以天道不过五行阴阳之变化流行,生生不息者而已,其言虽大部因袭前人之说,然其特点为唯物论与自然论,绝不夹杂迷信,斯其长也。戴氏之性论,即以此为出发点,其言曰:"性者,分于阴阳五行以为血气心知,品物区以别焉。举凡既生以后,所有之事,所具之能,所全之德,咸以是为其本。……天道阴阳五行而已矣,人物之性,咸分于道,成其各殊者而已矣。"(《疏证》卷中)其意以为性与天道合一,而分乎道以成者也。天道为五行阴阳之变化,为气化之流行,而性则分乎五行阴阳以成其血气心知,由于变化流行以别其品物万类。此性之所以为性也,亦性之所以不齐也。夫舍阴阳五行则无以为天道,舍血气心知则亦无以为人性矣。由唯物之天道观,发而为唯物之性论;是以于血气心知之外,不认别有所谓空幻之"理"者,以为性也。血气者,肉体也;心知者,精神也;由肉体发而为精神,舍肉体与精神则无以为人,舍血气心知亦无以为性矣;此戴氏论性之大旨也。既以血气心知为性之自然,故主张孟子"扩而充之"之说,使自然者无几微之失,则进于必然之极则,即理义矣。不必于自然之外,别立必然之标准,如程朱于气质之外,别立理义以为二元之区分,殊多事也。其论曰:

> 心知之自然,未有不悦理义者,未能尽得理合义耳。由血气之自然而审察之,以知其必然,是之谓理义,自然之与必然,非二事也。就其自然明之尽而无几微之失焉,是其必然矣。如是而后无憾,如是而后安,是乃自然之极则。若任其自然而流于失,转丧其自然而非自然矣。故归于必然,适完其自然。夫人之生也,血气心知而已矣。……程子、朱子见常人任其血气心知之自然之不可,而进以理之必然,于血气心知之自然谓之气质,于理之必然为之性,亦合血气心知为一本矣,而更增一本。分血气心知为二本者,程子斥之曰"异端本心",而其增一本也,则曰"吾儒本天"。如其说,是心之为心,人也,非天也,性之为性,天也,非人也。以天别于人,实以性为别于人也。人之为人,性之为性,判若彼此,自程子、朱子始。……盖程子、朱子之学,借阶于老庄释氏,故以"理"之一字易其所谓"真宰"、"真空"者,而余无所易。……天下惟一本无所外:有血气则有心知,有心知则学以进于神明,一本然也;有血气心知,则发乎血气心知之自然者,明之尽使无几微之失,使无几微之失,斯无往非仁义,一本然也。苟歧而二之,未有不外其一者。(《疏证》卷上)

戴氏既以扩充血气心知之自然本性,而不流于过失者为理义,故举凡生理心理之自然趋势,与饮食男女之共同要求,皆应认为人之本性也。故曰:“仁义理智非他,不过怀生畏死,饮食男女与夫感于物而动者之皆不可脱然无之,以归于静,归于一,而恃人之心知,异于禽兽,能不惑乎所行,即为懿德耳。”(《疏证》卷中)此其说之最深切著明者也。

(七)情欲之提倡

戴氏之言理也,则曰以情絜情,其言性也,则曰血气心知,故对于情欲异常重视。尝谓:“理也者,情之不爽失者也。”(《疏证》卷上)又谓:“理者,存乎欲者也。”(同上)其言理皆与情欲相依若此。宋儒以理欲对举,谓:“不出于理,则出于欲,不出于欲,则出于理。”又谓理善而欲恶,故主张“人欲净尽,天理流行”为修养之标准。戴氏则深不谓然,驳之曰:

> 孟子言“养心莫善于寡欲”,明乎欲不可无也,寡之而已。人之生也,莫病于无以遂其生,欲遂其生,亦遂人之生,仁也。欲遂其生,至于戕人之生而不顾者,不仁也。不仁实始于欲遂其生之心,使其无此欲,必无不仁矣。然使其无此欲,则于天下之人道穷促,亦将漠然视之,已不必遂其生而遂人之生,无是情也。然则谓“不出于正,则出于邪,不出于邪,则出于正”,可也;谓“不出于理,则出于欲,不出于欲,则出于理”,不可也。(《疏证》卷上)

戴氏亦承认欲有流弊,惟流弊虽有过失,然不可因其流弊而即谓欲之本恶,人但当节其欲使流弊无由发生,斯可矣。尝借水为譬,申其说曰:

> 性,譬则水也,欲譬则水之流也;节而不过则为依乎天理,为相生养之道,譬则水由地中行也。穷人欲而至于有悖逆诈伪之心,有淫佚作乱之事,譬则洪水横流,泛滥于中国也。圣人教之反躬,以己之加于人,设人如是加于己,而思躬受之之情,譬之禹之行水,行其所无事,非恶泛滥而塞其流也。恶泛滥而塞其流,其立说之工者且直绝其

源，是遏欲无欲之喻也。口之于味也，目之于色也，耳之于声也，鼻之于臭也，四肢之于安佚也，此后儒视为人欲之私者。而孟子曰“性也”，继之曰“有命焉”——命者限制之名，如命之东，则不得而西。——言性之欲不可无节也，节而不过，则依乎天理。非以天理为正，人欲为邪。天理者，节其欲而不穷人欲也。是故欲不可纵，欲不可穷，非不可有。有而节之，使无过情，无不及情，可谓之非天理乎？（《疏证》卷上）

情欲皆为人生之自然倾向，盖既有血气心知之性，则不能无情欲也。情欲既不可无，则当顺其势而导于正轨，使其情得遂，欲得达，方不违自然之本性，此戴氏之最后宗旨也。其说之最精者曰：

人生而后有欲，有情，有知，三者气血心知之自然也。……天下之事，使欲之得遂，情之得达，斯已矣。……遂己之欲者，庶之能遂人之欲，达己之情者，庶之能达人之情，道德之盛，使人之欲无不遂，人之性无不达，斯已矣。（《疏证》卷下）

宋儒以无欲为尚，戴氏评其害曰：

宋儒程子朱子易老庄释氏之所私者而贵理，易彼之外形体者而咎气质。其所谓理，依然如有物焉宅于心；于是辨乎理欲之分，谓“不出于理，则出于欲；不出于欲，则出于理”。虽视人之饥寒号呼男女哀怨以至垂死冀生，无非人欲；空指一绝情欲之感者为天理之本然，存之于心。及其应事，幸而偶中，非曲体事情，求如此以安之也；不幸而事情未明，执其意见，方自信天理非人欲；而小之一人受其祸，大之天下国家受其祸，徒以不出于欲，遂莫之或寤也。凡以为理于心，不出于欲则出于理者，未有不以意见为理，而祸天下者也。（《疏证》卷下）

又曰:

> 宋以来儒者,盖以理之说,其辨乎理欲,犹之执中无权,举凡饥寒愁怨饮食男女常情隐曲之感,则名之曰人欲,故终其身见欲之难制。其所谓存理,空有理之名,究不过绝情欲之感耳。何以能绝?曰:"主一无适";此即老氏之抱一无欲。故周子以"一"为学圣之要,且明之曰:"一者无欲也。"天下必无舍生养之道而得存者也。凡事为皆有于欲,无欲则无有矣。为欲而后有为,有为而归于至当不可易之谓理。无欲无为,又焉有理?(同上)

其批评皆极为中肯,而"凡事为皆有于欲"之言,尤足以表现欲之真价值。盖人既不能遗世而独立,复不能实行释老之出世生活,即不能不认欲为行为之积极分子,世界文明,何莫非"欲"者为之动机哉!蒋方震先生序《清代学术概论》,有云:"东原理欲之说,震古铄今,此真文艺复兴时代个人享乐之精神也。'遏欲之害,甚于防川',兹言而在中国,岂非奇创!顾此说独为当时所略视,不惟无赞成者,且并反对之声而不扬,又何故?"梁任公先生谓:"《疏证》一书,不外欲以情感哲学,代理性哲学,就此点论之,乃与欧洲文艺复兴时代思潮之本质绝相类。盖当时人心,为基督教绝对禁欲主义所束缚,痛苦无艺,既反乎人理而又不敢违,乃相与作伪,而道德反扫地以尽。文艺复兴运动乃采久阏室之希腊的感情主义以药之,一旦解放,文化转一新方向以进行,则蓬勃而莫能御。戴震盖确有见于此,其志愿确欲为中国文化转一新方向,其哲学真可称二千年一大翻案,实三百年间最有价值之奇书也。虽然,'当时读《疏证》者,莫能通其义'。此书影响极小。"盖当时在汉学笼罩之气氛下,无人治明道救世之学,而理欲一元论之驳斥宋儒,非由于训诂,故不为人所注意,殊可惜耳。

(八) 知识之重要

戴氏以为人之过失有二:曰私,曰蔽。私生于欲之失,遂一己之情而不顾他人之情之谓也；蔽生于知之失，见理不明，知识不足，而有蒙蔽之谓也。救正之方，则“去私莫如强恕，解蔽莫如学”（《原善》卷下）。强恕即“以己之情，絜人之情，而无不得其平”（《疏证》卷下），前数节中已备引其说矣。兹申述其所谓学者。戴氏所谓学，即扩充知识之谓；盖深明乎知识之重要也。其言曰：“圣人之言，无非使人求其至当以见之行。求其至当，即先务于知也。凡去私不求去蔽，重行不先重知，非圣学也。”（《疏证》卷下）又曰：“人之相去，远近明昧，其大较也。学则就其昧焉牖之明之而已矣。……人之成性其不齐在智愚，亦可知任其愚而不学不思，乃流为恶。……”（《疏证》卷中）又曰：

> 凡血气之属，皆有精爽，其心之精爽，巨细不同。如火光之照物，光小者其照也近，所照者不谬也，……不谬之谓得理；其光大者，其照也，得理多而失理少。且不特远近也，光之及，又有明暗，故于物有察有不察。察者尽其实，不察斯疑谬承之，疑之谓失理，失理者，限于质之昧，所谓愚也。惟学可以增益其不足而进于智，益之不已，至乎其极，如日月有明，容光必照，则圣人矣。（《疏证》卷上）

此皆极言知识之重要，以知识之明暗为善恶之枢纽也，知先行后之旨，至戴氏而发挥尽致矣。其不同于程朱者，不复夹杂理欲之辨于其间，而知识之重要更显明矣。戴氏之优点，不仅在能提倡知识，而其求知之精神，则尤为可贵，前节论戴氏之特别贡献，已表其大端，兹更举其意之未尽者。戴氏尝谓：

> 人之血气心知，本乎五行阴阳者性也；如血气资饮食以养，其化也即为我之血气，非复饮食之物矣。心知之资于学问，其得之也，亦然。以血气言，昔者弱，而今者强，而血气之得其养也。以心知言，昔者狭小而今也广大，昔者暗昧而今也明察，是心知之得其养也。故曰：“虽愚必明”。人之血气心知，其天定者往往不齐；得其养不得其养，遂至于大异。苟问学犹饮食，则贵其化不贵其不化。记问之学，

入而不化者也。自得之,则居之安,资之深,取之左右逢其源,我之心知极而至乎圣人之神明矣。神明犹然心也,非心自心而所得者藏于中之谓也。心自心而所得者藏于中,以之言学,尚为物而不化之学,况以之言性乎?(《疏证》卷上)

为学注重自得,贵其能化,为戴氏治学之特点,其所以能为经学大师者亦在是。所谓"神明犹然心也"之语,尤足以补正"理如有物焉"之论。陆、王徒知"心即理"而注重"致良知",岂知知识之可以增进,而使致心于优越之境哉!清代学者能了解戴氏之思想者,只有焦循;然戴氏同里后学有洪榜者,最服膺戴氏之说。所撰戴氏《行状》,极力推崇其思想。将戴氏《与彭进士(尺木)书》载入。朱筠见之,谓戴氏可传者不在此,不必载入,榜作书力辨(《汉学师承记》卷六言震子中立,卒将此书删去。可见当时一般人之心理)。亦可谓戴氏之知己也。榜字初堂,歙县人。遗书有《初堂遗稿》。惜享年太短,卒时只三十五岁耳。

六十六　戴震同时之学者(一)

纪昀、王昶、朱筠、毕沅(附翁方纲)

(一) 纪昀

乾隆间位居显宦,而好治经学者,则以毕沅、纪昀、王昶、朱筠为最著。四人之成绩,在乾嘉时代不谓高,其所以能在乾嘉学派中占一地位者,则以其有提倡羽翼之功。四人名望颇高,地位优越,汲引后进,奖励学人,当时学者不得志,咸翕然归之,以其赡养,留幕府中,或独自著书,或协力编校,成绩皆斐然可观。故四人者,于学术界间接之功甚大,比之乾隆后期之阮元,皆为有清学派之护法也。四人与戴震年岁相差皆不出十岁,而以纪昀为较长,小戴震一岁耳。昀字晓岚,一字春帆,号石云,直隶献县人。谥文达。乾隆十九年成进士,授庶吉士,二十二年,散馆授编修。充日讲起居注官,叠充考试官,三十三年擢侍读学士。是年藉没卢见曾家产,昀事先泄其事,获罪革职,戍乌鲁木齐,三十五年释还。三十八年擢侍读。

是年开四库馆,令昀为四库馆总纂官。四十一年,擢侍读学士,充文渊阁直阁事,充日讲起居注官。四十四年擢詹事,旋晋内阁学士兼礼部侍郎。五十年,擢都察院左都御史。五十二年,迁礼部尚书,充经筵讲官。嘉庆四年充高宗实录馆副总裁。十年正月,以礼部尚书协办大学士,加太子太保,管国子监事,未及一月卒。昀年逾八十,升迁贬谪,无不备受,其在学术界之位置,在于充《四库全书》馆总纂。当时学者咸与之往来,又其位居显要,学者托庇门下,以是当时颇重视之。著作甚少,其有名者:

《四库全书总目提要》二百卷　《四库全书简明目录》二十卷　《阅微草堂笔记》二十四卷

《四库总目提要》将四库所著录之书,一一为之提要说明,俾读者可以借窥其厓略。《简明目录》则更约其辞而论其大旨,言颇精审,故两书为学者之良好工具(详见第一章六节《四库全书之编辑》)。《提要》一书虽名为昀作,然其间出于他人者颇多,昀不过总其成耳。《阅微草堂笔记》合《滦阳消夏录》(四卷)、《如是我闻》(四卷)、《槐西杂志》(四卷)、《姑妄听之》(四卷)、《滦阳续录》(六卷)五种而成,乃小说家言,搜神志怪,谈狐说鬼,而以诙谐出之。江藩谓昀之为人“胸怀坦率,性好滑稽,有陈亚之称,然骤闻其语,近于诙谐,过而思之,乃名言也。”(《汉学师承记》)小说中记载晓岚诙谐之事极多,不赘述。此书之体,或以个性使然,不必另求其所依托也。此外纂辑之书,尚有《热河志》、《历代职官表》、《河源纪略》、《八旗通志》,而《方略》、《三通》、《会典》诸馆,亦尝总其事焉。

(二)王昶

王昶与纪昀同岁,皆生于雍正二年。昶字德甫,又字琴德,号述庵,学者称兰泉先生,江南青浦县人。乾隆十九年进士,秦蕙田聘修《五礼通考》,南旋后,应卢见曾之聘,教读其家。二十三年补内阁中书,三十二年官郎中,以泄漏查办两淮盐运使卢见曾案革职,云贵总督阿桂,带往军营效力。时边境多事,大小金川先后为乱,随军转战滇川,军书告令,皆出手笔,虽匆促困顿,好学不辍。四十一年乱平,始还京师,在外前后凡十年矣。是年擢鸿胪寺卿,四十五年授江西按察使。四十八年,为直隶按察使,又调陕西按察使。五十三年,调江西布政使。明年授礼部侍郎。五十七年,充顺天乡试主考官,有贵介子摈斥,忤当轴旨,遂有罢休之志,明年辞归。在京时学人景仰者颇多,既归田,宾从益盛,恒与王鸣盛、钱大昕辈诗酒为乐。时大兴朱筠亦以宾客盛一时,因有南王北朱之称。嘉庆元年,主娄东书院讲席。六年,阮元任浙江巡抚,请主敷文书院,主讲凡三年。嘉庆十一年卒,年八十有三。昶少时致力于诗文,及肄业紫阳书院,从惠栋学,始渐治经,宗法汉儒之学,《诗》、《礼》宗毛、郑,《易》学荀、虞,与惠氏之精神颇为接近。故江藩著《汉学师承记》,特标题曰"王兰泉先生"(对于戴震,则直书其名)以示直接惠氏之汉学也。然昶不脱文人气,其经学上之贡献,殊为寥寥。晚年犹以五七言诗争立门户,以与袁枚争一日之短长,此戴派学者之所不为。即推崇王氏之江藩,亦不无微词也(《汉学师承记》卷四)。昶之著作颇多,其目如下:

> 《滇行日录》《征缅纪闻》《征缅纪略》《蜀徼纪闻》《商洛行程》《雪鸿再录》《使楚丛谭》《台怀随笔》(以上八种,均刊于《春融堂杂著》中)《春融堂诗文集》《金石萃编》《青浦诗传》《湖海诗传》《琴画楼词》《续词综》《属车杂志》《朝闻录》《豫章行程记》《天下书院志》《续修西湖志》《青浦县志》《太仓州志》《陕西旧案成编》《云南铜政全书》

所著除诗文集、地志外,大都笔记之类,虽有关于史事,而于经学之贡献则少。文集间有说经之作,但无发明;据江藩所记王氏未成之书,尚有《五代史注楬橥》、《群经楬橥》。《群经楬橥》以汉学为表识,而专攻毁汉学者,此或专门经学之书耶?总之王氏于经学本身之贡献甚少,而与经学家之交游甚广,其功亦惟在为经学之羽翼耳。

（三）朱筠

朱筠少王昶六岁，而其在学术之地位，则较昶为高。筠字竹君，一字美叔，号笥河，京兆大兴人。乾隆十九年成进士，改庶吉士。越四年授职编修，充方略馆总裁官。三十二年授赞善。次年，擢翰林院侍读学士，旋充日讲起居注官。三十四年协办内阁学士批本事，其秋督学安徽。三十八年，以生员欠考事，降级。因学识优越，仍采编修，命纂《日下旧闻》兼《四库全书》馆纂修事。四十四年都学福建。又二年卒，年五十有三。筠志趣超拔，恬于名利，尝欲历名山大川而绝于仕进，气象非当时一般文人经生所可比。其在官也，以气节为同辈倡，谓："翰林以立品读书为职业，不宜修小礼，曲意委顺于达官贵势。"而最喜奖励学者，汲引后进，人有一善，誉之不去口，而寒士之不得志者，无不乐与援助，以故学者咸乐归之。程晋芳、任大椿皆所取士，而戴震、邵晋涵、汪中、章学诚、王念孙、黄景仁等皆先后受其庇荫，其好学重士之义气，于当时学风颇有相当之裨益，此言清代学术者不可不略与表彰者也。筠颇偏重于文学，而亦深知小学训诂之重要，其督学安徽也，既表彰江永为之立祠，复精刻许氏《说文》以为学者倡，故当时称"据经好古之士为朱派云"（见孙星衍所撰《行状》）。筠著书不多，尝撰《十三经文字异同》而未成，今所传惟《朱笥河集》耳。就朱氏作品以论，则其地位至微，所足称仅提倡经学、奖励学者耳。然尚有一事应特书者，则《四库全书》之编纂，实发端于笥河（其详见第一章故不赘）。夫清代之编纂《四库全书》，乃文化史上极重要之事实，清代与于是役之学者，皆一时名宿，聚首考校，朝夕讨论，其于古书整理之成绩固大，即各大学者学识之增进，得力亦至不鲜；故由文化史上着想，则朱氏发动之功，不可泯也。

（四）毕沅（附翁方纲）

毕沅生于雍正八年，少朱筠一岁，字纕蘅，一字秋帆，自号灵岩山人，江苏镇洋人。乾隆二十二年以举人为内阁中书，军机处行走。二十五年进士，授修撰。三十年升侍读，明年升左庶子，授甘肃巩秦阶道。三十五年，擢陕西按察使，次年升布政使，三十八年授巡抚。五十年，调河南巡抚。五十三年,擢湖广总督。五十九时,降补山东巡抚,次年复授湖广总督。嘉庆二年卒,年六十八。四年,以沅在湖广总督任内,滥用军需,籍没家产。沅少年尝从沈德潜、惠栋问业,以是颇知注重经学,性好著书,虽历任显职,公务丛忙,铅椠未尝去手。故其作品甚多,其目如下:

《山海经》(校)十八卷 《夏小正考注》一卷 《老子道德经考异》二卷 《墨子》(校注)十五卷目录一卷 《王隐晋书地道记》(辑)一卷 《晋书地理志新补正》五卷 《晋太康三年地记》(辑)一卷 《关中金石记》八卷 《经典文字辨正》五卷 《音同义异辨》一卷 《乐游联唱集》二卷 《说文旧音》一卷 《吕氏春秋》(校)二十六卷 《中州金石记》五卷 《晏子春秋音义》二卷

以上为《经训堂丛书》所收入者,此外尚有:

《续资治通鉴》二百二十卷凡例二卷 《灵岩山人诗集》四十四卷 《砚山怡云集》四卷 《三山揽胜集》 《白门访古集》 《渡江燕台集》 《莲池吟草》二卷 《石湖载酒集》二卷 《吟香集》三卷 《听雨楼存稿》四卷 《萍心漫草》一卷 《陇头吟》一卷 《嵱峒山房集》二卷 《秋月吟茄集》一卷 《杏花亭草》一卷 《青门集》一卷 《关中胜迹图志》三十卷 《西安府志》八十卷 《培远堂诗集》四卷 《关中金石记》八卷 《终南仙馆续集》二卷 《玉井搴莲集》一卷 《乐游联唱集》 《围炉》二卷 《嵩阳吟馆集》三卷 《自订经训堂集》四十卷 《绘声漫稿》、《海岱骖鸾集》共一卷 《五溪筹笔集》一卷 《采芑集》一卷 《五溪筹笔续集》一卷

此外未刻之书尚有:

《史籍考》一百卷 《河间书画录》四卷 《三楚金石记》三卷 《湖广通志》一百卷

以上诸目虽名称繁多,然除去无关重要之诗文集及未刻之书,其重要者亦不多。大概《经训堂丛书》所收者,皆有相当之价值;而尤以所校子书为最佳。《墨子》一书,舛误甚多,毕氏与孙星衍、卢文弨同时治之,而集其二家之成。(《自序》云:"卢、孙互校此书,略有端绪,沅始集其成。")其注则前无所承,于《墨子》有提倡开创之功焉。《吕氏春秋》之校本亦佳,然卢文弨实董其事。《晏子春秋》之校勘出于孙星衍,毕氏所作音义,用力亦颇勤。《山海经》与《老子》之校勘亦颇佳,自言《山海经》经时五年而成,其书虽不逮郝懿行之《山海经笺疏》,亦同为此书之功臣也。校勘之外,则以《续资治通鉴》为第一。书虽题名毕沅,实由毕氏幕僚编订,章学诚尝参与其义例,最后则由邵晋涵校定。书成之后,章学诚代毕沅作书寄钱大昕云:"《宋元编年》(此书初名)之役,垂二十年,始粗得隐括。拾遗补阙,商榷繁简,不无搔首苦心,……今宋事据丹稜、井研二李书而推广之,以其辽金二史所载大事,无一遗落,又据旁籍以补其逸,亦居十三四矣。元事多引文集,而说部则慎择可征信者。仍用司马例,折衷诸说异同,明其去取之故,以为《考异》;惟不别为书,注于本文之下,以便省览……"此颇足以表此书之特点,毕沅谓"迥出诸家续鉴上"(章学诚《邵与桐别传》),非虚语也。此书虽非出毕氏手笔,而毕氏有总成之功。其秉性温厚,待士以礼,故章学诚、卢文弨、洪亮吉、孙星衍等皆曾在幕,沅皆优礼处之,以从事学术之讨论,不特本人之学识借此以增,而提倡之功,实不可没也。

毕沅同时有翁方纲,号覃溪,大兴人。官至内阁学士兼礼部侍郎,亦颇好学问,然识力薄弱,无足称焉。所著有《经义考补》、《两汉金石文字记》等书。

六十七　戴震同时之学者(二)

程瑶田、金榜、卢文弨(附程晋芳)、任大椿(附丁杰)

(一)程瑶田与金榜

戴震尝受学江永,与震同时问业而相交友者,则有程瑶田与金榜,皆

安徽歙县人也。瑶田字易畴,性质鲁,读书百遍,不能成诵,然好为深沉之思,颇精于考证。著《通艺录》,其目如下:

《论学小记》一卷 《论学外篇》一卷 《宗法小记》一卷 《仪礼丧服文足征记》十卷 《释宫小记》一卷 《考工创物小记》一卷 《磬折古义》一卷 《沟洫疆理小记》一卷 《禹贡三江考》一卷 《水地小记》一卷 《解字小记》一卷 《声律小记》一卷 《九谷考》一卷 《释草小记》一卷 《读书求解》一卷 《数度小记》一卷 《九势碎事》一卷 《释虫小记》一卷 《修辞余钞》一卷

以下附录:

《让堂亦政录》一卷 《乐器三事能言》一卷 《琴音记原本》二卷 《续》一卷 《濠上吟》一卷 《莲饮集》一卷 《籐笈编》一卷 《非能编》一卷

其未成之书则有:

《仪礼经注疑直》《说文解字会极》《古今体诗》

《考工创物小记》考古代器物之形状种类,如古剑、钟、鼓、磬、爵、矢、矛等,皆绘其图而加以说明。其《磬折古义》、《沟洫疆理小记》、《九谷考》、《释虫小记》、《释草小记》亦莫不有图,虽所考者琐细已极,然原原本本,不逞臆说,态度甚为笃实。至《九谷考》、《释虫小记》、《释草小记》则又略近动植物学之性质矣。瑶田虽究于《礼》,对于郑玄之说,不苟异亦不苟同,凡郑氏之失,皆援据经史以规正之。乾隆三十五年,中式举人。年六十四选嘉定教谕,以身率教,廉洁自持,钱大昕、王鸣盛皆敬其人。嘉庆十九年卒,年九十。金榜字檠斋,又字蕊中,乾隆三十七年进士,授修撰,散馆后,即乞假归,读书不出。所著书最著者曰:《礼笺》(三卷),凡

"天文、地域、田赋、学校、郊庙、明堂以及车旗服器之细,罔不贯串群言,折衷一是,不自肸饰其文,第祖郑诗笺毛之义,名曰《礼笺》,以为译郑云尔"(朱珪序语)。榜虽尊郑氏之学,然于郑义所未衷也,必纠举之。卷首《识言》云:"榜幼承义方,治礼郑氏,稍长而受学于先师江慎修先生,遂窥礼堂论赞之绪,其间采获旧闻,或摭秘逸,要于郑氏治经家法,不敢诬也。昔郑氏笺《诗》云:'注《诗》宗毛为主,毛义若隐略,则更表明,如有不同,即下己意使可辨识也。'《礼笺》之名,盖首其义。"观此亦可略知其治学大恉矣。总之,程、金二人,皆笃实之学者,其专门者在于礼,故所发明皆颇为琐细,正足以表乾嘉学风焉。

(二) 卢文弨(附程晋芳)

卢文弨长戴震六岁,在京师曾与戴氏交游,颇得其裨益,蔚然清代之校勘大家也。文弨字召弓,号矶渔,又号檠斋,晚更号弓父,浙江余姚人,学者称抱经先生,从其堂颜也。文弨为冯景山之外孙,桑调元之婿,故少年颇知问学之道。乾隆三年,中式顺天举人,七年考授内阁中书。十七年成进士,授编修。二十二年命尚书房行走,历官左春坊,左中允,翰林院侍读学士。三十年充广东乡试正考官。三十一年,提督湖南学政。奏言州县吏不应杖辱生员,得罪,降三级。三十三年,辞官归田,永不复出,时人虽惜之,而不知此实大有益于其学也。所著校之书,汇刻于《抱经堂汇刻书》中,其目如下:

《经典释文考证》三十卷　《仪礼注疏详校》十七卷　《钟山札记》四卷　《龙城札记》三卷　《抱经堂文集》三十四卷　《群书拾补》三十九卷(以上为编著之书且含校勘性质者,以下乃据善本所刻之书且间加校释者)　《经典释文》三十卷　《孟子音义》二卷　《新书》十卷　《春秋繁露》十七卷　《荀子》二十卷杨倞注　《白虎通》四卷　《逸周书》十卷孔晁注　《方言》十三卷郭璞注　《独断》二卷　《西京杂记》二卷　《颜氏家训》七卷赵曦明注　《三水小牍》二卷　《解春文钞》　《补遗》、《诗钞》共十七卷冯景著乃附刻者

《群书拾补》仿《经典释文》之例,摘字而注,合经史子集三十八种,故名《群书拾补》,其含目如下:

《五经正义表》《易经注疏》《尚书注疏》《春秋左传注疏》《礼记注疏》《仪礼注疏》《吕氏读诗记》《史记惠景间侯者年表》《续汉书志注补》《晋书》《魏书》《宋史》《孝宗纪》《金史》《资治通鉴序》《文献通考》《经籍》《史通》《新唐书纠缪》《山海经图赞》《水经序》《盐铁论》《新序》《说苑》《中鉴》《列子张湛注》《韩非子》《晏子春秋》《风俗通义》《刘昼新论》《潜虚》《春渚记闻》《啸堂集古录》《鲍照集》《韦苏州集》《元微之集》《白长庆集》《林和靖集》

文弨之最大贡献,在于校勘:如所校《荀子》,为咸同以前最善之本;《逸周书》则集王念孙以前各家之说,为后来所依据;《春秋繁露》依聚珍板校本加以案释,为是书正文最善之本;《颜氏家训》、《经典释文》经文弨之手,始可谓有善本可读;经训堂所刻之《吕氏春秋》,实出文弨手校;《墨子》亦依据卢氏者甚多;此外重要书籍经卢氏校勘甚多,观上列书目可知。总之,其校勘之成绩,比之王念孙、王引之、俞樾、孙贻让等固不能逮,然其在清代校勘界中,与钱大昕均为开创之人,故不可不重视之。段玉裁尝述卢氏校勘之勤曰:"公好校书,终身未尝废,在中书十年,及在上书房与归田后主讲四方书院,凡二十余年,虽耄,孳孳无怠。早昧爽而起,翻阅点勘,朱墨并作,几间闐闠,无置茗盌处。日且冥,甫出户散步庭中,俄而篝镫如故,至夜半而后即安,祈寒酷暑不稍间。官俸脯脩所入,不治生产,仅以购书。有旧本必借钞之,闻有善说必谨录之。一策之间,分别移写诸本之乖异,字细而必工,今抱经堂藏书数万卷皆是也。"(《经韵楼集·翰林院侍读学士卢公墓志铭》)此真校勘家之精神也。卢氏尝谓:"唐人之为义疏也,本单行不与经注合。单行经注,唐以后尚多善本,自宋后疏附于经注,而所附之经注,非必孔、贾诸儒所据之本也,则两相龃龉矣。南宋复又附《经典释文》于注疏间,而陆氏所据之经注,又非孔、贾诸人所据也，则龃龉更多矣。浅人必比而同之，则彼此互改，多失其真。幸有改之不尽，以滋其龃龉，启人考核者；故注疏、《释文》，合刻似便，而非古法也。”此亦卓识之论也。同时有程晋芳者，少文弨一岁。字鱼门，一字蕺园，江都人，官翰林院编修，曾与修《四库全书》。与朱筠、戴震相交游，著《周易知旨》、《尚书今文释义》、《左传翼疏》、《礼记集释》、《勉行斋文集》等书。

（三）任大椿（附丁杰）

任大椿，少卢文弨二十一岁，少戴震十五岁，曾问学于戴氏，属后辈；然曾同事于四库馆，所业甚精。大椿字幼植，又字子田，江苏兴化人。乾隆三十四年进士，授礼部主事。三十八年充《四库全书》纂修官。五十四年，以郎中授陕西道监察御史，甫一年卒。所著书有：

《弁服释例》八卷　《释缯》一卷（上两种收入《皇清经解》）
《深衣释例》三卷　《吴越备史注》二十卷　《小学钩沉》二十卷
《字林考逸》八卷

大椿少工文词，后闻戴震之说，始专心经学。初欲荟萃全经，久之知其浩博，因思即类以求，一类既贯，乃更求他类；所著《弁服释例》、《释缯》、《深衣释例》就《礼》学中至小之问题而研究之者也。所作《小学钩沉》颇著名，曾经王念孙校订，即今所通行者也（在四库馆时，于《礼》经之整理，颇多贡献）。同时有丁杰者，与大椿同岁，字升衢，又字小疋，浙江归安人。少年家贫，借读于书肆中，渐通诸经，于小学颇有心得。入都值开四库馆，任事者延之，佐校小学一门，因得与戴震、卢文弨交游。颇长于校雠，著有《大戴礼记绎》、《小西山房文集》等书。杰尝谓：“曾著《字林考逸》一书，稿本存子田（大椿）处，子田窃其书而题其名，作书遍告同人，一时传以为笑。”（见《汉学师承记》卷六）大椿似非窃人者，或丁氏之谎言耶？

六十八 戴震同时之史学家(上) 章学诚

(一) 章学诚传

章学诚,乾隆年间之史学家兼思想家也。号实斋,浙江会稽人。幼多病,十四岁,四子书尚未卒业。十五六时,甚呆滞,而性情则已近于史学,塾课余暇,私取《左》、《国》诸书,分为纪表传志,作《东周书》几及百卷,自命史才(见《家书》)。二十岁后,纵览群书,日有进步,而史部之书,乍接于目,便似夙所攻习然者;其中利病得失,随口能举,举而辄当,不复如前此之呆滞矣。学诚自谓:"吾之二十岁后,与二十岁前,不类出一人"(《家书》六),亦异事也。年二十七,天门知县议立县志,学诚为《修志十议》,其中主张,颇与后来相合。明年至京师应顺天乡试(此第三次入京)。不中。居京师从朱筠学文章;朱门多藏书,盛宾客,因得遍览群籍,与当时名流交。学诚亦自是知名。乾隆三十六年,朱筠为安徽学政,学诚从之(时年三十五),时邵晋涵、洪亮吉、黄景仁辈,皆在学院,相与问难,而与晋涵尤相知,晋涵亦史学家也。旋归会稽。三十八岁,遇戴震于宁波,论史事多不合。是年作《和州志例》,明年成《和州志》四十二篇,此学诚第一次实现其理想之作品也。年四十,主讲定州之定武书院,友人周震荣知永清县,延修《永清县志》。是年中顺天乡试举人,明年成进士。四十四岁主肥乡清漳书院。四十六岁主永平敬胜书院。明年,复应莲池书院之聘,居保定,凡三年。五十一岁,主归德文正书院,在归德不及一年,移家至亳州,依知州裴振,为修《亳州志》。《亳州志》成,往武昌依毕沅(学诚时年五十三岁),沅方编《续通鉴》,学诚襄助其事,并编《史籍考》。数年之间,致力于修志,除成《湖北通志》外(五十五岁创始,五十七岁修成),又成《常德府志》、《荆州府志》各书。《湖北通志》将付印,适有嘉兴陈增者,因学诚之推荐,得与校刊事;既得志,乃大驳《通志》全书之不当,谓宜重修。当事者韪其议,学诚大愤(时毕沅入觐,主其事者,为湖北巡抚惠龄,平日与学诚意见不合)。毕沅旋以事被议,降补山东巡抚,学诚不得已离湖北,而《通志》之书,竟不得刊行。今《遗书》中虽有《检存稿》及《未成稿》数十篇，而全书不可复得，良可慨也。学诚既离湖北（时年五十七），乡居无聊，乃整理《文史通义》，并修订《史籍考》。晚年病瞽，犹事著述，口述意义，令人代写。嘉庆六年卒，年六十四。生平著作甚富，然散佚颇多，今已不能睹其全矣。现时所传之书，以刘翰怡所刻之《章氏遗书》，搜罗较为完备。章氏之著作以《文史通义》、《校雠通义》及所作各地志最为重要（地志之目见上举）。《文史通义》为多年积存稿，非成于一时，书中兼论文学、史学，故名。今所传者，分内外两篇，共八卷。《灵鹣阁丛书》更有《文史通义补编》。《校雠通义》亦非成于一时，今传者三卷，分为十八篇。大抵论甄别书籍部次条别之道，非专指校勘者。其中如《原道》各篇，亦足与《文史通义》相发明。所作各地志，散佚更甚，而以《湖北通志》尤为可惜，今遗书所收者，不过残篇耳。《史籍考》亦为章氏精心结构之作，而全书竟不传，由其总目（见胡适《章实斋先生年谱》页百至页一百一）观之，其书定有价值，吾辈深望其或有发现之一日也。

（二）六经皆史与史学之范围

章氏以史学家而兼思想家，故其见解，前无古人，乃一不世出之奇才也。自谓："吾于史学盖有天授，自信发凡起例，多为后世开山。而人乃拟吾于刘知幾，不知刘言史法，吾言史意；刘议馆局纂修，吾议一家著述；截然分途，不相入也。"（《家书》二）此可为章氏之最好批评，非自夸也。章氏之根本主张曰"六经皆史也"（《易教》上）。此世人最喜称道之语，惜鲜有能了解其真义者；实则不过曰：六经皆古史耳。章氏以为六经皆古代纪实之书，非托诸空言者，虽不以史名，而实则史也。故曰：

> 古人不著书，古人未尝离事而言理，六经皆先王之政典也。（《易教》上）

又曰：

古之所谓经，乃三代盛时典章法度见于政务行事之实，而非圣人有意作为文字以传后世也。（《经解》上）

事有实据而理无定形，故夫子之述六经，皆取先王典章，未尝离事而著理。……若夫国家制度，本为经制，李悝《法经》，后世律令之所权舆；唐人以律设科，明祖颁示《大诰》，师儒讲习以为功令，是即《易》取经纶之意。国家训典，臣民尊奉为“经义”，不背于古也。（《经解》中）

六经初不以尊称，义取经纶，为世法耳。六艺皆周公之政典，故立为经。夫子之圣，非逊周公，而《论语》诸篇不称“经”者，以其非政典也。（《经解》下）

“经”之名非所以示尊卑，乃所以纪政典（此乃浙东学派注重典章制度之倾向）；既认为纪政典，则无非史料，亦无非史也。章氏不仅认六经皆史，推而广之，以为盈天地间凡涉著作之林者，亦无往而非史。其《报孙渊如书》曰：

承询《史籍考》事，取多用宏，包经而兼采子集。……愚之所见，以为盈天地间，凡涉著作之林，皆是史学。六经特圣人取此六种之史以垂训耳。子集诸家，其源皆出于史。末流忘所自出，自生分别，故于天地之间，别为一种不可收拾不可部次之物，不得不分为四种门户矣。

此种见解，实清代史学家之创见，章氏之所谓史者，史料而已。夫史叙述往迹者也，举天地之大，庶类之繁，受时间之震荡而足以成为现象者，则孰不有往迹可寻？动相可记？然则苟有形迹以昭示来兹者，则皆史料耳。惟有形者易察，无形者难知，载述者明备，垂象者隐涩，章氏以为凡涉著作之林，皆是史学，是盖以纪载的文字为历史耳。然史学之范围，无所不包，章氏已能言之，在今日虽不为稀奇之论，而当尊经泥古之时，有此特识，非奇才而何？其子华绂序《文史通义》有曰“乃知一时创见，或亦有关天授"。此等创见,殆即天授欤?章氏对于《通志》之最大贡献,为立"三书",其根本观念,亦即依据于此。

(三) 史学之圆通与史料之抉择

章氏所以能成为史学大家者,在其发凡起例,不为成法所拘。其意以为史无一定之法,亦无可拘之例,惟在史家随时变通耳。后之陋儒,以摹仿古人为能事,不知古史固无成法也。其论曰:

> 《尚书》因事命篇,本无成法;不如后史之方圆求备,拘于一定之名义者也。……世儒不达,以谓史家之初祖,实在《尚书》,因取后代一成之史法,纷纷拟书者,皆妄也。……三代以上,记注有成法,而撰述无定名;三代以下撰述有定名,而记注无成法。夫记注无成法,则取材也难;撰述有定名,则成书也易。成书易,则文胜质矣。取材难,则伪乱真矣。伪乱真而文胜质,史学不亡而亡矣。(《书教》上)
>
> 撰述欲其圆而神,记注欲其方以智也。……记注藏往以智,而撰述知来拟神也。藏往欲其赅备无遗,故体有一定而其德为方。知来欲其抉择去取,故例不拘常而其德为圆。……《尚书》一变而左氏之《春秋》;《尚书》无成法,而左氏有定例,以纬经也。左氏一变而为史迁之纪传;左氏依年月,而迁书分类例,以搜逸也。迁书一变而为班氏之断代;迁书通变化而班氏守绳墨,以示包括也。……迁史不可为定法,固书因迁之体而为一成之义例,遂为后世不祧之宗焉。……后世失班史之意,而以纪表志传同于科举之程式,官府之簿书,则于记注、撰述两无所似。……宪法久则必差,推步后而愈密,……史学亦复类此。……纪传行之千有余年,学者相承,殆如夏葛冬裘,渴饮饥食,无更易矣。然无别识心裁可以传世行远之具,而斤斤如科举之程式,不敢稍变;如治胥吏之簿书,繁不可删;以云方智,则冗复疏舛,难为典据;以云圆神,则芜滥浩瀚,不可诵识。曷不思所以变通之道欤?……左氏编年,不能曲分类例,《史》、《汉》纪表传志,所以济类

例之穷也。诸史转为类例所拘,以致书繁而事晦,亦犹训诂注疏所以释经,俗师反溺训诂注疏而晦经旨也。夫经为解晦,当求无解之初;史为例拘,当求无例之始,例自《春秋》左氏始也,盍求《尚书》未入《春秋》之初意欤?(《书教》下)

章氏畅言史不可为例所拘,其"当求无例之始"之言,含有无限解放精神,章氏之所以能有创造者,亦即在此也。又尝述个人作史之意见曰:

以《尚书》之义为迁史之传,则八书,三十世家,不必分类,……统名曰传。或考典章制作,或叙人事终始,或究一人之行,或合同类之事,或录一时之言,或著一代之文,因事命篇,以纬本纪。则较之左氏之翼经,可无局于年月后先之累,较之迁史之分别,可无歧出互见之烦。文省而事益加明,例简而义益加精;岂非文质之适宜,古今之中道欤?至于人名事类合于本末之中,难以稽检,则别编为表以经纬之;天象地形,舆服仪器,非可本末赅之,且亦难以文字著者,别绘为图以表明之。盖通《尚书》、《春秋》之本原,而拯马《史》班《书》之流弊,其道莫过于此。(《书教》下)

诚如章氏所言,则可以补救前史之流弊,而真达于"圆通"之境矣。章氏尝欲著《圆通篇》,以畅明义例,(《书教》下云:"至于创立新裁,疏别条目,较古今之述作,定一书之规模,别具《圆通》之篇。")又欲重编《宋史》以实现其理想,(《与邵二云论修宋史书》云:"载诸空言,不如见诸实事。仆思自以义例撰述一书,以明所著之非虚语,因择诸史之最宜致力者,莫如赵宋一代之书。")惜皆未成就,吾人常深以为憾也。章氏对于史学之取材,则注重征实,谓史家之文字,必有所本,不可任意更张,盖非是不足以言信史也。《与陈观民论湖北通志书》曰:

仆论史事详矣。大约古今学术源流,诸家体裁义例,多所发明。

至于文辞，不甚措意。盖论史而至于文辞，末也。然就文论文，则一切文士见解，不可与论史文。譬之品泉鉴石，非不精妙，然不可与测海岳也。即如文士撰文，惟恐不自己出；史家之文，惟恐出之于己；其大本先不同矣。史体述而不作；史文而出于已，是谓言之无征，无征，且不信于后也。……是故文献未集，则搜罗资访，不易为功。……及其纷然杂陈。则贵抉择去取。……

"史家之文惟恐出之于已"可谓千古卓识！自来作史者不明史家之要点在于"别裁抉择"，而津津于文字之末，可谓惑矣。

（四）方志学之特别贡献

章氏史识虽高，而生平撰就之史书则无，其贡献则特别在于方志。方志之书，肇端甚早。然为"图经"之概念所拘，多数认方志为地理之书，与史书不同。即大师如戴震（震尝撰《汾阳县志》与《汾州府志》）亦以修志但当详于地理沿革，不当侈言文献。章氏对于此学之贡献，在于改造方志之概念，扩充方志之范围；谓："方志如古国史，本非地理专门。"（《记与戴东原论修志》）又谓："考古固宜详慎，不得已而势不两全，无宁重文献而较沿革耳。"（同上）又谓："古迹非志所重，当附见于舆地之图，不当自为专门。"（同上）又谓："修志者，非示观美，将求其实用也。时殊势异，旧志不能兼赅，是以远或百年，近或三数十年，须更修也。若云但考沿革而他非所重，则沿革明显，毋庸考订之，州县可无庸修志矣。"（同上）此皆具有特别见解者；故方志之学，至章氏始可谓正式成立也。章氏生平作方志六种——《和州志》、《永清县志》、《亳州志》、《常德府志》、《荆州府志》、《湖北通志》，而《亳州志》体例始称完备，至《湖北通志》，而愈益精审矣。兹就各志体例列为一表，而比较之，则其见解之进步，可见一斑矣。

<table>
<tr><th>和州志</th><th>永清志</th><th>亳州志</th><th>常德府志</th><th>荆州府志</th><th>湖北通志</th></tr>
<tr>
<td>皇言纪
○
官师表
选举表
氏族表
舆地图
○
○
田赋书
艺文书
政略
列传
阙访
前志
文征</td>
<td>皇言纪
恩泽纪
职官表
选举表
氏族表
舆地图
建置图
水道图
六书 礼吏户 兵工刑
政略
列传
阙访
前志
文征</td>
<td>增 人物表 掌故表
(未见原书不能举详目)</td>
<td>纪二
考十
表四
略一
传七
文征
(未见原书)</td>
<td>纪
考
表

传
文征
(未见原书)</td>
<td>(A) 通志七十四篇:
二纪 皇言纪 皇朝编年纪(附前代)
三图 方舆,沿革,水道
五表 职官,封建,选举 族望,人物。
六考 府县,舆地,食货,水利,艺文,金石。
四政略 经济,循绩,捍御。师儒。
五十三传(目多不载)
(B) 掌故六十六篇:
吏科—四目 官司员额,官司职掌,员司繁简。
户科—十九目 赋役,仓庾,漕运,杂税,牙行等。
礼科—十三目 祀典,仪注,科场条例等。
兵科—十二目 将备员额,各营兵丁,技艺额数,武弁例马等。
刑科—六目 里甲,编甲图,囚粮,衣食,三流道表等。
工科—十二目 城工,塘汛,江防,铜铁矿厂硝矿,工料价值表等。
(C) 文征八集:
甲集上下 裒录正史列传。
乙集上下 裒录经济策画。
丙集上下 裒合词章诗赋。
丁集上下 裒录近人诗词。
(D) 丛谈四卷:
(1)考据 (2)轶事 (3)琐语 (4)异闻</td>
</tr>
</table>

《亳州志》之特点，在于增加人物、掌故二表，《湖北通志》则分立三书。方志之立三书，为章氏之成熟主张，亦其最大发明也。其论曰："凡欲经纪一方之文献，必立三家之学，而始可以通古人之遗意也。仿纪传正史之体而作《志》，仿律令典例之体而作《掌故》，仿文选文苑之体而作《文征》：三书相辅而行，阙一不可；合而为一，尤不可也。"（《方志立三书议》）又尝申明其立三书之理由曰：

> 臣愚以为志者识也；典雅有则，欲其可以诵而识也。……今参取古今志义例，翦截浮辞，禀酌经要，……以为《通志》七十四篇，所以备史裁也。臣又惟簿书案牍，不入雅裁，而府史所职，周官不废。……今曹司史典之程，钱谷甲兵之数：志家详之则嫌芜秽，略之又惧阙遗，此坐不知小行人分别为书之义也。今于通志之外，取官司见行章程，分吏户礼兵刑工，叙其因革条例，别为《掌故》一书，凡六十六篇，所以立政要也。臣又惟两汉而后，学少专家，而文人有集。集者非经而有义解，非史而有传记，非子而有论说；无专门之长，而有偶得之义，是以尚选辑焉。志家往往选辑诗文，为艺文志。不知艺文仿于汉臣班固，乃群籍之著录，而方志不知取法，猥选诗文，亦失古人分别之旨。今于本志正定艺文著录，更取传记论说诗赋箴铭诸篇，编次甲乙丙丁，上下八集，别为文征一书，所以俟采风也。……臣愚以为《方志》义本百国春秋，《掌故》义本三百官礼，《文征》义本十五国风。……（《为毕制府拟进湖北三书序》）

章氏主张"盈天地间凡涉著作之林，皆是史学"。惟欲于一书之中，保存许多史料，则必失之芜杂而少断制。《湖北通志》之分立三书，《通志》则务取体要，而《掌故》、《文征》则专以保存史料；故谓："三书相辅而行，阙一不可，合而为一尤不可。"其意至为精美，实发前人之所未发也。

（五）道与器

清代学者力反宋明人之玄谈，其思想皆趋于朴实，故清初之颜、李与费氏(经虞及密)皆主张不离事而言理,不离器而言道。章氏乃浙东学派之后起,趋重于典章制度,故其道器之论,亦言之甚辨。其论曰:

> 道者,万事万物之所以然,而非万事万物之当然也。人可得而见者,则其当然而已矣。(《原道上》)
>
> 道不离器,犹影不离形。后世服夫子之教者自六经,以谓六经书载道者也,而不知六经皆器也。……夫子述六经以训后也,亦谓先王之道不可见,六经即其器之可见者也。后人不见先王,当据可守之器而思不可见之道。……夫天下岂有离器言道,离形存影者哉?彼舍天下事物人伦日用而守六籍以言道,则固不与言夫道矣。(《原道中》)

道为空洞不可见之物,人之所能见者乃事物当然之理,故主张"据可守之器而思不可见之道"。此与颜氏"见理于事"之说颇为符合。既主张"道不离器","即器而存道",故其教育学说亦注重于实际方面。谓:"圣人即身示法,因事立教,而未尝于敷政出治之外,别有所谓教法也。"(《原道中》)"学者所肄非国家之典章,即有司之故事……"(《原道下》)"必习于事而后可以言学"(《原道中》),皆浙东学派之重要主张,盖此派之教育学说,至章氏而发挥圆满矣。

(六)论学问与功力及对于当时经学之批评

清代学者倾全力于训诂考证,以"襞绩补苴"为高,误以功力为学问,而鲜能有所贯通,以致末流失之支节繁琐,深为章氏所不满。尝谓:

> 王伯厚氏搜罗摘抉,穷幽极微;其于经传子史,名物度数,贯串旁骛,实能讨先儒所未备。其纂辑诸书,至今学者资衣被焉。……然王氏诸书,谓之纂辑可也,谓之著述不可也;谓之学者求知之功力可也,谓之成家之学术则未可也。今之博雅君子,疲精神于经传子史,而终身无得于学者,正坐宗仰王氏,而误执求知之功力以为学即在是尔。

学与功力实相似而不同,学不可以骤几,人当致攻乎功力则可耳,指功力以为学,是犹指秫黍以为酒也。……今之俗儒且憾不见夫子未修之《春秋》,又憾戴公得商颂而不存七篇之阙,自以为高情胜致,互相赞叹!充其僻见,且似夫子删修不如王伯厚之善搜遗逸焉!盖逐于时趋,而误以擘绩补苴为尽天地之能事也。幸而生后世也,如生秦火未毁以前,典籍具存,无事补辑,彼将无所用其学矣。(《博约中》)

此言虽似冷讥,然实切中清儒之弊;清代学者之最大贡献,在于整理古书,确为后人省无限功力。然谓之功力则可,不得称为学问之止境也。章氏批评戴震曰:

今人有薄朱氏之学者,即朱氏之数传而后起者也。……朱子求一贯于多学而识,寓约礼于博文:其事繁而密,其功实而难。虽朱子之所求,未敢必谓无失也,然沿其学者,一传而为勉斋(黄干)、九峰(蔡沉),再传而为西山(真德秀)、鹤山(魏了翁)、东发(黄震)、厚斋(王应麟),三传而为仁山(金履祥)、白云(许谦),四传而为潜溪(宋濂)、义乌,五传而为宁人(顾炎武)、百诗(阎若璩),则皆服古通经,学求其是,而非专已守残空言性命之流也。……生乎今世,因闻宁人、百诗之风,上溯古今作述,有以心知其意:此则通经服古之绪,又嗣其音矣。无如其人慧过于识而气荡乎志,反为朱子诟病,则亦忘其所自矣。夫实学求是,与空谈性天,不同科也,考古易差,解经易失,如天象之难以一端尽也。历象之学,后人必胜前人,势使然也。因后人之密而贬羲和,不知即羲和之遗法也。今承朱氏数传之后,所见出于前人,不知即是前人之遗绪,是以后历而贬羲和也。……贬朱者之即出朱学,其力深沉,不以源流互质,言行交推;世有好学而无真识者,鲜从风而靡矣。(《朱陆》[《朱陆篇》本为戴震而发,亦可为清代经学之最好评论。])

清代学者治经之优于宋儒者,在于能有科学精神,实事求是,考订是非,以革主观之武断,其方法本自不同。虽然,朱子一生精力之所萃,大半为书本工夫,晚年更为偏重。(六十二岁《答曹元可书》云:"天下之事物,莫不有理,而其精蕴,则已具于圣贤之书。")传朱学者自黄干以降(参观上引章说),亦莫不趋重读书。此种通经服古之流风,实开清代经学之先河,其渊源流别,皆有线索可寻。清儒虽极不承认出于朱学,而实则朱学之支流繁衍也。不过方法精密,而益求进步耳。章氏能以史学家之眼光抉而出之,诚特识也。

六十九 戴震同时之史学家(下)
崔述、邵晋涵、赵翼

(一) 崔述及其著作

崔述少章学诚两岁,清代最有特识之史学家也。字武承,号东壁,直隶大名人。乾隆二十七年举人。嘉庆元年,选福建罗源知县。时武弁多借海盗邀功,兵役亦借以渔利,遇商船则索贿,不与则诬为盗。述审知其隐,遇此类事,讯明即释,不加留难。奸徒大不满,控述擅释巨盗。上官知其公正,得免于罪。嘉庆四年,调上杭县关税,以累年积存之金,悉解充洋面缉盗之费,人或以为矫,而述则坦然也。旋以居官难行其志,遂求归,一意于著述。嘉庆二十一年卒,年七十七。述本寒士,居官不治生产,故一生景况,颇为萧条,然其治学之精神,不因稍沮。述生当汉学隆盛之时,而谓"秦汉之书,多难征信"。且其意见亦与科举场屋之业多所龃龉,以故当时鲜有为之表彰者,遂使超绝一世之思想家,埋没至百余年之久,诚中国学术界之耻也。然述大有"为学问而学问"之精神,固不计较于传不传也。尝谓:"世之论者皆谓经济所以显名于当时,著述所以传名于后世。余之意,窃以为不然。人惟胸有所见,茹之而不能茹,不得已假纸笔以书之;犹蚕食叶,既老,丝在腹中,欲不吐之而不能耳。名不名,非所计也。"(见《东壁遗书》第一册)又谓:"君子当尽其在己,天地生我,父母教我,使天地间有我,而我又幸有此牖隙之明,如之何其可以自安于怠惰而不一言,以负天地而负父母乎?传与不传,听之时命,非我所能预计者矣。"

(《书考信录后》)此种卓越之精神,最足以表现崔氏之人格,盖暗淡朴实之学者也。崔氏著作有陈履和(崔氏门人)所刻之《东壁遗书》(《畿辅丛书》只有《考信录》),《遗书》之目如下:

《考信录》:三十二卷

《提要》二卷　《补上古考信录》二卷　《唐虞考信录》四卷　《夏考信录》二卷　《商考信录》二卷　《丰镐考信录》八卷　《洙泗考信录》四卷　《丰镐别录》三卷　《洙泗余录》三卷　《孟子事实录》二卷　《续说》二卷　《附录》二卷

《王政三大典考》三卷　《读风偶识》四卷　《尚书辨伪》二卷　《论语余说》一卷　《读经余论》二卷　《五服异同汇考》三卷　《易卦图说》一卷　《知非集》三卷　《无闻集》五卷　《小草集》五卷　《荍田剩笔》二卷　《桑梓文献志》二卷　《水木本源志》二卷　《大怪谈》一卷　《桑梓外志》二卷　《涉世杂谈》一卷　《荍田杂录》二卷　《荍田琐记》二卷　《荍田缀语》二卷　《闻见杂记》四卷　《知味录》二卷

《考信录》为崔氏之代表作品,其中《提要》为全书之纲领,所以明作书之由来也。故云:"《考信录》何以有《提要》也,所以自明作《考信录》之故也。……苟有所见,岂容默而不言?故先之以《提要》,以茹之而不能茹者,良有所不得已,阅者尚有以谅其苦心也。"(《提要》卷下)《补上古考信录》则以唐虞以降,始有史书,后世《三坟》、《五典》之推测,皆无根据,"《论语》屡称尧舜,无一言及于黄炎,孟子溯道统亦始于尧舜,然则尧舜以前之无书也,明矣。……司马氏作《史记》,遂托始于黄帝……谯周《古史考》,皇甫谧《帝王世纪》……又推而上之及于燧人、包羲。至河图,《三五历外纪》,《皇王大纪》以降,且有始于天皇氏、盘古氏者矣。……窃谓:谈上古者惟《易》、《春秋传》为近古,而其事理以为近正。以此证百家之谬,亦有不可废者。故余杂取《易》、《春秋传》文以补上古之事。司马氏曰:'学者载籍极博,犹考信于六艺。'是余之志也夫!"(《提要》卷下)

《唐虞考信录》谓唐虞以前之事,不可信,史事但当始唐虞。《提要》云:“余故作《考信录》自唐虞始,《尚书》以经之,传记以纬之。其传而失实者则据经传正之,至于唐虞以前,纷纭之说,但别为书辨之,而不敢以参于正录。”《夏考信录》则考夏代史事之可信者。《商考信录》则考商代可信者。不言“殷”者,“殷所居地名,非国号也”。《丰镐考信录》则考西周之史事,不言周者,“周至幽王之世而止也。周何为止于幽王也?东迁以后,载籍较多,称引亦繁,辨之不胜其辨,且非圣王贤相得失所关,故从简也”(同上)。《洙泗考信录》则考孔子事迹之可信者。“唐虞三代诸录之后,何以继以洙泗也?曰二帝三王孔子之事,一也。……二帝以德治天下,三王以礼治天下,孔子以学治天下。”(同上)《丰镐别录》乃补正录者,以无“十分之见”,故另为别录。《洙泗余录》则考孔门弟子之事实,以其有羽翼道统之功也。《孟子事实录》则考孟子之事实,并及其弟子。“孟子之于孔子,犹周公之于文武……《孟子》七篇皆弟子所纂述,以传于后世者。”(同上)其功皆不可没,故为之考也。《考古续说》则以“《考信录成》,其义有未尽者,有事在周室东迁以后者,亦有泛论古书不可系于一代者,故为续说以补录之”(同上)。《附录》则述作《考信录》所得力于他人者也。《洙泗考信录》以上统名《正录》,以下则谓之《别录》;此其大略也。《考信录》以外之作品,不十分重要,为篇幅所限,恕不一一详述。

(二) 东壁之征实主义与治学精神

崔氏之主张,于上述书目解中,已可略见其一斑,兹再略举其重要之点。崔氏之根本主张,在于“征实”,凡事之可信与否,当视其事之是否有征,不可征而必信之,非愚即诬也。故曰:“大抵文人学士多好议论古人得失,而不考其事之虚实。余独谓虚实明而后得失或不爽,故今为《考信录》,专以辨其虚实为先务,而论得失者次之。”(《考信录·提要上》)“专以辨虚实为先务”,为崔氏一生最有力之主张,因此乃大富有疑古精神。尝谓:“天下之大,吾非能事事而亲见也,况千古以上,吾安从而知之?人之言可尽信乎?”(同上)以此精神应用于考信,故对于古书,多所怀疑,而尤以战国秦汉之书为不信。其论曰:

大抵战国秦汉之书，皆难征信，而其所记上古之事尤多荒谬。然世之士以其流传日久，往往信以为实。其中并非无一二之实，然要不可信者居多。乃遂信其千百之必非诬，其亦惑矣！（同上）

今《考信录》中，凡其说出于战国以后者，必详为之考其所本，而不敢以见于汉人之书者，遂真以为三代之事也。（同上）

今为《考信录》不敢以载于战国秦汉之书为实事，不敢以东汉魏晋诸儒之所注释者悉信以为实言。务皆究其本末，辨其同异，分别其事之虚实而去取之。虽不为古人之书讳其误，亦不至为古人之书增其误也。（同上）

崔氏亦最不满意当时汉学家之迷信汉人，谓：

大抵汉儒之说，本于七纬者不下三之一，宋儒颇有核正，然沿其说尚不下十之三，乃世之学者动曰："汉儒如此说，宋儒如此说；后生小子，何所知而妄非议之？"呜呼！汉儒之说果汉儒所为说乎？宋儒之说果宋儒所为说乎？盖亦未尝考而已矣。嗟夫！谶纬之学，学者所斥而不屑道者也，谶纬之书之言，则学者皆遵守而莫敢有异议。此何故哉？此何故哉？吾莫能为之解也已。近世浅学之士，动谓秦汉之书近古，其言皆有所据，见有驳其失者，必攘臂而争之，此无他，但徇其名而未尝多观秦汉之书，故妄为是言耳。（同上）

崔氏又以为人所以不能辨别虚实真伪者，其最大之原因，在于好博不务精，而不知学问之重要，不徒在博也。故曰：

自宋以前，士之读书者多，故所贵不在博而在考辨之精。……至明以三场取士，……因而学者多束书不读，自举业外，茫无所知。于一二才智之士，务搜览新异，无论杂家小说近世赝书，凡昔人所鄙夷而不屑道者，咸居之为奇货，以傲当世不读之人，曰吾诵得《阴符》、《山海经》矣；曰吾诵得《吕氏春秋》、《韩诗外传》矣；曰吾诵《六韬》、

《三略》、《说苑》、《新序》矣；曰吾诵得《管》、《晏》、《申》、《韩》、《庄》、《列》、《淮南》、《鹖冠》矣。公然自诧于人，人亦公然诧之，以为渊博。若六经为藜藿，而此书为熊掌雉膏者然，良可慨也！(同上)

孟子曰："尽信《书》则不如无《书》，吾于《武成》取二三策而已矣。"圣人之读经，犹且致慎如是，况于传注？又况于诸子百家乎？孟子曰："博学而详说之，将以反说约也。"然则欲多闻者非以逞博也，欲参互考订而归于一是耳。若逞其博而不知所择，则虽尽读五车，遍阅四库，反不如孤陋寡闻者之尚无大失也。(同上)

孔子曰："知之为知之，不知为不知，是知也。"又曰："吾犹及史之阙文也。"夫圣人岂不乐于人之尽知，然其势必不能强。不知以为知，则必并其所知而淆之。是故无所不知，非真知也，有所不知者，知之大者也。今之去二帝三王远矣，……远者可知以为不知，夫亦何病？而学者为之说以通之，此古书之所以晦也。(同上)

不能细心考核，而人云亦云，亦为不能辨别虚实之病。崔氏尝举"笑谈"一段，以为设譬云：

有二人皆患近视眼，而各竞其目力不相下。适村中富人将以明日悬扁于门，乃约于次日同至门读扁上字以验之，然皆自恐弗见。甲先于暮夜使人刺得其字，乙并刺其旁小字。暨至门，甲先以手指门上曰："大字某某！"乙亦用手指门上曰"小字某某！"甲不信乙之能见小字也，延主人出，指而问之曰："所言字误否?"主人曰："误则不误，但扁尚未悬，虚无物，不知两君所指者何也?"嗟乎！数尺之扁有无不能知也，况于数分之字安能知之？闻人言为云云，而遂云云，乃其所以为大误也。(同上)

此虽系笑谈，而刻划世人随声附和之态，实为形容尽致，崔氏之特识，端在其不随声附和也。惟崔氏虽不主随声附和，然亦不立异而鸣高，彼盖深知主观之为害甚大。故谓："人之情好以己度人，以今度古，以不肖度圣贤,至于贫富、贵贱、南北、水陆,通都僻壤,亦莫不互相径庭悬隔,而其人终不知也"(《提要》卷上)。因自述其个人治学之态度曰:"余生平不好有成见,于书则就书论之,于事则就事论之,于文则就文论之,皆无人之见存。"(《提要》卷下)"无人之见存"真科学家之物观态度也。清代学者,吾于焦、戴外,最敬崔氏,其深见卓识,间亦有戴、焦之不及也。惟崔氏缪于道统之说,则未免失却史家之正当态度,且其"考信六艺"之论,亦为不彻底之主张。此时代所限,不足为崔氏深病也。

(三) 邵晋涵(附赵翼)

邵晋涵少崔述三岁,章学诚之同志,亦当时之史学家也。字与桐,又字二云,余姚人。乾隆三十六年进士。四库开馆,被诏入馆编纂,授编修。五十六年充日讲起居注官,文渊阁直阁事。与修《续三通》、《八旗通志》,校勘石经《春秋三传》。邵好学且务博,重以入馆编校过勤,积劳成疾,嘉庆元年卒,年五十四。所著书有:

《辑补旧五代史》《尔雅正义》《孟子述义》《穀梁正义》《韩诗内传考》

晋涵之史学兴味甚高,尝谓:《宋史》自南渡以后尤荒谬,宁宗以后,褒贬失实,不如东都有王偁《事略》也。欲先辑《南都事略》,使条贯粗具,然后词简事增,为赵宋一代之书。惜其学好高而务博,是以累年未能竟其志,《南都事略》亦未完成,存稿今亦无见也。然晋涵之史才甚高,据章学诚《邵二云别传》云:"已故总督湖广尚书镇洋毕公沅,尝以二十年功,属宾客续《宋元通鉴》,大率就徐氏本稍为损益,无大殊异。公未惬心,属君更正。君出绪余为之复审,其书即大改观。时公方用兵,书寄军营读之。公大悦服,手书报谢,谓迥出诸家续鉴上也。"由此可见矣。章氏与晋涵为知己,又皆深于史学,故对于晋涵之期勉甚切,惜晋涵中年早卒,故章氏之惜惋亦最深。《别传》云:"嗟乎!昊天生百才士,不能得一史才,十史才不能得一史识,有才有识,如此而又不佑其成,若有物忌者然,岂不重可惜哉!"是则为世惜才,又不仅知己感旧之言矣!乾嘉间更有赵翼者,字耘菘,号瓯北,阳湖人。生于雍正末年,较章、崔、邵为年长,享寿亦最久。著有《廿二史札记》,钱大昕序之云:"读之,窃叹其记诵之博,义例之精,论议之和平,识见之宏远,洵儒者有体有用之学,可坐而言,可起而行者也。……上下数千年安危治乱之几,烛照数言,而持论斟酌时势,不蹈前人,亦不有心立异,于诸史审定曲直,不掩其失,而以乐道其长。……"钩稽往史,独出心裁,治乱兴衰,昭然在目,盖史部之佳构也。又有《皇朝武功纪盛》备述康雍乾三朝用兵之始末,辞简事赅,开《圣武记》之端绪。又有《陔余丛考》一书,考证史事,具见卓识。然翼颇以诗文名,史学反为所掩。今传有《瓯北全书》,名繁不具录。

七十　戴门弟子　段玉裁、王念孙

(一)段玉裁

戴氏在京师时,从问学者甚多,其谨执弟子礼而传其治学精神者,则有段玉裁、王念孙、凌廷堪、孔广森,而以玉裁年最长。玉裁少戴震十二岁,字若膺,一字懋堂,金坛人。乾隆三十九年举人。四十九年为贵州玉屏知县。越三年改四川巫山知县。辛丑引疾归,不复出。归田后一意经术,年逾八十,犹复矻矻不倦,故其成就甚伟大也。玉裁生平最服膺戴震,在京师时,质疑问难无暇时,其后宦游边徼,犹复时通札问,所讨论者,亦无非学术也。著作颇多,汇刻于《经韵楼丛书》中,其目如下:

> 《经韵楼集》十二卷　《尚书古文撰异》三十二卷　《重订毛诗故训传》三十卷　《周礼汉读考》六卷　《仪礼汉读考》六卷　《春秋左氏古经》

《经韵楼集》收生平著作之散篇,其中有关系之文字甚多,而前六卷及后二卷尤为重要,欲知段氏之治学特长,不可不参阅之。《古文尚书撰异》不专辨真伪,而务纠正文字。自序云:"今广搜补阙,因篇为卷,略于义说,文字是详,正晋唐之妄改,存周汉之驳文……"《重订毛诗故训传》写定于乾隆甲辰,在巫山时已有初订本,故名此为重订。书中订正毛氏《故训传》之讹脱,俾还其旧观。《题辞》云:"夫人而曰治《毛诗》,而有其名无其实,然则《毛诗故训传》三十卷,是编乌可以已也?……"《周礼汉读考》书中以所发明之读若,读为,当为三种义例以考《周礼》,虽寥寥数章,乃创作之书也。《仪礼汉读考》内容亦同,但未成书,卷末附识云:"《礼经汉读考》一卷,其他十六卷未成,后之人当有能踵为之者。"《春秋左氏古经考》订左氏经文,而不附传,以存专经之面目。《题辞》云:"悯今之学者,但知稍稍读《左传》,于经文少有能成诵者也。乃恭录左氏经文,取郑公注《礼》、《周礼》存古文今文故书之例,附见《公羊》、《穀梁》经文之异,以小字双行注各条下,为十二篇。又以二家卷数之不同,附注《左氏》各篇之末。每条时有订正之语,而不敢蔓衍其辞,仍依《汉志》署曰《春秋左氏古经》……"此外最著之书,尚有:

《说文解字注》三十卷　附《六书音均表》二卷　《汲古阁说文订》一卷

《说文解字注》段氏之杰作也;自清代好古之风尚,学者渐知尊经,而研究之方法,则以小学为入门。《说文解字》多存古义,可以探源故训,故康乾之交,已渐引起学者之注意,而治之者尚少,段氏则《说文》之第一功臣也。因其能就本书融会贯通,发明义例,以为整理之根据。王念孙与段氏同以小学著名,又系挚友,对于此书之批评甚精当,录之如下:

《说文》之为书,以文字而兼声音训诂者也;凡许氏形声读若皆与古音相准,或为古之正音,或为古之合音,方以类聚,物以群分,循而考之,各有条理。不得其远近分合之故,则执今音以疑古音;或执古之正音以疑古之合音,而声音之学晦矣。《说文》之训首列制字之本音,而不废假借。凡言"一曰"及所经类多有之,盖以广异闻,备多识而不限于一隅也。不明乎假借之指,则或据《说文》本字以改书传假借之字,或据《说文》引经假借之字以改经之本字,而训诂之学晦矣。吾友段氏若膺,于古音之条理,察之精,剖之密。为《六书音均表》,立十七部以综核之,因是为《说文注》形声读若,一以十七部之远近分合求之,而声音之道大明。于许氏之说正义假借,知其典要,观其会通,而引经与今本异者,不以本字废借字,不以借字易本字,揆诸经义,例以本书,若合符节,而训诂之道大明。训诂声音明而小学明,小学明而经学明,盖千七百年来无此作矣!若夫辨点画之正俗,察篆隶之繁省,沾沾自谓得之,而于转注假借之通例,茫乎未之有闻,是知有文字而不知有声音训诂也,其视若膺之学,深浅相去为何如耶?余交若膺久,知若膺深,而又皆从事于小学,故敢举其荦荦大者,以告缀学之士云。(《说文解字注序》)

此序最能表段书之所长,非溢美也。段之注此书也,先就本书融会贯通,以求义例,然后以义例律之本书,故有许多创见。书中间亦不免有独断之处,因有《段注订》(钮树玉著)、《段注匡谬》(徐承庆著)之继起,然终不掩其所长,阅者细心读之斯可耳。《六书音均表》专论古音,共分五表:《今韵古分十七部表》第一;《古十七部谐声表》第二;《古十七部合用类分表》第三;《诗经韵分十七部表》第四;《群经韵分十七部表》第五。书中之最大发明在分古音为十七部而辨别五支、六脂、七之、如清真蒸三韵之不相通,尤为创见也。《汲古阁说文订》则专考正毛氏刻本之讹谬,属于校勘性质。总之段氏之所长,在于能用归纳方法以发明义例,如所发明汉人作注之例,则其尤精者。《说文解字注》中亦颇根据此点,其言曰:

汉人所注,于字发疑正读,其例有三:一曰“读如”,“读若”;二曰“读为”,“读曰”;三曰“当为”。“读如”,“读若”者,拟其言也;古无反语,故为比方之词。“读为”,“读曰”者易其字也;易之以音相近之字,故为变化之词。比方主乎同,音同而义可推也;变化主乎异,字异而义了然也;比方主乎音,变化主乎义;比方不易字,故下文仍举经之本字,变化字已易,故下文辄举所易之字;注经必兼兹二者,故有“读如"有"读为"。字书不言变化,故有"读如"无"读为",有言"读如某"、"读为某"而某仍本字者,"如"以别其音,"为"以别其义。"当为"者,定为字之误,声之误而改其字也,为救正之词。形近而讹,谓之字之误,声近而讹,谓之声之误;字误声误而正之,皆谓之"当为"。凡言"读为"者不以为误,凡言"当为"者,直斥其误。三者分而汉注可读,而经可读。三者皆以音为用,六书之形声假借转注于是焉在。……(《周礼汉读考序》)

阮元序其书谓:"自先生此言出,学者凡读汉儒经子《汉书》之注,如梦得觉,如醉得醒,不至如冥行摘埴,此先生之功也。"诚定评矣。

(二) 王念孙

王念孙少戴震二十一岁,少段玉裁九岁,戴门高足,亦清学中小学、校勘大家也。字怀祖,学者称石臞先生,江苏高邮人。父安国,吏部尚书。在京师时,延戴震教念孙,授声音、训诂之学。念孙颖慧,遂渐通《尔雅》、《说文》。乾隆四十年成进士,选庶吉士。乞假归,潜心学术,与李惇(字成裕,高邮人。著《卜筮论》、《尚书古文说》、《左传通释》、《说文引书字异考》、《浑天图说》、《杜氏长历补》、《群经小识》、《历代官制考》等)、贾田祖(字稻孙,高邮人)、汪中、刘台拱、程瑶田等以经学相励。旋入都,任工部主事,颇究心治河之道,屡充河道职。六十七岁,以永定河涨,引咎辞归。虽年已老,而治学之兴味不减,校勘之勤,至死不辍也。八十九岁卒,道光十二年也。生平著作之最著者:

《读书杂志》八十二卷　《志余》二卷　《广雅疏证》十卷

《读书杂志》注重校勘训故。所校古书共十八种,其目如下:

《逸周书》《战国策》《史记》《汉书》《管子》《晏子春秋》《墨子》《荀子》《淮南·内篇》《汉隶拾遗》《后汉书》

《老子》《庄子》《吕氏春秋》《韩非子》《法言》《楚辞》《文选》

各书非全加校释,乃摘其一句或一条,而考校诠释者。凡立一说,必列举古书,博采证据,然后论定;故最足令人信服,苟无强有力之反证,不足驳其说也。清代考证学之成功,由其方法之精密,此书可作代表。《广雅疏证》亦校勘兼训释之作也。此书成于晚年,故甚精密。《自序》云:“念孙不揆梼昧,为之疏证,殚极思虑,十年于兹。窃以训诂之旨,本于声音,故有声同字异,声近义同,虽或类聚群分,实亦同条共贯。譬如振裘必提其领,举网必挈其纲,故曰本立而道生,知天下之至赜而不乱也。此之不寤,则有字别为音,音别为义,或望文虚造而违古义,或墨守成训而鲜会通;易简之理既失,而大道多歧矣。今则就古音以求古义,引申触类,不限形体,苟可以发明前训,斯凌杂之讥,亦所不辞。其或张君(张君,即作《广雅》者)误采,博考以证其失,先儒误说,参酌而寤其非……盖是书之讹脱久矣,今据耳目所及,旁考诸书以校此本,凡字之讹者五百八十,脱者四百九十,衍者三十九,先后错乱者百二十三,正文误入音内者十九,音内字误者,误入正文者五十七,辄复随条补正,详举所由。……博访通人,载稽前典,义或易晓,略而不论,于所不知,盖阙如也……”此不仅为《广雅》作序,实王氏治学方法之宣言书矣。序中一则曰博考,再则曰博访,盖立说必求证据而不以孤证满足,最与近时科学家之精神相似。至于由声音以求训诂,为王氏治小学之法门,试与前所引《说文解字注序》参看,则王氏之特点思过半矣。王氏著书最为慎重,故作品不多,然即《疏证》与《杂志》两书,已不朽矣;此所以贵精不贵多也。

七十一 段王同时之学者(一)
汪中、钱坫、武亿

(一) 汪中

汪中少段玉裁九岁,与王念孙同年生,念孙颇服其学,相知甚深。中字容甫，江苏扬州人。少年家贫，不能购书，游书肆，与书贾交，乃借阅经史，其学日进。中性偏激，稍不合意，即谩骂。尝肄业安定书院，每一山长至，辄挟经史质疑难，或不能对，即大笑出，人咸以狂生目之。不喜宋儒性命之学，朱子之外，有举其名者必痛诋之。尤恨世之淫祀，见人邀福祀祷者，辄骂不休，聆者掩耳疾走，其为人大率类此。然与同时程瑶田、王念孙、刘台拱、孙星衍、洪亮吉相友善，对于前辈如钱大昕、戴震等则尊敬之，尝谓："古学之兴也，顾氏始开其端，河洛矫诬，至胡氏而绌；中西推步，至梅氏而精；力攻《古文书》者阎氏也；专言汉儒《易》者惠氏也；凡此皆千余年不传之绝学，及戴氏出而集其成焉。"尝拟为《六儒颂》而未果（见凌廷堪《校礼堂集汪容甫墓志铭》），故汪氏非专以诋毁为事，其偏激之处，则因愤世嫉俗而发耳。平日用心太过，患怔忡病，拔贡后即无意科举。日以著书校勘为事，盐使知其名，使司文汇阁所颁之《四库全书》。乾隆五十九年，以检校书籍，往杭州，病卒于西湖旅次，仅五十一岁耳。所著书有：

《述学》内外两篇　《经义知新记》一卷　《大戴礼记正误》一卷　《广陵通典》十卷

《述学》乃散篇文字合集而成者，然与普通文集不同，中多考据论学之作，汪氏之主张，大体可见矣。《经义知新记》，乃读书之札记，故各条不相联贯。《大戴礼记正误》专考《大戴礼》之讹脱，各条下有"喜孙"案语，喜孙者，汪中之子也（喜孙字孟慈，嘉庆举人）。中颇精于校雠，由《述学》中《墨子叙》及《后叙》知彼有《墨子校本》及《表微》一卷，为清代最初治墨学者，其于墨学复兴，不无功也。至浙刻二十二子之《荀子》，汪氏亦曾与力于校勘，其功亦不可没。总之汪中在清代学者中为奇士，其治学精神亦可嘉，惟成绩甚少耳。《广陵通典》则地志之书也。中子喜孙汇诸书为《汪容甫所著书》，于上述四种外，又加入《遗诗》一卷，《汪氏学记》一卷。

(二) 钱坫(附钱塘)

钱坫与汪中同年生,嘉定钱大昕之侄也。字献之,少孤,好读古书,每就试,为文皆以汉说,有司不能句读,屡黜之。后以家贫,乃入京依大昕,大昕教以习篆书,自是渐以古篆名。尝从毕沅至陕西,与洪亮吉、孙星衍辈讨论训诂舆地之学。后官州判,以积劳得疾,右手偏枯,以左手作篆,时人珍之。嘉庆十一年卒于吴中,年六十六。所著书刊行者,汇刻为《钱氏四种》,其目如下:

《诗音表》一卷 《军制考》一卷 《尔雅释地四篇注》四卷 《论语后录》五卷

《尔雅释地四篇注》专注《释地》、《释邱》、《释山》、《释水》偏于地理者居多,间亦有训解或校勘文字。《续皇清经解》中所收之《尔雅古义》,则亦坫所为,重在解释文字者也。此外所著为各家征引者,更有

《史记注》百二十卷 《十经文字通正书》十四卷 《新斠注地理志》十六卷

坫颇通小学,故所注各书,多质实。孙星衍序《尔雅四篇注》曰:"君注解质核,有贾逵、高诱之风,汉以下无以拟也。今世注《尔雅》者有君家詹事君,邵编修二云,江布衣叔沄,星衍亦尝为《尔雅正俗字考》,又注释诂以下诸篇。……然君所独到不能掩也。"坫又注意地理,是以《释地》诸篇注,颇有所发明也。

钱塘,坫之兄也。字学渊,一字禹美,又号溉亭。乾隆四十五年成进士,授江宁府教授。"公务多暇,刻苦撰述,于声音文字律吕推步之学尤有神解"(见《潜研堂集》别传)。乾隆五十五年卒,年五十六。所著有:

《律吕古义》六卷 《淮南天文训补注》三卷 《述古篇》四卷 《春秋左氏古义》

大昕为塘作《别传》云："惜其未及中寿，而撰述或不尽传。"则知此外或有他作也。《律吕古义》，大昕尝称赞之云。

（三）武亿

武亿字虚谷，河南偃师人。少年颇好学。乾隆四十五年成进士，居京师，从程晋芳、朱筠游，借书读之。朱筠颇优礼学者，亿在筠邸中，得识洪亮吉、黄景仁、江藩等，皆经学之士也。五十六年授博山县知县，兴利除害，民众奉之如父兄。时和珅用事，番役四出扰民，亿擒其役而杖之。上官畏罪，恐因此株连，乃劾亿而罢其官。人民携老弱千余人赴省乞留，去之日有哭失声者（详见第四章二十二节）。此后闲游书院，或助修县志以糊口。嘉庆四年卒，年五十五。所著书有：

《群经义证》八卷　《经读考异》八卷补一卷　《金石一跋》四卷　《金石二跋》四卷　《金石三跋》二卷　《授堂金石文字续跋》十四卷　《授堂文钞》八卷　《偃师金石记》四卷　《偃师金石遗文》二卷　《安阳金石录》十三卷

《群经义证》为札记体，偏重考据各字之意义，亦间有新理解。《经读考异》则专考句读，古书无标点，同一字数，因后人之意见不同，每有数种读法。此书罗列各经中句读之歧异者，说明旧时读法有几种，某人主张从何处断句，他人又从何处断句，间亦卜以断语，颇足为研究经学之参考。亿甚好金石，所过名山古寺有石刻者，莫不悉心搜讨，故所收藏碑版甚多，上列关于金石诸作，皆其考订金石者。总之，亿在经学上之贡献虽甚细小，然于经学亦不无裨益也。上列各书外，道光年间重刊之《授堂遗稿》，尚有：

《三礼义证》十二卷　《句读叙述》二卷补一卷　《四书考异句读》一卷数种

七十二　段王同时之学者(二)

洪亮吉、刘台拱、孔广森

(一) 洪亮吉

洪亮吉少武亿一岁,与亿为友朋,而其学识之博大则过之。亮吉字稚存,一字君直,号北江,晚号更生居士,江苏阳湖人。乾隆五十五年进士,授编修。明年充石经馆收掌及详复官,以旧书十三经多讹俗,创议总裁欲更正之,不能从。五十七年充贵州学政,在贵州奖励经学,以经史《通典》、《文选》诸书教士。复奏请以《礼记》郑玄注易陈澔,格于部议不行。嘉庆元年充咸安宫总裁,在上书房行走。旋以与同官意见不合,辞归。嘉庆四年复任实录馆总裁。时国家多乱,而无直言之士,乃上书成亲王及朱珪、刘权之三人,乞其转奏,中多直言,有"勤政远佞臣"之语。嘉庆帝怒,交军机大臣与刑部会鞫,拟斩。特赦免死,戍伊犁。明年京师大旱,赦归(详第五章中)。嘉庆元年归里,十四年卒于家,年六十四(参看吕培《洪北江先生年谱》)。亮吉在京师颇受朱筠之优礼,筠官安徽学政时,亮吉亦从之,与当时学者如戴震、邵晋涵、章学诚、王念孙、汪中、孙星衍辈相与观摩,其学识得力于此者颇多。亮吉负气不能容人,好为辨论,虽系挚友,亦至面红耳赤不止;有因学术上之争执而至于绝交者,则未免太过矣(参见《汉学师承记》及赵怀玉所撰《墓志铭》,及恽敬所撰《遗事述》)。惟亮吉亦自知其弊,尝语赵怀玉曰:"人孰无病?要自存其真耳。君若后吾死,铭诔当不出君手,幸无失吾之真也。"可谓有自知之明矣。亮吉著作甚富,光绪年间所刊《遗集》共二百二十二卷,而其佚稿尚不在此数,可谓多矣。兹将今所传《遗集》之目列下:

《卷施阁文甲集》十卷补遗一卷　《卷施阁文乙集》八卷续编一卷　《卷施阁诗集》二十卷　《更生斋文甲集》四卷　《更生斋文乙集》四卷　《更生斋文续集》二卷　《更生斋诗集》八卷　《更生斋诗续集》十卷附《鲒轩诗集》八卷　《冰天雪窖词》一卷　《机声镫影

词》一卷　《两晋南北史乐府》二卷　《唐宋小乐府》一卷　《北江诗话》六卷　《晓读书斋杂录》八卷　《传经表》二卷　《通经表》二卷　《六书转注录》十卷　《弟子职笺释》一卷附《史目表》二卷　《春秋左传诂》二十卷　《汉魏音》四卷　《比雅》十卷　《乾隆府厅州县图志》五十卷　《补三国疆域志》二卷　《东晋疆域志》四卷　《十六国疆域志》十六卷　《伊犁日记》一卷　《天山客话》一卷　《外家纪闻》一卷

《北江诗话》以上十余种，皆亮吉生平所作之散篇文字及诗词。就中《卷施阁文甲集》中颇多重要文字，如《释舟》、《贵州水道考》等篇，乃注重考据者。《意言》二十篇虽多迂论，然如《生死篇》、《祸福篇》（卷一）颇足见亮吉之达观态度，传记中谓其闻死无惧色，盖以有素养也。《更生斋集》乃其晚年作品，其中《遗事》各篇（卷四），甚为可喜。盖传记墓志之类，每多失实，是以千篇一律，不易见出各人之特点；亮吉所书各人遗事，能以最简短之文，表白各人之个性，其文勃勃有生气，而一人之气态活现于纸上，此类文字能补形式传状之缺点，最不可少。《晓读书斋杂录》乃读书之札记，中多考据语，亦成于晚年。《传经表》乃表列各经传授之源流，其源流不可考者，则入之《通经表》。自序云："较明朱睦㮮《授经图》，国朝朱彝尊《经义考·师承》所录，详实倍之，盖周秦汉魏经学授受之原，至此乃备也。"《六书转注录》钞录古书中关于转注之文，虽系钞书，然亦颇有助于比较研究，盖研究之初步手续也。《自序》云："暇日偶刺取经传中转注之字，以《尔雅》、《说文》、《小尔雅》、《方言》、《释名》、《广雅》为纲，已共得八卷……旁采则迄于周隋……又录及《释文》。"《弟子职》为《管子》之一篇，清代学者颇重视之。亮吉之《弟子职笺释》，即专释此篇者也。自序云："今按《弟子职》亦非管子所为，乃古塾师相传以教弟子……《弟子职》之在《管子》，与《内则》之在《小戴礼》等也。……唐尹知章注简陋，刘绩补注亦未赅洽，因仿汉人注经之法，一一笺释。"洪氏不满于杜元凯之《春秋左氏传》，谓其训诂地理多所疏舛，乃撰《春秋左传诂》以纠正之，"名为《春秋左传诂》者，……欲存《春秋左传》之古学耳"

(叙语)。洪氏谓:“求汉魏人之训诂而不先求其声音,是舍本而逐末。”(《汉魏音》卷一)所作《汉魏音》即专考汉魏声音者,所根据之材料,大都以汉魏人之传注为多。《比雅》为小学书,编辑经史及汉魏传注之语,谓《比雅》者,体裁摹仿《尔雅》也。《乾隆府州厅县图志》乃地志之属,而偏重于地理沿革者,书中附图颇多,说明亦颇详,足资研清代沿革之参考。陈寿《三国志》有纪传而无志,洪氏谓地理志最不可缺,乃撰《补三国志疆域志》,其书颇佳。《东晋疆域志》、《十六国疆域志》,亦此类作品,所以补正旧史之缺者也。《天山客话》、《伊犁日记》、《外家记闻》三种皆小品文字,无关宏旨。总之,洪氏之特别贡献,在于古地理之研究,至于经学、小学,虽亦深有研究,但发明不多耳。

(二) 刘台拱

刘台拱少洪亮吉五岁。字端临,江苏宝应人。二十一岁举于乡(乾隆三十六年),赴京师会试不第,乃留京师。当时人才辐辏都门,戴震、邵晋涵、程瑶田、王念孙、任大椿诸人,皆与台拱为友。台拱“齿最少,而每发一义,诸老生莫不折服,以为好学深思,心知其意者”也(见朱彬《刘先生台拱行状》)。累试不第,乃绝意进取。晚官丹徒训导,设教以敦品立行为先,而能以身示之。生平无他嗜好,惟聚书数万卷,及金石文字而已。父疾辞官归,迭遭大故,出就外寝,蔬菲者五载,人推为难。体益衰弱,竟致不起,卒年五十五。所著书有:

《论语骈枝》一卷 《荀子补注》一卷 《汉学拾遗》一卷 《经传小记》三卷 《国语补校》一卷 《文集》一卷

《论语骈枝》为札记之体裁,因《论语》之词而加以考证训释。《经传小记》则偏重于考校文字,谓某字宜作某,某本作某伪,亦王念孙《读书杂志》之流也。《国语补校》与《经传小记》性质略同,亦主考校而兼及训释。刘氏之著作虽皆细小,而考订则甚精细,务精不务多,颇得戴派治学之主要精神。朱彬所撰《行状》中,谓其“虽自古经师相传之故训,亦不为苟同。于汉宋诸儒绝无依傍门户之见,所遇鸿生巨儒,有争气者,辄弗与辨”。对于此,则可知台拱之贵有创造,而并能平心静气以求之矣!

(三) 孔广森

孔广森少刘台拱一岁,与戴震有亲戚关系,少年曾受经于戴,与段玉裁、王念孙辈同为戴门嫡系,不过孔氏早夭,成就未宏耳。广森字众仲,又字巽轩,山东曲阜人。年十七,中乾隆三十六年进士,官翰林院检讨,少年入官,翩翩华胄,一时争与之交。然性喜著书,淡于世情,辞官家居。旋遭家难,为讼所累,郁郁少欢。又先后遭大母及父丧,哀情以终,卒年仅三十五耳。所著书有:

> 《公羊春秋经传通义》十一卷叙一卷　《大戴礼记补注》十三卷叙录一卷　《诗声类》十二卷分例一卷　《礼学卮言》六卷　《经学卮言》六卷　《少广负术内外篇》六卷　《骈体文》三卷

《公羊》久成绝学,庄存玙以前,各经传皆有数种作品,独《公羊》无人问津,盖其中颇不易了解也。广森感于此学之缺乏,乃努力著《公羊通义》,因何休《解诂》而略加更易,《自叙》云:“因原注,存其精粹,删其支离,破其拘窒,增其晦隐,冀备一家之言,依旧帙次为十一卷,窃名曰《通义》。胡毋生、董生既尽此经先师,虽义传表,卓然可信,董生绪言犹存《繁露》,而《解诂》自序以为略依胡毋生条例,故未敢轻易也。”孔氏虽大体依据何氏,然亦了解不深,故今文家谓其不通家法也。《大戴礼记补注》乃校勘兼训诂之书。《大戴记》疏舛讹脱最甚,经孔氏之校释,始渐可读。虽后此之作,皆较孔氏为优,然创始之功,不可掩也。《诗声类》则研究音韵者也。《礼学卮言》,乃读礼之札记,或考名物,或训字义,而无定体。其中有关于“格物”之解释,亦颇有价值;原文如下:

> 大学致知在格物,即致“知止”之知也。“格”,至也,“物”,射者画地所立处也(如《仪礼》序则物当栋之物)。《哀公问》篇曰:“孝子

> 不过乎物","仁人不过乎物",言君止仁,臣止敬,父止慈,子止孝,朋友止信,皆有定则,如射之有物,不可以过,至乎物则不过矣。不过乎物则得所止矣。上文皆曰欲,曰先,此变言在,明非于致知之外,别有格物之功也。朱子格致补传,前人已有疑之者。(《小戴礼记》条)

其当否固勿论,亦可以备一说也。《经学卮言》则平日读经之札记,《易》、《书》、《诗》、《尔雅》、《论语》、《孟子》、《左传》,皆有若干条,大抵皆考校诂训之说,间亦有新理解。孔氏才业甚富,长于骈文,当时颇多传诵,《骈体文》其遗著也。孔氏享年不及中寿,时成绩已卓有可观,使假之以天年,则其成就正未可限量也。

第十三章　乾嘉时代之重要学者（下）

七十三　孙星衍及其同时之学者

郝懿行、凌廷堪、张惠言

（一）孙星衍及郝懿行

孙星衍少孔广森一岁，少洪亮吉七岁，与洪为同县人。与当时学者如钱大昕、毕沅、阮元等皆有密切关系，博学能文，贯通经史，又颇长于校勘，其学虽不如戴、焦、段、王之精，亦第一流之人才也。字渊如，江苏阳湖人。少年受知于钱大昕。毕沅为陕西巡抚，星衍随之幕中，与洪亮吉相与讨论学问，毕沅著作中经孙、洪之协助而成者居多。乾隆五十二年进士，授翰林院编修，充三通馆校理。散馆改主事。五十六年转员外郎，五十九年升广东司郎中。明年授山东兖沂曹济道，累官道任者多年。嘉庆二十三年卒，年六十六。所著书有：

> 《周易集解》十卷　《尚书今古文注疏》三十卷　《夏小正传校》三卷　《孔子集语》十七卷　《括地志》八卷　《辑尸子》二卷　《汉礼器制度》一卷　《汉官》一卷　《汉官解诂》一卷　《汉旧仪补遗》二卷　《汉官仪》二卷　《汉官典职仪式选用》一卷　《汉仪》一卷　《物理论》一卷　《仓颉篇》三卷　《建立伏博士始末》二卷　《魏三体石经残字考》一卷　《史记天官书考证》十卷　《京畿金石考》二卷　《平津馆金石萃编》二十卷　《孙氏祠堂书目》内编四卷外编三卷　《寰宇访碑录》十二卷　《晏子春秋音义》二卷　《燕丹子传》一卷

《辑燕丹子》三卷 《续古文苑》二十卷 《芳茂山人诗录》十卷
《问字堂文集》六卷 《岱南阁文集》二卷 《泲上停灵集》一卷
《平津馆文集》二卷 《五松园文稿》二卷 《嘉谷堂稿》一卷

此外尚有所校刻之《平津馆丛书》、《岱南阁丛书》,名繁不具录。孙氏用功最勤之书,莫如《尚书今古文注疏》。“为书始自乾隆五十九年,迄于嘉庆二十年。”(见本书序)乃孙氏惨淡经营之作也。自述作书之大旨云:“兼疏今古文者,仿《诗疏》之例,毛郑异义,如其说以疏之。史迁所说,则孔安国故书,《大传》则夏侯欧阳说,马郑注则本卫宏、贾逵、孔壁古文说,皆有师法,不可遗也。今古文说之不能合一,犹三家诗及三传难以折衷。即郑注三《礼》亦引今古文异字及郑司农、杜子春说,至晋以后,乃用李斯别黑白定一尊之学,独申己见,自杜预之注《左传》,王弼之注《易》,郭璞之注《尔雅》滥觞也。”(《尚书今古文注疏序》)孙书之长,即在能分清今古文之界限,不相混淆,且网罗放失亦颇多,故能较优于王鸣盛、江声之书也。孙氏对于古书校注辑佚之功,亦不可没;如《孔子集语》、《燕丹子》、《尸子》、《晏子春秋音义》皆其成绩之较著者。其所校刻之《平津馆丛书》、《岱南阁丛书》,嘉惠后学,亦甚广也。

星衍同时有郝懿行者,少孙氏四岁,字恂九,栖霞人,嘉庆己未进士,官主事。撰《尔雅义疏》、《山海经笺疏》二十卷、《补宋书刑法志》一卷、《补宋书食货志》一卷、《竹书纪年校正》十四卷等数十种(今传有《郝氏遗书》)。于校释古书之贡献甚大,其人之价值在学术史上亦不亚于孙氏也。

(二) 凌廷堪

凌廷堪字次仲,一字仲子,原籍安徽歙县,父贾于海州,居海之板浦场,遂家焉。廷堪生六岁而孤,家贫,十二岁学贾,不成;二十岁始复读书。乾隆四十六年游扬州,为盐使校雠词曲,得脩脯以自给。慕其乡江永、戴震之学,渐好治经。四十八年至京师,始多交游,受知于翁方纲。旋复还扬州,从阮元问业。五十五年成进士,例授知县,自请改教授,谓必如此方可以养母治经也。其淡于荣利如此。嘉庆十年，母卒，奉柩还歙，尝主讲敬亭、紫阳两书院。十三年阮元为浙江巡抚，延之课子。明年旋以病卒于歙，年五十三岁耳。所著有：

《礼经释例》十三卷　《燕乐考原》六卷　《元遗山年谱》二卷　《充渠新书》二卷　《校礼堂文集》三十六卷　《诗集》十四卷　《梅边吹笛谱》二卷

《礼经释例》成于嘉庆四年，其书会融《仪礼》全书求其通例、分例、用归纳方法为综贯之研究者也。自序云：

《仪礼》十七篇，《礼》之本经也。其节文威仪委曲繁重，阅之如治丝而棼，细绎之，皆有经纬可分也；乍睹之，如入山而迷，徐历之，皆有途径可跻也。是以不得其经纬涂径，虽上哲亦苦其难，苟其得之，中材固可以勉而赴焉。经纬涂径之谓何？例而已矣。……廷堪年三十，始肆力于是经，潜玩既久，知其间同异之文与夫详略隆杀之故。……肄习之余，心有所得，辄书之于册，初仿《尔雅》为《礼经释名》十二篇。如是者有年，渐觉非他书可比，其宏纲细目，必以例为主，有非训诂名物所能赅者。乾隆壬子，乃删繁就简，仿杜氏之于《春秋》，定为《礼经释例》。……于是重取旧稿，证以群经，合者取之，离者则置之，信者申之，疑者则阙之，为八类：曰《通例》上下二卷，曰《饮食之例》上中下三卷，曰《宾客之例》一卷，曰《附例》一卷，曰《变例》一卷，曰《祭例》上下二卷，曰《器服之例》上下二卷，曰《杂例》一卷，共为卷十三。……（《皇清经解》卷七八四）

由此可知其所用之方法，甚为精密，且就一经而归纳其通例，亦为经学别辟一门径也（江永《仪礼释例》、杭世骏《礼例》，皆有志而未成）。廷堪生平极重视礼，谓："人之所生于天者性也，性之所固有者善也，所以复其善者学也，所以贯其学者礼也；是故圣人之道，一礼而已矣。"（《校礼堂文集·复礼上》)因其如此重礼,故津津于是,而肯作极烦琐之研究也。《燕乐考原》专考唐代之燕乐。唐天宝间分乐为三部:先王之乐为雅乐,前世新声为清乐,合胡部者为燕乐,而燕乐最贵,奏技者皆坐堂上。"清乐者,梁陈旧乐也;燕乐者,周隋旧乐也。"(《燕乐考原》卷六)唐承周隋之统,以其旧乐为主,而以西域旧乐捐益之,故其燕乐集乐之大成。廷堪以为"世儒有志古乐而不考之燕乐,无异扣槃扪籥"(自序语)。盖以是为求古乐之门径也。其书共为六卷:卷一为总论,考燕乐之来历,说明选声制谱之概略;卷二至卷五分论燕乐二十八调;卷六为后论,凡十三章,附以燕乐表终焉。焦循尝为《燕乐考原赞》云:"凌君博学,克明其奥。"(《雕菰楼集》卷六)当时学者多称其书为佳作也。《校礼堂文集》收素日之散篇,其中关于经学者居多,《复礼》三篇与《好恶说》,皆津津以礼为重者也。廷堪亦颇长于诗词,重元好问之学,《遗山年谱》即为好问作也。总之,凌氏在清代不愧为朴厚充实之学者,《礼经释例》、《燕乐考原》乃其特别贡献之作也。

(三) 张惠言

张惠言少凌廷堪四岁,乾隆间之《易学》专门家也。字皋文,江苏武进人。少孤贫,十四即为童子师,乾隆五十二年举于乡,七试礼部,嘉庆四年始成进士。改庶吉士,充实录馆纂修。六年散馆授编修,七年卒,年四十二。所著书有:

《周易虞氏义》九卷 《周易虞氏消息》二卷 《虞氏易候》一卷 《虞氏易言》二卷 《周易郑氏义》三卷 《周易荀氏九家义》一卷 《周易郑荀义》三卷 《易义别录》十四卷 《易纬略义》三卷 《易图条辨》二卷 《读易礼记》二卷 《茗柯文》五卷 《茗柯词》一卷 《仪礼图》六卷 《读仪礼记》二卷 《说文谐声谱》 《墨子经说解》

张氏说《易》之书,专述汉人之说,而以虞翻为宗,《周易虞氏义》自叙云:

自汉成帝时刘向校书，考《易》说，以为诸《易》家皆祖田何、杨叔、丁将军，大义略同，惟京氏为异。而孟喜受《易》家阴阳，其说本于气，而后以人事明之。八卦六十四象，四正七十二候变通消息，诸儒祖述之，莫能具当。汉之季年，扶风马融作《易传》授郑康成，康成作《易注》，而荆州刘表、会稽王朗、颍川荀爽、南阳宋忠，皆以《易》名家，各有所述。惟翻传孟氏学。……翻之言《易》，以阴阳消六爻，发挥旁通升降上下，归于乾元用九而天下治。依物取类，贯穿比附，始若琐碎，其及沉深解剥，离根散叶，畅茂条理，遂于大道。后儒罕能通之。自魏王弼以虚空之言解《易》，唐立之学官，而汉世诸儒之说微，独资州李鼎祚作《周易集解》，颇采古《易》家言，而翻注为多。其后古书尽亡，而宋道士陈抟以意造为《龙图》，其图刘牧以为《易》之《河图》、《洛书》也。河南邵雍又为先天后天之图，宋之说《易》者翕然宗之，以至于今不可拔，而《易》阴阳之大义，盖尽晦矣。清之有天下百年，元和征士惠栋，始考古义孟、京、荀、郑、虞氏作《易汉学》，又自为解释曰《周易述》；然掇拾于亡废之后，左右采获，十无二三，其所述大抵宗祢虞氏而未能尽通，则旁征他说以合之。盖从唐、五代、宋、元、明朽坏散乱，千有余年，区区修补收拾，欲一旦而其道复明，斯固难也。翻之学既世，又具见马、郑、荀、宋氏书考其是否，故其意为精。又古书亡而汉魏师说可见者十余家，然唯郑、荀、虞三家略有梗概可指说，而虞又较备；然则求七十子之微言，田何、杨叔、丁将军之所传者，舍虞氏之注，其何所自焉？故求其条贯，明其说例，释其疑滞，信其亡阙，为《虞氏义》九卷，又表其大旨为《消息》二卷，庶以探赜索隐存一家之学，其所未寤，俟有道正焉可耳。（《皇清经解》一二一八）

《虞氏义》及《消息》二书为张氏发明汉《易》之主干，其他则补充也。张氏认汉人《易》说之时见者三家（郑、荀、虞）而互有不同，惟虞氏得孟喜之正传，继七十子之微言，故专以虞氏为主，而发明虞氏义。张氏推崇虞翻上继孔门，未免不能除汉人之陋见。惟汉儒之《易》学各派不同，郑、荀出于费氏，而虞翻出于孟喜，其势不能合，而惠栋作《周易述》，遵虞翻而补以郑、荀,大有“凡汉皆好”,不忍割舍之情,而不察其说之不通也。张氏意在“探赜索隐,以存一家之学”。其识见已高于惠氏。《易》学一事也,述汉儒之《易》学又一事也,吾辈不必谓张氏为有功于《易》学,谓其有功于虞氏之《易》学可耳。张氏颇富有才华,好为词赋骈文,经学家之兼通文学者也。所著《墨子经说解》亦颇有功于后学。

七十四 焦 循

(一) 焦循传

焦循者,戴震以后之经学大家兼思想家也。字里堂(一字理堂),晚号里堂老人,江苏甘泉人(江都分县),阮元之族姊夫也。焦氏数世传《易》,循幼承家教,其于《易》之特别发明,或以禀有《易》之遗传性耶?少时颇好诗文,后渐知治经。嘉庆六年举于乡,明年入都会试不第,自是遂淡于科举,或有人劝之,则以母老辞。母卒,则托疾居村舍,闭户著书。葺其老屋曰半九书塾,复构一楼曰雕菰楼,有湖光山色之胜,而读书著书恒在楼中,足不入城市。循读书最为精细,每得一书,无论其著名与否,必详阅首尾,心有所契,则手录之,或友朋以著作来者,无论经史子集,以至小说词曲,亦必详读至再至三,如有所契,亦手录之。与当时学者均有书札辨难,而心平气静,取人之长,绝非以意气争者比。尝谓:“人之规我,是亲我重我,必于我之书首尾阅之矣。于我之书而首尾阅之,是亲我重我,因而规我。规之当,则依而改之;不当则与之辨明,亦因亲我重我而不敢不布之以诚;非恶夫人之规己而务胜之也。”(焦廷琥《先府君事略》)生平每治一学,极为专注谨慎,故其治《易》经数十年之精研深思,用力最为勤苦。晚岁疏《孟子》虽精神已衰,亦不少怠。《事略》述之云:“辛未春正月,誓于先圣先师,尽屏他务,专理此经,日坐一室,终夜不寐。……癸酉二月,自立一簿,以稽考所业。……”“《易》学既成,思为《孟子正义》一书。……戊寅十二月初七日开笔,操正义,自恐懈弛,立簿逐日稽省,仍如前此注《易》。……有不达,则思,每夜三鼓后不寐,拥被寻思,某处当检某书,某处当考某书。天将明,少睡片刻,日上纸窗,起盥漱;即依夜来所寻思,一一检而考之。"此颇足以表焦氏之勤苦,其治学之郑重抑何深耶!然亦因是神气日衰,卒之年仅五十八岁耳。

(二) 焦氏著作及其贡献

焦氏著作颇多。《焦氏丛书》所收入之书如下:

《易章句》十二卷　《易图略》八卷　《易通释》二十卷　《易话》二卷　《易广记》三卷　(以上为焦氏《易》学之书)　《论语补疏》三卷　《周易补疏》二卷　《尚书补疏》二卷　《诗经补疏》五卷　《春秋补疏》五卷　《礼记补疏》三卷　(以上为《六经补疏》二十卷)　《群经宫室图》二卷　《禹贡郑注释》二卷　《孟子正义》三十卷　《加减乘除法》八卷　《天元一书》二卷　《释弧》三卷　《释轮》二卷　《释椭》一卷　(自《加减乘除法》以下五种总名《里堂学算记》)　《北湖小志》六卷　《李翁医记》一卷　(以上依《焦氏丛书》次序)

《易》学三书之最早成者为《易通释》。书中本个人研究之心得,以解释关于《易》书之字或语词(如元、亨、利、贞……艮其腓……遁世无闷等),及其他相关之问题,皆就全书综贯,方下解释,而举"旁通"、"相错"、"时行"之例以印证。叙目云:"……包羲之卦,参伍错综,文王、周公之《系辞》,亦参伍错综,故小畜、蛊、明夷之辞,互见于小过巽涣之辞也。文王、周公之辞,以参伍错综系之,孔子十翼,亦参伍错综赞之,所以明《易》者备矣。……循既学洞渊九容之术,乃以数之比例求《易》之比例,向来所疑,渐能理解。……订为二十卷,皆举经传中互相发明也,会而之通也。……圣人既以参伍错综示其端倪,舍此而他求,乌能合乎?……"叙中要旨认《易》中各卦参伍错综,互有关系,其生平释《易》之义例,皆以此为根本观念。《易图略》成于《通释》之后(嘉庆癸酉),叙目云:"既撰为《通释》二十卷,复提其要为《图略》,凡图五篇、《原》八篇,发明旁通相错时行之义;论十篇破旧说之非,共二十三篇,编为八卷……"此书条理最为简明,焦氏所谓"旁通"、"相错"、"时行"之例,皆有图表明;其《原》

(《原卦》、《原名》……《原筮》等八篇)、《论》(《论连山》、《论归藏》……《论爻辰》等十篇)于《易》学原流粗加说明,并加论断,均甚清晰。研究焦氏易学者,宜从此书入手。《易章句》则又成于《图略》之后(先时已有草稿,嘉庆乙亥始订定),此书与前二者不同,乃就《易》之顺序而解释之者,非《通释》之体,故名为章句。惟注文甚简,多解释其"参伍错综"之关系,于文义之说明甚少,学者与章句通释对阅,方能明了也。焦氏经学上之最大贡献为《易》学,而其优点在于能会通全书,发明义例,吾人姑不问其言是否为《易》之原意,然其卓然自成一家,则无疑也。焦氏于《易》学之发明有三,自述曰:

余学《易》所悟得者有三:一曰旁通,二曰相错,三曰时行。此三者皆孔子之言也,孔子所以赞伏羲、文王、周公者也。夫《易》犹天也,天不可知,以实测而知,七政恒星错综不齐,而不出乎三百六十度之经纬,山泽水火错综不齐,而不出乎三百八十四爻之变化,本行度而实测之,天以渐明,本经文而实测之,《易》以渐而明,非可以虚理尽,非可以外心衡也。余初不知何为相错,实测经文传文,而后知比例之义,出于相错;不相错则比例之义不明。余初不知其何为旁通,实测经文传文,而后知升降之妙出于旁通,不出旁通,则升降之妙不著。余初不知其何为时行,实测经文传文而后知变化之道出于时行,不知时行则变化之道不神。未实测于全《易》之先,胸中本无三者之名,既实测于全《易》,觉经文传文有如是者,乃孔子所谓相错;有如是者,乃孔子所谓旁通;有如是者,乃孔子所谓时行。测之既久,益觉非相错非旁通非时行则不可以解经文传文,则不可以通伏羲、文王、周公、孔子之意。十数年来以测天之法测《易》,而此三者乃从全《易》中,自然契合。……(《易图略叙目》)

"旁通"、"时行"、"相错"为焦氏发明之三条根本原则;谓:在本卦初与四易,二与五易,三与上易;本卦无可易,则旁通于他卦,亦初通于四,二通于五,三通于上。即所谓旁通也。先二五后初四三上为当位;不俟二五而初四三上先行为失道;《易》之道惟在变通二五先行而上下应之,此变通不穷者也。或初四先行,三上先行,则上下不能应;然能变而通之,仍大中而上下应,如乾四之坤,初成小畜,复失道矣。变通之,小畜二之豫五,姤二之复五,复初不能应,姤初则能应;小畜四不能应,豫四则能应。坎四之离上成井丰失道矣。变通之,井二之噬嗑五,丰五之涣二,丰上不能应,涣上则能应,井三不能应,噬嗑三则能应,即所谓时行也。比例之义出于相错,如睽二之五为无妄,井二之噬嗑五亦为无妄,故睽之噬肤即噬嗑之噬肤。坎三之离上成丰噬,嗑上之三亦成丰,故丰之日昃即离之日昃,丰之日中即噬嗑之日中。渐上之归妹三,归妹成大壮,渐成蹇,蹇、大壮相错成需,故归妹以须之即需也。归妹四之渐初,渐成家人,归妹成临,临通遁,相错为谦履,故眇能视跛能履。临二之五即履二之谦五之比例也。此焦氏三大原则之大义也。以测天之精神移以治《易》,就《易》之全体实测而贯通之,归纳之,以演为三种定理,非架空设想者,所谓"未实测于全《易》之先,胸中本无三者之名",盖饶有科学家态度矣。清代说《易》之书,以焦氏为最善,即千余年来,似亦无过之者;吾人不论其是否为羲、文、周、孔之《易》,而其说之出《易》书本身,就本书以演原理,则较之逞个人之空想以傅会者,为远胜矣。王引之最能赏鉴其长,谓其书"凿破混沌,扫除云雾……一一推求,皆至精至实,要其法则比例二字尽之,所谓比例者,固不在他书而在本书也……"(《易学三书·王伯申先生手札》)可谓识者矣。《易学三书》之外,《易话录》,"十数年间,友朋门弟子所问答及于《易》者"(《易话》上)。《易广记》,则读《易》之随时札记也,虽系笔记杂抄,亦颇足以补《三书》之所不逮也。《六经补疏》成于《易学三书》之后,补旧疏之所不及也。《论语补疏》用何氏《集解》,颇多新理解,不尽为训故之书也。《周易补疏》以说汉《易》者排王弼,然王注亦有可取之处,存其说之善者而疏之。《尚书补疏》以东晋晚出之《尚书孔传》,增多之二十五篇固伪,而《尧典》以下至《泰誓》二十八篇不伪,假托之《孔传》固伪,而其价值亦未尝不可与何晏、杜预、郭璞、范宁等注媲美,因存其说之善者疏之。《毛诗补疏》以毛《传》与郑《笺》本不尽同,而孔颖达混之,故多不通,因分别《传》、《笺》,摘要疏之。《春秋左传补疏》以杜预《集解》

借经传为司马氏文饰,作此以发其奸,故书中十九驳杜说也。且氏尝撰《礼记索隐》一书,而其稿遗失。《礼记补疏》乃其零星之残留者也,此书偏重于训诂名物,少年之作品也。此六经之疏,皆摘要而疏,非通释全经,故名补疏也。《群经宫室图》共绘三十一图,并附图七,图所不明者则附之以说,考古代宫室之构造仪式。阮元谓其书与旧说不尽附和,乃别具心得之作也(本书阮序)。《禹贡郑注释》以郑注《禹贡》本之班固《地理志》,原无错误,后人所辑郑注失其原来面目,因据各书考核之,书中标"志"者,《地理志》也,标"注"者,郑注也。《孟子正义》成于晚年,《易》学三书之外,此其精力之所萃也。赵岐旧疏颇多疏舛,焦氏虽仍本赵疏,然广征博采,兼及清人之说,较赵疏远胜矣。焦氏颇精于天算,《加减乘除法》、《天元一书》、《释弧》、《释轮》、《释椭》,皆其作品也。《北湖小志》载北湖之水地、古迹、忠孝、节义、文学、武事等,乃地志之属也。《李翁医记》则载李翁者诊脉用药之神奇,盖焦氏亦颇知医学,此其小品之记载也。此外著书见于传记者,尚有:

《书义丛钞》四十卷 《里堂道听录》五十卷 《扬州足征录》一卷 《邗记》六卷 《剧说》六卷 《雕菰集》二十四卷

《邗记》以上四种,则笔记与地志之属也。《剧说》亦读词曲之札记,在文学界中颇有名。《雕菰集》则焦氏手订之诗文集也,其中多重要文字,焦氏之思想于此可见焉。

(三) 焦氏之治学精神

焦氏既深于经学,又邃天算,旁及地理医药无所不知,博矣;然焦氏之长初不尽于此也,其所以能为清代特出之学者,尤在其治学精神之卓绝。观其治《易》则贯通义例,而《六经补疏》与《孟子正义》亦言人所未敢发,非有高识远见,岂能及此哉?焦氏治学之根本主张在于贯穿而变通之,绝不墨守一家之说,而以画界自封;惟求其深造自得耳。尝谓:"有明三百年来,率以八股为业,汉儒旧说,束诸高阁。国初经学萌芽,以渐而大备。

近时数十年来,江南千余里中,虽幼学鄙儒,无不知有许、郑者,所患习为虚声,不能深造而有得。盖古学未兴,道在存其学,古学大兴,道在求其通,前之弊患乎不学,后之弊患乎不思;证之以实而运之于虚,庶几学经之道也。"(《雕菰集》卷十三《与刘端临教谕书》)"证之以实而运之于虚"为焦氏最有力之主张,证之以实,即无征不信,而不尚空谈;运之于虚,即深思自得,而无所拘墟也。焦氏颇不满于据守胶固迷信古人之辈,谓:"据守者信古最深,谓传注之言坚确不易,不求于心,固守其说,一字句不敢议,绝浮游之空论,卫古学之遗传,其弊也,跼蹐狭隘,曲为之原,守古人之言而失古人之心。"(《雕菰集》卷八《辨学》)因此对于当时自命汉学者乃大事不满,其论曰:

学者诩于人,辄曰:"吾述乎尔。"问其何为乎述?则曰:"学孔子也。"……然则所述奈何?则曰:"汉学也。"呜呼!汉之去孔子几何岁矣!汉之去今又几何岁矣!学者学孔子者也,学汉人之学,以汉人能述孔子也,乃舍孔子而述汉儒,汉儒之学果即孔子否邪?……学者述孔子而持汉人之言,惟汉是求,而不求其是,于是拘于传注,往往扞格于经文,是所述者汉儒也,非孔子也。而究之汉人之言亦晦而不明,则亦第持其言而未通其义也,则亦未足为述也。且夫唐宋以后之人亦述孔子者也,持汉学者或屏之,不使犯诸目,则唐宋之述孔子,讵无一足征者乎?学者或以其言之足征而取之,又必深讳其姓名,以其为唐宋以后之人,似称其名遂有碍乎其为汉学也者。噫!吾惑矣!(《雕菰楼集》卷七《述难四》)

此最以表现汉学胶固之错误,其论至为持平。焦氏与戴、段、二王之学,惟求其是而已,与汉学家"惟汉是求,而不求其是",迥不类也。故汉学之名,只可加诸惠栋、江藩之流,不可以赅清代经学也。惟焦氏虽主通核,然亦非师其成见而逞为臆说之谓也。彼亦深知通核之优点及其流弊,尝谓:"通核者主以全经,贯以百氏,协其文辞,揆以道理,人之所蔽,独得其间,可以别是非化拘滞,相授以意,各慊其衷。其弊也,自师成见,亡其所宗,故迟钝苦其不及,高明苦其太过焉。"(《雕菰集》卷八《辨学》)"自师成见"、"高明太过"确为贤者之失,焦氏所论极为的当。救正之道,焦氏以为可分两种:(一)注重深知,(二)化除成见。盖深知其人之学,则不至诬人而妄加论断,化除成见,即不至强人从我,而真相庶几可明矣。其注重深知之论曰:"述其人之言,必得其人之心,述其人之心,必得其人之道。"(《述难一》)又曰:

学者好诋诽人,人不易诋也,非能是人不能非人,非人而不中其所非,是为妄非,是人而不中其所是,是为妄是。故善述者能道人之是,能道人之非,学宋元人之学者非汉魏矣,学汉魏人之学者非宋元矣,犹之学冶者非陶,学农者非圃,老于农而后可非农,精于冶者而后可非冶,门外者不知门内之浅深,是故能述之者乃能非之,能非之者乃能述之,是其是,非其非,古人乐之;道其是而非古人之所是,古人疾之;疾之者,疾其持之而失其所为是也,则不如其诋之也。(《述难三》)

此不易之论也。以现代情形言之:通哲学者方可以论断哲学之是非,通科学者方可以论断科学之是非,深知社会主义、无政府主义之要旨者,方可以论断社会主义、无政府主义之是非,而耳食之徒,于一事一学未明了之前,即妄肆批评,甚且有不明科学、哲学之字义而妄谈科学、哲学者,甚矣,其无知也!焦氏又论化除成见曰:"学者以己之心为己之道,以己之道为古人之言,曰:'吾述也。'是托也,非述也。"(《述难一》)又以医为譬曰:

善述人者如善医,各审其人之阴阳、表里、虚实,研究而洞悉之,然后用攻用补用凉用热各如其人之病,而无我之心也。不善医者先具一病以拟其人,未视脉诊色,方药案状,先已立乎其心,或县一不切之药以泛应千百人之病,市人以其工酬应假声气而惑之。然而善医者能察其人之病,而无我之心,则必于阴阳、表里、虚实之故,骨空经脉、营养、卫度之理,金石、水火、飞潜、草木之性,无一物不深索而穷究,不名一物而无物不明,虽有奇证怪脉人视为不可解,自我按之,了然于重轻生死之间。学者述人,必先究悉乎万物之性,通乎天下之志,一事一物,其条理缕析分别,不窒不泥,然后各如其所得,不能道其所长。且亦不敢苟也,其人著述虽千卷之多,必句诵字索,不厌其烦,虽一言之少,必推求远思,不忽其略。得其要,挹其精,举而扬之,聚而华之,隐者标之,繁者囊之,缩者修之,郁者矢之。善医者存人之身,善述者存人之心,故重乎述也。不善述者,拂人之长,引而归于己之所知,好恶本歧,去取寡当,绘人者嫌眇而著瞭,恶偻而形直,美则美矣,而非其人矣。或曰:"著其眇,形其偻,遂肖其人乎?"夫徒著其眇,形其偻而不肖人,然则善述者固不在眇不眇偻不偻也。(《述难五》)

"善医者能察其人之病而无我之心","善述者存人之心",皆极精到,近时科学之求真态度,即不外此,若此则成见可去真理方有发明之希望也。焦氏所言,字字精粹,然所以能不朽者,亦非必其言之可传也,能利用此种精神以治学耳。

(四) 焦氏之性论

清代之真能了解戴震者,只有焦氏一人。《申戴篇》谓:"东原生平所著书,惟《孟子字义疏证》三卷、《原善》三卷最为精善。"(《雕菰楼集》卷九)可谓戴氏之功臣矣。焦氏以饮食男女为性,而注重絜矩以随人之欲,思想亦颇与戴氏接近。虽然,焦氏自有焦氏之思想,其深切处亦有戴氏所未发者,不得谓焦氏为因袭也(实际亦不相同)。焦氏论性不尚空玄,其言亦至为朴实,尝谓:"性善之说,每以精深言之,非也;性无他,食色而已。"(《雕菰楼集》卷九《性善解一》)又曰:"文学技艺才巧勇力,有一人能之,不能人人能之,惟男女饮食则人人同此心。故论性善,徒持高妙之说则不可定,第于男女饮食验之,性善乃无疑耳。"(《性善解四》)焦氏之意以男女饮食为人类之共同性,当据此论性,方不失于偏而流于玄;饮食男女虽未必即善,而善可于是验之。换言之:饮食男女之本身,虽无善之可言,而有善之可能性,舍饮食男女以言性,则善亦无从言矣。故曰:“第以男女饮食验之,性善乃无疑耳。”又谓“以饮食男女言性而人性善,不待烦言自解也”(《性善解一》)。人性之所以能善,以人性有两种可能性:(1)可以知,(2)可以变;能知则能辨别善恶,能变则能去恶而就善矣。其论曰:

饮食男女,人与物同之,当其先民,知有母不知有父,则男女无别也。茹毛饮血,不知火化,则饮食无节也。有圣人出,示之以嫁娶之礼,而民知有人伦矣,示之以耕耨之法,而民知自食其力矣;以此示禽兽,禽兽不知也。禽兽不知,则禽兽之性不能善,人知之则人之性善矣。以饮食男女言性,而人性善,不待烦言自解也。禽兽之性不能善,亦不能恶;人之性可引而善,亦可引而恶,惟其可引,故性善也。牛之性,可以敌虎而不能使之咥人,所知所能不可移也。惟人能移,则可以为善矣。是故惟习相远乃知其性相近,若禽兽则习不能相远也。(《性善解一》)

又曰:

性何以善?能知故善。……人纵淫昏无耻,而己之妻不可为人之妻,固心知之也,人纵贪饕残暴而人之食不可为己之食,固心知之也,是性善也。……世有伏羲,不能使鸟兽知有夫妇之别,虽有神农、燧人,不能使鸟兽知有耕稼文化之利。人之不善者,不能孝其父,亦必知子之当孝乎己,不能敬其长,亦必知卑贱之当敬乎己,知子之当孝乎己,知卑贱之当敬乎己则知孝弟矣。(《性善解三》)

以“可知”、“可移”为人性之特点,完全就“可能性”立论,与前人之言性善者略有不同;故其对于善之解释曰:“善之言灵也,性善犹言性灵,惟灵则能通,通则变,能变故习相远。”(《性善解四》)以此与前引“人之性可引而善，亦可引而恶”参看，则焦氏之旨可以见矣。“性”本心理学之问题，就近世心理学之眼光观察，善恶之判断，出于社会之标准，心理上种种现象初无善恶之可言。中国学者之善恶论，实根本错误，不知“性”之本质无所谓善恶也。焦氏之论性，虽亦以“善”为说，而就“可能性”以论人性之优点，较之前人，优越多矣。焦氏虽句句言性善，究其实并非性善论，以善为灵之解，已不相同矣。我国学者凡一立说常常借重古人之语词，而暗寄其思想，焦氏富于创造精神者尚不能免，此研究中国思想之最大难关也。

（五）格物与絜矩

格物之解，纷歧不一，焦氏亦另辟一说，其当否姑勿论，固亦思想史上有价值之议论也。其言曰：

> 格物者何？絜矩也。格之言来也，物者对乎己之称也。……物格则知所好恶，诚意者诚此好恶也，故曰“如好好色，如恶恶臭”，好而知其恶，恶而知其美，能格物以致知也。人莫知其子之恶，莫知其苗之硕，不能格物以致知也。故格物者，絜矩也，絜矩者，恕也，所藏乎身不恕而能喻诸人者未之有也，不能格物则所藏乎身不恕矣。（《格物解一》）

“物”字解作“对方”，为“我”之对待名辞，“格物”即体谅对方之好恶而不逞一己之好恶，即所谓“絜矩”，亦即所谓“恕”也。以“格物”解作“絜矩”，解作“恕”，与王守仁所谓“格意所在之事”，同为奇突之解释，吾人如必论其与《大学》合不合，则失却研究中国思想之正当态度，而中国亦几无思想可言矣（戴震节中已论此意），定其为焦氏之思想可也。焦氏既谓格物为“絜矩”，又谓“物格则知所好恶，诚意者诚此好恶”。故对于好恶情欲异常重视，与戴震提倡情欲之意颇为接近。其论曰：

> 饮食男女，人之大欲存焉，圣人于己之有夫妇也，因而知人亦欲

有夫妇,于己之有饮食也,因而知人亦欲有饮食。……于是与人相接也,以我之所欲所恶推之于彼,彼亦必以彼之所欲所恶推之于我,各行其恕,自相让而不相争,相爱而不相害,平天下所以在絜矩之道也。(《格物解二》)

又曰:

不知格物之学,不能相推而徒曰遏其欲,且以教人曰遏其欲。天下之欲可遏乎哉!孔子七十而从心所欲不逾矩,“矩”即“絜矩”之“矩”,以心所欲为矩法而从之不逾者。……从心所欲不逾矩,格物之学也。(《格物解三》)

人与人相与之际,贵能推己之欲以及人之欲,欲乃人之所同具者,求其不逾矩可矣,固不可遏之也。情欲不惟不可遏,正可借以为人人感通之具,天下治平之基亦不外是也。故曰:“人同此性,即同此欲,舍欲则不可以感通乎人;惟本乎欲以为感通之具……”(《格物解三》)又谓:

格物者旁通情也,情与情相通则自不争,……旁通以情,此格物之要也。……不得其正者,不能格物也,不得通情也。能格物,则能近取譬矣。亲爱、贱恶、畏敬、哀矜、敖惰亦情也,而譬焉则好而知其恶,恶而知其美矣,而物格矣。……好人之所恶,恶人之所好,则不能恕,不能絜矩,是谓拂人之性。性拂而情不通,物不格矣。“己所不欲,勿施于人”,则在家无怨,在邦无怨。无怨则不争,不争则无讼,情通于家则家齐,情通于国则国治,情通于天下,则天下归仁而天下平。……(《使无讼解》)

因又申述致治之要道曰:

为民父母不过民之所好好之,民之所恶恶之,用之于家则家齐,

用之于国则国治,用之于天下则天下平。(《格物解一》)

孟子称公刘好货,太王好色,与百姓同之,使有积仓而无怨旷,此伏羲、神农、黄帝以来,修己安天下之大道。若必屏妃妾,减饮食,而于百姓之饥寒仳离,漠不关心,是克伐怨欲不行,苦心洁身之士,孔子所谓难而非仁者也。绝己之欲,不能通天下之志,物不可格矣。(《格物解二》)

此焦氏之政治哲学也,何其绵密近人也!总之,戴震以絜矩解理,焦氏以絜矩解格物:吾人对之,均不无疑义;然由此而发为注重情欲之论,一则谓"达民之情,遂民之欲";一则谓"民之所好好之,民之所恶恶之"。皆体贴民隐,深合人情。专制时代得此,使其说之果行,则出时之救世主也。惜无人能知其重要者,终清之世,戴、焦二氏不过以经学显耳,悲夫!

(六) 焦氏之一贯哲学

前于论焦氏治学精神中,已详言焦氏注重贯通而不偏执一家之见,故其成就甚为伟大;然焦氏之所以能有此种精神者,则根据其哲学。焦氏以为人各有长,取各家之长,向化为我有,此即孔子忠恕一贯之宗旨;守一己之说而有出主入奴之见,非明达之所应有也。故其论曰:

孟子曰:"物之不齐,物之情也。"虽其不齐,则不得以己之性情例天下之性情,即不得执己之所习所学所知所能例诸天下之所习所知所能,故有圣人所不知而人知之,圣人所不能而人能之。知己有欲,人亦各有所欲,己有所能,人亦各有所能,……知之为知之,不知为不知,力学之基也。克己则无我,无我则有容天下之量,有容天下之量,以善济善,而天下之善以善,以善化恶而天下之恶亦隐。贯者,通也,所为通神明之德,类万物之情也。惟事事欲出乎己则嫉忌之心生,则不与人同而与人异,不与人同而与人异,执一也,非一以贯之也。……圣人恶夫不知而作者曰:"多闻择其善者而从之,多见与识之,知之次也。"次者,次乎一以贯之者也。多学而后多闻多见,多闻多见则不至守一先生之言,执一而不博,然多仍在已,未尝通于人,仅为知之次而不可为大,知必如舜之舍已从人而知乃大。不多学则蔽时一曲,虽兼陈万物而县衡无其具,乃博学则不能皆精。吾学焉而人精焉,舍已以从人,于集千万人之知以成吾一人之知,此一以贯之,所以视多学而识者为大也。孔子非不多学而识,多学而识不足以尽,故曰"我非多学而识者也",是一以贯之者也。多学而识成已也,一以贯之成已以及物也。仅多学而未一贯,得其半,未得其全。……非思虑不能贯,但多学而识不能一以贯之者,正由不思不虑也。多识于已而又思以通之于人,此忠恕也,此一贯之学也。(《一以贯之解》)

多学而识,固胜于守一先生之言者,然尚不免夹杂主观之见,对于所学所识者为任意之解释,任情之去取,亦非学者之正当态度也。必对于所学所识者深思熟虑,得其真义之所在,以通乎其人之心,然后取其精粹之点,而尽为我之所知,方为一贯之旨也。焦氏之最后目的,在"集千万人之知以成我一人之知",其思想之宏阔,诚不可及矣。焦氏既主张兼取众长,故自来排斥"异端"之论,与其思想根本不相容,于是乃别立"异端"之新解,其言曰:

《论语》:"攻乎异端,斯害也已"。谈者以指杨墨佛老,于是为程朱之学者,指陆氏为异端,而王阳明之徒,又指程朱为异端,此二字遂不啻洪水猛兽、乱臣贼子,正不必然。攻犹摩也,"吾有好爵吾与尔靡"之"靡"即"摩","摩"即攻,他山之石,可以攻玉,他者异也,攻者硥切磨错之也。"已"者,"止"也。各持一理,此以为异已也而击之,彼亦以为异已也而击之,未有不成其害者,岂孔子之教也?"异端"犹云"两端",攻而摩之,以用其中而已。汉《贤良策问》云:"或曰良玉不琢,又云非文无以辅德,两端异焉。"然则异端之云,第谓说之不同耳。故诸葛长民《贻刘敬宣书》云:"异端将尽,世路方夷。"则凡异已者通称为异端,至《晋书》犹然也。《韩诗外传》云:"别殊类使不相害,序异端使不相悖。"此即发明《论语》之义。盖异端者各为一端,彼此互异,惟坚持不能通则悖,悖则害矣。有以攻治之,所谓序异端也,斯害也已,谓使不相悖也。彼此硙切磨错,使紊乱害于道者悉顺而和焉,故为序。序者时也,一人冬夏俱裘,悖矣,一人冬夏俱葛,悖矣,一人冬夏不裘不葛而俱以袷,亦悖矣,所以悖者失其序也。互相攻错,令裘属之冬,葛属之夏,袷属之春秋,则皆不失其序,而害止矣。……有两端则异,执其两端,用其中于民,则有以摩之而不异,相观而善之谓摩,人异于己亦必己异于人,互有是非,则相观而各归于善,是以我之善摩彼之不善,亦以彼之善观我以摩我之不善也。……(《攻乎异端解上》)

以"异端"解作"两端",以"攻"解为"硙切磨错",以已解为"止",以"攻乎异端"为"序异端",殊为奇突之妙解,其当否乃别一问题,而其注重参考互证,交相辅助之精神,较之务逞臆说以攻人者,远胜矣。我国道统异端之争,自今日观之,实为荒谬;焦氏之说不可不谓非高人一等矣。虽然,焦氏之可贵者,不仅在此。尤在其极力推崇"权"之一字,谓天下未有不变而能久者。其论曰:"法不能无弊,有权则法无弊。权也者,变而通之之谓也。"(《说权一》)又曰:"圣人以权运世,君子以权治身,权然后知轻重,非权则不知所立之是非,鲜不误于其所行而害于所执。……孔子曰'五十以学《易》,可无大过矣',学《易》何以无大过,以其能变通也。"(《说权六》)又曰:

"君子之于天下也,无适也,无莫也,义之与比。大人者言不必信,行不必果,惟义所在。"然则礼也,学也,惟其义也。虽然非礼之礼,非义之义,大人弗为,则礼义之中又有权焉。……学未至于权,未善也。儒者自持所学曰"吾礼也"、"吾义也",是乎己而非乎人,出者奴而入者主,其始害于道,其究祸于天下,非礼义之有害也,亦害于不知权而已矣。(《说权六》)

焦氏一贯之道与权变之指,盖深恶夫执一而是者,其祸害足以阻学术之进步,天下之理,本无一定,要之随时随地随人各有不同,苟不能合众善而一贯之,执权变而流通之,则其害尚可言哉?此焦氏之哲学思想,合乎孔子之真谛者也。故焦氏之精神学诣,洵足与东原并称矣。

七十五 焦循同时之学者

阮元(附臧庸)、王引之、顾广圻

江藩、胡培翚(附胡匡衷、胡承珙)

(一) 阮元

阮元少焦循一岁,清代羽翼经学之功臣也,而其学识之博,则王昶、毕沅、朱筠辈所远不逮。字伯元,号云台,江苏仪征人。乾隆五十四年进士。选庶常,散馆授编修,逾年擢少詹事,修《石渠宝笈》。五十八年督学山东。明年调浙江学政。嘉庆二年在浙修《经籍纂诂》。三年擢兵部侍郎,五年授浙江巡抚。立诂经精舍延王昶、孙星衍主讲,选高材生读书其中,课以经史疑义及小学、天文、地理、算法。十年居忧,成《十三经校勘记》。十二年入都,进《四库》未收书六十种,作提要上之。再抚浙江,十四年坐事失察、夺官,命以编修在文颖馆行走。十五年迁侍讲,兼国史馆总裁,创立《儒林传》。十九年任江西巡抚,在赣刻《十三经注疏》。二十一年迁湖广总督,明年调两广总督,修《广东通志》。二十五年,在粤立学海堂以经古学课士,寻刻《皇清经解》。道光十二年迁协办大学士,仍留总督任。十五年拜体仁阁大学士,管兵部事,充经筵讲官,教习庶吉士,兼署左都御史,留京办事。十八年以足疾辞,二十九年卒,年八十六。所著书之重要者:

《考工记车制图解》二卷 《积古斋钟鼎彝器款识》一卷 《畴人传》八卷 《十三经校勘记》 《曾子注释》四卷 《诗书古训》十卷 《揅经室集》

《考工记车制图解》,成于少年,专考车之古制,而加以图说。《积古斋钟鼎彝器款识》,则考核金石之类也。《畴人传》则为精通天文算法者立传,并述其贡献。《十三经校勘记》,则校雠十三经以明其歧异,及传钞错误之点,根据古本十余种,阮氏生平校勘之最大作品也。《曾子注释》则取《大戴》各篇冠有"曾子"者裒而释之。《诗书古训》则取古书之关于《诗书》训释而集各条之下,所采汉人之书颇多,似失之杂。《揅经室集》则收平日之文字,其中有颇关重要者。此外选辑或总纂之书尚多,以非阮氏一人专著,当于下章总论提及,不复一一别举。阮氏与焦氏为亲戚,常相往来,焦氏治经贵独创,阮氏颇受其影响,故其治学亦不以惠栋、江藩之过尊汉儒为然;此可于《揅经室集》各序文中见之。惟阮氏之有功于清代学术界者,尚不尽在本人之作品,而在其能提倡文化,奖励经学,在浙则立诂经精舍,在粤则立学海堂,延名流以课士子,其影响于当时学风至巨,而又先后提倡刻书,尤于文化有莫大裨益,《皇清经解》其最著者也。

阮元同时有臧庸者,初名镛,字拜经,武进人。少阮元三岁,康熙间经学大师臧琳之孙也。庸初从学于卢文弨氏(乾隆五十四年卢主常州书院),后又从钱大昕、王昶、段玉裁问学,其学精审而渊博,阮元甚器重之。阮元督学浙江时,曾延臧庸助辑《经籍纂诂》,此书得于臧者甚多。嘉庆五年,阮任浙江巡抚,又延臧至诂经精舍,补订《纂诂》,校勘《注疏》。九年入京应顺天乡试,遇王引之,引之器重之。十六年卒,年四十五,所著有:

《拜经日记》八卷　《拜经堂文集》四卷　《月令杂说》一卷　《乐记二十三篇》一卷　《孝经考异》一卷　《臧氏文献考》六卷　(以下为所辑之书)　《子夏易传》一卷　《韩诗遗说》二卷　《卢植礼记解诂》一卷　《尔雅古注》三卷　《说文旧音考》三卷　《蔡邕月令章句》二卷　《王肃礼记注》一卷　《圣证论》一卷　《尸子》一卷　《贾唐国语注》二卷　《校郑康成易注》二卷　《萧该汉书音义》二卷

《拜经日记》一书,亦短条之札记,其中颇有考核精密之处。王念孙亟称之,用笔圈识其精确不磨者十之六七云。

(二) 王引之

王引之少阮元二岁,少焦循三岁,戴震之后辈,王念孙之子,乾嘉间第一流之经学大师也。今之言清学者,以戴、段、二王并举,二王者即念孙、引之也。引之字伯申,江苏高邮人,嘉庆四年进士,授翰林院编修,九年充《皇朝词林典故》纂修官。累官学政,二十一年,擢都察院左副都御史。二十五年充实录馆副总裁。道光元年充国史馆副总裁。七年擢工部尚书,充武英殿总裁。八年受命详考《康熙字典》讹字,校正二千五百八十八条,为辑考证十二册。十二年丁父忧,十四年服阕,补工部尚书,未几卒。所著书有:

《经传释词》十卷　《经义述闻》十五卷

引之生平著书不多,然即此二书,已足千古矣。戴、段、二王之学贵精不贵博,而二王则此种精神尤著。凡立一说,必广求参验,引申触类,务求其安。故其著书也,至为审慎,穷年累月,然后泐定一说,《王氏四种》之书,较之他家之卷帙或不及,然其生平精力,咸萃于此,其精核则实各家所不逮也。《经传释词》为我国治文法最早之佳著,就古书所用之字而分别其为实为虚,为读古书之最好参考书。《自叙》云:

> 语词之释,肇于《尔雅》,粤于为曰,兹斯为此,每有为虽,谁昔为昔,若斯之类,皆约举一隅以待三隅之反。盖古今异语,别国方言,类多助语之文。凡散见于经传者,皆可比例而知,触类长之,斯善释古训者也。自汉以来,说经者宗尚雅训,凡实义所在,既明著之矣。而语词之例,则略而不究,或即以实义释之,遂使其扞格而意亦不明。如"由"用也,"猷"道也,而又为词之"于"、"若",皆以"用"与"道"释之,则《尚书》之"别求闻由古先哲王",《大诰》"猷尔多邦",皆文义不安矣。"攸"所也,"迪"蹈也,而为词之"用"、"若",皆以"所"与"蹈"释之,则《尚书》之"各通有功丰水攸同",《毛诗》之"风雨攸除鸟鼠攸去"皆文义不安矣……"虽"不定之词也,而又为"惟","翅"

词之况也，而又为“亦”，“亦”承上之辞也，而又为语助。……凡此者其为古之语词较然甚著。揆之本文而协，验之他卷而通，虽旧说所无，可以心知其意者也。引之自庚戌岁入都，侍大人质问经义，始取《尚书》二十八篇细绎之，而见其词之发句助句者，昔人以实义释之，往往诘籀为病，窃尝私自为说而未敢定也。及闻大人论《毛诗》“终风且暴”，《礼记》“此若义也”诸条，发明意恉，涣若冰释，益复得所导循，奉为楷式。乃遂引而申之，以尽其义类。自九经三传周秦西汉之书，凡助字语之文，遍为搜讨，分字编次，以为《经传释词》十卷，凡百六十字。前人所未及者补之，误解者正之，其易晓者则略而不论。非敢舍旧说而务新奇，亦欲窥古人之意，以备学者之采择云尔。

叙中所谓“比例”、“触类”、“引申”皆王氏治经之重要方法，颇合于科学家之态度，此其所以精核无伦也。《经义述闻》则训释经义者，谓之“述闻”者，以传其父王念孙之说也。然其中多引之个人之发明，不过就其父之说“引申触类”耳。阮元序云：“伯申……幼奉庭训，引而申之，所解益多，著《经义述闻》十五卷，凡古儒所误解者，无不旁征曲喻，而得其本义之所在，使古圣贤见之，必解颐曰：‘吾言固如是！数千年误解之，今得明矣！’”（《经义述闻序》）而当时方东树作《汉学商兑》以与经学为难，然于引之亦不敢不钦服，谓：“高邮王氏《经义述闻》实足令郑、宋俛首，汉唐以来，未有其比。”（《汉学商兑》卷中之下）此亦可见是书之价值矣。王氏之特长即在是。大抵王氏之学，根柢于小学，而富创造之精神，故古书之误，不恤勇于纠正，与抱残守阙专以迷信汉人为事之汉学家不同。龚自珍为引之作《墓表铭》，述其言曰：

吾治经于大道不敢承，独好小学。夫三代之语言与今之语言，如燕越之相语也。吾治小学，吾为之舌人焉。其大归用小学说经用小学校经而已矣。（《定庵全集·工部尚书高邮王文简公墓表铭》引）

又曰：

吾用小学校经,有所改,有所不改。周以降,书体文七变,写官主之,写官误吾则勇改。孟蜀以降,椠工主之,椠工误,吾则勇改。唐、宋、明之士,或不知声音文字而改经,以不误为误,是妄改也,吾则勇改其所改。若夫周之末,汉之初,经师无竹帛异字博矣,吾不能择一以定,吾不改。假借之法,由来久矣,其本字什八可求,什二不可求,必求字本以改假借字,则考文之圣之任也,吾不改。写官椠工误矣,吾疑之且思而得之矣,但群书无佐证,吾惧来者之滋口也,吾又不改。(同上)

此最能传王氏之治学精神,王氏之长不仅在其不墨守也,凡所创造,皆有佐证,此其所以能服人也。

(三) 顾广圻与江藩

顾广圻少王引之四岁,校勘大家也。字千里,号涧蘋,元和人。少年不事科举业,尝从江声问学,通经学、小学之义。然江氏传惠栋之学以墨守汉人为务,而广圻则颇有裁别之识,谓:"汉人治经最重师法,古文今文,其说各异,混而一之,则轇轕不胜矣。"(见李兆洛所作《墓志铭》)惠、江之流,以为凡汉皆好,岂不知汉代之经学派别之歧异耶?岂可以汉学二字概括之,而谓其尽美哉!广圻极精于校雠,较之钱大昕、卢文弨辈有过之无不及。同时以校雠名者如黄丕烈、孙星衍、王念孙诸人亦无不重视之。所著书有《思适斋集》,所校勘之书之最重要者为士礼居本之《国语》、《战国策》,平津馆本之《抱朴子》。关于《荀子》者则有所辑之《荀子佚文》,《荀子异同》。关于《韩非子》则有《韩非子识误》。其他如《晏子春秋》、《盐铁论》、《华阳国志》等,皆有顾氏相当之校勘成绩;黄丕烈、孙星衍皆校勘专家,而所校之《士礼居丛书》、《平津馆丛书》,皆大得顾氏之协助者也。

江藩与顾氏同时,其学皆渊源于元和惠氏,惟顾则精博独创,而江则墨守师承,精神大不相同。江氏可谓得惠氏之正传矣。江字子屏,甘泉人。受业于余萧客,博闻强记,学本汉儒。所著书之最著者,有《汉学师承记》八卷、《国朝经师经义目录》一卷、《宋学渊源记》三卷。《汉学师承记》述清代经师之事迹特长，为学术史之性质，然其书既以“师承”、“汉学”为名，故时不免过重家法之陋见。而《经义目录》之去取，则一视其书之是否合于汉儒之说。尝谓：“黄宗羲之《易学象数论》，虽辟陈抟、康节之学，而以纳甲动爻为伪象。又称王辅嗣注简当无浮义。黄宗炎之《周易象辞》、《图书辨惑》亦力辟宋人之图书之说，可谓不遗余力矣。然不宗汉学，皆非笃信之士也。……凡此诸书，皆不登录。”（《经义目录·易条》）又谓：“……胡朏明《洪范正论》虽力攻图书之谬，而辟汉学五行灾异之说，是不知夏侯始昌之《洪范五行传》亦出伏生也。朏明虽知伪古文，而不知《五行传》之不可辟，是以黜之。”（同上《书》条）夫不论是不是，只问汉不汉，此江氏最大陋见也，故当时焦循、王引之诸人皆对之不满。

（四）绩溪三胡——培翚、匡衷、秉虔

胡培翚生于乾隆末季，乾嘉学派之后殿也。字竹村，绩溪人。承其祖胡匡衷之学，与堂叔秉虔有绩溪三胡之名。培翚著书之最著名者，为《仪礼正义》，用力至四十余年之久，一生心血，萃于斯矣。自述其例有曰：“曰‘补注’，补郑君注所未备也；曰‘申郑’，申郑君注义也；曰‘附注’，近儒所说，虽异郑恉，义可旁通，附而存之，广异闻，祛专己也；曰‘订注’，郑君注义，偶有违失，详为辨正，别是非明折衷也。”（见《仪礼正义序》）尊郑而不墨守，是培翚之所长也。又著《禘祫问答》则专究《礼》之部分问题者也。书用问答体，故以《问答》为名。胡匡衷号朴斋，精于《礼》学，著《三礼札记》、《周礼井田图考》、《井田出赋考》、《仪礼释官》等书。其于井田多申郑义，而“授田”一事，以《遂人》所言是乡遂制，《大司徒》是都鄙制，郑注自相违戾，作《畿内授田考实》一篇，列于卷首，积算特精密。其释官则以《周礼》、《礼记》、《左传》、《国语》，与《仪礼》相参证，论证精确，足补注疏所未及。又有《左传翼服》、《论语古本证异》、《论语补笺》、《庄子集评》、《离骚集注》、《朴斋文集》诸书。

胡秉虔字伯敬，号春乔，匡衷弟匡宪子也。嘉庆四年进士，由刑部主事改官甘肃云台知县，升丹噶尔同知，卒于官。治经守汉儒家法，尤长于

声音训诂之学。所著《说文管见》三卷,上卷为《说文引经佚句考》,中卷专就各字疏通证明,并及假借义例,下卷为辨许氏序及徐氏系传新附十九字等,率有根底,不务穿凿。《古韵论》三卷,上自梁沈约《韵谱》,唐陆法言《切韵》,宋郑樵《七音略》,以逮近世陈季立、顾亭林、江、戴、段诸家,莫不穷源竟委,存其是而正其非。大都取之东原者为多。《卦本图考》一卷,以朱子谓"纵横曲直,反复相生,无所不可",未免启后世凭臆说断经之渐。乃详考诸儒之说,案之于经,是者从之,用汉人此本某卦此卦本某例,故曰卦本。《尚书叙录》一卷,则取书序百篇一一加以疏解焉。别撰《周易小识》八卷、《尚书小识》六卷、《论语小识》八卷、《毛诗序录》四卷、《汉西京博士考》二卷。余书传本甚稀。

第十四章　总述清代学者之重要贡献

七十六　诸经之整理

清代学者以经师见称，所讨究者以经书为中心，故对于诸经之整理，亦特别加详，举凡所谓经者，若《易》、《书》、《诗》、《礼》（包括三《礼》）、《春秋》（包括三《传》）、《尔雅》、《论语》、《孝经》等，莫不有相当之整理。阮氏《皇清经解》，王氏《皇清经解续编》所收入作者百五十七家，为书三百八十九种，二千七百二十七卷，而未收入者及续出者尚不在其列。此有史以来仅见之盛业也。兹为叙述便利计，分别各经，依次述之如下：

（一）《易经》

《易》为卜筮之书，文意至简，易为依托者所附会，故旁及天文、地理、乐律、兵法、韵学、算术以及方士之怪论，皆可援《易》以为说。论者谓"《易》道广大，无所不包"。适足见说《易》者之窜乱纠纷也。自汉以来，说《易》者可分三派：汉人好以五行灾异说《易》，而京、焦之流，喜谈祥，此汉人之《易》学也。王弼、韩康伯以老庄说《易》，盛行一时，此道家之《易》学也。及五代北宋间道士陈抟以道教中丹鼎之术附会《易》说，邵（雍）、周（敦颐）宗之，而有《先天》、《太极》诸图，此道士之《易》也。朱熹采邵、周之说作《易本义》，于是道士之《易》赖以推行。清初学者之论《易》，如黄宗羲之《易学象数论》，黄宗炎之《图书辨惑》，毛奇龄之《河图洛书原外篇》，胡渭之《易图明辨》，皆对于陈（抟）、邵（雍）、周（敦颐）加以辨驳，明其为修炼道士之《易》，而非羲、文、周、孔之旧。自此以后，道士之迷信打破,对于邵、周之革命可谓成功矣。惟乾嘉以还,言《易》者虽不尊邵、周,而对王(弼)、韩(康伯)之注,亦深不满意。因是谈《易》者出于两途:一派则钩稽汉人之说,而演汉《易》;一派则精思结构,而创新义:前者以惠栋、张惠言为代表,后者以焦循为代表。兹略举乾嘉以来关于《易经》较重要之著作于下:

惠士奇 《易说》

惠　栋 《周易述》《易例》《易汉学》

张惠言 《周易虞氏义》《周易虞氏消息》《虞氏易礼》《虞氏易事》《虞氏易言》《虞氏易候》《周易郑氏义》《周易荀氏九家义》《易义别录》《易图条辨》

焦　循 《易章句》《易通释》《易图略》《周易补疏》

江　藩 《周易述补》

就中作者以惠栋、张惠言、焦循之著为多,亦惟三家之成绩为较有可述之价值也。惠栋恪遵汉学,故其说《易》一以汉人为标准。所著《易汉学》述孟喜、虞翻、京房、郑玄、荀爽之说,用力至勤。吾人今日而得以见汉儒之学说,惠氏之功,诚不可泯。然汉儒"纳甲"、"纳音"、"爻辰"、"卦气"等说之矫诬,初不亚于《先天》、《太极》,而栋于宋儒则攻之不遗余力,于汉人则崇之惟恐不至,此过信之失也。且栋所著《周易述》兼采孟、虞、京、郑、荀之说而统概之曰"汉学",亦殊不当。盖汉儒之《易》学,各家亦自不同:岂能以"汉学"两字概括之耶?此诚不免于不通家法之诮矣。张惠言亦研究《易》汉学,而专注于虞翻,较惠为略知家法,然其价值亦只此耳,无创作之可言也。于《易》学堪称创作家者,则推焦循。循著《雕菰楼易学三书》(《易章句》、《易通释》、《易图略》),皆精审之作。自谓:"余学《易》所悟得者有三:一曰旁通,二曰相错,三曰时行,此三者皆孔子之言也,孔子所以赞伏羲、文王、周公者也。"(《易图略序目》)"旁通"、"相错"、"时行"为循所发明之原则,其究否合乎孔子,吾人固不敢定,然其卓然自成一家,则诸大经师之共同承认者也。阮元尝许之曰:"石破天惊,处处从实测而得,圣人复起,不易斯言。"王引之以为"凿破混沌",此足见其价值之高矣。

(二)《尚书》

《尚书》为古代官书,相传有三千篇,孔子删存百篇。秦火之后,汉人所传者仅二十八篇。立于学官,士子诵习者约二百年。及西汉之末,忽有所谓《古文尚书》者出,谓得之孔氏壁中,较之《今文尚书》多得十六篇。当时今文博士,多不之信,《古文尚书》之是否可靠,当时已为一大悬案。惟所得之十六篇,至东汉之末,即已失传。而忽于东晋之初,又有所谓《古文尚书》者出,由十六篇变为二十五篇,且《汉书·艺文志》只记孔安国献书,未云作注,而此时所出之古文,并附有安国《传》,于是伪之中又存伪焉。唐人不察,妄取东晋晚出之古文以为《正义》,于是伪孔之书,得以延长生命。中间虽有朱熹、吴澄、梅鷟等之怀疑,而案不能定。清初而《古文尚书》乃大发生问题。黄宗羲、姚际恒、阎若璩等相与考据,于是古文之伪大明。惟阎氏《疏证》之书,尚不免芜杂失周之处,故毛奇龄得以抵赖。乾嘉以后,惠栋、段玉裁继续考订,栋著《古文尚书考》,段著《古文尚书撰异》,皆精审之作,自二书出,于是晚出《古文尚书》之为伪,盖已无复疑议矣。此清代学者之重要贡献也。至其他关于《尚书》之著作,举其重要者如下:

沈　彤　《尚书小疏》
程廷祚　《晚书订疑》
江　声　《尚书集注音疏》
王鸣盛　《尚书后案》
孙星衍　《尚书今古文注疏》
焦　循　《尚书补疏》

上举各书,以江声之《尚书集注音疏》、王鸣盛之《尚书后案》与孙星衍之《尚书今古文注疏》三种为较佳,而孙星衍尤为三家之冠。三家均尊信汉儒之说,其整理之方法,则以《史记》、《尚书大传》作底本,凡唐以前各子书、笺注、类书有引汉儒释《书》之说者,均搜集之而分缀每篇每句之下。用力至为勤苦。孙书所以较佳者,以其组织较缜密,且略能鉴别今古文家法也。至其后关于"今文"之重要著作如下:

刘逢禄 《尚书今古文集解》
陈寿祺 《尚书大传校辑》
宋翔凤 《尚书略说》《尚书谱》
龚自珍 《太誓答问》
陈乔枞 《今文尚书经说》《尚书欧阳夏侯遗说考》
魏　源 《书古微》

以上略举书名,其详另于下卷"今文学"之运动中述之,兹不赘。

(三)《诗经》

《诗经》在诸经中除今古传说之争外,三百篇本文,几绝无疑议之余地。汉代传《诗》者,有齐、鲁、韩、毛,而《毛传》为晚出之古文,当时颇多疑之者。自郑玄依《毛传》作《笺》,于是《毛传》盛行,而三家俱废。以迄于唐,盖鲜有疑之者。自宋以后,则异说寖生矣。各家怀疑之点,大都由于《诗序》,《诗序》之来历甚不明了,且序中皆揣摩作诗之意,牵强附会,至为拘迂,殊不足以维持信仰,于是《毛传》亦连带受其影响而摇动。朱熹亦怀疑《诗序》之一人,所作《诗集传》,元明以来,立于学官,自《朱传》流行,而《毛传》几等全废矣。清初学者不满于《朱传》之偏于主观,渐欲返之毛、郑而究心于训诂名物。如陈启源之《毛诗稽古篇》,朱鹤龄之《毛诗通义》,皆当时博赡之作。乾嘉以降之治《诗》者,多尊信毛、郑,而注重于训诂名物,其较为重要之著作如下:

戴　震 《毛郑诗考正》《诗经补注》
段玉裁 《毛诗故训传》《诗经小学》

焦　循　《毛诗补疏》

孔广森　《诗声类》《诗声分例》

庄述祖　《毛诗考证》《周颂口义》

胡承珙　《毛诗后笺》

马瑞辰　《毛诗传笺通释》

朱富孙　《诗经异文释》

陈　奂　《毛诗传疏》《释毛诗音》《毛诗说》《毛诗传义类》《郑氏笺考征》

丁　晏　《诗谱考正》

朱右曾　《诗地理征》

俞　樾　《诗名物证古》

胡元仪　《毛诗谱》

上述各书于考证上皆有相当之贡献，而尤以马瑞辰、胡承珙、陈奂三人为较完备。马氏《毛诗传笺通释》、胡氏《毛诗后笺》皆毛、郑并释，而陈氏《毛诗传疏》则专释毛。毛、郑之说颇有异同，合而释之，究难免于矛盾，陈氏之专释毛，论者以为颇有断制。其书就《毛传》逐字逐句训释，广征博采，以证其义，乃清代义疏体中甚佳之书也。以上所举皆古文经说，其关于今文者则有：

迮鹤寿　《齐诗翼氏学》

陈乔枞　《三家诗遗说考》《四家诗异文考》《齐诗翼氏学疏证》

魏　源　《诗古微》

严可均　《辑韩诗》

其详别于今文学篇中述之。总之，清儒对于《诗经》之贡献，在于训诂考订，于诗旨之考究颇少，至其间攻击《毛序》最烈者，在清初则有姚际恒之《诗经通论》，其后崔述著《读风偶识》，方玉润著《诗经原始》皆有卓见，尤以《读风偶识》为精悍绝伦云。

(四) 三《礼》(《大戴礼》附)

三《礼》者《周礼》、《仪礼》、《礼记》也。“礼”为儒家重要观念之一,自古即有“议礼之家,纷如聚讼”之说,盖自孔门弟子以降,礼已为辩论问题之中心矣;此所以诋排儒家者有“穷年不能究其礼”之訾议也。汉郑玄穷毕生之力为三《礼》作注,其详审至今尚无出其右者。宋儒厌郑注之琐碎,欲删其繁重以归于简约,然佳作寥寥。于是三《礼》之学衰熄矣。清初研究三《礼》之兴味渐浓,张尔岐有《仪礼郑注句读》,徐乾学有《读礼通考》,万斯大、万斯同兄弟颇多关于此类之著作。凡此皆足以表现清初学者已究心于《礼》矣。乾嘉以降,则治礼者极多,成汉学复兴之局矣。兹分述之:《周礼》相传为周公所作,实则或为汉人所伪托。然书中发挥政治思想极有创见,故历代宝之。清代关于此种之著作,略举如下:

江　永　《周礼疑义举要》
沈　彤　《周官禄田考》
段玉裁　《周礼汉读考》
王鸣盛　《周礼军赋说》
戴　震　《考工记图》
阮　元　《考工记车制图考》
庄存与　《周官记》《周官说》《周官说补》
王宗涑　《考工记考辨》
徐养原　《周官故书考》
王聘珍　《周礼学》

上举各书皆属局部之研究。清末孙诒让之《周礼正义》乃可谓清代之真正贡献也。《考工记》原为专书,乃后人所附入《周礼》者,上举戴、阮、王三家之作,其考核均甚精核云。其关于仪礼之作,则有:

江　永　《释官谱增注》《仪礼释例》
吴廷华　《仪礼章句》

段玉裁　《仪礼汉读考》
胡匡衷　《仪礼释官》《郑氏仪礼目录考证》
凌廷堪　《礼经释例》
褚寅亮　《仪礼管见》
张惠言　《仪礼图》《读仪礼记》
胡承珙　《仪礼古今文义疏》
徐养原　《仪礼今古文异同疏证》
王聘珍　《仪礼学》
金日追　《仪礼经注疏正讹》
邵懿辰　《礼经通论》
胡培翚　《仪礼正义》
郑　珍　《仪礼私笺》

上述各书,以凌廷堪之《礼经释例》、张惠言之《仪礼图》、邵懿辰之《礼经通论》与胡培翚之《仪礼正义》为最佳。凌书就《仪礼》全部分析之后,又作综合之研究,发见原则百余例;张书于每篇皆有图,其不能图者则以表代之,而图表各有说明,俾览者可以一目了然;邵书专明此经传授源流,斥古文逸礼之伪;胡书为疏体,多有发明:皆研究《仪礼》不可不读之书也。《礼记》者,乃记战国、秦、汉儒家之学说,而为戴胜所删定者也,清代关于《礼记》之著作则有:

江　永　《礼记训义择言》
张敦仁　《抚本礼记郑注考异》
焦　循　《礼记补疏》
杭世骏　《续礼记集说》
郭嵩焘　《礼记质疑》
陈乔枞　《礼记郑读考》
俞　樾　《礼记异文笺》《礼记郑读考》
孔广牧　《礼记天算释》

上述各书中以杭世骏之《续礼记集说》与郭嵩焘之《礼记质疑》为较善。杭书收集自宋以来各家之说,别择而罗列之,遗佚之说赖保存者不少。至于郭注之长,则在其对于郑注多所匡正也,三《礼》已如上述,惟有时亦有"四礼"之名,即加入《大戴礼》是也。《大戴礼》与《礼记》根据同一之材料(即百三十一篇之儒家言),而为戴德所删定之本也。《大戴礼》已不完全,旧注有北周卢辩一家,不佳。清代自戴震、卢文弨从事校勘,其书始渐可读。至其间为之注解者,则有孔广森之《大戴礼记补注》与汪照之《大戴礼记补注》。至于黄模之《夏小正分笺》、《夏小正异义》则为单篇之解释矣。《大戴礼》中有《曾子立事》等十篇,清儒以为即《汉书·艺文志》曾子十八篇之遗文。阮元提出之以为《曾子注释》。四礼之分述既竟,兹复列其总论礼学之书如下:

惠士奇 《礼说》
江　永 《礼书纲目》
秦蕙田 《五礼通考》
金　榜 《礼笺》
程瑶田 《通艺录》
孔广森 《学礼卮言》
武　亿 《三礼义证》
金　鹗 《求古录礼说》 《求古录礼说补遗》
凌　曙 《礼说》
陈乔枞 《礼说》
夏　炘 《学礼管释》
黄以周 《礼说略》 《礼书通故》

上列各书对于礼学皆有相当之贡献,而秦蕙田之《五礼通考》与黄以周之《礼书通故》尤具精彩。秦书博引广征,按而不断。而体大物博,历代典章具在;足称为中国礼制史之长编。俞樾评之曰:"按而不断,无所折衷,可谓礼学之渊薮,而未足为治礼者之艺极。"(《礼书通故》俞序)。

是则秦书固不能无缺点，然亦吾人今后治专门史之宝库也。黄书晚成，博征古说而下判断，较之秦书又为完备，论者以为集礼学之大成焉。总之，清代学者对于礼书之研究甚为注意，故其著作亦比较为多。三《礼》之中，《礼记》之著作较少，而《仪礼》之成绩最大，清代之经学除《公羊传》外，《仪礼》首屈一指矣。

（五）《春秋》三传

《春秋》为孔子“正名”之作，文词至为简约，非传不足以明其意，此传之所由作也。三传者：《左传》、《公羊传》、《穀梁传》是也。《公羊传》出于公羊寿，西汉博士传其学者，有严彭祖、颜安乐二家，当时之治《春秋》者，亦惟有《公羊》一家。其后《穀梁》续出，最后又发现《左传》。东汉三传并行，六朝以后，《左传》孤行，而《公》、《穀》日废。唐代啖助、赵匡之流，极力攻击三传，而北宋孙复、刘敞之流，又复提倡弃传从经。自胡安国《春秋传》流行之后，三传之学几等全废矣。清初渐返而研究古训。乾嘉以降，三传之研究皆有其人。兹先述《左传》：《左传》在三传中最晚出，亦古文经传之一，相传为左丘明著，而可疑之点甚多，当另节说明之。兹先举清儒关于《左传》之著作于次：

沈　彤　《春秋左传小疏》
惠　栋　《春秋左传补注》
焦　循　《春秋左传补疏》
马宗琏　《春秋左传补注》
洪亮吉　《春秋左传注》
李富孙　《左传异义释》
刘逢禄　《左氏春秋考证》
臧寿恭　《左传古义》
沈钦韩　《左传补注》《左传地名补注》
刘文淇　《左传旧疏考证》
李贻德　《左传贾服注辑述》

此外尚有刘文淇父子继续所著之《左传正义》,惜未成书也。其关于《公羊传》之著作则有:

孔广森　《春秋公羊通义》
庄存与　《春秋正辞》
刘逢禄　《公羊何氏释例》《公羊何氏解诂笺》
龚自珍　《春秋决事比》
凌　曙　《公羊礼说》《公羊礼疏》《公羊问答》
李富孙　《公羊异文释》
陈　奂　《公羊仪礼考征》
包慎言　《公羊历谱》
陈　立　《公羊义疏》

今文学运动以《公羊》为中心,故所举之书均为重要。就中庄存与之《春秋正辞》开今文学运动之端绪,而陈立之《公羊义疏》阐明《公羊》之大义,则尤其重要者也。其关于《穀梁传》则有:

刘逢禄　《穀梁废疾申何》
李富孙　《穀梁异文释》
许桂林　《穀梁释例》
侯　康　《穀梁礼证》
柳兴宗　《穀梁大义述》
钟文烝　《穀梁补注》

上列各书中以柳著《穀梁大义述》较为完善。综三传而论之,《左传》偏于考证,《穀梁》之成绩甚少,故皆不足称。惟《公羊传》经今文学运动之提倡,发挥尽致,其有关于思想之解放亦甚巨,是不可不注意者也。除三传之外,其对于《春秋》作全部之研究或局部一问题之讨论者,则犹有下列各书:

惠士奇　《春秋说》

江　永　《春秋地理考实》

赵　坦　《春秋异文笺》

顾栋高　《春秋大事表》

罗士琳　《春秋朔闰异同》

龚自珍　《春秋决事比》

侯　康　《春秋古经说》

黄式三　《春秋释》

倪文蔚　《春秋日南至谱》

俞　樾　《春秋名字解诂补义》

胡元玉　《春秋名字解诂驳》

上列各书,略偏于专门之研究,于吾辈治《春秋》或专门史者,亦有相当之补益也。

(六)《四书》(《孝经》、《尔雅》附)

《四书》者:《论语》、《孟子》、《大学》、《中庸》也。《大学》、《中庸》本《礼记》之一部,自宋人提而出之,以与《论》、《孟》并列,始有《四书》之名,宋以前未有也。宋明理学特别重视《四书》,故关于此类之著作亦多,即清初之理学家亦尚注意于此项工作。至于汉学家统以《四书》为名之著作,在清初则有阎若璩之《四书释地》,其后又有翟灏之《四书考异》。此外著名之作,则以《大学》、《中庸》一仍《礼记》之旧,而以《论语》、《孟子》作各别之研究。其关于《论语》之著作,则有:

江　永　《乡党图考》

焦　循　《论语补释》　《论语通释》　《论语述何》

方观旭　《论语偶记》

宋翔凤　《论语说义》

徐养原　《论语鲁读考》

沈　涛　《论语孔注辨伪》
金　鹗　《乡党正义》
潘维城　《论语古注集笺》
黄式三　《论语后案》
刘宝楠　《论语正义》
戴　望　《论语注》
俞　樾　《论语正义》《读论语骈枝》
刘恭冕　《何休注训论语述》
王景贤　《论语述注》

上述各书以刘宝楠之《论语正义》为完备,焦循之《论语通释》亦深有发明。至于江永之《乡党图考》,则佚入礼学之范围矣。至其关于《孟子》之著作,则有:

戴　震　《孟子字义疏证》
焦　循　《孟子正义》
宋翔凤　《孟子赵注补正》
蒋仁荣　《孟子音义考证》

《孟子字义疏证》为戴氏思想精邃之所在。《孟子正义》为疏体,亦焦氏晚年精力之所萃,而其思想亦寓焉。综上所述,十三经已得其十一种,其余二种,即《尔雅》及《孝经》也。《尔雅》为最古之字书,清代经师注重经学,自不得不借重于古代之字书,故《尔雅》在清代小学中占重要之位置。其详别于小学章述之。至于《孝经》虽传说为孔子之说,经后人之考证,大概出自汉人,其价值等于《礼记》之一篇。清儒对于此项工作颇少,其稍足称者,则有阮福之《孝经义述》与丁晏之《孝经征文》而已。

(七) 总释诸经之作

以上分述各经之专著,至其总释诸经而为之合论者,在清初则有朱彝尊之《经义考》，臧琳之《义经杂著》，均称佳构。乾嘉以降，此类之著作甚多，略举其目如下：

江　永　《群经补义》
齐召南　《注疏考证》
惠　栋　《九经古义》
孔广森　《经学卮言》
李　惇　《群经识小》
武　亿　《经读考异》《群经义证》
汪　中　《经义知新录》
王引之　《经义述闻》《经传释词》
陈寿祺　《五经异义疏证》
朱　彬　《经传考证》
严　杰　《经义丛钞》
刘台拱　《经传小记》
庄述祖　《五经小学述》
阮　元　《诗书古训》
朱大韶　《实事求是斋经说》
冯登府　《十三经诂答问》
俞　樾　《群经平议》
黄以周　《经说略》
林颐山　《经述》

上述各书中之最著名者，为惠栋之《九经古义》，王引之之《经义述闻》、《经传释词》，俞樾之《群经平议》。《九经古义》足以见惠派求古之精神。《经义述闻》与《经传释词》则对于校勘训诂之贡献甚多，吾辈今日读古书者，无不受其享赐。俞氏《群经平议》之价值亦足与王氏之书相伯仲也。其他笔记、文集之说经者亦甚多，名繁不具录，然其重要则亦不可忽视也。

(八) 新疏

清儒对于经学之最大贡献,而应特书者,即诸经新疏之渐次成立也。今日通行之《十三经注疏》,其疏皆出于唐宋二朝,别择不精,缺点甚多;清代学者对之深滋不满。于是就旧注之佳者发愤作疏,其旧注无佳者,则另辑新注而疏之。作者大概竭毕生之力,广参博稽,乃敢泐为定本;故其作品较之唐宋之旧疏胜多多矣。兹汇举如下:

(1)《尚书》之新疏三种	孙星衍	《尚书今古文注疏》
	江　声	《尚书集注音疏》
	王鸣盛	《尚书后案》(尚有简朝亮之《尚书集注音述疏》别于卷下述之)
(2)《诗经》之新疏	陈　奂	《诗毛氏传疏》
(3)《仪礼》之新疏	胡培翚	《仪礼正义》
(4)《左传》之新疏	刘文淇	《左传旧注疏证》(未成)
(5)《公羊传》之新疏	陈　立	《春秋公羊传义疏》(柯绍忞有《穀梁传》注,别于下卷述之)
(6)《论语》之新疏	刘宝楠	《论语正义》
(7)《孟子》之新疏	焦　循	《孟子正义》
(8)《尔雅》之新疏两种	邵晋涵	《尔雅正义》
	郝懿行	《尔雅义疏》
(9)《周礼》之新疏	孙诒让	《周礼正义》

上所列举共十二种,为经凡九,合之光绪年间皮锡瑞之《孝经义疏》则十三经已有十种新疏;所差者《易经》、《礼记》、《穀梁传》也。上举八种经疏,关于《尚书》者三种,以孙星衍之《尚书今古文注疏》为最佳。自伪《孔传》定论之后,势必另辑新注,孙氏所辑之新注,其优点在能划分今古文之界限以确定新注之范围,孙氏认定《史记》为古文说,《尚书大传》及欧阳、大小夏侯为今文说,马融、郑玄为孔壁古文说,凡此皆纳入注中。其余先秦诸子及纬书、《白虎通》等之今古说,许氏《说文》中之古文说,皆

附之疏中。取材较精慎,树例亦颇严谨,故最称善本。陈奂之《诗毛氏传疏》专释《毛传》,于名物训诂贡献甚多。胡培翚之《仪礼正义》以郑注为主,然郑注所未备者则补之,郑注之错误者则详为辨正,是其所长。刘文淇之《左传注疏》,明杜预之剽窃,而另集新注,"上稽先秦诸子,下考唐以前史书,旁及杂家笔记文集皆取为证佐,期于实事求是,俾左氏之大义,炳然复明"(刘毓崧《先考行略》)。是书创始于刘文淇,其子毓崧、孙寿曾续补,缺昭、定、哀三公。迄未成书,故无刻本流传也。陈立之《春秋公羊传义疏》以何休注为依归,博引治《公羊》学者之说,而于"非常异义可怪之论",阐发无余,清代今文学之佳构也。刘宝楠之《论语正义》为其子恭冕所续成者,其书虽仍用何晏《集解》,而于未安者则纠正之,故书中破注之处甚多。焦循之《孟子正义》以赵岐注为主,而博采众说,于赵氏之说或有所疑,不惜驳之以相规正。其书不特长于训诂,即释解义理亦中肯綮也。《尔雅》之疏,郝氏之《义疏》较优于邵氏之《正义》。然邵氏为清代作新疏之最早者,其书之作凡历十年,三四易稿乃成,郝氏参考其书而续作,后者之优于前,不足为怪也。

七十七 小学及音韵学

"小学"之名,昉于汉代,清儒沿用之,即今之所谓文字学也。清代学者对于经书之最大贡献,在于校勘训诂,而其根柢则在小学;此所以汉学家有"欲通经训先明小学"之通说也。音韵学,小学之附庸也;自顾炎武提倡古音之研究,以为"读音自考文始,考文自知音始"(《音学五书答李子德》)。后此治小学者莫不重视音韵学;此所以王念孙有"就古音以求古义","训诂之旨,本于声音"之说也(见王氏《广雅疏证·自序》)。清代研究小学之书,除一二创作外,多从事于古代字书之整理与训释。如《尔雅》、《方言》、《释名》、《广雅》、《说文》等皆有一种或数种之作品。《尔雅》、《方言》、《释名》、《广雅》乃古代字典,按各字含义分类组织之书也。《说文》则以各字之形体及所从偏旁分类组织者也。因其性质略异,为叙述便利计,分为二目,与音韵共为三目,论列于次。

(一)《尔雅》及其他训诂之书

《尔雅》一书,清儒认为周公所作,惟据张揖《进广雅疏》谓"《尔雅》一篇,叔孙通撰置《礼记》,文不违古",盖为《礼记》百三十一篇之一,故《大戴记》曾采录之;实即秦汉间经师诂经之文,为刘歆一流所采辑而成者也。书中解释单字兼及两字以上连缀之"辞",于经训之研究当然有裨;故清儒特别注目之。《尔雅》一书之专门研究始自戴震,所著有《尔雅文字考》,然未刻。此后关于《尔雅》之著作如下:

邵晋涵　《尔雅正义》
郝懿行　《尔雅义疏》
钱　坫　《尔雅古义》《尔雅释地以下四篇注》
严元照　《尔雅匡名》
龙启瑞　《尔雅经注集谬》

上列书中,以邵、郝二家为较完善,前于新疏目下已略言之矣。此外专释《尔雅》名物者则有:

任大椿　《释缯》
程瑶田　《释宫小记》《释草小记》《释虫小记》
洪亮吉　《释舟》
刘宝楠　《释谷》
钱大昕　《释人》

此外专辑《尔雅》古注之书,更有臧庸之《尔雅汉注》,黄奭之《尔雅古义》。《尔雅》经过如此用力,已发挥尽致矣。《尔雅》之外,更有《方言》一书,相传为西汉杨雄著,其书传刻讹舛,殆不可读。清代关于此书最著名之作,为戴震之《方言疏证》,书中特别注重校勘,计改正讹字二百八十一,补脱字二十七,删衍字十七,自此《方言》始可读矣。《方言》之后,又有汉末刘熙撰《释名》,体例略仿《尔雅》,惟以同音为训,乃以音韵治小学之祖。清代关于此书之作,有毕沅之《释名疏证》,《补遗》及《续释名》,乃江声代作者也。《释名》之后,魏张揖作《广雅》(隋曹宪作音释,避炀帝讳改名《博雅》,故此书亦有名《博雅》者),因《尔雅》书目而采汉以后诸字书以补之,颇为鸿博。王念孙为之作《广雅疏证》乃清代小学书最精核之作也。是书成于念孙晚年,故极精审。书中先校正讹舛,次诠释义训,凡"张君误采,博考以证其失,先儒误说,参酌而寤其非"。其书所用之方法,自序谓:"就古音以求古义,引申触类,不限形体。"最足以代表王氏父子之根本主张,读此书则其治学方法思过半矣。《方言》、《释名》、《广雅》之外,更有《孔丛子》书中之《小尔雅》一篇,存汉人训诂不少,清人为之校释者,则有宋翔凤之《小尔雅训纂》,葛其仁之《小尔雅疏证》,与胡承珙之《小尔雅义证》三书:以上皆就古书为之校勘训释者也。至其自行编辑之书,则有阮元等合编之《经籍纂诂》,书中各字之次序皆依韵编纂,而每字之解释,则专辑古书成说,举凡唐以前之训诂,网罗略备,乃研究古学者最不可缺之书也。

(二)《说文》及其他文法之研究

《说文》为汉和帝时许慎所作,其书根据六书——指事、象形、会意、谐声、转注、假借——义例,按字之形体及所从偏旁分类组织,为最早之好字书,立后来之模范者也。《说文》之研究,清以前注意者少,即唐宋间有徐铉、徐锴、李焘、吾邱衍等稍有著述,然甚少发明,价值无足称焉。《说文》之成为专门之学而占学术之重要位置,则自清代乾嘉以后;而有专书研究者,则自惠栋始。江永、戴震亦皆有短简讨论。自经此数大师之提倡,而后《说文》之研究乃大兴矣。兹举当时之著作较重要者如下:

惠　栋　《读说文记》
段玉裁　《说文解字注》
钱大昭　《说文统释》
陈　鳣　《说文解字正义》
严可均　《说文校议》

钱　坫　《说文斠诠》
桂　馥　《说文义证》
王　筠　《说文释例》《说文句读》

上述各书,钱、陈两家之书已不易见,但据谢启昆《小学考》之所称引,知其颇重要也。段玉裁之《说文解字注》为当时最有名之著作,盖《说文》经唐宋人之紊乱窜改,更以传刻漏落,舛讹殊多;玉裁按徐锴之本,发明义例,校正文字,所获创见极多。卢文弨序之曰:"自有《说文》以来未有善于此书者。"玉裁又深通音韵之学,由声音以通训诂,王念孙最称赞之,谓"千七百年来无此作"(《说文解字》卷首)。惟段注之创解,多以意推求,颇有武断之嫌。故钮树玉著《段注订》,徐承庆著《段汼匡谬》,冯桂芬著《段注考正》,皆对于段有所批评也。严可均与钱坫两家之书,皆主于校正文字。至于桂馥、王筠之著,则重在通释全书;其价值亦不在段氏下。桂馥之《说文义证》,于每字之下,罗列众说,虽皆案而不断,然可使阅者自得,与段氏之勇于自信者不同。王筠之《说文释例》,发明《说文》中许多义例,其价值与凌廷堪之《礼经释例》同,其识见亦不在段氏下也。至于《说文句读》则随文顺释,最便初读。此外以音韵为主而研究《说文》者则有:

姚文田　《说文声系》
钱　塘　《说文声系》
苗　夔　《说文声读表》
严可均　《说文声类》
张惠言　《说文谐声谱》
朱骏声　《说文通训定声》

朱氏《说文通训定声》最晚出,其书舍形取声,贯穿联缀,将《说文》重新组织,而将各字分隶于古韵十八部之下,在诸书中,其价值为最高。综观上述成绩:《说文》之整理结果,盖灿然矣。惟《说文》不过字书,至其时为文法及用字之研究者则甚少,清初研究之最早者,则推康熙年间之刘淇(著《助字辨略》),其后则王引之之《经传释词》,与俞樾之《古书疑义举例》为最著。二书皆就古书参互比较,发明其用例之例,其方法甚精密,凡定一说,必"揆之本文而协,验之他卷而通"。对于吾人读古书之裨益甚多,亦我国文法书之筚路蓝缕也。

(三)音韵学

清代经师主张由声音以通训诂,故注重音韵之研究;而古韵之研究,尤为众人目标之所在;盖其结果必以有裨于经训之发明也。清代之研究古韵者,首推顾炎武,著有《音学五书》,其次则江永著《古韵标准》,戴震著《声类表》、《声韵考》,段玉裁著《六书音韵表》,孔广森著《诗声类》,江有诰著《音学三书》,皆有发明。王念孙亦有著书(未刻),其治学秘诀即在此。古今声音常常变化,执今日之音以读古书,必不可通,故宋儒常有"借叶"之说,实由于不通古音也。清代学者认明古之音非今之音,更进而研究古音之特点何在。第一问题即古音分部之研究。唐代之《广韵》,分声音为二百六部,清儒以为古音不能有如此之复杂,乃研究归并办法。顾炎武就宋人郑庠之研究(庠并为六部),归并为十部。其后江永分十三部,段玉裁分十七部,戴震分十八部,孔广森分十九部,王念孙分二十一部,以渐加详,研究日精。分部研究之外,清儒研究之第二问题即为入声之分配。盖清人所以能并二百六部为十部以至二十一者,乃由其以平声代表上、去、入三声。惟入声最不易调,究竟何部可有入声,乃其第二问题之焦点。彼辈研究之结果:顾氏十部有入声者四,江氏十三部存入声者七,段氏十七部有入声者八。综括比较:顾、江、段公认无入声之部五:一东冬钟江,二阳唐,三庚耕清青,四蒸登,五歌戈麻。江、段共认无入声者一部:萧宵肴豪。此古韵学问题之大略也。古韵研究之外,清儒亦颇研究切韵,江永《音学辨微》、钱大昕之《十驾斋养新录》中皆略有讨论。戴震、王念孙诸人亦间有研究,然其成绩远不及古韵。其为专门之研究者,则推陈澧之《切韵考》,用力至勤,研究方法亦精审,清代切韵学中仅有之作也。

七十八 校勘与辑佚

(一) 小引

清代学者之好古,尽人而知之矣。然其贡献初不在其能提倡尊古,而在其能整理古书与发现古书;整理古书之方法即校勘也,发现古书之成绩即辑佚也。盖古书经数千年之传钞与后人之混乱,多失其原来面目。清儒校勘之方法甚为精密,或用善本以校正俗本,或用本书及他书之旁证反证以校正文句之原始讹误;或细审全书之体例以校正全部通有之讹误;或根据其他材料以纠原著本有之谬误。以此方法行之,举凡重要典籍,几无不经一番斫磨,后辈读古书者可省无限精力。清儒对于校勘用力最勤者为卢文弨、王念孙、顾广圻、黄丕烈、卢见曾、蒋光煦等,其成绩则有卢文弨之《群书拾补》,王念孙之《读书杂志》,黄丕烈所刻《士礼居丛书》及所著《士礼居题跋》,卢见曾所刻之《雅雨堂丛书》,蒋光煦之《斠补偶录》,及所刻之《别下斋丛书》。此外如洪颐煊之《读书丛录》,陈鳣之《经籍跋文》,毕沅所刻之《经训堂丛书》,陆心源所刻之《十万卷楼丛书》,与阮元所刻《十三经注疏》及《校勘记》,皆当时校勘成绩之表现者也。校勘多就原有之书加以整理,其已佚之书,清儒更发愤辑之。辑佚之办法,大抵以唐宋间类书为总资料;以汉人子史书及汉人经注为辑周秦古书之资料;以唐人义疏等书为辑汉人经说之资料;以六朝、唐人史注为辑逸文之资料;以各史传注及各古选本各金石刻为辑遗文之资料;其成绩虽不能认为完全满意,然由此引起古书之复活,虽片语只字,亦可贵已。兹分述校勘与辑佚之成绩,其前节已详及将来更须特别叙述者,则从略焉。

(二) 先秦古书之校勘与注释

清儒校勘成绩贡献最大者,在于先秦子书,盖西汉以来,子书已不见重于世,其势力远不足以与经相抗衡。治之者既少,于是传刻讹舛,渐不可读;而其意义因之愈晦,诸子学盖几于亡矣。清代学者校勘诸子之动机在于好古,校勘之结果,纠正许多谬误;不惟原书可读,其真义亦赖以渐明。于是世人方知诸子书中尚有许多可宝之名言快论在，而经学一尊之局渐破，其于新思想之浚发，有大力焉。兹举其校勘之成绩，其有注释者亦附焉。

(1)《老子》为古子之较早者，其书散乱殊甚，惜清代学者对此书之整理尚少，校本以毕沅之《老子道德经考异》较可观。王念孙《读书杂志·老子》仅四条，俞氏《诸子平议》亦仅一卷，故是书尚有整理余地。

(2)《墨子》年代较晚于孔子，然在战国时代，儒墨抗衡，并为显学，故《墨子》一书，乃先秦子书之最重要者。清人整理之成绩尚不劣。其最早治此书者为汪中，同时卢文弨、孙星衍、毕沅亦治之。沅集其成为《墨子注》，即今浙刻《二十二子》所采者也。至王念孙《杂志》与俞樾《平议》之《墨子》条，均有所贡献，而顾广圻、洪颐煊、戴望亦各有所校释；此光绪以前治《墨子》之成绩，而开孙诒让《墨子间诂》之先路者也（孙氏价值别于下卷述之）。《墨子》中《经上》、《经下》、《经说上》、《经说下》、《大取》、《小取》六篇均名学家言，为自来所难解，几于不能读。毕沅《新考定经上篇》发见“两行旁行”之旧写法。张惠言《墨经说解》用鲁胜“引说就经之例”将《经上》、《经下》、《经说上》、《经说下》四篇，逐条拆分，各相比附，眉目愈清；自此《墨经》渐可读。近年来《墨经》之研究成为时尚，毕、张两氏皆不为无功也。

(3)《庄子》整理之成绩，则王氏《杂志》有三十五条，俞氏《平议》有三卷，惟无特别之新校本（清末郭庆藩《庄子集释》较佳，另于下卷述之）。

(4)《荀子》书校注之成绩甚佳，其最初治此书为汪中，然未成专书。今浙刻二十二子中《荀子》，出自谢墉、卢文弨之合校，为咸同以前最善之本。自后顾广圻辑《荀子异同》、《荀子佚文》，郝懿行、刘台拱各有《荀子补注》，陈奂有《荀子异同》，陈昌齐有《荀子正误》，王念孙有《读荀子杂志》，俞樾有《荀子平议》，皆有所贡献。王先谦集其成以著《荀子集解》，最称佳著（另见下卷）。

(5)《韩非子》尚待整理，清儒之成绩则顾广圻有《识误》三卷，卢氏《群书拾补》有一卷，王氏《读书杂志》有十四条，俞氏《诸子平议》有一卷，最后虽有王先慎之《韩非子集解》，然内容疏略，犹待修正。

(6)《管子》、《列子》及《晏子春秋》虽属伪书,自来亦列入古子。《管子》一书之校勘,最初从事者有王念孙、王引之及孙星衍辈,洪颐煊采三家之说而成《管子义证》。其后王念孙复续有所校,更采及洪书,成《读管子杂志》二十四卷(六百四十余条)。此外戴望有《管子校正》,俞樾有《管子平议》,各有发明。其对于《管子》中《弟子职》一篇为单独之研究者,则有庄述祖之《弟子职集解》,洪亮吉之《弟子职笺释》,王筠之《弟子职正音》等。至于《列子》之整理成绩则甚鲜,校勘方面则有任大椿、汪继培之校张湛注本,秦恩复之校卢重元本,其他则无所闻。至于王氏《杂志》无《列子》条,而俞氏《平议》亦仅一卷云。至《晏子春秋》则有毕沅之经训堂校本,毕氏又有《音义》二卷。此外卢文弨、王念孙、俞樾亦各有所校释。

(7)《吕氏春秋》之校本以毕氏经训堂本为最佳。此外王氏《杂志》有三十八条,梁玉绳有《吕子校补》二卷,陈昌齐有《吕氏春秋正误》二卷,俞樾有《吕氏春秋平议》三卷。此外先秦古子如《商君书》则有平津馆本,《慎子》、《尹文子》、《公孙龙子》,则有守山阁本。其他如《孙子》、《吴子》、《司马法》,乃最古之兵家言,则有孙星衍之平津馆校本,然其成绩甚微,不复一一缕列。古子以外,其他先秦古籍,亦有相当成绩。

(8)关于《逸周书》者:最初则有卢文弨之抱经堂本,其后有王念孙之《读逸周书杂志》,陈逢衡之《逸周书补注》,朱右曾之《周书集训校释》,均称佳构。

(9)《国语》及《战国策》乃重要之古史书。《国语》校本,则以黄丕烈、顾广圻合校之士礼居刻本为最佳(附校勘记)。此外汪远孙则有《国语三君注辑存》、《国语考异》、《国语发正》,洪亮吉则有《国语韦注疏》,均为佳构。关于《战国策》则以士礼居刻本为最佳,至于王念孙之《读战国策杂志》于校订之外,兼有注释。

(10)《竹书纪年》与《穆天子传》同出汲冢,真伪问题,自晋以来,议论纷纷。清儒好古成癖,对于二书亦悉心研究之。关于《穆天子传》有洪颐煊之校本,颇精核,关于《竹书纪年》者,则有徐文靖之《竹书纪年统笺》(成于康熙年间),董丰垣之《竹书纪年辨证》,雷学淇之《考订竹书纪年》、《竹书纪年义证》，洪颐煊《校正竹书纪年》，武亿之《竹书纪年补注》，郝懿行之《竹书纪年笺证》，朱亮甫之《汲冢纪年存真》，林鉴唐之《竹书纪年补证》，董沛之《竹书纪年拾遗》，即此可知清儒对此书用力之勤矣（最近王国维亦有数种著作，甚精）。

（11）此外如《山海经》则有毕沅之《山海经改秋注》，郝懿行之《山海经笺疏》。《周髀算经》则有戴震之校本。《黄帝内经·素问》亦有钱熙祚之校本，与胡树之《内经校义》。盖举凡先秦重要典籍，几无不有相当之校释矣。

（三）西汉以后要籍之校勘与注释

先秦古书校注之成绩，已略如上述矣，兹更述其对于西汉以后重要书籍之成绩于次：

（1）《淮南鸿烈》为西汉道家之要典，清儒对于此书之整理亦颇佳。其最初校注此书者为庄逵吉，即浙刻二十二子所采者也。此外王念孙有《读淮南内篇杂志》，陈昌齐有《淮南子正误》，胡澍有《淮南子校义》，而卢文弨、刘台拱、王绍兰等与最后俞樾之《淮南内篇平议》，亦各有发明。其单篇之训释有钱塘之《淮南天文训补注》，则以补正高诱注之疏舛者也。

（2）《春秋繁露》西汉董仲舒撰，乃西汉新儒教之第一要书，其书经宋明之传刻，讹脱百出。乾隆时开四库馆，乃取《永乐大典》中楼钥校本详校，渐复旧观。其后卢文弨之抱经堂本，复据四库本重校，最称善本。至为此书作注释者，则有凌曙之《春秋繁露注》，魏源之《董子春秋发微》，凌、魏皆今文学家，发明甚多（最近康有为之《春秋董氏学》，与苏舆之《春秋繁露义证》均精）。

（3）《盐铁论》亦汉代重要书籍，散乱讹舛之处亦甚多。关于《盐铁论》，卢文弨曾有校订，其后有阳城张氏重刻本，顾广圻为之作考证。汪继培及俞樾亦有所校，其书始渐可读。

（4）《白虎通义》乃东汉章帝时讨论五经之纪载，故清儒视之颇重。其最初治此书者为庄述祖，继则卢文弨续校为抱经堂本。其后陈立著

《白虎通疏证》,足与凌曙之《春秋繁露注》媲美。以上皆两汉之重要典籍,则清儒校释之成绩亦较佳者也。此外如卢文弨、赵怀玉、周廷采之校《韩诗外传》,王念孙之校《列女传》(更有王圆照、梁端两家注);陈寿祺之校《新序》与《说苑》;徐养原之校《法言》(俞氏《平议》、《法言》及《太玄》各一卷),汪继培之校《潜夫论》(更有《潜夫论笺》十卷);卢文弨之校《风俗通义》及《越绝书》,亦各有相当贡献:此汉以前之书也。至其属汉以后者:

(5)《华阳国志》与《抱朴子》皆属晋代书。《华阳国志》有顾广圻精校之廖氏刻本,《抱朴子》则有孙星衍、卢文弨、顾广圻等参校之平津馆本,皆善本也。

(6)《水经注》北魏郦道元注,清代治此书者最多。乾隆中,赵一清、戴东原、全祖望皆治此书,各有校本甚精粹。其后毕沅、孙星衍亦有校本。道咸以后之治此书者,则有沈文起之《水经注》,汪士铎之《水经注提纲》、《水经注释文》、《水经注图》,陈澧之《水经注西南诸水考》,一部古地理书,竟成为当时风尚之研究矣(最后有王先谦之合校本与杨守敬之《水经注疏》)。

此外如《颜氏家训》则有卢文弨之校本,与赵曦明之注释。《经典释文》则亦有卢氏之校补。而《困学纪闻》亦有翁元圻之注释(阎若璩、何倬、全祖望皆有校释,翁氏乃集其成者)。盖举凡唐宋以前之重要书籍,几全经相当之整理,上列乃其略耳。

(四)辑佚之成绩

《永乐大典》为明代类书,保存古书之原料甚多。自李绂、全祖望辈发见此中秘籍,《大典》之价值,渐为世人所注目。四库馆之初开,即以辑《大典》佚书为名者也。四库馆辑出之书:经部六十六种,史部四十一种,子部一百零三种,集部一百七十五种,都凡三百七十五种,四千九百二十六卷。而其间所得重要之书亦甚多。是风既开,加以清儒有好古之癖,于是辑佚成为风尚,几于专门之业矣。辑佚之工作,乾嘉以后,诸大经师几乎无不尝试。而专以此为业,则以黄奭、马国翰为最著。黄氏《汉学堂丛书》共辑二百一十六种，马氏《玉函山房辑佚书》共辑六百三十种，可谓盛矣。至于各家（黄、马以外各家均包括在内）之成绩，兹分别经史子集四部，分举之：

（甲）经部辑佚之成绩，又可分下列数类：

《易经》之类

惠栋《易汉学》　孙星衍《孙氏周易集解》　卢见曾《郑氏易注》　丁杰《周易郑注》　张惠言《周易虞氏义》、《郑氏义》、《荀氏九家义》、《易义别录》　孙堂《汉魏二十一家易注》（此外马国翰所辑者尚多）。

《尚书》之类

江声《尚书集注音疏》　王鸣盛《尚书后案》　孙星衍《尚书今古文注疏》、《尚书马郑注》　马国翰《尚书马氏传》（以上辑马郑注者）　陈乔枞《今文尚书经说考》、《欧阳夏侯遗说考》　马国翰《尚书欧阳大夏侯小夏侯章句》　陈寿祺《尚书大传校辑》（关于《尚书大传》者尚有孙之騄、卢见曾、孔广森三家辑本。以上皆关今文学者）。

《诗经》之类

马国翰《鲁诗故》、《齐诗传》　邵晋涵《韩诗内传》　宋绵初《韩诗内传征》　严可均《韩诗》　马国翰《韩诗故》、《韩诗薛君章句》、《韩诗内传》、《韩诗说》　冯登府《三家诗异文疏证》　陈寿祺《三家诗遗说考》　陈乔枞《四家诗异文考》、《齐诗翼氏学疏证》。

三《礼》之类

（1）关于《周礼》者　马国翰《郑兴注》、《郑众注》、《马融注》、《王肃注》等。

（2）关于《仪礼》者　马国翰《马融注》、《王肃注》等　丁晏《佚礼扶微》。

（3）关于《礼记》者　马国翰《马融注》、《卢植注》、《王肃注》等。

《春秋》三传之类

（1）关于《左传》者　马宗梿《贾服注辑》　李贻德《春秋左传贾服注辑述》　臧寿恭《春秋左氏古义》。

（2）关于《穀梁》者　邵晋涵《穀梁古注》。

(3)《公羊》宗何氏不另辑。

《论语》《孝经》之类

宋翔凤《论语郑注》 刘逢禄《论语述何》 郑珍《论语三十七家注》 臧庸《孝经郑氏注》 严可均《孝经郑氏注》。

《尔雅》之类

臧庸《尔雅汉注》 黄奭《尔雅古义》。

以上所举,皆经部辑佚之成绩也,所辑属于汉人者多。而尤推尊马郑注,故对于郑玄之遗注,有专从事搜辑者,如黄奭《辑高密遗书》十四种,孔广森《辑通德堂遗书》十七种,袁钧辑《郑氏佚书》二十一种,陈鳣辑《六艺论》,钱东垣、王复先后别辑《郑志》。其《尚书大传注》则有孙之騄、卢见曾、孔广森、陈寿祺等先后搜辑。至于《驳五经异义》,孔广森、钱大昭、陈寿祺亦先后辑注,由此足见清人重视郑氏之深矣。《纬书》与经有关,清人所辑者如赵在翰之《七纬》三十八卷,马氏《玉函山房辑佚书》与黄氏《汉学堂丛书》,亦有专辑。

(乙)史部辑佚之成绩,则以古史及两晋六朝之著为主。如钱大昭、孙冯翼、雷学淇、秦嘉谟、茆泮林、张澍之辑《世本》,洪颐煊、陈逢源、张宗泰、林春溥、朱右曾之辑《竹书纪年》,乃从事于古史之辑佚者也。至属于两晋六朝者,则有姚之骃之辑《八家后汉书》,汪文台之辑《七家后汉书》,汤球之辑《两家汉晋春秋》、《两家晋阳秋》、《五家晋纪》、《十家晋书》、《十八家霸史》。其间用力最勤者,则有章宗源之《隋书经籍志考证》,凡《隋志》著录各书有佚文散见皆备辑之。其有关于地理者则有毕沅之辑《晋书地道记》、《太康三年地志》(两书为王隐原著),张介侯之辑《十三州志》(阚骃原著),其关于政书类者,则有孙星衍之辑《汉官》。关于谱录者,则有钱东垣之辑《崇文总目》(王尧臣著)。更有甘肃人张澍者,专辑乡邦遗籍,如《三辅故事》、《三辅决录》等,虽属片羽残爪,亦足证当时意兴之所趋矣。

(丙)子部轶佚之成绩则以古子为主,其重要之注文亦间辑焉。其就已存之书而辑补其佚文者,则有王念孙之于《墨子》(晚清孙诒让对于《墨子》,王先慎对于《韩非》,亦各有所辑),严可均之辑补《商子》、

《慎子》。张澍之辑补《司马法》。辑其佚注者,则有孙冯翼之辑司马彪《庄子注》,与许慎《淮南子注》等。其全书之久佚而经清儒之辑者,列举如下:

严可均《申子》　章宗源《尸子》、《燕丹子》　茆泮林《计然万物录》、《淮南万毕术》(孙冯翼亦有辑)　马国翰《漆雕子》、《宓子》、《景子》、《世子》、《魏文侯书》、《李克书》、《公孙尼子》、《内业》、《谰言》、《宁子》、《王孙子》、《董子》、《徐子》、《鲁连子》、《虞氏春秋》、《神农书》、《野老》、《范子计然》、《伊尹书》、《辛甲书》、《公孙牟子》、《田子》、《老莱子》、《黔娄子》、《郑长者书》、《申子》、《惠子》、《史佚书》、《田俅子》、《随巢子》、《胡非子》、《缠子》、《苏子》、《阙子》(以上共三十四种)　黄奭《六韬》、《李悝法经》、《范子计然》、《神农本草经》、《淮南万毕术》

以上略举数十种,就中以马国翰之成绩为最多,虽属片断之补缀,然于吾人研究古代思想亦有相当之功用也。

(丁)关于集部之成绩如康熙、嘉庆间官修之《全唐诗》、《全金诗》、《全唐文》皆属辑佚体。而严可均之《全上古三代两汉三国六朝文》搜辑极富,足为清代巨制。此外如张金吾之《金文最》,李调元之《全五代诗》,刘文淇之《扬州文征》,邓显鹤之《沅湘耆旧集》,其性质亦近于辑佚者也。

七十九　史书之整理

(一) 旧史之改作与补作

我国自唐代以后,官家设局修史,仓卒成于众手,不满人意者甚多,就中尤以宋元两史为最甚;即个人私撰之史书,除《史记》、《两汉》外,罅漏亦皆不免。清儒于是有发愤改作之志。又如司马光《资治通鉴》之书,绝笔于五代,虽经宋明两代之继作,亦迄元为止,在清代实有赓续之必要。

又表、志为我国史书精粹所在,而各史多付阙如,亦有待于补作。故旧史之改作与补作,亦为清儒精力之所注,其贡献反在其他史学著作之上也。至于旧史改作之成绩,关于《三国志》则有汤承烈之《季汉书》。关于《晋书》则有周济之《晋略》。关于《魏书》则有谢启昆之《西魏书》。关于《五代史》则有陈骅之《续唐书》(清初吴志伊有《十国春秋》)等。虽各有长短,不能尽如吾辈理想之标准,然较之原著亦各有相当之纠正也。诸史之中,其最芜杂而最为清儒所欲致力者莫如《宋史》与《元史》。其发愤重编《宋志》者,则有邵晋涵。晋涵以为《宋史》南宋部分尤恶劣,曾先仿王偁《东都事略》,著《南都事略》。据章学诚《邵与桐别传》所载,其《宋志》草创之稿已不少。惜晋涵早卒,其书未能完成,即草创之稿至今亦片语无复留者矣。章学诚与晋涵同时,尝以诸史之所宜致功者,莫如赵宋一代之书,亦欲自以义例撰述《宋史》,以彰其理想中最善之史书,惜亦未成。夫有此两大史家之努力,竟未克成就,是则吾辈所不无遗憾,而有望于继起之秀,有以完成两先生之志也。《元史》较之《宋史》更为疏略,清儒立志改治者颇多。清初则有邵远平之《元史类编》,其后钱大昕则有《元史考异》与《氏族表》、《经籍志》,嘉庆间则有汪耀祖之《元史本证》,皆未能成为完书。道咸间魏源著《新元史》,书中一变旧史一人一传之形式,而传事与传人相兼,其组织之新颖,颇堪称许。魏书出后,关于《元史》之材料,颇有所增。最近柯劭忞复著《新元史》二五七卷,钜制也。以上略述史书之改作,兹更述其补作者。关于编年体者,则有毕沅之《续资治通鉴》,此书由沅之幕僚参修,而章学诚实与其事,最后复经邵晋涵之校定,故大体精核;亦清代巨制之佳作也。至于正史之补作,则以表志为主,盖表志占史书之重要部位,各大史学家莫不同具此想,而旧史表志多缺,即以《艺文志》一项而论,正史中只汉、隋、唐、宋、明五史,余史皆无,此不能不责前代作史者之忽略也。清初万斯同最重表,故有《历代史表》;其《纪元汇考》、《历代宰辅汇考》性质亦略似表。此后陈芳有《历代地理沿革表》,与万著同属总补各史之缺者也。其专补某一史之表或志者甚多;兹以各史为纲,附列其目于下:

补《史记》、《汉书》者

孙星衍《史记天官书补目》 刘文淇《楚汉诸侯疆域》

补《后汉书》者

钱大昭《后汉书补表》 又《补续后汉书艺文志》 侯康《补后汉书艺文志》 华湛恩《后汉书三公年表》

补《三国志》者

吴卓信《三国志补表》(未刻) 洪亮吉《补三国疆域志》 侯康《补三国艺文志》 洪饴孙《三国职官表》 周嘉猷《三国纪年表》 杨守敬《三国郡县表补正》

补《晋书》者

钱仪吉《补晋兵志》 丁辰《补晋书艺文志》 侯康《补晋书艺文志》 洪亮吉《东晋疆域志》又《十六国疆域志》

补南北朝诸史者

周嘉猷《南北史表》 汪士铎《南北史补志》 徐文范《东晋南北朝舆地表》 李旦华《十六国春秋世系表》 郝懿行《补宋书刑法志食货志》 侯康《补宋、齐、梁、陈、魏、北齐、北周各书艺文志》 汤洽《补梁书陈书艺文志》 洪齮孙《补梁疆域志》

补《唐书》者

钱大昕《唐书史臣表》《唐五代学士表》 劳经原《唐折冲府考补》 华湛恩《唐藩镇表》

补《五代史》者

周嘉猷《五代纪年表》 顾怀三《五代史艺文志》

补宋、辽、金、元史者

倪灿《宋史艺文志补》 钱大昕《元史艺文志》《元史氏族表》《宋学士年表》 倪灿《补辽金元三史艺文志》 金门诏同上 钱大昕《宋辽金元四史朔闰表》

后人补前史之表志,材料之搜集与编次,皆极困难,而清儒之成绩居然有若斯之多,不能不谓之特别贡献也。此外与补志性质略同者,则有钱衎石之《三国志会要》、《晋会要》、《南北朝会要》。徐松之《宋会要》、《宋中兴礼书》、《续通书》等,惜均未刻。

(二)旧史之校勘与注释

前于"诸经之整理及校勘"节中,已略述清代经书、子书之校勘与训释,兹复述其关于史书者。我国正史以马、班、陈、范四史为最古,为后来史书之模楷,故清儒关于四史之校释,成绩为最多。兹分列重要之书于次:

关于《史记》者

钱坫《史记补注》 梁玉绳《史记志疑》 王念孙《读史记杂志》

《史记》在《四史》中最古而最善。惟冯商、褚少孙以后,续者十余家,难免窜乱。又以传写讹舛,颇失本来而目,故亟需整理,上列三书中,王书主于校勘文字,梁书则刊误纠谬之处甚多,钱书未刻,不知有无遗稿(近人崔适著《史记探原》,专辨后人续增窜乱之部,于下卷论之)。

关于《汉书》、《后汉书》者

吴翌凤《汉书考证》　惠栋《后汉书补注》　钱大昭《汉书辨疑》、《后汉书辨疑》、《续汉书辨疑》　王念孙《读汉书后汉书杂志》　陈景云《两汉订误》　沈钦韩《两汉书疏证》　周寿昌《汉书注校补》、《后汉书注校正》

上列各书，关于《汉书》者多偏于训释，盖以《汉书》文近古较难读也。至关于《后汉书》者，则偏于考异方面者居多，盖有辑佚之成绩，可资参考也。清末王先谦集各家考订之大成，为《汉书补注》、《后汉书补注》、《续汉书志补注》，最精博，当于卷下中详述之。

关于《三国志》者

杭世骏《三国志补注》　钱大昕《三国志辨疑》　潘眉《三国志考证》　梁章钜《三国志旁证》　陈景云《三国志举正》　沈钦韩《三国志裴注补》、《训故释地理》　侯康《三国志补注》　周寿昌《三国志注证遗》

《三国志》夙称良史，然其书行文太简，事实每多遗漏。裴松之为之注，补助遗佚，兼采众说，颇足补助该书之缺点。上列各书则大率广裴注之所未及者。惟沈书则又专补训故地理方面者也。四史以下各史之注校成绩则甚少。其为世所称引者，则有彭元瑞之《五代史记注》，吴兰庭之《五代史记注纂误补》（补宋吴缜之《五代史记纂误》者），洪亮吉之《宋书音义》，杭世骏之《北齐书疏证》，刘寿曾之《南史校议》，赵绍祖之《新唐书互证》，厉鹗之《辽史拾遗》，施国祁之《金史详校》，清末更有李文田之《元秘史注》，如是而已。以上所举皆就各专史为单独之校释者。其统释诸史之书，最著名者有三：

(1) 钱大昕《二十一史考异》附《三史拾遗》附《诸史拾遗》

(2) 王鸣盛《十七史商榷》

(3) 赵翼《二十二史札记》

钱书详于校勘,王书注重典章故实,赵书则特别注重治乱兴衰之故。三书之共同优点,在于能与阅者以提纲挈领之观察。学者如先读三书然后再阅正史,则事半功倍矣。此亦清人史学上之特别贡献也。惟清人之最有功于史书者,乃在于注意表志之整理,前节已约举表志补作之成绩矣,兹更举其校注旧史表志之作品于后:

孙星衍《史记天官书考证》 梁玉绳《汉书人表考》 全祖望《汉书地理志稽疑》 钱坫《新斠注汉书地理志》、《汉书十表注》 汪远孙《汉书地理志补校》 杨守敬《汉书地理志补校》 陈澧《汉书地理志水道图说》 洪颐煊《汉志水道疏谬》 徐松《汉书地理志集释》、《汉书西域传补注》 李光廷《汉西域图考》 李广芸《汉书艺文志考核》 朱右曾《后汉书郡国志补校》 钱坫《续汉书律历志补注》 毕沅《晋书地理志新校正》 方恺《新校晋书地理志》 张穆《延昌地形志》 章宗源《隋书经籍志考证》 杨守敬《隋书地理志考证》 张宗泰《新唐书天文志疏正》 沈炳震《校正唐书方镇表》、《宰相世系表订讹》 董沛《唐书方镇表考证》

上所举者虽名为旧史表志之校释,而其功用亦不啻补作;盖诸家之作品,于校勘训释之外兼有补遗,其新加之材料殊多也。此外更须附带述明者,即清代学者颇重学术史,亦史学界之特点也。清初黄宗羲著《明儒学案》,全祖望辈更赓续之以成《宋元学案》,中国至是始有真正之学术史。此后关于学术史之著作,则有江藩之《国朝汉学师承记》、《国朝宋学渊源记》,与唐鉴之《国朝学案小识》,皆编次清代学术者。江氏之书,《师承记》较胜,盖江本汉学家又与经学大师时代密迩,故所言尚不至失实。惟江氏属于惠派,其见解不免褊狭。往往过崇惠氏,此其短。至于《宋学渊源记》则疏略殊甚,无足观矣。唐鉴《学案小识》,以当时不占重要之程朱学派为正统,而分"传道"、"翼道"、"守道"以次第人之高下,而于"经学"、"心学"二案则表示排斥,盖纯任主观以争道统为目的者也,陋矣(李绂之《陆子学谱》、戴望之《颜氏学记》亦学术史之名著)。至如阮元之

《畴人传》,罗士林之《续畴人传》,诸可宝之《畴人传三编》,专述天算源流,则又专门之学术史也。

八十　方志与谱牒

(一) 方志

方志为地方史,自宋以后,已见重于世,清代此业益臻于胜。康熙间曾诏各州县分辑志书,雍正七年因修《大清一统志》,严谕各省限期修志,各省志先后成就者凡十六种。自后各省、府、州、县六十年一修之令,沕为定例也。兹举清代较著之志于下:

马骕《康熙邹平县志》　张尔岐《康熙济阳县志》　顾炎武等《康熙德州志》　陆陇其《康熙灵寿县志》　周永年、李文藻《乾隆历城县志》　李文藻《乾隆诸城县志》　万经《乾隆诸城县志》　王昶《乾隆太仓州志》　钱大昕等《乾隆鄞县志》　戴震等《乾隆汾州府志》、《汾阳县志》　孙星衍主撰乾隆《松江府志》、《邠州志》、《三水县志》　武亿主撰乾隆《偃师县志》、《安阳县志》、嘉庆《鲁山县志》、《宝丰县志》、《郏县志》　杭世骏主撰乾隆《西宁府志》、《乌程县志》、《昌化县志》、《平阳县志》　姚鼐主撰乾隆《庐州府志》、《江宁府志》、《六安州志》　洪亮吉主撰乾隆《宁国府志》、《怀庆府志》、《延安府志》、《泾县志》、《登封县志》、《固始县志》、《澄城县志》、《淳化县志》、《长武县志》　章学诚乾隆《和州志》、《永清县志》、《亳州志》　章学诚主撰乾隆《天门县志》、《石首县志》、《广济县志》、《常德府志》、《荆州府志》　段玉裁乾隆《富顺县志》　钱坫乾隆《朝邑县志》　谢启昆嘉庆《广西通志》　毕沅主撰《湖北通志》(今本全非其旧)　阮元主撰嘉庆《浙江通志》、道光《广东通志》　陶澍主撰嘉庆《安徽通志》　焦循等嘉庆《扬州府志》　夏銮、汪龙嘉庆《徽州府志》　李兆洛嘉庆《凤台县志》　李兆洛撰董士锡续嘉庆《怀远县志》　洪符孙嘉庆《禹州志》、《鄢陵县志》、《河内县志》　董祐诚主撰嘉庆《长安县志》、

《咸宁县志》 陆祁孙主撰嘉庆《郯城县志》 林则徐、俞正燮道光《湖广通志》 蒋湘南道光《陕西道志》 陈昌齐道光《雷州府志》、《海康县志》 张澍道光《兴文县志》、《屏山县志》、《大定县志》、《泸溪县志》 邓显鹤道光《武冈府志》、《宝庆县志》 吴乐光主撰道光《南海县志》 方履篯主撰道光《河内县志》、《永定县志》、《武陟县志》 邹汉勋主撰道光《贵阳府志》、《大定府志》、《兴义府志》、《安顺府志》 黄培芳、曾钊道光《新会县志》 许瀚道光《济宁州志》 蒋湘南道光《泾原县志》 鲁一同咸丰《邳州志》、《清河县志》 莫友芝、郑珍咸丰《遵义府志》 黄彭年同治《畿辅通志》 董沛同治《江西通志》 冯桂芬同治《苏州府志》 邹伯奇、谭莹同治《南海县志》 陈澧同治《番禺县志》 汪士铎同治《江宁府志》 陆心源同治《湖州府志》、《归安县志》 董觉轩、徐时栋同治《鄞县志》、《慈溪县志》

以上粗举同治以前地志之较著名者,就中如谢启昆之《广西通志》,阮元之《广东通志》,洪亮吉之《泾县志》、《淳化县志》、《长武县志》,孙星衍之《邠州志》、《三水县志》,武亿之《偃师县志》、《安阳县志》,段玉裁之《富顺县志》,钱坫之《朝邑县志》,李兆洛之《凤台县志》,洪符孙之《鄢陵县志》,董祐诚之《长安县志》、《咸宁县志》,陆祁孙之《郯城县志》,陈澧之《番禺县志》,邹伯奇之《南海县志》,皆其尤特出者(光绪以后,亦有数种好地志,如何绍基之《安徽通志》,曾国荃之《山西通志》,郭嵩焘、李元度之《湖南通志》,郭嵩焘之《湘阴县图志》,王闿运之《湘潭志》、《衡阳县志》、《贵阳志》等)。清代最能认清地志价值者,莫如章学诚,《湖北通志》亦即其精心结构实现理想之书,惜散佚殆尽,此亦史学界之厄运耶?上列地志虽有独撰分撰之别,然皆属于官家设局所修者,其私人著述而类似地志者:如师范之《滇系》,刘台拱之《扬州图经》,焦循之《邗记》,吴玉缙之《山阳志遗》,刘宝楠之《宝应图经》,皆等于地志者也。其他如刘毓崧之《彭城献征录》,马其昶之《桐城耆旧传》则专记地方人物;屈大均之《广东新语》,田雯之《黔书》,则专记地方风俗轶闻;汪中之《广陵通典》,董沛之《明州系年要录》,冯甦之《滇考》,则专记地方重要史迹;全祖望之

《四明族望表》,孙诒让之《温州经籍志》,刘文淇之《扬州水道记》,林伯桐之《两粤水经注》,陈述之《补湖州府天文志》,焦循之《北湖小记》,皆足以当地志中之一部分者也。

(二) 谱牒之成绩

族谱、家谱为一族一家之史,年谱为一人之史,其与方志为一方之史,皆足以资国史之取材一也。清代修谱之风大盛,几于无族不有谱,修之者或为族中耆宿,或系延聘之有名学者,故各大族谱皆蔚然可观。此等资料,将来或可以供史学家、科学家之研究者不少,不可以其范围甚小而轻视之也。年谱体例为中国史书之特点,盖就事功家之年谱,可以约知当代之政治与变迁,就学问家之年谱,可以推知当时之思想与学术,其有裨于知人论世深且巨也。清代年谱著作之成绩甚夥,其佳者亦多,故甚有表彰之必要。总按年谱之性质,又可分为三种:一、自撰年谱,自述生平之经历者;二、门生故旧或子弟所撰年谱,以述其师友父兄者;三、改作或补作之年谱,以补遗或修正已有之年谱者;兹分举三类之较为重要者于次:

一、自撰年谱　孙奇逢《孙夏峰先生年谱》(奇逢自撰大纲,门人编次而为之注,并续成后五年)　朱用纯《毋欺录》　魏象枢《魏敏果公年谱》　田雯《蒙斋年谱》　王士祯《渔洋山人年谱》(惠栋补注)　宋荦《漫堂年谱》　李塨《恕谷先生年谱》(塨自为日谱,五十二岁时命门人冯辰辑之为年谱)　尹会一《尹元孚年谱》　瞿中溶《瞿木夫自订年谱》　张金吾《言旧录》　汪辉祖《病榻梦痕录》、《梦痕余录》　徐鼒《敝帚斋主人年谱》　梁章钜《退庵自订年谱》

上列多种中,以《孙夏峰年谱》、《恕谷年谱》较佳:《夏峰谱》可以窥见明清之交,"北学"与"洛学"之大概;《恕谷谱》则于当年学友各为小传,不惟恕谷之思想历历可循,当时学风亦可略见一斑矣。其次则《木夫谱》可见乾嘉学派风味,亦颇足取(清末王先谦有《葵园自定年谱》亦属自撰)。

二、门人故旧及子弟所撰年谱 友人孙奇逢《孙文正公(承宗)年谱鹿江村先生(善继)年谱》 门人董玚著子沟录遗《刘蕺山(宗周)先生年谱》 门人庄起俦《漳浦黄先生(道周)年谱》 子涵光《申端愍公(允佳)年谱 弟涵盼《申凫盟(涵光)年谱》 子衍生《顾亭林(炎武)先生年谱》 门人王心敬《李二曲(颙)先生年谱》 子荔彤《魏石生先生(裔介)年谱》 门人李塨、王源合著《颜习斋先生(元)年谱》 门人王廷璨《汤文正公(斌)年谱》 外曾孙陈敬璋《查他山先生(慎行)年谱》 子宸征、子壻李铉合著《陆稼书先生(陇其)年谱》 曾孙念曾《施愚山先生(闰章)年谱》 门人董秉钝《全谢山先生(祖望)年谱》 门人金龙光《汪双池先生(绂)年谱》 门人段玉裁《戴东原先生(震)年谱》 子长生《阮尚书(元)年谱》 友人张绍南《孙渊如先生(星衍)年谱》 门人吕培《洪北江先生(亮吉)年谱》 门人史善长《弇山毕公(沅)年谱》 从弟宗诚《方植之(东树)年谱》 友人丁晏《吴山夫(玉瑨)年谱》 门人蒋彤《养一子(李兆洛)年谱》 门人管庆琪、戴望同著《陈硕甫先生(奂)年谱》孙那彦成、门人王昶同著《阿文成公(桂)年谱》 门人李瀚章、黎庶昌《曾文正公(国藩)年谱》 (?)《罗忠节公(泽南)年谱》 (?)《王壮武公(鑫)年谱》 (?)《骆文忠公(秉璋)年谱》 门人唐炯《丁文诚公(葆桢)年谱》 友人邓辅纶、王政慈同著《刘武慎公(长祐)年谱》

以上诸谱或出友人,或出于子弟及其他后辈,而以出门人者为最多。此类年谱,作者对于谱主,时代甚密迩,闻见甚真切,故最易得可靠之材料,然亦以其关系密切之故,门人故旧,时不免对于谱主有阿谀失实之处,是则视作谱者之忠实与否耳。上列诸谱中,以董玚之《蕺山年谱》,李塨之《习斋年谱》,段玉裁之《东原谱》为最佳,皆出于高足弟子之手者也。至如那彦成之《阿文成公年谱》,黎庶昌之《曾文正公年谱》皆谱当时之政治家,卷帙甚大,足补当时之史料者甚多,其价值则又不尽在记载一人之详明也。

三、补作或改作之年谱(附年表)　汪中《贾生(谊)年表》　1 梅毓著 2 柳兴思著《刘更生(向)年谱》两种　陶方琦著《许君(慎)年谱》　1 沈可培著 2 洪颐煊著 3 陈鳣著 4 袁钧著 5 丁晏著 6 郑珍著《郑康成(玄)年谱》　林春溥《郑司农(玄)蔡中郎(邕)年谱合表》　缪荃孙《孔北海(融)年谱》　1 张澍著 2 杨希闵著《诸葛武侯(亮)年谱》两种　1 吴浔 2 鲁一同《王右军(羲之)年谱》两种　1 丁晏 2 陶澍《陶靖节(潜)年谱》(近人梁任公先生亦曾著《陶谱》)　倪璠《庾子山(信)年谱》　王先恭《魏文贞公(征)年谱》　姚大荣《王子安(勃)年谱》　温汝适《张曲江(九龄)年谱》　杨希闵《李邺侯(泌)年谱》　赵殿成《王摩诘(维)年谱》　1 丁晏著 2 杨希闵《陆宣公(贽)年谱》　汪立名《白香山(居易)年谱》　1 朱鹤龄著 2 冯浩著《玉溪生(李商隐)年谱》两种(张采田亦著一种名《会笺》)　杨希闵《韩忠献公(琦)年谱》　华孳亨《欧阳文忠公(修)年谱》　1 顾栋高 2 陈宏谋《司马温公(光)年谱》两种　1 顾栋高 2 蔡上翔《王荆公年谱》两种　1 邵长蘅著 2 查慎行著《东坡先生(苏轼)年谱》两种　龚煦春《苏文定公年谱》　徐名世《黄文节公(庭坚)年谱》　池生春《二程(颢、颐)年谱》　翁方纲《米海岳(芾)年谱》　孙德谦《稷山段氏二妙(克己、成己)年谱》　1 翁方纲著 2 凌廷堪著 3 施国祁著 4 李光庭著《元遗山(好问)年谱》　钱大昕《洪文惠(适)年谱》　钱大昕《洪文敏(迈)年谱》　梁玉绳《岳忠武王(飞)年谱》　杨希闵《李忠定公(纲)年谱》　王懋竑《朱子(熹)年谱(附考异)》　李绂《陆子(九渊)年谱》　1 赵翼著 2 钱大昕著《陆放翁(游)年谱》　徐沁《谢皋羽(翱)年谱》　1 毛奇龄著 2 杨希闵著《王文成公(守仁)年谱》　钱大昕《弇州山人(王世贞)年谱》两种　孙守中《归震川(有光)年谱》　戚祚国《戚少保(继光)年谱》　简绍芳《杨升庵(慎)年谱》　赵之谦《张苍水(煌言)年谱》　1 黄炳垕 2 薛凤昌《黄梨洲(宗羲)年谱》　1 吴映奎著 2 车守谦著 3 张穆著《顾亭林(炎武)年谱》(更有胡虔、徐松、周中孚三谱见张穆称引今已佚)　1 刘毓崧 2 王之春《王船山(夫之)年谱》　顾师轼《吴梅村(伟业)年谱》　1 张廷鉴著 2 曹树谷著 3

丁宝铨著《傅青主(山)年谱》 吴骞《陈乾初(确)年谱》 苏惇元《张杨园(履祥)年谱》 张穆《阎潜邱(若璩)年谱》 戴钧冲《戴南山(名世)年谱》 江标《黄荛圃(丕烈)年谱》 吴昌绶《龚定庵(自珍)年谱》 缪荃孙《徐星伯(松)年谱》

以上所举之作品或由不满前人之作品,而更加改作,如王懋竑之《朱子年谱》,李绂之《陆子年谱》,张穆之《顾亭林年谱》是也。或由于过去名人未曾有谱而为之补作者,上列中大半属于此类。此种年谱,作者之动机由于崇拜某人之人格或学说,深知其有表彰之价值,与前类所举子弟门生所作之谱失之阿谀者不同。故此类年谱佳作颇多,如王懋竑之《朱子年谱》,李绂之《陆子年谱》,则其尤足表者。其他各谱虽不能尽善,然大体皆甚可取,即如蔡上翔之《荆公谱》,虽体裁拙劣,而为王荆公抱不平,其识见极为超绝;故清儒年谱一项之有赐于后人,亦殊非浅鲜也(近人如梁任公之《慈恩法师(玄奘)年谱》、《朱舜水(之瑜)年谱》,罗振玉之《徐俟斋(枋)年谱》,《万年少(寿祺)年谱》,张相文之《阎古古(尔梅)年谱》,苏舆之《董子(仲舒)年表》,王国维之《太史公(司马迁)系年要略》,胡适之《章实斋(学诚)年谱》,马其昶之《左忠毅公(光斗)年谱》,丁文江之《徐霞客年谱》,皆颇佳)。惟此类年谱之作品,著者与谱主时间上之距离,少则自数十年,多则至千百年,对于材料之收集,甚感困难,故其间有不尽可考者,此一憾事也。清代学者有专考证远古人物者:如牟庭之《周公年表》,江永之《孔子年谱》,狄子奇之《孔子编年》,崔述之《洙泗考信录》,魏源之《孔子编年》,林春溥之《孔子师弟年表》,陈玉树之《卜子年谱》,黄本骥之《孟子年谱》,汪椿之《孟子编年》,任启运之《孟子考略》,周广业之《孟子四考》,曹之升之《孟子年谱》,任兆麟之《孟子时事略》,狄子奇之《孟子编年》,崔述之《孟子事实录》,魏源之《孟子编年》,林春溥之《孟子时事年表》,汪中之《荀卿子通论》附《年表》,胡元仪之《郇卿别传》,与清末孙诒让之《墨子年表》,亦略同年谱,惟所考证者,可据之事实甚少,故用力虽勤,而其结果无多也。然其有裨后人之研究,亦不少也。

〔附言〕　上章分论各家之学术，以人为纲，本章就各家研究之范围，分类总述之，惟以便于比较，所述皆佚入清末之学术界，不仅以乾嘉时代为限，但以乾嘉经学盛时为之主干耳。又本章采梁任公先生之意见颇多，顺此声谢。

第十五章　乾嘉时代之文学与理学

八十一　乾嘉时代之文学

（一）诗及骈文

乾嘉时代为经学鼎盛之时，故文学界之现象，颇为沉寂。诸大经师之文字，朴实说理，注重名物训诂；是以干枯而无余华，不含文学兴味。王鸣盛、钱大昕、朱筠、王昶、汪中、孔广森、洪亮吉、张惠言之辈，虽同以能文鸣当时，实则只汪中、孔广森、张惠言较可称，余则平淡无奇也。

至其时文学界中以诗名者，在乾隆初年则有沈德潜，继则有袁枚、蒋士铨、赵翼与翁方纲诸人。沈德潜（字确士，号归愚，长洲人。所选诗有《古诗源》及《五朝诗别裁》等）为诗讲求格律，古体宗汉魏，近体宗晚唐。倡导东南，一时景从。弟子之最著名者为王鸣盛、王昶、钱大昕、曹仁虎、黄文莲、赵文哲、吴泰来，有"吴中七子"之名。袁枚（字子才，号简斋，世称随园先生，有《小仓山房全集》）与蒋士铨、赵翼在乾隆中，并称"江左三大家"。枚之才调颇高，论诗主性灵，以为性情之外无诗。所为诗常失之轻佻，世人更以其无行，故多不之齿，然其志趣亦有超人之处，过情抑之，亦未公也。蒋士铨（字心馀，一字苕生，号清容，铅山人）有扶植世道之志，故所为诗，常凄怆激楚有感人之致焉。赵翼（事略见前）颇有诗才，庄谐并作，不肯专摩一家，尝曰"我自为赵诗耳"，志趣可见矣。翁方纲（事略见前）论诗主肌理，谓王世禛神韵之说最易流于空调；故其所为诗，自诸经注疏以及史传金石之考证，皆贯彻于中，实则实矣，而于文学兴致大减矣。此外能诗者，如四川之彭端淑、张问陶，江苏之洪亮吉、杨芳灿、杨揆，浙江之金农、杭世骏、厉鹗、吴锡麒、郭麐，江西之曾燠、吴嵩梁，湖南之邓显鹤、欧阳辂，安徽之赵青藜、吴鼒，秀水之王昙，昭文之孙源湘，大兴之舒位（王昙、孙源湘、舒位三人，当时谓之“三君”），顺德之黎简、张锦芳、黄丹书，番禺之吕坚（黎、张、黄、吕当时名“岭南四家”），虽亦有名于当时，实则除问陶有诗史之目，余无足称焉。

至其时以骈文名者，则有：胡天游（字稚威，号云持，山阴人，著《石笥山房集》）、邵齐焘（字荀慈，号叔宇，著《玉芝堂文集》）、刘星炜（字圃之，一字映榆，武进人，著《思补堂集》）、吴锡麒（字圣征，一字谷人，钱塘人，著《有正味斋集》）、袁枚、孔广森、孙星衍、曾燠（字庶蕃，一字宾谷，南城人，著《赏雨茅屋集》）、洪亮吉诸人（以上九人除胡天游外，后人并称为“骈文八大家”），实则皆无足取，其较可称者只一汪中耳。总之，乾嘉时代之诗词骈文，皆无特长，反不如曹雪芹之《红楼梦》尚能为当时文艺界增色不少也。

（二）小说

《红楼梦》为清代人情小说，一名曰《石头记》，当乾隆三十年左右，其写本常高值鬻于庙市，历五六年而盛行。全书所写，虽不外悲喜之情，聚散之迹，而人物事故，则摆脱旧套，与在先之人情小说不同。盖叙述皆存本真，闻见悉所亲历，正因写实，转成新鲜。世人忽略此言，每欲别求深义，揣测之说，久而遂多。今汰去悠谬不足辨，如谓刺和珅（《谭瀛室笔记》），藏谶纬（《寄蜗残赘》），明《易象》（《金玉缘评语》）之类，而著其世所广传者，于下：

一、纳兰家事说——自来信此者甚多。陈康祺《燕下乡脞录》述其师徐时栋（字柳泉）之说云：“小说《红楼梦》一书，即记故相明珠家事，金钗十二，皆纳兰侍御所奉为上客者也。宝钗影高澹人（士奇）。妙玉即影西溟先生（姜宸英），‘妙’为‘少女’，‘姜’亦妇人之美称；如玉如英，义可通假……”侍御谓明珠之子性德（见卷上第六篇第三十四章一四三节）。张维屏云：“贾宝玉盖即容若（性德字）也；《红楼梦》所云，乃其髫龄时事。”（《诗人征略》）俞樾亦谓其“中举人止十五岁，于书中所述颇合”

(《小浮梅诗话》)。然其他事迹,乃皆不符。胡适作《红楼梦考证》已历正其失。

二、董小宛故事说——王梦阮、沈瓶庵合著之《红楼梦索隐》为此说。其提要云:"盖尝闻之京师故老云,是书全为清世祖与董鄂妃而作,兼及当时诸名王奇女也。"而又指董鄂妃为即冒襄之妾董小宛(名白),清兵下江南,掠以北,有宠于世祖,封贵妃,已而夭逝;世祖哀痛,乃遁迹五台山为僧云。而孟森作《董小宛考》(见《心史丛刊》三集),谓小宛生于天启甲子,若以顺治七年入宫,年已二十八岁矣,而其时世祖方十四岁,决无是理云。

三、康熙政治状态说——此说发端于徐时栋,而大备于蔡元培之《石头记索隐》。开卷即云:"《石头记》者,清康熙朝政治小说也。作者持民族主义甚挚,书中本事,在吊明之亡,揭清之失,而尤于汉族名士仕清者寓痛惜之意。"于是比拟引申,以求其合,以"红"为影"朱"字,以"石头"为指金陵,以"贾"为斥伪朝,以"十二钗"拟清初江南名士,如林黛玉影朱彝尊,王熙凤影余国柱,史湘云影陈维崧,宝玉、妙玉则从徐说,旁征博引,用力甚勤。

然谓《红楼梦》乃作者自叙,与本书开篇契合者,其说初见于袁枚之《随园诗话》(《诗话》云:"康熙中,曹练亭为江宁织造……其子雪芹撰《红楼梦》一书,备记风月繁华之盛。中有所谓大观园者,即余之随园也。"末二语盖夸,余亦有小误[如以楝为练,以孙为子],但已明言雪芹之书,所记皆其家事矣),近胡适作《红楼梦考证》,始就作者家世证明雪芹生于荣华,终于零落,半生经历,绝似"石头",著书西郊,未就而没,晚出全书,乃高鹗续成之者也。不过胡氏之说虽自信确凿,而仍不足以服蔡氏之心(见《努力周报》及《红楼梦索隐·再版自序》)。余以为小说之好求寄托,此我国文人之故态,若以《红楼梦》之天然情节,而必谓事事有暗托者,虽未免失之穿凿;然纯以为作者自道,无纤芥影射之迹,殆亦未必尽然。蔡氏之不服,固其宜已!余意《红楼梦》亦如《儒林外史》,乃作者刻画世态人情,而仍不免有些须之寄托或影射于其间也。是书作者曹雪芹名霑,一字芹圃,汉军镶蓝旗人。祖寅,字子清,号楝亭,康熙中为江宁织造。圣祖南巡,寅曾四次接驾,以织造署为行宫。嗜风雅,尝刻古书十余种,为时所称。雪芹生于南京,父頫亦为江宁织造。雍正六年,頫卸任,雪芹随归北京,其后家景顿落,雪芹中年贫困,时复纵酒赋诗,《红楼梦》之作,盖亦此际也。乾隆二十七年因子殇感疾而卒,年四十余。八十回以后,为高鹗所续,鹗字兰墅,汉军镶黄旗人。乾隆戊申举人,乙卯进士,旋入翰林,官侍读。嘉庆辛酉,曾充顺天乡试同考官。《红楼梦》之补作,大概在乾隆辛亥,未成进士时也。同时欲以小说见才学者,先有夏敬渠(字懋修,号二铭,江阴人)之《野叟曝言》(此从周树人《小说史》引金武祥《江阴艺文志》说。《清代野叟秘记》详载是书始末,云是江阴缪先生作,惟有姓无名,未谂孰是),继之者有屠绅(字贤书,号笏岩,亦江阴人)之《蟫史》,陈球(字蕴斋,秀水人)之《燕山外史》,而以李汝珍之《镜花缘》为最有名。汝珍字松石,京兆大兴人,少而颖异,不乐为时文。乾隆四十七年,随兄之海州,因师事凌廷堪,论文之暇,兼及音韵,有《音鉴》一书,主实用,重今音,敢于变古(详见胡适之《镜花缘引论》),晚年穷愁,作小说以自遣者也。

(三) 散文(桐城派及阳湖派)

至论夫散文,则桐城、阳湖称霸一时,虽无特别优越之处,而其于当时及后来学术界之关系颇大。应略述之:

康雍之际,方苞(参卷上第七篇中《清初之文学》一章)诵法归有光而标义法之说。方,桐城人,其同里刘大櫆(字耕南,号海峰)、姚范(字南青,号姜坞,著《暖鹑堂文集》)亦与之同调,世渐有"桐城"之目。姚鼐(字姬传,一字梦谷,著《惜抱轩文集》)受学于范,又问业于大櫆,遂为桐城派之巨子。其弟子以管同(字异之,江南上元人,著《寄轩文集》)、梅曾亮(字伯言,江南上元人,著《柏轩山房文集》)、方东树(字植之,桐城人,著《汉学商兑》及《仪卫轩文集》)、姚莹(字硕甫,桐城人,著《东溟文集》)四人为最著,颇能影响于一时,于是桐城派之名益显,俨然足与当时之"汉学"相抗矣。桐城派之文字,注重义法,又谬于"因文见道"之观念,故规模狭小,失于拘谨。然朴实说理,颇能言之有物,较专以辞华靡丽尚者,为足多焉。

阳湖恽敬(字子居,著《大云山房文集》)好为文,从桐城派受义法而稍变其体,同时张惠言、陆继辂(字祁孙,阳湖人,著《崇百药斋文集》)、董士锡(字晋卿)、李兆洛(字申耆)亦与之声气相投,号阳湖派。阳湖派与桐城派本无根本区分,不过以地域而得名耳。陆继辂《七家文钞序》曰:

尝论贤人君子其才分各有所优绌,而或挟一端以自引重,则荒江老屋之间,有薄卿相而不为者矣。夫文之为道,非所云一端者耶?然而庐陵、眉山、南丰、新安而后,历金、元、明之久,仅得震川、荆川、遵岩三家,欲求一人而四之,虽刘、王两文成,或且退然未敢自信。况其他哉?我朝自望溪方氏别裁诸伪体,一传为刘海峰,再传为姚惜抱,桐城一大县耳,而有三君子接踵辉映其间,可谓盛矣!然世之沉溺于伪体者,固未尝一日而息。朱梅厓所处僻远,彭秋士年少,心孤口众,徒能自守而已。有志之士所为慨息也!吾常言自荆川之殁,此道中绝,后有作者,复趋于歧涂以要一时之誉。乾隆间钱伯坰、鲁思亲受业于海峰之门,时时诵其师说于其友恽子居、张皋文二子者。始尽弃其考据骈俪之学,专志以治古文。盖皋文研精经传,其学从源而及流,子居泛滥百家之言,其学由博而反约:二子之致力不同,而其文之澄然而清,秩然而有序,则由望溪而上求之震川、荆川、遵岩,又上而求之庐陵、眉山、南丰、新安,如一辙也。夫君子之于学也,期与一世共明之,而非以为名也。非以为名,则自为之,与他人为之,无以异也。以二子之才与识,而治古文,实自鲁思发之,君子以为鲁思之于文也,贤于其自为也。嗟乎,鲁思、惜抱以老寿终,而子居、皋文齿犹未也,乃皆不幸溘逝!遗书虽盛行于世,学者犹未能倾心宗仰,每与薛玉堂画水言之,相顾浩叹!画水因出其向所点定二子之文,又吴德璇、仲伦所选梅厓、秋士文各十余篇,益以桐城三集,以命继辂,俾择其尤雅者,都为一篇,目曰《七家文钞》。聊以便两家子弟诵习云尔。非文之止于七家,与七家之文之尽于是编也。异时有志之士,效法而兴起者日益众,皇朝之文,将如班固所称"炳焉与三代同风"。则虽以此书为乘韦之先，吾知七君子者，必欣然乐之，不以为忤也。

观此则海峰实桐城、阳湖二派之宗。而曾国藩《欧阳生文集序》复具述乾隆以降桐城派授受渊源甚详，节录如下：

乾隆之末，桐城姚姬传先生善为古文辞，慕效其乡先辈方望溪侍郎之所为，而受法于刘君大櫆，及其世父编修君范。三子既通儒硕望，姚先生治其术益精。历城周永年书昌为之语曰："天下之文章，岂在桐城乎？"由是学者多归向桐城。号桐城派，犹前世所称江西诗派者也。姚先生晚而主钟山书院讲席，门下著籍者，上元有管同异之、梅曾亮伯言，桐城有方东树植之、姚莹石甫，四人者称为高第弟子，各以所得传受徒友，往往不绝。在桐城者有戴钧衡存庄，事植之久，尤精力过绝人，自以为守其邑先正之法，禮之后进，义无所让也。其不列弟子籍同时服膺，有新城鲁仕骥絜非、宜兴吴德旋仲伦，絜非之甥为陈用光硕士，硕士既师其舅，又亲受业姚先生之门，乡人化之，多好文章。硕士之群从有陈学受藝叔，陈普广敷，而南丰又有吴嘉宾子序，皆承絜非之风，私淑于姚先生，由是江西建昌有桐城之学。仲伦与永福、吕璜、月沧交友，月沧之乡人有临桂朱绮伯韩、龙启瑞翰臣，马平王拯定甫，皆步趋吴氏、吕氏，而益求广其术于梅伯言。由是桐城宗派，流衍于广西矣。昔者国藩尝怪姚先生典试湖南，而吾乡出其门者，未闻相从以学文为事。既而得巴陵吴敏树南屏称述其术，笃好而不厌，而武陵杨彝珍性农，善化孙鼎臣芝房，湘阴郭嵩焘伯琛，溆浦舒焘伯鲁，亦以姚氏文家正范，违此则又何求？最后得湘潭欧阳生。生吾友欧阳兆熊小岑之子，而受法于巴陵吴君，湘阴郭君，亦师事新城二陈，其渐染者多，其志趣嗜好，举天下之美，无以异乎桐城姚氏者也。当乾隆中叶，海内魁儒畸士，崇尚鸿博，繁称旁证，考核一字，累数千言不能休。别立帜志，名曰"汉学"。深摈有宋诸子义理之说，以为不足复存，其为文尤芜杂寡要。姚先生独排众议，以为义理、考据、词章三者不可偏废，必义理为质而后文有所附，考据有所归。一编之内,惟此尤兢兢。当时孤立无助,传之五六十年,近世学子,稍稍诵其文,承用其说,道之废兴,亦各有时,其命也欤哉?(下略)

观于以上二文,则桐城、阳湖之源流宗派,可以了然矣。

八十二 经学之反动(理学)

(一) 理学与汉宋之争

清初之理学,已有日就衰退之势,虽其时为朱为王者,大有人在;然极其高明者,亦不过为朱王保守残局,殊无发明可言也。至其自附于程朱之流者,则又徒肆其攻击之口吻,更可鄙矣。乾嘉以降,经学几成一尊之局,理学已不能军。虽乾隆初年尚有王懋竑、江永之尊程朱,李绂之崇陆王,然皆笃信之学者,专从事考订整理,借以张其所好,已受经学风气之同化,而不空谈玄理矣(江永作《近思录集注》,王懋竑作《朱子年谱》,李绂作《陆子年谱》)。虽其时朝廷提倡程朱,著之功令,而第一流之学者皆不乐道之,其沾沾而谈程朱者,不为势利之徒,即为陋儒。唐鉴作《学案小识》分"传道"、"翼道"、"守道"、"经学"、"心宗"等项,完全保守道统观念,而强以无关重要之程朱残局为主体,最无学术史之眼光。又其论曰:"还吾程朱真途,即还吾颜、曾、思、孟真授受,更还吾夫子真面目。"(《学案小识叙》)又曰:"孟子之后,传圣人之道以存经者,朱子一人而已矣。"(《学案提要》)此种浅陋口吻,颇足以代表当时崇拜程朱之气象,迷信一至于此,尚何思想可言?理学不亡而亡矣,亦程朱之不幸也!其时差足与经学家对抗者,则为桐城派。方、姚借欧阳修"因文见道"之言,以孔、孟、韩、欧、程、朱之道统自任,而排斥汉学;经学家亦时不满其空疏之论,于是遂启汉宋之争。姚鼐之论曰:"宋之时,真儒乃得圣人之旨,群经略有定说,元明守之,著为功令。……明末至今日,学者颇厌功令所载为习闻,又恶陋儒不考古而蔽于近;于是专求古人名物制度书数,以博为量,以窥隙攻难为功。其甚者欲尽舍程朱而宗汉之士,枝之猎而去其根,细之搜而遗其巨,夫宁非蔽与?"(《赠钱献之序》)又曰:"自秦汉以来,诸儒说经者多矣……逮宋,程、朱出,实于古人精深之旨,所得为多。……故元明以来,皆以其学取士。利禄之途一开,为其学者,以为进趋富贵而已,其言有失,犹奉而不敢稍违之,其得亦不知其所以为得也,斯固数百年以来学者之陋习也。然今世学者乃思一切矫之,以专宗汉学为至,以攻程朱为能;倡于一二专己好名之人,而相率而效者,因大为学术之害。夫汉人之为言,非无有善于宋而当从者也,然苟大小之不分,精粗之弗别,是则今之为学者之陋,且有甚于往者为诗文之士守一先生之说而失于隘者矣。博闻强识,以助宋君子之所遗则可也,以将跨越宋君子则不可也。"(《复蒋松如书》)姚氏之言,虽仍不免正统之观念,不能说明当时经学家之真正优劣,然其言尚能持平。至其弟子方东树作《汉学商兑》,专以诋毁经学家为务,而道统之观念更为炽烈,益多主观之论矣。

(二) 方东树之诋毁汉学

当经学鼎盛时代,一班学人,株守考订,訾议宋儒,洛闽之书,几无读者。(《啸亭杂录》卷八:"自于、和入相后,朝士习为奔竞,黠者诟詈正人,以文己过,迂者株守考订,訾议宋儒,濂洛关闽之书无读者。余尝购求薛文清《读书记》及胡居仁《居业录》,坊贾云:'近二十余年,坊中久已不存此种书,恐无市者,徒伤资本耳。'闻之慨然。")然抱有道统观念之理学家,其诋毁汉学,亦不减于当时经生之訾议宋儒,方东树即其代表已。东树之言曰:

> 近世为汉学者,其蔽益甚,其识益陋,其所挟惟取汉儒破碎穿凿谬说,扬其波而汩其流,抵掌攘袂,明目张胆,惟以诋宋儒攻朱子为急务。要之,不知学之有统,道之有归,聊相与逞志快意以骛名而已。(《汉学商兑重序》)
>
> 夫周程之学,岂但汉唐诸儒所弗及,即七十子实有不能逾焉者,以为直接孟子,此自定论;知道者必不河汉于斯言也。(同上)
>
> 程朱之道与孔子无二,欲学孔子而舍程朱,是犹欲升堂入室而不屑履阶由户也。(同上)

程朱之价值,在学术史上,固千古不磨,然程朱之可贵,乃在其于佛老盛行之后,建立新哲学;若以道统之标准而附程朱于孔孟,则充其量程朱亦不过为抄袭孔孟之佞臣而已,果何贵哉?我国学者,固皆不免此种成见,而清代之言程朱者为尤甚,陋矣。方氏又极力诋毁汉学,彼所执为口实者,以为汉学之蔽有六焉。兹录其说于后:

> 尝惧之,故为反复究论,以为汉学之人有六蔽焉:
>
> 其一:力破理字,首以穷理为厉禁,此最悖道害教。
>
> 其二:考之不实,谓程朱空言穷理,启后学空疏之陋。不知朱子教人,固未尝废注疏,而如周程诸子所发明圣意经旨,迥非汉儒所及,固不得以是傲之也。至于俗士荒经,古今通弊,不得概以蔽罪程朱,如世治狱并案办理也。
>
> 其三:则由于忌程朱理学之名,及《宋史》道学之传。
>
> 其四:则畏程朱检身,动绳以理法,不若汉儒不修小节,不矜细行,得以宽便其私。故曰宋儒以理杀人,如商韩之用法,骎乎舍法而论理,死矣,更无可救矣。所谓不欲明镜之见玼也。
>
> 其五:则奈何不下腹中数卷书,及其所慧小辨,不知是为驳杂细碎,迂晦不安,乃大儒所弃余而不屑有之者也。
>
> 其六:则见世之科举俗士空疏者众,贪于难能可贵之名,欲以加少为多,临深为高也。(《汉学商兑》卷下)

以上六端乃方氏之反复究论者,其实无一能中肯綮。就其第一点言之:经学家之力破理字者,莫过于戴震。戴氏所破者,乃理学家主观之意见,并非以穷理为厉禁者;其"事理之理,必就事物剖析至微而后理得"之语,正可以表现戴氏乃真能穷理者,安见其以穷理为厉禁也?就第二点言之:程朱之所谓穷理,固不若陆王之空幻,然程朱视理为浑沦无所不在之天理,故虽言"即物穷理",而终偏于冥心求理之内功,使从学者易于偏内省而流于空疏。朱子虽不弃注疏,而其解释经义之时,每每流于主观;故

《诗集传》有叶音之说,《大学章句》有补传之举,是乃经学家之所不满者,固未尝专攻程朱本人之空疏也。就第三点言之,"道学传"名目之争,乃当时少数学者佞古之见。此乃中国学者之通病,且于学术思想上亦无关宏旨;不足以引为经学家之蔽也。就第四点言之:戴震虽有宋儒以理杀人之语,乃就宋儒认主观之意见为理而言者,方氏不能根据学理以驳之,时强诬以"宽便其私"。殊不能令戴氏心服也。就第五点言之:经学家专注意于名物训诂及种种干枯之考据,固亦不免支节琐碎之弊,诚有如章学诚所云"指功力以为学"者,然经学家之不磨,亦即在此;故章氏于经学家虽不满,同时亦能说出其优点之所在,始为持平之论。方氏直谓此乃"大儒所弃余而不屑道者",未免过矣。就第六点言之:乾嘉时代训诂考据之学,已成流风,固亦不免有趋势之徒;然谓经学家欲借此以鸣高,则方氏诋诬之词而已。平心论之:清代之经学,实渊源于朱子之尊经服古,故当时经学家排斥宋儒之论,究未免有过情之处,章学诚所谓"盖已饮水而忘源"也。然清代经学家之优点,在其治学方法带有科学精神,故能抵于精确之境,迥非宋儒所及;即方氏亦不能不承认"足令郑朱俯首"也。崇宋学者谓经学家不应以功力为学问则可,如方氏之过情诋毁,则不可也(方氏不能就学问与功力二者立言,故其诋毁之处,常谓经学家不能知宋儒之义理,宋儒义理之学,常偏于主观,在思想史上固自有地位,然必欲使后人从而效之,则方氏之陋也)。虽然,方氏之批评"汉学",亦有精当之处,如其论惠栋、江藩之言曰:

> 尽祛魏晋以来儒说而独宗汉《易》,此非天下之至蔽者,断不若是之诐。学《易》而专主游魂、归魂、飞伏、爻辰、交互、升降、消息、纳甲等说,此非天下之至邪者,断不若是之离。谓汉人所说皆伏羲、文王、孔子三圣人之本义,此非天下之至愚者,断不若是之诬。夫以京孟之邪说,驾之商衢,因复驾之孔子,诞诬甚矣。孔子《十翼》具在,有一语及于纳甲、飞伏、爻辰等说哉?汉儒之《易》,谓兼存一说则可,谓三圣之本义在此,则不可。(《汉学商兑》卷下)

此论颇具识见。然清代之迷信汉人者,乃惠栋、江藩、张惠言之流,以此规惠、江、张则可,以此为经学家共同之疵,则不可也。乾嘉学派以戴震、段玉裁、王念孙、王引之、焦循为重要人物,戴、段、焦及二王何尝迷信汉学哉?方氏不能划分汉学与非汉学,故所著《汉学商兑》中,常有一概抹煞之论,实根本错误也。

第四篇　十九世纪之世界大势与中国

第十六章　十九世纪初叶以前之外交概况

八十三　清廷之外国观与中俄市约之裁定

（一）轻视外人之习惯

我国轻视外人之心理，古代已然：曰蛮，曰狄，盖谓其人之等诸禽兽也；曰夷，曰戎，盖谓其人之粗野无文，而日操弓戈以相向。此种自尊自大之观念，虽由于本性与习惯使然，然向所与中国接触之民族，绝少文化足与汉种相抗衡者；且以兵力所及之结果，四方万国，咸来朝贡，致令朝野上下，益傲然自大，以为天朝大邦，除禹区神州外，皆部落蛮貊之酋长。自海通以还，欧洲民族，渐次东来，我国亦误用其惯法以对付之，呼荷兰、英吉利曰"红毛番"，葡萄牙曰"澳夷"，又以通使为朝贡，订约为乞恩，渐至酿成种种之失败者，此亦其一大原因也。俄人贝斯德讷夫，尝于所著《对华意见》中纵论之，略谓："中国当康熙、乾隆间，武功极盛：若黑龙江地方之占领，若西藏之归服，若外蒙古之内附，若准噶尔之征定，及布哈尔汗国近傍诸国之降服，若土尔扈特之脱归，皆此数十年间发生之事实，无一不足长中国人之傲慢心者也。中国人既以此等事实，长其自大之风，蔑视外国矣，而又适当欧罗巴诸国遣使北京，遂谓为己国强大之所致，愈增其焰。何则？中国人以为外国公使之来北京，皆朝贡使也。朝贡国若是其众，历代中未尝有如我清朝者也。而中国政府，又常思乘机发达臣民之爱国心，故每当外国使臣之至，辄称为朝贡，布告全国。其官吏则又奏诸皇帝，谓陛下聪明至圣，总裁万机，德加四海，兼统万国，兆民悦服，是以各国派遣使臣，前来朝贡。政府又即以此等奏文，刊布四方，揭示诸城门，通谕百姓。彼欧罗巴公使固未尝不熟闻其说,然起而向中国政府,诘责其不当者,未有也。抑岂惟不于此等文告诘难而已,虽中国边吏,于欧洲诸国使臣之赠品,附以标帜而题曰'某国王奉献中国皇帝之贡物',彼等亦恬有所不顾也。而此赠物自边境送达北京,途中人民之见之者,直以为欧罗巴诸国服从中国,而确认此累累者为贡品无疑矣。"(由日本《支那汇报》中转译)此其语虽不无过当,然征之于当时外交之文书,固亦有不可掩之事实也。法人铁佳敦氏所著《支那国际论》亦谓:"凡文明国民之公同国际,皆得一律均平之权义,此至要原则,中国人盖未之闻,而亦不欲闻者也。"其意即以清人不能视各国为平等,固不解国际之意义者,当侪于纳林马(苏格兰法学家)所谓"半野蛮国"(完全了解国际法则者,为欧种之文明国,全无此等观念者,为野蛮国,虽公认国际法之约束,于其重要之处时有乖离者,所谓亚洲文明国,即半野蛮国也)之列焉。然外人讥笑侮詈之言,亦岂无因而至哉?

(二) 恰克图之市约及其批评

雍正五年《恰克图条约》缔结以后,内地商民以烟草、茶叶、缎布、杂货往库伦及恰克图贸易者日多。乾隆二年,又以监督俄罗斯馆御史赫庆之条奏,停止俄人于北京之贸易,令统归恰克图。嗣是百货云集其地,市肆喧阗,称为漠北繁富之区。清廷常命土谢阁亲王台吉等董治其事。及二十七年,始设库伦办事大臣二人:一由在京满洲蒙古大臣内简放,一由外蒙古札萨克特派,以理边务。凡中俄往发公文,必经库伦办事大臣之手。先是,恰克图贸易,两国均不榷税,已而俄罗斯渐谕禁约,私收货税。又两国边民,互失马匹,其数不可稽,而俄人辄以少报多,移文责偿。于是二十九年朝命闭恰克图不与通市,然办事大臣等辄乘间舞弊,私与贸易。清帝震怒,三十年,削土谢图郡王桑齐多尔济爵,诛库伦大臣丑达,厉行闭关之策。至三十七年,而库伦大臣庆桂以俄罗斯恭顺情形入奏,遂互市如初。其后四十四年、五十年复闭关者再。前者则以俄罗斯边吏庇护罪犯,不即会审之故,由库伦大臣索林奏请查办,逾年得解。后者则以俄属布哩雅特种人乌呼勒咱等入边行劫之故,奉旨绝市者几七年。至五十七年,始以俄人吁请之结果,订市约五款,其文如下:

一、恰克图互市于中国初无利益,大皇帝普爱众生,不忍尔国小民困窘,又因尔薩那特衙门吁请,是以允行;若复失和,罔再希冀开市。

二、中国与尔国货物,原系两边商人自行定价,尔国商人,应由尔国严加管束,彼此货物交易后,务令不爽约期,即时归结,勿令负欠,致启争端。

三、今尔国守边官皆恭顺知礼,我游牧官,群相称好,尔从来守边官皆能如此,又何致两次妄行失和,以致绝市乎?嗣后尔守边官当慎选贤能,与我游牧官逊顺相接。

四、恰克图以西数十卡伦,尔之布哩雅特哈里雅特不法,故致有乌呼勒咱之事,今尔国当严加禁束,杜其盗窃。

五、此次通市,一切仍照旧章,已颁行尔萨那特衙门矣。两边民人交涉事件,如盗贼人命,各就近查验缉获罪犯,会同边界官员审讯明确后,本处属下人由本处治罪,尔处属下人,由尔处治罪,各行文知照示众。其盗窃之物,或一倍或几倍罚赔,一切皆照旧例办理。

上条约以乾隆五十七年正月,由库伦大臣松筠、普福等,与俄官色勒裴特在恰克图市圈(即今俄领之恰克图村。本中俄交界地,其后全属俄领,于是我国始于恰克图迤南,建一市场,称为买卖城,中间以木栅与俄领恰克图为界)互换,即所谓"恰克图市约"者也。此约虽有互换之形式,而实际条款,皆由我国裁定,令其遵守,不特操纵之权在我,且视俄为与属,观其条文,盖可知矣。惟时俄以闭关日久,商旅阻绝,急欲借平和之方法,回复市利,故听命惟谨,务相交欢。松筠等直以"俄罗斯人感激皇仁,倍申诚敬"等语入奏。遂于是年四月望日,开关市易。按此约为我国所颁定,而第五条竟将俄人犯罪审治之权,归诸俄官,虽当日各治其民之用意,固不为坏,而外人之享有领事裁判权,当以此为权舆矣。五口通商以后,与外人立约,仍沿此例,以致国法凌夷,陷我国于次殖民地之地位者,领事裁判权有以启之也。呜呼!以傲然自大之声威,而昧于国际习惯之法理,片言之误,贻害百祀,谋国者可不慎哉!恰克图既开市,会西藏以贸易上事件与廓尔喀启衅,骚乱累岁,清廷深以为诫,因训谕库伦大臣以恰克图贸易,勿使内外商贩互有欺诈,致启衅端。松筠等因通饬商民,严禁重利赊货之习,又议改良外交文书,务以公诚信义为主。自是两国商民,往来贸易不绝云。

〔附言〕 先是乾隆二十九年清廷严闭恰克图之市场,至三十三年俄人复请开关,乃就恰克图界约详加修改,当其事者,清理藩院侍郎喀喇沁,俄使苦洛巴得夫等。顾此事我国官书绝少纪载,清末始有人从法文译登数则,为关于第十条越境犯罪之规定也。大意谓:"持械越境,意图行劫者,审明治以死罪,中国人由审问衙门定拟,俄人由俄国刑司科处;两国人共犯者,各应解至边界,当众行刑。凡偷盗者,按赃科罚;无故越界者,杖而没其马匹。"(《中俄立约始末记》谓此约又名为"恰克图条约追加条款")观此,则各别审拟之定制,又不始于五十七年之市约矣。

(三) 恰克图以外之中俄贸易

清廷既屡以停止贸易之手段,以胁迫俄人就范,而俄人亦委婉应付,未至决裂者,何哉?盖第一次停止贸易时,两方均调兵遣将,集中边境,战云密布,大有一触即发之势。俄女皇加他邻第二(Katherine Ⅱ)且密谕边吏与阿富汗王阿嘎美特查联络。时阿富汗王正与回部札尔根特及喀什噶尔缔盟,拟进犯新疆,而俄欲于尼布楚侵入黑龙江图东西相呼应。既而俄有事于土耳其,未暇东顾,乃派苦洛巴特夫为特使至北京谈判,清廷拒其入境,始于恰克图与理藩院侍郎喀喇沁,商改《恰克图条约》第十条。清廷乃传谕库伦办事大臣瑚图灵阿等,准予开关贸易。贸易对俄国国库收入,为利极厚,故俄人雅不愿因此决裂。又以俄国锐意经营波兰,未遑顾及远东,是以第二、三次之停止贸易,亦尚能委曲求全也。十九世纪初,俄皇亚历山大一世即位,派果罗夫金(Count Goloffkin)伯爵为大使东来,以嘉庆十年十一月抵北京,要求清廷开放全部疆界,以便通商,并及黑龙江之航行权,与北京、广东、黑龙江等处设立领事及外交官。但以朝觐礼节不协(果氏拒绝叩头),遂无结果而返。时俄舰队指挥官克鲁曾司坦(A. J. Krusenitern)护送使者至日本,归途经澳门,乃率军舰二艘(一名Nadezhda,一名 Neva)强行驶入黄浦,请求贸易。两广总督那彦成拒之。赖英商比尔(Beal)、莎克(Shank)等之斡旋,海关监督延丰始准其开舱卸货,以虎皮十万捆易茶叶,获利极丰。嘉庆十一年五月,新任总督吴熊光,巡抚孙玉庭以英商会会长庄蒙特(Drummond)为之疏通,允其开船出港,直驶美洲。清廷得报,将延丰撤职,熊光等交部议处。盖清廷开广州以对西洋诸国贸易,开恰克图以对俄国贸易,乃百余年来之既定政策也。俄人虽未得请于广州贸易,但前此之在黑龙江,后此之在伊犁,均有互市之地,惟不及恰克图之繁盛耳。《龙沙纪略》云:"楚尔罕者,兵车之会也。地在卜魁城(齐齐哈尔)北十余里。定制于草青时,各蒙古部落及虞人(俄罗斯人)胥来通市,商贾移市以往。艾浑(爱珲)默尔根屠沽亦皆载道,轮蹄络绎,皮币山积,牛马蔽野。初立,划沙为界,各部人驻其北,商贾官卒游人驻其南,中设兵禁,选贡貂后,始听交通,凡二十余日。"又云:"秋尽,俄罗斯来互市,或百人或六七十人,一官统之,宿江之西,居毡幕,植二旗于门,衣冠皆织罽为之,秃袖方领,冠高尺许,顶方而约其下,行坐兵卒监之。所携马、牛、皮毛、玻璃、佩刀之类,易缣布、烟草、姜椒、糖饧以去。""汉民至江省贸易,以山西为最早,市肆有逾百年者,本巨而利亦厚。次则山东回民,多以贩牛为事,出入俄境极稔。"自俄商队改道恰克图后,黑龙江之贸易稍衰,仅余商贩走卒与俄之流戍互市而已。至伊犁之贸易,始于嘉庆六年,俄曾遣人赴该处调查。道光以后,奥伦堡(Orenburg)与塔尔巴哈台间之商务,遂日渐发达。伊犁等地输入俄境启耳基兹(Kirgz-Steppe)及土兰(Turan)之货物,竟达约九十万磅。道光三十年俄人要求开放伊犁通商,清廷乃派奕山为伊犁将军,会同参赞大臣布彦泰与俄人折冲。结果议定伊犁塔尔巴哈台通商章程十七条。此后贸易渐盛,至咸丰初,中国输入俄境之货物,由五十余万磅渐增一百余万磅云。

(四) 中俄贸易之状况

清初俄人遣使来京,清廷属以理藩院接待,及两国贸易肇始,遂隶理藩院管理。俄商每三年来京一次,约定不得过二百人,而俄人来者,常超过此数。由理藩院设监视贸易官二人,以侍读学士科道等职名,引见简用。由恰克图入京,沿途照看监视,出境则送至边界。至乾隆二十年以后,停止俄商队来京之制,贸易悉归恰克图,因于二十七年设库伦办事大臣二人(一由在京满汉大臣简放,一由喀尔喀札萨克内特派),以综理贸易之事,并巡察边界卡伦鄂博。而监视贸易官仍旧,均三年一更代。俄国则伊尔库次克总督负对华贸易事务之责,于恰克图设将军,以与库伦办事大臣折冲。两国商人,除边境零星走私外,皆须得政府准许,领有印票(执照)方得贸易。中国商人,经张家口者隶察哈尔都统,山西方面隶归化城将军,长城东部则向多伦诺尔同知领取部票。抵库伦,由办事大臣衙门检验,合格则另发执照,以赴买卖城,仍出贸易监视官查验,始得入市。凡未领部票而私行贸易者,一经查出,枷号两月,笞四十,逐回原省,货物半数入官。自内地往恰克图贸易之商人,泰半为山西人。因山西票庄遍全国,握金融汇兑之权,晋人恃此为后援,故能执边疆各地贸易之牛耳。俄国商队之东来,必先由管理西比利亚衙门发给执照,称为"皇家商人",其货品属于宫廷,商人分利润而已。商队由俄廷委一人为"行长",后升为"商务委员",中国称之为"科密萨尔"(Commissary)。一七二二年(康熙六十一年)俄廷始允商人携带个人货品贩售,但全体不得超过六千卢布之价值,科密萨尔者,不得超过三千卢布。至一七六二年(乾隆二十七年),俄女皇加他邻第二始取消皇室之专利权,听任商人组队来华。俄商欲购中国货物者,须赴买卖城;华商欲购俄国货物者,须赴恰克图。两方价格,均由官衙监督议定,现款交易,严禁赊欠,以杜纷争。中俄贸易,两国向不抽税,但俄人于尼布楚设关验照,征收毛皮税百分之十。后设关卡于恰克图,征入口税达百分之三十。至十九世纪中叶,则增加百分之五十至九十。清廷虽屡次抗议,而俄人之征收如故。乾隆四十二年俄卡征税达四十八万一千四百六十卢布,其税率之重可知矣。

货品中国出口者,以生丝、绸缎、棉布、茶、大黄、烟草为大宗。一七二八年(雍正二年)中国输出之丝绸,达四万六千余两。棉布约四万四千余两。茶二万五千一百零三箱,价值一万零四十一两。此后年有增加,道光间达六万六千箱,约四五十万斤(见魏源《夷情备采》及萧令裕《粤东市舶论》)。大黄则为俄廷专利,每年购五十包。烟草初亦为俄廷专利,设制烟工厂于西比利亚,后予商人马丁(Martin)等以收购烟叶之权,私贩者处死刑。初俄人与中国通商,原欲吸收中国之金银,但清廷禁止金银出口,只准以货易货。故俄人所得者,甚属寥寥,雍正年间,输出者,不过金数百两,银二万余两而已。此外各种瓷器、家具、玩偶、假花、扇、糖、米、酒等类,亦颇为俄人所欢迎。俄货入口者,以毛皮、布料、皮革、金属、牲口为大宗。余如玻璃、镜、刀、剪、锁等,亦为中国市场所欢迎。至于两国禁止买卖之物品,中国方面有硝磺、牛角、钢铁及各项军用器;俄国方而,则禁火器、大炮、火药、炮弹、金银、马匹、鹿皮、麋鹿、海獭毛、咸、松香、线、金属花边及盐酒等。中俄贸易之总额,颇难详悉,大约雍正六年(一七二八年)上半年为十六万两弱(北京贸易额为十五万二千五百三十四两,蒙边为七千四百六十二两),值二十二万四千四百零八卢布。其后五十年间总额增加至十倍。乾隆四十二年(一七七七年)于恰克图市场,俄国输入者,值一百四十八万四千七百十二卢布。输出者,值一百三十八万三千六百二十一卢布,合计二百八十六万八千三百二十三卢布。自十九世纪中叶,伊犁与俄互市后,恰克图之贸易稍衰。《天津条约》订立后,开七口通商,而恰克图始渐失其重要性矣。

八十四 中英最初之关系

(一) 英人之锐意经营与宁波开港之失败

自明嘉靖十四年,葡萄牙人租借澳门贸易以来,欧洲诸国商船来中国沿海求互市者不绝。然以葡人妨害,辄失望而去。清初台湾既平,又二年,疆臣请开海禁,廷议报可,于是设榷关于粤东之广州,福建之漳州,浙江之宁波,江南之云台山。时荷兰以助攻郑氏功,首请通市,于是欧洲诸国继之,时英人尤以扩张商利之计划,与中国政府,多所交涉。至康熙二十三年,终于广州地方遂其建设商馆之志。盖东印度公司运动经营之结果也。顾以粤海关检查之严密,及陋规之繁重,深致不满,且以所运毛呢等货品,在热带无销路,乃欲于广州之外更辟新商港,俾得接近茶丝区域,以减少购价,乃锐意北来。康熙四十年顷,东印度公司社员开赤普尔

(Catchpoole)者,始率商船三艘,至浙江之舟山、宁波等地,试行贸易。但关吏需索陋规,更甚于粤;且洋商资本不厚,先索五分之一之定金,然后向内地采购,常数月不得交货,愆误船期。(Monsoon)以故英人迟疑,番商不至者数十年。原建“红毛馆”及定海衜头,亦多圮废。康熙五十四年,英打劫商船 Arre 于厦门掠一中国船至印度拍卖,引起中国商人之反感,是以北上之商船更稀。迄乾隆二十年,英东印度公司始派喀喇生(Harrison)、洪任辉(James Flint)率二舟舶定海,请于宁绍台道,愿在定海纳税,运货至宁波贸易。浙督抚奏称:“红毛船只,多年不至,自应加意体恤。”于是三年中,东印度公司均派船至浙,广州大受影响。二十二年两广总督杨应琚,以其利浙税之轻,而致关课之绌也,奏请将浙关科则,比粤海课额,更定征收。清廷以为“不禁之禁”,从之。又念粤省地窄人稠,沿海居民俱借洋船为生,不独行商而已。且虎门、黄埔在在设有官兵,较之宁波可以扬帆直达者形势亦异,自以仍令赴粤贸易为正本。因令晓谕番商,不得再赴宁波,以肃清浙省海防。并严禁洋行及天主堂之设立,俾无所依托,断其来路。由是英人发展商业之计划,一旦挫折,浸寻于宁波一带无容足之地。是时粤中贸易,皆为公行(详见下章)所垄断,既诛求不已,复串通官吏,规费益增。于是英东印度公司派洪任辉仍赴浙,请于宁波开港;而浙抚先已奉禁制之令,毁英商旅廨,闻其舟泊舟山,遂勒令回棹。洪任辉愤甚,乃由舟山泛海,直抵天津,仍乞通市宁波,并讦粤关积年规弊。时乾隆二十四年也。清廷饬将洪任辉由陆路押赴广东对质,命新柱、朝铨以钦差赴粤,查验苛勒有状,将粤海文监督李永标革职,家产入官。其属吏及家人皆治罪。而洪任辉亦以违制北来,圈禁澳门,阅三年,始释归故国云。[1]

〔1〕英人奥伯尔所著之《中国及其外交》(Peter Auber, *China and Her Foreign Intercourse*, London, 1834)威尔生所著之《统计与威权》(Beokles Willson, *Ledger and Sword*, London, 1903)皆言东印度公司于乾隆二十二年派英商福玲他(Flint)到宁波开辟商埠,被地方官押解澳门。又言英商于二十五年时,欲设法释放福氏。与马丁所著之《中国》(R. M. Martin, *China*, Lond., 1847)亦同(见 Auber P. 171.

Willson V. Z. P. 173, Martin v. 2, P. 14)。盖即我国所谓洪任辉之事,特年月误记之耳。洪氏释放在乾隆二十七年,禁锢之期大约二年有半。或云洪任辉被禁锢死。按洪任辉一名洪任,乾隆元年至广州习中文,十二年任东印度公司通事。不但"于内地土音、官话,无不通晓,即汉文字义,亦能明晰",故颇为公司班衙所重视。

(二) 马戛尔尼之遣来与觐见之情状

浙江贸易之途既绝,而广州遂为中国惟一之互市场。诸外国商船,率自东莞县虎门入口,聚泊于省城之黄埔。会乾隆四十九年,英船之在黄埔者,以举放祝炮装置不慎之故,误杀一华人。地方官遽捕炮手,处以死刑。同时华英两国商人间,又以财货上之关系,轇轕不清。当时海关弊端复起,课税增重。政府因洪任辉事件,对外人防范甚严,以免滋生事端。如两广总督李侍尧于乾隆二十四年十月奏陈防范外夷规条,即云:"洪任辉屡次违抗禁令……总由于内地奸民教唆,行商通事不加管束稽查所致。"规程凡五条:一、禁止夷商在广州住冬。二、不准借夷人资本及雇汉人役使。三、不准外夷雇人传递消息。四、责成保商管理夷商。五、夷商所载"番厮"不得过五名,一切凶械火器不准携带。而国内奸商,每借夷人资本经商,"势必献媚逢迎,无所不至,以图邀结其欢心"。如汪圣仪、刘亚匾等是。教以华文,代雇侦探,消息至为灵通。行商又假官命以相压迫。其向官吏,则道英人奸诈不法,反复渔利(康熙五十六年,总兵陈昂奏称粤东红毛有英圭黎诸国,最为奸宄)。于是英商致书广东大吏,乞改五弊:

一、英船至广东碇泊后,即请解货。

二、奸民窃英商货物,请治罪。

三、请禁华人目英人为夷狄禽兽。

四、课税减轻(中国之关税本不重而陋规太多)。

五、官吏请勿故与外人疏隔。

书上而大吏不答。英政府闻之,且怒且忧,亟谋所以改良两国之交涉者,冀中国与之平等待遇,以保国家体面,兼顾全本国商人之利益。盖当时各国对华贸易,以英国居第一位,英之海上势力,已凌驾西班牙、荷兰而上之矣。乾隆十六年(一七五一年)时,外国商船入黄埔者十八艘,英船占其半,荷兰四艘,法及瑞典各二艘,丹麦一艘。至乾隆五十四年(一七八九年)商船来粤者增至八十六艘,而英船达六十一艘,美船十五艘,荷兰船五艘,法及丹麦各一艘,葡萄牙三艘。即此可知英美在中国之商业,已占百分之九十弱。而英以印度为根据,尤称便捷。故对于中国之交涉,自以英人为首。乃于乾隆五十八年(一七九三年),遣正使伯爵马戛尔尼(Earl of Macartney)、副使斯当东(George Staunton)等入中国,有所要求。时东印度公司方以苦心经营之结果,在中国立有贸易之基础,恐英政府加以强有力之主张,致触怒中国政府,停止通商,故不免有所杞忧,特英政府为本国商人之利益而有此举,亦并不便反对也。马戛尔尼乘头等狮子号兵船携英王国书及上等礼品,于是年六月底抵大沽(西历八月五日抵大沽口,六日登岸,拜直隶总督梁肯堂,则阴历六月三十日也)。自称王者之使与他国之贡使不同,态度颇极威严。即清廷恩遇,亦属仅有,然其由天津赴北京之际,我国官吏,循例在船头插以“英吉利贡船”之旗章。马戛尔尼虽审知其意,因恐有碍使节,无可如何也。时高宗避暑热河,马戛尔尼以八月十日(西历九月十四日)觐见于万树园幄次。而期前以仪节之纷议,与当时之情况,有足纪者,兹录其日记数则于下(下用刘复《乾隆英使觐见记》译文):

(1) 九月八日(星期日)　自距热河十二英里之廓拉邱嗌(Colar-cho-you 译音)出发,午刻抵昆尔仑(Quon-ur-Long 译音)地去热河二英里而弱。除行李什物仍旧前行外,余及部下人员夫役,均止于其地,更换礼服,排列仪仗。仪仗之次序,详列如下:

华官一百员骑马前导(译者案,华官恐系华兵之误)。

陆军少佐彭森(英人 Bonson)。

德拉功四名(德拉功系英国步骑两用之轻兵)。

陆军副官潘立熙(英人)

军鼓,军笛(英国军队所用者)。

炮手八人——炮军大尉一员,陆军副官克留维。

步兵十六人——步兵军曹一人。

仆役八人
急使二人 均穿绿色金缘之衣服。
乐工四人

随员六人——均穿大红色金绣之制服。

余及史但顿(即斯当东)勋爵及其子小史但顿,合坐一英国式之军车。车后有仆役一人,亦穿绿色金缘之衣服。此项仪仗,排列至二点钟之久,故得从容布置,弗损威仪。排列既毕,即循序鱼贯而进,直达热河。行装甫卸,而金大人已来,以余在北京时所开觐见礼式单还我,谓贵使可将此单交与相国和中堂阅之,必得适当之答复。

已而译员来言:樊大人、周大人(日人译作万、赵,实皆误也。按《通州志》樊为王文雄,乃通州协副将。《天津府志》、《续天津县志》、《畿辅通志》等,周为乔人杰,乃天津兵备道。皆随长芦盐政征瑞迎护英使,任招待者也。征瑞即刘译之金大人)告以:贵国钦使排列仪仗至热河时,皇帝已在山庄内高台看见,龙颜甚喜,已命首相(案即和珅)及王公等前来访问。言至此樊、周二大人自至,言:相国本欲亲来请安,只以此间房屋狭小,相国属员众多,不能容纳,又因足有伤创,行动甚苦,故不能至此,特嘱前来道歉。倘贵使能至彼处一谈,吾等愿为前驱。余曰倘相国有事见教,当于黄昏时,令史但顿至其行辕中叩见。二大人皆曰可。史但顿与其子偕译员一人至其行辕,馆舍与行辕,相去可一哩。途中经过热河街道之大半。抵门,金大人引史但顿等入内,见相国坐于正中,有四人站班,四人均戴红顶子,其二人则穿黄马褂。史但顿归,言相国欲一观英王致中国皇帝书,究作何语。余命书记录一副本付之。

(2) 九月九日(星期一) 晨,金大人、樊大人、周大人同来劝余,勉从中国礼节,不必再固执前议。余言待附庸国之礼,与待独立

国之礼,不同,贵国必欲以中国礼节相强,敝使抵死不敢奉教。卒无成议而散。后有某华官语予曰:"此种争执,乾隆皇帝一点儿都不知道。患在其左右之人,欲借此邀功固宠耳。"其然岂其然耶?

(3) 九月十日(星期二) 早晨金大人、樊大人、周大人同至,赓续前议。余云:"若一国特派之使臣,对于他国皇帝所行之礼,重于对本国皇帝所行之礼,无论何人,决不肯承认。如必欲相强,吾惟有坚执前议,请贵国先派一与敝使职分相同之大臣,向吾国皇帝皇后圣像,行三跪九叩之礼,敝使即惟命是听。"彼等曰:"倘不肯行中国礼,即行英国礼,亦属不妨,但不知英国礼是何式样?"余曰:"英国礼乃屈一膝持陛下之手而亲之。"彼等乃大诧曰:"这事在咱们皇上面前使得么?"余曰:"自然使得。敝使以见本国皇帝之礼见贵国皇帝,已属万分恭敬,何言使不得?"三人颔首而去。午后,周大人复来云:已回过相国,将来或由贵使径行英礼,或先派大臣向贵国皇帝皇后圣像行中国礼,尚未商妥。余无言。未几鞑靼钦使又来云:"目下已决请贵使行英国礼,但照中国风俗说来,拉手亲嘴,总不是个道理,请改用双足下跪以代之。"余曰:"敝使早已说过,不用中国礼,这双足下跪,还不是中国礼么?此礼诸位行得,敝使行不得。"金大人曰:"既如是,双足单足且不去管他,那拉手亲嘴,总得免掉才是。"余曰:"此则悉听诸君之便。敝使本欲向贵国皇帝行个全礼,今屈从诸君之意,改做个半礼了。"至是辩论已终。而中国朝廷之状况,及华员宝贵其本国礼节之心,亦可因此窥其大凡矣。

(4) 九月十一日(星期三) 上午九时半,金大人、樊大人、周大人同来,偕吾往谒相国。相国之颜色,蔼然可亲。年事约在四十至四十五之间,容貌端重,长于语言,谈吐隽快纯熟,其右边之人,即福中堂(按即福康安),年不过三十,而衣服都丽,面上英气崭然。一翩翩少年贵胄也。左边一礼部尚书,一吏部尚书,年老矣,以非鞑靼,于朝中颇无权力。余首言:"敝使以跋涉长途,身体颇累,未能早日拜见,殊以为歉!今已经复原,特来向中堂请安。且愿早日觐见皇帝,俾将吾英皇亲笔信札呈阅。”

次言:“敝使闻乾隆皇帝多福多寿。年逾八十,而精神矍烁乃过少年。其臣下亦多欢悦爱戴。不特敝使为之欣忭,即吾英皇,以西方第一雄主之资格,亦当为此东方第一雄主额手相庆。”相国闻此称颂之言,颇形满意。即用相当之语回答。次言:“贵使自远国奉命而来,所送礼物,复备极珍贵,凡中国风俗,贵使以为不适者,不能相强,将来觐见时,贵使可即用英礼,不必改用华礼。贵国皇帝之手书,亦可由贵使面呈。”乃议决本星期六为吾觐见皇帝之期,由相国亲为引见。正事既毕,又与吾闲谈,先问余路上情形如何?次问一路航海中曾在何处停泊,余一一约举告之,述至交趾、支那、多伦湾(Turon)时,相国言彼乃我国之朝贡国也。又问英国与俄国相距若何?两国亲睦否?又意大利、葡萄牙与贵国相近否?亦尝朝于贵国否?余以中国里数告知英国与俄国相距远近,又曰:“英国与世界各国都甚要好。故与俄国亦同敦睦谊。但吾英皇陛下,以保障和平,扶助弱国为心,尝有一次,见俄国侵夺土耳其地面,出面干涉,使俄国不得逞志,两国不免稍有芥蒂。至于意国与葡国并非敝国之朝贡国,然吾英皇乃西方盟主,对各国均用友谊联络之,用正义保护之。”相国闻之大喜。至吾告别时,起立与吾握手曰:得与贵使相识,殊为欣幸。将来回北京后,请常会晤,此时因冗忙不能多谈为歉。

(5) 九月十四日(星期六)　晨四时,樊大人、周大人来引吾等入觐,地为万树园,相距可三哩之遥,行一时许始达。吾乘肩舆,舆前有乐队卫队,仪仗虽不多,气概颇为整齐。部下随行,有骑马者。余穿绣花之桑子色天鹅绒官服,上罩一爵士外衣,缀以钻石星章一座,钻石徽带一条。史但顿勋爵亦穿绣花天鹅绒服外加罩牛津大学法学博士绯色之褂,余之叙述如此琐屑者,因欲表吾东来之后,事无巨细,莫不小心谨慎以临之也。余等至园门下马出舆,徒步而进。至于皇帝御幄之前,为余等设备一幄,待一时之久,大鼓音作雅乐声。喧报圣驾已近,一同出幕,行至绿色绒毡上,见帝坐舆上,舆夫十六人扛行,有持伞者,有捧大小旗者,有司百官,扈从其后。舆驾经过时,中国臣民,皆俯伏不敢仰视。余等以一膝屈拜之礼迎之,待其已就御座,余持木制饰金钢石之英王书信箱,由天幕门前向内而行。以慎重之态度,由侧面石阶而上,亲自捧而呈之于帝。帝交之首相,而置于绣垫上。于是帝以赠英王之玉如意授余,取诸事如意,及和平兴旺之意,盖帝甚愿与英王以后常亲善也。此玉如意长尺半许,施以雕刻,中国人以为异常名贵,余则就此物之原价论,未必值钱。次又赠余以绿色之玉如意,余乃出镶嵌钻石之金表二枚赠之。余引史但顿勋爵入觐,言万一遇有意外,或余身故时,即由此人代理。史但顿至宝座之前,仍行一膝屈拜之礼如余,复捧呈美丽之空气枪二挺。帝亦赐以绿色玉如意。同时余之随员等皆得赐物。于是余等乃离御座循阶而降,就列于帝左边之席,同时右边有满洲诸王公及大臣等依位次就席,皆着品级相等之礼服。此等席面之上,不设桌布,惟配置山珍海味而已。皇帝以自己席上之数品飨余等,又以中国酒下赐,此酒非由葡萄所酿成,乃以米与蜂蜜制成之者。后经半时许,皇帝召余与史但顿出座,赐余等以亲手所斟之酒各一杯,余等于御前饮之,晓风颇冷,身心顿觉温暖焉。

此时频频问答,既而以英王之年齿询余,余据实告之,皇帝曰:"朕今年八十三岁了,望你们国王,同我一样长寿。"言时意颇自得。帝气概尊严,有神圣不可侵犯之状。然眉宇间仍流露其蔼然可亲之本色。余静观其人,精神壮健,八十老翁,望之犹如六十许人。饮食之际,传运食品,次序规则,极其严密,殊堪惊异。其仪式静肃而庄严,颇似圣餐式之典礼。全幄作圆形,圆径约在二十四至二十六码之间。内中树柱甚多,有镀金者,有着色者,有涂漆者,诸器具之配布,一见皆觉其壮丽华美,各种悬挂之物,铺设之品,屋脊窗棂,形状位置,均调和得宜。色彩之变化,巧妙而整齐,纵览一过,颇觉愉快。此虽眩目之虚饰,见之尚觉清快安静,绝无烦杂之象。此仪式之特长,乃于静肃中带威严也。谨严壮丽,为亚细亚之特色,其人民生活程度之高,及帝王自奉之奢侈,远非吾欧洲人所能及也。时有达兹(Tatze,即 Pigu)之大使三人,卡鲁拇克(Calumucks)大使六人(回回教徒也)临场,但彼等并不惹人注目。其间有拳术走绳诸戏,皆如演剧然。台设御座前,相离甚远,观之殊觉模糊也。余辞别皇帝而归。自叹曰:"吾今乃得见现世之苏罗门大帝矣。"盖吾幼年尝读"苏罗门王之故事",每叹其极人间之尊荣,非后世人主所能及。而今之乾隆皇帝则较之苏罗门大帝,有过之无不及也。

(6) 九月十五日(星期日)　余于中国旅行中,凡山水庭园古迹等处,皆欲一观其胜,此事得皇帝首肯,且命余今日往观。此园称万树园,是实诸树蓊郁之乐园也。余等获此特别恩典,心甚感激。早三时起,至行宫门首,与中国大臣等共赴宫殿伺帝驾出。待至三时之久,渐传御驾起行,照旧乘十六抬之舆,有无数之护卫兵,音乐队,旌旗马伞等随从。见吾辈立于门前,即一面令舆夫停舆,一面招吾至舆前谈话,为状颇觉亲切。言曰:"朕此时要往宝塔上礼佛去,你愿跟我去么?"余曰:"敝使所奉宗教,与陛下不同,礼佛即与教律有背。"皇帝曰:"那么不跟我去亦好,你要往园中去玩,我找人陪你去。叫他们引导,不必拘束。"余亟向皇帝行礼,称谢曰:"敝使蒙陛下被以殊恩,使草野之人,得增见识,实属感激不尽。"又言:"敝使抵热河后,所见所闻,均足令远人称誉不置。贵国地大物博,财力殷富,即此已足见一斑矣。"于是皇帝喜甚,立命和中堂及诸大臣为余游园之伴侣。已仍令舆夫前行,俟圣驾前去已远,首相及诸大臣导余等于一幄内休息,稍进茶点后,乃各骑马前进,以游盛大之御园。曲折行三哩余,见其监理法之整备,实可惊叹!风景略如吾英彼得福省(Bedfordshire)之路敦(Luton)相若。而气象之雄厚则过之。土地互为高下,有林有石,景色天成,傍插青松,夹道而行,前为一大湖,望其对岸,远在渺茫之中。此处有大游船一艇,以候余等,又有无数小艇,以载从者,皆施以彩旗,装饰美丽,船中陈设之瓷瓶古董书画,已足令吾终日不厌。余等逢优美景色,无论何处,即上岸观览,如是者约四五十次。一路所经宫殿及帷幄,建筑均雄大异常,其中有悬挂乾隆皇帝游猎巡幸及功业图者;有藏绝大之碧玉、玛瑙、花瓶者;有藏最良之瓷器、漆器者;有藏欧洲之玩物及音乐器者。余如地球仪、太阳系仪、挂钟、自动音乐器等,精巧贵重,对之深骇。余等所赠之物,与之比较,逊色多矣!然华官言:此处较之宫中妇女用品,或圆明园专藏之欧洲物品,相差万万。吾直不知中国帝王之富力,何以雄厚至此也。各宫幄皆设有宝座,其旁面悬以玉如意,与昨日所赠与英王之物相似。盖亦代表和平兴盛之意云。要之,凡吾人以为天然之景色,人工之美术,以及历史上之骨董,足令风雅之士,流连不舍者,此园中罔不全备之也。

(7) 十月二日(星期三) 时已到北京,晨间赴圆明园面相国和中堂,福中堂兄弟(按即军机大臣福长安及其兄福康安)亦在座。其他大臣无一人在。互问安好后,中堂即以珠山(即舟山)送来之函数通授余。其一通乃印度斯坦船大副(按即甲必丹马庆德〔Captain Ma Chintosh〕)之书,由其一等转运手送来者,他二通为古完勋爵(Sir Erasmus Gower)寄来者。彼问此等信件内中,所报何事?答以赖昂(狮子号)兵舰已准备由舟山回国,然印度斯坦兵舰,因船长未到,尚不能出发云。余即以此书授首相,以证余之所告皆非虚语,借释其疑。彼又问余之病,及余自动身以来,从者数人之死亡。并云:上意洋人等常苦北京严寒天气,霜降节后还要冷,替你们设想,还是早一点回去的好。而且我们天朝的宴会礼节,新年与万寿时差不多,也不必再看了。余曰:“北京天气虽寒,敝使颇堪耐冷。即久处亦可于身体无碍,承皇帝垂念,感激万状。”又曰:“敝使来此,非为暂时联络感情,实欲与贵国永敦睦谊,故敝国皇帝拟令敝使久驻北京,就近与贵国政府直接商量所发生之问题。倘贵国皇帝愿互派使臣,尤为敝国所欢迎,所有船只一切,均可由敝国代为筹备,而礼遇自不必言矣。此种互派使臣之法,系目下欧洲各国国际通行之惯例,倘蒙贵国皇帝允许,则东西两大雄主,即可常通往来,复可交换文明,不特两国之私幸,亦为世界文明进化之公幸。”余与中堂,虽相见数次,而中堂恒侈谈杂事,不令余有讨论正事之机会,直至今日,余已不可复耐,始为中堂力疾言之,意谓中堂必可与吾从长计议矣。而中堂犹置若罔闻,仅言皇上也很愿你长住北京,不过你身体不好,天气又不合宜,水土又不服,所以不能强留了。余闻此言,知华人逐客之意,已确凿可据,然仍不露失望之色,冀万一犹有转机也。

返至馆舍后,即得西人消息,言皇帝致英皇之函,现已写就,方令人译为拉丁文,译就即可交付。嗟夫!此说果信,不特华人逐客之令,可以证实,而促吾速即启程回国之意,亦已见诸言外矣!然吾犹冀此项书信交付之后,希望未必遽绝,或者犹有婉商之余地。乃未几樊、周二大人至,向余曰:“说不定明天和中堂还要见你,也说不定那时中堂便把皇上写给贵国皇帝的书信交付你,倘果如此,我劝你还是立刻向中堂告辞,择期动身回国。可是此刻还说不定,咱们不知内中底细。”余曰:“闻命矣,两公此来,必有所授意者。”二人力辩曰:“否。我们来说这句话,正见得我们的私交。老实说,咱们也很愿贵使常住中国,贵使回国之后,我们虽未必闲散,却再找不到这种好差使了。”

(8) 十月三日(星期四)　晨间余卧病未起,鞑靼钦差金大人已至,言目下相国和中堂,及诸大臣皆齐集宫殿相待,望余速临云。余以连日奔走,所事又不能如愿,闻金大人言,至觉不快,勉强下榻,整理衣服,不移时到宫门,余以为必候我已久,讵知和中堂及诸大臣之到临,尚在三小时之后。行相见礼后,即导余进官经过华丽之厅事数座,长桥数道,始抵宝殿之前,殿基极高。有石级数十,如梯形,石级尽处,有黄缎裲成之圈手椅,椅上有一黄封,即系乾隆皇帝致英皇之书信。吾等在殿下行礼后,拾级而登,至于宝座之前,和中堂乃指椅上之黄封曰:“这是皇上赐与你们国王的书信。等一会儿,便须叫执事官送往你馆舍里去,但是照规矩你得先到此地来行个接受礼。所以我叫金钦差请你来。”

次指桌上黄色之各包,某为皇帝赠英王之物,某为赠余及余之随员等者,此时中堂神情,与前在热河游园时和蔼可接者,大不相同。恭静之中,颇挟有威严之气,此凡为大臣者多有之,余亦不以为异。但在此时,则心中至觉不耐。盖余航海而来,其本意并非欲中国区区之礼物,今中堂但言礼物,而置正事于不问,吾即具忍耐工夫,心中亦断无不愤懑之理!余初来分赠中堂及诸大臣之优美礼物,一一打回,竟无一人肯收受者,余乃大异。至今思之,彼等之所以不肯受礼,即为今日以威严之气临我之预备。余自觉四肢乏力,有不能支持之势,即向中堂告退。中堂曰:“若你有什么意见,可再开个帖儿来。”吾虽明知其无效,亦不得不姑以为有效而开具之。安易德神父云:“中国向来闭关自守,不知世界大势,初非挟有恶意。即如缔结条约,互相通商,为现今文明各国共有之办法。中国则从未闻有与他国订立条约之事,然谓中国人固执不化,将来永无此一日,又不尽然。若能渐次做去,必有成功之一日,现在结果虽未必甚佳,将来倘有成功之一日,终不能不归功于钦使也。钦使既经来华,准予瞻觐,纵留华之时间极短,亦未始非英人在中国得有立足地之初步。倘英不自馁,仍由英皇随时以书信与中国皇帝互相投报,于广东派一英侨时时与两广总督联络,倘有庆典,自请晋京庆祝,如是在中国既不背其使臣不许久留之定章,在英国亦可免去特派钦使之费用及心力,事之两全,无过于此!将来瓜熟蒂落,必有缔约通商互派使臣之日也。目下华人既不愿钦使久留,自当立往辞行,勿令华人逐客之令,见诸明文,转使将来之事,难于着手矣。”安神父在华有年,所言至有经验,决意从之(按安为惟一在北京之英籍教士,年已八十,来中国六十年,不久去世)。

(9) 十月七日(星期一) 午刻由北京馆舍出发,途经一幄,和中堂及福中堂兄弟与高级官员数人,身着官服,气象雍穆,专候余等。相见后,桌上有黄绸覆二纸卷。和中堂曰:“此中一系敕书,即皇上答复贵使说帖者;一系物品清单,俾贵使有所查照。”余曰:“敝使观光未久,遽尔言归,心中不无悒悒。但愿贵国皇帝对于余所要求允可数事,庶余离首都时藉以稍慰”云。中堂闻言大愕,默对有顷,即改谈他事。又言:“贵使前往舟山,皇上已派定松大人为护送官,此人办事很好,谅能与贵使投合。”福中堂兄弟面色不怿,不喜交谈。疑于吾说帖,意见各自不同。告别出幄,上马行二小时抵通州馆舍。

(10) 十月十日(星期四) 是日午后樊大人来言:“侍郎松筠受敕旨前来,兹先告知。”未几见松大人乘一快船向余船疾驶而来。两船相并,吾即过船,与松大人相见。说前在热河,承引导游园,感激之至。松言兄弟得与贵使同往舟山,荣幸得很。辞别还船,松即过船回拜,讲述俄国情形,余曰:“敝使奉使曾在俄住三年之久。”松大人曰:“奇事!我们中国,对外国进贡使臣,照例只许在京城耽搁四十天。此种规矩行之已久,不能改变的。”

松大人去后,樊、周两大人仍留吾船告余曰:“贵使前往舟山所用船只大小凡四十艘,执事之人为数约可一千人。皇帝准每日支用五千两,倘有不足,即于所过地方官取之。”又言:贵使在北京居住时,每日费用一千五百两尚不止云。夫一两之数,约合英金六先令八便士,以物价极廉之中国,而吾等一日之用费,竟有此至巨之数目,宁非咄咄怪事!皇帝优待吾等,虽有过奢,亦决不肯信。记得周大人曾语余云:去年山东河决,淹没居民无数。皇帝闻奏,立命拨库银十万两,赈济灾民。而户部先扣去二万两,以下每一转手,则复去若干两,自二万一万以至数千数百不等,层层干没。最后难民所实受者,不过二万而已。嗟夫,孰谓中国人之道德,优胜于他人?窃恐东洋孔夫子之子孙,与西洋利欲神之后裔,同其为不肖矣!

(11) 十月二十一日(星期一)　上午往访松大人谈甚久,谈论之要题,即系乾隆皇帝之敕书。有一书记官(译意)在座,相见即向吾道歉。言:"皇上第二道敕书,实系兄弟起草,其中有'以上所谕各条,原因尔使臣之妄说,尔国王或未能深悉天朝体制,并非有意妄干'及'尔国王或误听尔下人之言'等句,均非皇上意旨,乃系兄弟加入。今见贵使,殊觉抱歉!因皇上对于他国君主,倘欲却其所请,往往不用直斥之法,以顾全其体面,只言贵使妄谈,此系兄弟措辞之苦衷,想贵使必加以原宥也。"余曰:"敕书中有'今尔国使臣,欲听任夷人传教,尤属不可'等语。查敝使说帖,事事关于商务,未有一语及于宗教,今节外生枝,殊不可解。"松大人曰:"这是因为向来到中国的西洋人,大都很喜欢传教,皇上恐怕你们也有要求,故声明在前。"余曰:"吾英人对于宗教问题,意见与他国之人稍异,盖他国主张一尊之说,以为世上既有天主教,余教悉无存立之余地。英人以为天主意在化民为善,他种宗教,罔不与天主教相同,吾人不必强用人力以摧残之,故英人虽笃信宗教,而传教之热度,则不若葡萄牙诸国。吾英但有商人,终始未派一传教士来此。今敕书中忽有'尔英吉利国人素喜传教,布为谬说'等语,实与事实不合。想系葡萄牙教士,欲令中英二国,互起恶感,故以此种不经之说,进于皇帝之前也。"松大人曰:"敕书中并没有这两句话。若拉丁文中有了,便是翻译的不是。"余曰:"汉文敝使不解,唯拉丁文中则明明有此二句也。"稍停又曰:"广东入口税之繁重,敝国商人,受其痛苦已久,苟中国再不设法清理,一任墨吏从中朦蔽勒索,则异日英人之商业既衰,广州之繁盛,亦必因此而退步。而敕书中乃有'粤海关征收船料,向有定例'二语,若皇帝全不知该关征税近情者,则又未免失之昧于近事矣。"松大人曰:"不要说了,总而言之,贵使对于皇上所下的两道敕书,无非是满肚皮不快活。其实皇上对你们英人非常要好,在他心上恨不能畅快依了你的话,只因我们天朝,祖宗的成法如此,便是皇上要依也依不来。至于你所说的关税弊端,皇上也未尝不知。不过写在敕书上太不好看,于天朝体面攸关,故公文只敷衍一句,暗地里却已派人整顿,保管不上多时,便有眉目给你看了。""目下新任两广总督长大人(名麟)乃是一位能员,皇上很信任他,在浙江任内,政绩甚好,此次派他,着将前此各项弊端一一查明复奏,且许便宜行事,酌量兴革。吾料此人到任后,必可大有起色。然地方既大,积弊复深,整顿之颇非旦夕间事,即如关税一项,恐非贵使在中国所能见之,只可用书信通报了。"余曰:"此种整顿税则之消息,敝国皇帝必甚欢迎。而敕书翻译,既有谬误,拟请大人代奏皇帝,再降一敕书,详叙校正,俾吾得有所交代。"松大人曰:"再降一敕,恐于成法有背,皇上自贵使来后,非常欣喜,在情理上说,也许可能,兄弟不妨给你写个信去。将来贵使到杭州与长大人相见,必能将此中情形,仔细告知。"(按此系在运河船上所谈。时当在山东境也)

(12) 十月二十一日(星期日)　松大人复来言,我们启行之后,一路情形,和贵使谈话,都随时禀报皇帝,据北京来信,皇上非常欣喜,现已完全明白,贵使此来,无非为联络友谊及振兴商务起见,故新任两广总督,已由皇上特谕其将外洋入口税务切实整顿,倘外洋人受了冤曲,许其直接禀报总督,不必依照从前规矩,由行家转手。余曰:"既承贵国皇帝加意照拂我们,敝使实在感激不尽,但敝使自己回去向英皇说,总不如由贵国皇帝出一封书信的好。"松大人曰:"皇上办事,自有主意,我想既由皇上答复办理,将来自有必行之势,贵使可不必汲汲。"

(13) 十一月九日(星期六) 晨间至杭州,停船未几,长大人果来,余相其状貌,颇类读书明理之士,举动亦彬彬然如君子。相见之后,长大人即言兄弟到广东后,凡是贵国商民,必格外照顾,那整顿一则一项,固不消说,便是他种事务,凡贵国商人受了屈,也尽管直接报告兄弟,总凭公替他们理个清楚。

(14) 十一月十三日(星期三) 松大人来辞别,观其情状,似与吾甚有友谊,不忍即去。有数语颇有识见,其言曰:"各国有各国的法律习惯,决不能强同,中英二国相距既远,其不同之处必较多,贵使此来虽见许多可惊异之事,却不足为异,若易地以观,兄弟到了贵国心中惊异之情,也少不了和贵使一样。故贵使回国之后,请千万不要把心中对于中国有什么不满意的地方,老是记着,这便是兄弟最希望于贵使的事了。"此人性情和易可近,在华官之中,当推为一最有识见者,此次自京至杭,一路受其照拂(按英使对金大人即征瑞的批评是天性倔强排外之见极深)。

(三) 英国要求之事项与清廷之敕书

马戛尔尼来觐之事实,既已详载于其日记中,而并摘述如上矣。英王乔治第三对于中国之要求如何? 简要言之,可分七项(此系根据马氏日记及所致和珅之说帖):

一、准英国派员驻北京,照管本国商务。

二、许英商得至浙江之宁波、舟山及天津等地方收泊交易。

三、英国商人,当仿俄罗斯例,于京师设一商馆,收贮货物发卖。

四、欲求舟山附近无城砦之小海岛一处,以为居留商人,收贮货物之地。

五、拨给广东省城附近小地方一处,居住英国商人,或准令寄住澳门之人,自由出入。

六、英同商人于广州、澳门,由内河运输货物,请免税或依一七八二年之税律轻减税额。

七、请允许英国商船按照中国所定之税率,切实上税,不在税率之外,另行征收。且请将中国税率,录赐一份,以便遵行。因英商向来完税,系听税关人员随意估价,从未能一窥中国税则之内容也。

当是时,清廷固确认英吉利为朝贡国之一,此次使节,直为叩祝万寿而来(马氏日记载九月十七日为乾隆皇帝万寿之期,由樊、周两大人导往行宫中祝寿观剧,又游园一日,是日即阴历八月十三日也);特以荒远,不识天朝体制,妄行乞请,无足深责,以故一方则赐使臣筵宴,优加赏赉,以尽怀柔之意;一方则敕谕英国王,盛称中国威德,于英政府所要求者,驳斥无遗。其敕书曰:

咨尔国王,远在重洋,倾心向化,特遣使恭赍表章,航海来庭,叩祝万寿,并备进方物,用将忱悃。朕披阅表文,词意肫恳,具见尔国恭顺之诚,深为嘉许。所有赍到表贡之正副使臣,念其奉使远涉,推恩加礼,已令大臣带领瞻觐,锡予筵宴,叠加赏赉,用示怀柔。其已回珠山(即舟山)之管船官役人等六百余人,虽未来京,朕亦优加赏赐,俾普沾恩惠,一视同仁。至尔国王表内,恳请派一尔国之人。住居天朝,照管尔国买卖一节,此与天朝体制不合,断不可行!向来西洋各国,有愿来天朝当差之人,原准其来京。但既来之后,即遵用天朝服色,安置堂内,永远不准复回本国,此系天朝定制,想尔国王,亦所知悉。今尔国王欲求派一尔国之人,居住京城,既不能若来京当差之西洋人,在京居住,不归本国,又不可听其往来常通信息,实为无益之事。且天朝所管地方,至为广远,凡外藩使臣到京,驿馆供给,行止出入,俱有一定体制,从无听其自便之例。今尔国若留人在京,言语不通,服饰殊制,无地可以安置。若必似来京当差之西洋人,令其一例改易服饰,天朝亦从不肯强人之所难。设天朝欲差人常住尔国,亦岂尔国所能遵行?况西洋诸国甚多,非止尔一国,若俱似尔国王恳请派人留京,岂能一一听许?是此事断断难行,岂能因尔国王一人之请,以致更张天朝百余年法度?若云尔国王为照料买卖起见,则尔国人在澳门贸易,非止一日,原无不加以恩视。即如从前博尔都、嘠尔亚、意达哩亚等国,屡次遣使来朝,亦曾以贸易为请,天朝鉴其悃忱,优加体恤,凡遇该国等贸易之事,无不照料周备。前次广东商人吴昭平有拖欠洋船价值银两者,俱饬令该管总督由官库内先行动支帑项,代为清还,并将拖欠商人,重治其罪,想此事尔国亦闻矣!外国又何必派人留京,为此越例断不可行之请?况留人在京,距澳门贸易处所几及万里,岂亦何能照料耶?若云仰慕天朝,欲其观习教化,则天朝自有天朝礼法,与尔国各不相同,尔国所留之人,即能习学,尔国自有风俗制度,亦断不能效法中国;即学会亦属无用。天朝抚有四海,惟励精图治,办理政务,奇珍异宝,并无贵重,尔国王此次赍进各物,念其诚心远献,特谕该管衙门收纳,其实天朝德威远被,万国来王,种种贵重之物,梯航毕集,无所不有,尔之正使等所亲见,然从不贵奇巧,并无更需尔国制办物件。是尔国王所请派人留京一事,于天朝体制,既属不合,而于尔国,亦殊觉无益!特此详晰开示,遣令贡使等安程回国,尔国王惟当善体朕意,益励款诚,永矢恭顺,以保乂尔有邦共享太平之福。除正副使臣以下各官及通事兵役人等,正赏加赏各物件另单赏给外,兹因尔国使臣归国,特颁敕谕,并锡赉尔国王文绮珍物,具如常仪,加赐彩段罗绮文玩器具诸珍另有清单,王其祗受,悉朕眷怀。特此敕谕。

又敕谕曰:

尔国王远慕声教,向化惟殷,遣使恭赍表贡,航海祝禧,朕鉴尔国王恭顺之诚,令大臣带领使臣等瞻觐,锡之筵宴,赉予骈蕃,业已颁给敕谕,赐尔国王文绮珍玩,用示怀柔。昨据尔使臣以尔国贸易之事,禀请大臣等转奏,皆更张定制,不便推行。向来西洋各国及尔国夷商赴天朝贸易,悉于澳门互市,历久相沿,已非一日,天朝物产丰盈,无所不有,原不假外夷货物,以通有无。特因天朝所产茶叶、磁器、丝斤为西洋各国及尔国必需之物,是以加恩体恤,在澳门开设洋行,俾得日用有资,并沾余润。今尔国使臣于定例之外,多有陈乞,大乖仰体天朝加惠远人、抚育四夷之道。且天朝统驭万国，一视同仁，即在广东贸易者，亦不仅尔英吉利一国，若俱纷纷效尤，以难行之事，妄行干渎，岂能曲徇所请？念尔国僻居荒远，间隔重瀛，于天朝体制，原未谙悉，是以命大臣等向使臣等详加开导，遣令回国，恐尔使臣等回国后，禀达未能明晰，因复将所请各条，缮敕逐一晓谕，想能领悉。据尔使臣称尔国货船将来或到浙江宁波、珠山及天津、广东收泊交易一节，向来西洋各国前赴天朝地方贸易，俱在澳门设有洋行，收发各货，由来已久。尔国亦已遵行多年，并无异语。其浙江宁波、直隶天津等海口，并未设有洋行，尔国船只到彼，亦无从销卖货物，况该处并无通事，不能谙晓尔国语言，诸多未便。除广东澳门地方，仍准照旧交易外，所有尔使臣恳请向浙江宁波、珠山及直隶天津地方泊船贸易之处，皆不可行。又据尔使臣称尔国买卖人要在天朝京城，另立一行，收贮货物发卖；仿照俄罗斯之例一节，更断不可行。京城为万方拱极之区，体制森严，法令整肃，从无外藩人等在京城开设货行之事，尔国向在澳门交易，亦因澳门与海口较近，且系西洋各国聚会之处，往来便益，若于京城设行发货，尔国在京城西北地方，相距辽远，运送货物，亦甚不便。从前俄罗斯人在京城设馆贸易，因未立恰克图以前，不过暂行给屋居住，嗣因设立恰克图以后，俄罗斯在该处交易买卖，即不准在京城居住，亦已数十年，现在俄罗斯在恰克图交易，即与尔国在澳门交易相似。尔国既有澳门洋行发卖货物，何必又欲在京城另立一行，天朝疆界严明，从不许外藩人等，稍有越境搀杂，是尔国欲在京城立行之事，必不可行。又据尔使臣称欲求相近珠山地方小海岛一处，商人到彼，即在该处停歇，以便收存货物一节，尔国欲在珠山海岛地方居住，原为发卖货物而起，今珠山地方既无洋行，又无通事，尔国船只，已不在彼停泊，尔国要海岛地方，亦属无用。天朝尺土，俱归版籍，疆址森然，即岛屿沙洲，亦必划界分疆，各有专属，况外夷向化天朝，交易货物者，亦不仅尔英吉利一国，若别国纷纷效尤，恳请赏给地方，居住买卖之人，岂能各应所求？且天朝亦无此体制，此事尤不便准行。又据称拨给附近广东省城小地方一处，居住尔国夷商，或准令澳门居住之人,出入自便一节,向来西洋各国夷商居住澳门贸易,画定住址地界,不得逾越尺寸,其赴洋行发货,夷商亦不得擅入省城,原以杜民夷之争论,立中外之大防,今欲于附近省城地方,另拨一处,给尔国夷商居住,已非西洋夷商历来在澳门定例。况西洋各国在广东贸易多年,获利丰厚,来者日众,岂能一一拨给地方分住耶?至于夷商等出入往来,悉由地方官督率洋行商人,随时稽查,若竟毫无限制,恐内地民人与尔国夷人间有争论,转非体恤之意,核之事宜,自应仍照定例,在澳门居住,方为妥善。又据称英吉利国夷商自广东下澳门由内河行走,货物或不上税或少上税一节,夷商贸易往来纳税;皆有定则,西洋各国均属相同。此时既不能因尔国船只较多,征收稍有溢额,亦不便将尔上税之例,独为减少。惟应照例公平抽收,与别国一体办理;嗣后尔国夷商贩货赴澳门,仍当随时照料,用示体恤。又据称尔国船只,请照例上税一节,粤海关征收船料,向有定例,今既未便于他处海口设行交易,自应仍在粤海关按例纳税,无庸另行晓谕。至于尔国所奉之天主教,原系西洋各国向奉之教,天朝自开辟以来,圣帝明王垂教创法,四方亿兆,率由有素,不敢惑于异说,即在京当差之西洋人等居住在堂,亦不准与中国人民交结,妄行传教,华夷之辨甚严。今尔国使臣之意,欲任听夷人传教,尤属不可!以上所谕各条,原因尔使臣之妄说,尔国王或未能深悉天朝体制,并非有意妄干。朕于入贡诸邦,诚心向化者,无不加之体恤,用示怀柔,如有恳求之事,若与体制无妨,无不曲从所请,况尔国王僻处重洋,输诚纳贡,朕之锡予优加,倍于他国。今尔使臣所恳各条,不但于天朝法制攸关,即为尔国王谋,亦俱无益难行之事,兹再明白晓谕,尔国王当仰体朕心,永远遵奉,共享太平之福。若经此次详谕后,尔国王或误听尔下人之言,任从夷商将货船驶至浙江、天津地方,欲求上岸交易,天朝法制森严,各处守土文武,恪遵功令,尔国船只到彼,该处文武,必不肯令其停留,定当立时驱逐出洋,未免尔国夷商,徒劳往返,勿谓言之不豫也!其懔遵勿忽!特此再谕。

马戛尔尼等此行之结果,除赍还文绮珍玩等赏赉品致诸国王以外,其余绝无所得。惟其与随行人员等,由新任两广总督长麟伴送,自杭州经江西以达广州,沿途所见内地社会实情,与军队腐败之状,笔之于书,归而布诸全国(马氏另有《中国游记》一书,史但顿有《出使中国记》,摆劳氏有《中国旅行记》等),则实为英人轻视中国,造成鸦片战争之张本云。

八十五　荷英两国之使节

(一)荷兰使者之狼狈

荷兰自顺治中派遣使臣以来,至后通市不绝。康熙三年,清兵渡海攻台湾,进克厦门,荷兰率海军助攻,以巨舰乘势追击,遂取浯屿、金门二岛。事由靖南王耿继茂奏闻,清廷嘉其功,赐国王文绮白金等物,于是荷兰派使臣胡伦(Peter Van Hoorn)入北京,冀挟其功绩,以求通商上之特惠,然结果则略无所获而返。二十二年,攻台之役,清将要求荷人以兵舰相助,荷人许之,惟海舰方至,而军已奏凯。嗣后通商福建沿海,盖属秘密之行为,以金钱运动之力,始获许可。至广东商馆之建设,则在雍正七年,而是时外国各商馆,皆已次第成立矣。乾隆五十七年,英国既遣马戛尔尼于北京,翌三年(乾隆六十年即西一七九五年),荷兰亦遣提津夫(Lsaac Titsinggh)、卜兰木(A. E. Van Braam)为使节于中国,其本意颇不愿蹈马戛尔尼之覆辙,然固不肯行三跪九叩与执藩属之礼,其结果,则清廷待之如罪囚乞丐相等。后虽卒如指导者之言,勉从中国仪节,然情形狼狈,空还广东而已。盖荷人自通使以来,执藩属之礼其恭,故中国待之,亦颇优异。乾隆元年,曾特旨减免荷兰税额,即其例也。中国官书所载,亦列荷兰于朝贡国之列,至是乃以马戛尔尼之影响,提津夫等欲变更从来之常仪,不再行贡使跪拜之礼,宜遭清廷之斥责也。盖清廷亦不知西洋诸国之情形,特以自大之惯性,妄举西洋各国于朝贡之列。英吉利向未遣使中国,故马戛尔尼第一次之来使,可以执平等之要求,清廷亦破例予以优容。意谓英使无成例可循,而又方以欧西大国具贡遣使为声威所致,以故朝觐之典,因之加隆。若荷兰之使节,则既频执朝贡之礼,安之若素矣,是以不能与英吉利同日语也。

(二) 英人之图据澳门

十九世纪之初,拿破仑崛起于法,尝思以兵威宰制欧洲,故屡起英法二国之抗争。嘉庆七年,英人恐法国夺据澳门,占东亚商业上之优势,因遣兵舰六艘泊鸡颈洋,并欲借词以窥澳。葡萄牙人觉之,乃告广东大府,大府饬洋商宣谕,令其释兵回国,遂以是年六月去。洎嘉庆十一年,拿破仑发布大陆条例(Continental System)禁止欧洲各国与英人通商,欲以经济政策破灭英国,以葡萄牙王约翰六世梗命之故,遣兵并有其地。于是英法战争之影响,又忽波及于中国。嘉庆十三年,英人复恐澳门为法国所据,葡萄牙力弱不能御敌,乃遣海将度路利(Drury)率战舰十三艘,进泊香山洋面,遂以防御法国,保护中英葡三国贸易及愿与中国协剿海贼等语,投书两广督臣,公然登陆,分守澳门炮台,将实行占领之策。大府闻之,即饬谕洋商,传谕大班(即东印度公司之管理人),令遣兵船回国,且告之曰:"澳门非葡萄牙所有,乃我大清土地也,法焉敢侵轶我?且边寇有警,中国自能御之,勿劳戍师,致吾民惊扰。"英人不听。(《中西纪事》云:"度路利自安南败归,以其余艘抵澳,声称佛郎西取小吕宋,将顺道袭澳门。葡人知其诈,而粤之大班有喇佛者,以七年之役,为澳夷所间,挫衄而归,欲以此时兵力,唆令度路利占澳门为补牢计。大府闻之,即饬谕洋商,传谕大班云云,度路利闻之怒,乃率兵登岸,占据市楼。")澳门之民,惊恐罢市。时两广总督吴熊光,粤抚孙玉庭闻变,乃援照违抗封舱之案,调兵守御。度路利遂率兵舰三艘,径入虎门,进泊黄埔,又自黄埔乘舢板船数十艘,直抵会城,入馆寄寓,扬言将劫十三公行,以修逋怨。度既下令,兵船争趋之,碣石镇总兵黄飞鹏以师船横截省河,飞炮击毙英兵一,伤者三,始惧而退,然其踞商馆如故也。时大班索还累年商欠,反以封舱停市,请退所买之茶,而偿其值,虚声恫喝,气焰益张。先是外国商船率以十只抵粤,停泊黄埔换货,不过两月,即回帆去,至是泊港外数月,货无起色,各商亦怨谤沸腾。大班乃言于度路利,责葡人纳款六十万元犒师,英之兵舰始具状愿退还,请照旧例通市如初。惟清廷方怒英人之桀骜已甚,严饬督臣剿办,且封禁水路,绝其粮食以苦之。各路官兵云集者二千六百人,而督抚以连年督率镇将,追捕海盗,转战重洋中,匪氛虽稍戢,而师殊老,故自始即保持镇静之态度,但以封舱困之,未尝下令驱逐;至是又意在弥衅,遂许以兵退开舱。于是度路利以十月引还印度,盖已有成约也。清廷以吴熊光办理迟缓,又不亲莅澳门,耀示兵威,虽开舱在英兵既退之后,而许之在先,严旨切责。旋饬新任督臣驰赴澳门查访,尽得其情,因劾熊光示弱畏葸,遂与巡抚孙玉庭俱论罢遣有差。然自是英国兵舰,辄出入虎门,蔑视定制。嘉庆十九年,蒋攸铦督粤,因奏定防闲策数事:

(一)严禁民人私为夷人服役。

(二)洋行不得用欧式建筑。

(三)店号不得用夷字。

(四)清查商欠。

(五)内地民人,不得私往夷馆。

并得旨允行。会四月英国脱里斯号军舰于拉庄(Ladrone)附近,捕获美国商船一艘,名汉打者,带至澳门。翌月,其预备艇又自澳门附近,追美之斯克尔船一艘,于黄埔捕获之。广东大吏以南海附近,系中国统治权所属之境,英兵舰擅捕他国商船,于我国主权,不无妨碍。且外国商船之至中国者,中国有保护之责;无论英美本国有何事故发生,则决不容于局外中立之地,妄动干戈。因令公司大班,负其责任。大班以脱里斯系政府所有之船,公司固无命令之权衡。于是清廷宣布脱里斯号若不去广东,即停止与英人通商。英政府闻之,而遂有二次使节之遣来。

(三)亚墨哈斯之徒劳

英人既以马戛尔尼之派遣,所议条件,尽为我国所批驳,至是而广东贸易上,复受种种之钳束,故商人与公行官府之间,时生龃龉。于是不顾二次之失败,复派故印度总督亚墨哈斯(Amherst)于嘉庆二十一年(一八一六年)来中国,谋解决两国间各种之纠葛,以确立其通商之地位。其分使之至广东者,曰加拉威礼,方至粤,辄争谒见仪注。以旧制贡使见督抚将军,皆免冠俯伏,大吏坐堂皇受之,加拉威礼不可。时粤督蒋攸铦入觐京师,摄事者董教增许免拜伏礼,仅免冠致敬,大府亦离席立受之。而是时亚墨哈斯亦方以仪节之抗议,起意外之事故,终且徙劳往返也。是年六月,亚墨哈斯违例由天津海口登岸,清廷亦循例遣工部尚书苏楞额往迎之,赐以筵宴。谕以谢宴应行叩跪礼,亚墨哈斯不可。将入都,又告以乾隆五十八年英使觐见仪注,亦不答。时颙琰在圆明园,命和世泰等先期导使臣至通州演礼,而和等径带至御园,车马困顿,使臣衣装辎车皆落后。盖恶其不肯循跪叩仪注,欲以计困之。时使臣表文未赍,礼服不备,仓皇失措,遂以病辞。而帝已诘朝御殿,传呼使臣,和世泰始以病闻,召见副使,又不至。清廷以使臣对于天下共主,倨傲侮慢,又不先在广东收泊,候督抚奏闻,而径达天津,恐尚有他故,严旨斥逐回国。即日遣理藩院押回通州。频行,仍令援乾隆五十八年例,由内地行走。既而清帝知使臣失礼,以表车未至之故,而理藩院迎接不善,实司其责,乃令酌收英使赠物,仍颁敕谕,赐其国王珍玩,以答远忱。驿交粤督蒋攸铦令慰遣之。谕曰:

尔国远在重洋,输诚慕化,前于乾隆五十八年先朝高宗纯皇帝御极时,曾遣使航海来庭,惟时尔国使臣,恪恭成礼,不愆于仪,用能仰承恩宠,瞻觐筵宴,锡赉便蕃。本年尔国王复遣使赍进表章,备贡方物,朕念尔国王笃于恭顺,深为愉悦,循考旧典,爰饬百司,俟尔使臣至日瞻觐宴赉,悉仿先朝之礼举行。尔使臣始达天津,朕饬派官吏在彼赐宴,讵尔使臣于谢宴时,即不遵礼节。朕以远国小臣,未娴仪度,可从矜恕,特命大臣于尔使臣将次抵京之时,告以乾隆五十八年尔使臣行礼悉跪叩如仪,此次岂容改异?尔使臣面告我大臣,以临期遵行跪叩,不至愆仪,我大臣据以入奏。朕乃降旨于七月初七日令尔使臣瞻觐,初八日于正大光明殿赐宴颁赏,再于同乐园赐食,初九日陛辞,并于是日赐游万寿山,十一日在太和门颁赏,再赴礼部筵宴,十三日遣行。其行礼日期仪节,我大臣俱已告知尔使臣矣,初七日瞻觐之期,尔使臣已至宫门,朕将御殿,尔正使忽称急病,不能动履。朕以正使猝病,事或有之,因止令副使入见,乃副使二人,亦同称患病,其为无礼,莫此之甚!朕不加深责,即日遣令归国。尔使臣既未瞻觐,则尔国王表文,亦不便进呈,仍由尔使臣赍回。但念尔国王数万里外,奉表纳赆,尔使臣不敬恭将事,代达悃忱,乃尔使臣之咎,尔国王恭顺之心,朕实鉴之。特将贡物内地理图画像山水人像收纳,嘉尔诚心,即同全收。并赐尔国王白玉如意一柄,翡翠玉朝珠一盘,大荷包二对,小荷包八个,以示怀柔。至尔距中华过远,遣使远涉,良非易事,且来使于中国礼仪,不能谙习,重劳唇舌,非所乐闻。天朝不宝远物,凡尔国奇巧之器,亦不视为珍异,尔国王其辑和尔人民,慎固尔疆土,无间远迩,朕实嘉之!嗣后毋庸遣使远来,徒烦跋涉,但能倾心效顺,不必岁时来朝,始称向化也。俾尔永遵,故兹敕谕。

是役亚墨哈斯本欲以广东贸易之状况,请求更改税例,及保证商人地位之安全,乃竟不得达,怏怏而去。自是中英之邦交日失,而不知不觉中,已潜伏祸机于无形矣。

八十六　英之贸易监督与领事

(一) 贸易监督之设置与律劳卑对等权之主张

英人之通商中国者,既受广东一港之限制,复受东印度公司(一五九一年英商始至印度贸易,一五九八年,伦敦商人合组东印度公司,资本金七万镑。一六〇〇年得英女皇依利萨伯批准。然犹为私人团体,其后公司欠政府巨款不能偿,一七七一年孟加剌大饥,公司益困。英政府乃乘机派哈士霆〔Hastings〕为孟加剌知事,次年升印度总督。于是此商业之东印度公司,乃成英帝国侵略之总机关矣)专卖权之束缚,致贸易不能自由,心辄恨之。当是时美利坚人以锐敏之天才,和蔼之礼貌,自与中国通商以来,颇有一跃而代英人之势,英商尤积不能平。道光十四年,卒运动本国国会,达到废止东印度公司专卖权之目的。先是中国闻公司有取消之信息,虑英商散漫无稽,难于管理,因向英人提议,苟公司有解散之时,则宜置一通达商情之大班,以处理各种事务。及公司专卖权废除,中英通商,一旦开放,英政府先敕令商人出入广东,当完全受中国法令之管辖,而并设贸易监督官以治理之,即广东领事之滥觞也。道光十三年冬(一八三三年十二月十日)英王以律劳卑(Lord Napier,日人译作拿皮耳)为主务监督,蒲罗登(Plouden)副之,带威(Davis)为第二监督,所以管辖广东一带之通商事务者也。蒲氏为东印度公司之特派委员长,至是已去中国,令以带威代之,而又简鲁滨孙(Robinson)为第三监督,阿斯迭为书记官。此英国第一次之领馆人物也。律劳卑临行时,英王手敕诰诫,以亲睦中国为言,谓凡英人与华人及其他外人有争论时,当妥为调处,务使两者和平解决。若与中国官吏有争议,宜持温和态度,万勿大言恐吓,或遽有军事之行动。至于服从中国之法律与习惯,尤为切要。总之须使中国人民及其政府,勿猜忌愤怒,疑我有叵测之谋。而英外务大臣巴马斯统(Lord Palmerston)且以特别训令,告律劳卑二事:(一)司法裁判之权,非有极重之事由,不得行使。(二)中国有内河禁止航行之规定,英国军舰万不可驶入虎门。道光十四年六月(西一八三四年七月十五日)律劳卑抵澳门,将诣广州。两广总督卢坤传命止之,律劳卑不受命,径乘军舰至黄埔,又改商船达广东。因投书督臣,表示代表英王,管理通商之任务,并不能受中国命令性质之文件,而请亲与总督面晤。卢坤怒其书用平行款式,“事关国体,未便稍涉迁就”。又不经公行商人之手,拒绝之。命行商通知律氏,谓英人通商百余年,因服从中国之规定,是以享有和平贸易之福利。而此项规定,其主要点仅许英人于澳门居住,若以通商之事来广州,则必由税关证明许可。今律劳卑不待总督之命令,与税关之许可,径至广东,实属目无法纪。税关官吏,因是而被斥,然律劳卑远夷不谙法制,尚可原谅,准其于通商情事,加以调查,调查后,须仍回澳门,以后非经允许,不得擅至云。卢坤以此项命令,使行商传达律劳卑后,更对于行商加以严厉之督催,务劝令律氏速离广州;并谓行商与外人素习谂,若不能致外人以遵守朝廷法令,则没辱国权,将受谴责。行商因婉劝律劳卑暂行避暑澳门,静待后命。律劳卑峻拒之,行商因谋招集英人公会,冀由英商出任调停。讵律劳卑知行商无解决之良法,先期集英人会商,当场中亦多同情于其主张,公行之会,遂不果成。至是行商调停之局终,而停止贸易之期至矣。

(二)停止英人之通商与律劳卑之病死

先是广东大吏以英人倔强不奉命,对于外国商船,严密检查,防止武器及违禁物之输入,至送信则限用中国舢板。外国妇女之渡来,亦加以严厉之禁制,而商馆外人,则托由行商切实防范,勿使与中国莠民交结。凡有禀达事件,须拟具请愿书,交由行商转递,或普通事情,可直接付与税关。既而行商拟调停律劳卑及官府之冲突,顾律氏不愿,行商为保全自己之地位计,决议停止与英人通商。于是卢坤一方则请旨封舱,将英国贸易,暂行停止,量加惩抑;一方则发兵防范海口,严守炮台,以备不虞。既而又遣广东按察使及广州知府等往访律劳卑,询以三事:一、即来广东之理由。二、所受于本国之命令具有何种职务?三、回澳门之时日。律劳卑谓派遣监督,系出于中国官宪之授意,余即为调查商业事务而来者也。职务已详致总督函中,可启视而知。至返还澳门,则视余之便宜而定。以故此次会议之结果,对于两国纷议,不仅无由得解,而停止贸易之命令,反因是以厉行焉。盖中国官吏之所持者:

(一)不经允许而径来广东,有违成规;应即速返澳门,听候解决。

(二)外人请愿事件,向例系呈请之形式,由公行行商转递,若改间接呈请之禀帖为直接平等之书函,则决不能受。

律劳卑既不遵英政府之训令,以和平政策,处理事变,又固执其对等权之主张,欲直接通信与总督,一切不愿受中国约束。因是两方冲突,绝不能免。自禁止通商之命令发布,所有大小货物,既不准与英人交易,即雇员职工水手等之中国人服役者,亦强令解役,英人大感困难。时道光十四年七月间事也。律氏于八月初三日(西历九月五日)下令,初五日英军舰二艘(快走舰依莫禁号〔Imogene〕,及安东罗埋克号〔Andromache〕)乘潮突入虎门,发炮互击,卒于初九日进抵黄埔。于是律氏假英商集合之会议所发表宣言,竭力主张英王之主权而暴其威力,并以战局将开,委责中国官吏,谓总督之行为,对于清帝为诈伪叛逆云。粤督卢坤亦以命令交行商转致,其大意谓英人欲改大班为监督,可以照行,惟通信由行商之手,此成规不可不从。中国历来除对于庆贺朝贡之使节外,官吏与外人之间,并无何种直接关系。即就此事言之,英国任命律氏,既无正式之通告,又无取信之凭证,且不待总督以请旨之时日,遽然引军入馆,炮击堡垒,其蔑视中国法律,罪状显然。于是卢坤方调水陆诸军,扼要设防,困围商馆,而律氏适以酷暑致疾,于十九日退去。两方继续交涉之结果,英军舰允即退驻澳门,但不得以中国命令之形式。卢坤等遂以英人内外消息不通,惶恐悔罪,恳求给牌下澳等词,铺张入告,许英人通商如旧。而律劳卑竟以九月初九日(十月十一日)病死澳门。

〔附言〕 英人之船坚炮利,卢坤、祁𡒄于道光十四年八月二十八日,奏称"英夷素性凶狡,所恃者船坚炮利,内洋水浅,礁石林立,该夷船施放炮火,亦不能得力。该夷目深入中华,距本国数万里,已有主客之势。……第事关化外,必须格外详慎,折服其心"。可见其于英人之强,亦颇知之,不敢取快一时也。道光帝于接奏后,亦谕以"不可遇事张皇,肇启边衅"。谓:"看来各炮台俱系虚设,两只夷船不能击退,可笑可恨!战备废弛,一至于此,无怪外夷轻视也!"因将水师提督李增阶革职,参将高宜勇枷号一月,卢坤亦以疏防受革职留任之处分。至英人自恃富强,动违禁令,运械到馆,俨然抵敌,则十一年谕旨即已言之矣。

(三) 沉默政略之抱持与领事之更设

律劳卑死后,带威继之为主务监督,鲁滨孙、阿斯迭升为副监督,义律(Captain Elliot)为书记宫。带威精通华语,审知我国人之性质,于事不多所更张,以沉默之态度处之,苟未经政府之训令,则惟有保持其原状而已。是时英商对带威之沉默政策,颇表不满,因上书英王,言服从非礼之待遇,不啻损失英国之名誉与威权,大使宜付与特权,苟交涉不协,迳可以兵舰直捣北进。并谓英商所受之损失,既无要求赔偿之路,而对于中国当局之侮辱,亦维有唯唯诺诺不敢一言相抗,何必政府任命公使?带威以此种建白,毫无意识,又系少数英商之意见,殊不足以介怀也。道光十五年(一八三五年)一月十九日,带威辞职,鲁滨孙继之,阿斯迭为第二监督,义律为第三监督,一守带威之沉默政策,无所变更。未几英阿柔舰之水手为上川岛(St. John Island)乱民所捕获,要索赎金,于是义律以第三监督盖章之文件,携翻译西加子柔及阿柔舰长至玉兰门投递,广东官吏,置之不理,盖以其书简非禀帖也。然水手之事,亦卒被设法释放。是时广东大吏(总督卢坤、巡抚祁𡏖、粤海关监督彭年)方惩于前事,增定防范章程八条:

一、外国护货兵船,不得驶入内洋,如有擅入十字门及虎门各海者,停止贸易。

二、责成公行行商稽查外人偷运枪炮,及私带番妇稍人至省。

三、引水买办,应由澳门同知(此时澳门尚保留吾国主权,中国设有同知衙门)给发牌照,不准私雇。

四、商馆雇用民人,宜有限制,每月由公行造具清册,送县存案。

五、外人在内河只准用无篷小舢板船,禁止闲游。

六、外人具禀事件,一律由公行转递,如系控告洋商(即行商)事件,或洋商有抑措不为转禀之事,仍准夷人自赴地方官衙门禀讦。

七、行商承保洋船,应兼用认保派保法。[1]

八、夷船在洋私卖税物,应责成水师查拿,并咨沿海各省稽查。

此项章程,既经奏明裁可,遂于是年三月,公布实行。以故鲁滨孙在职中,惟居留澳门,或一至伶仃,阴上书本国政府,议于珠江口占一小岛为根据,不复求与督臣相交涉。会道光十六年(一八三六年,十二月十四日)英政府废贸易监督之职,以义律为领事代之。经总督邓廷桢之奏可,以管辖商人水夫及遵守中国规则之名义,得至广州。义律对于中国,表面欲以和平政策,扩张商利,务不失清廷欢;而阴则上书本国,谓欲得平等之权,非诉诸武力,不克有效。故当时即不有鸦片输入之事,而两国之冲突,亦终不能避免也。

〔1〕原奏云:"洋商承保夷船,应认派兼用,以杜私弊也。查夷船来粤,旧例系由各洋商循环轮流具保,如有违法,惟保商是问。嗣恐轮保有把持之弊,凡港脚夷船(按即英船,即 Country 之译音也)均听其自行投行具保。惟现在公司已散,所来夷船散漫无稽……嗣后照旧听其自投相信之行为认保,一切交易货物请牌完税公事,均由认

保承办。收纳税饷,查照则例,毋许私毫加增。仍每船设立派保一人,各行挨次轮派,专司查察。如认保行商与夷人通同舞弊作奸,或私增税银,拖欠夷账,责成派保之商,据实呈首,分别究追。派保循隐,查出并究。"此认保派保法之大要也。

第十七章　国际贸易之状况

八十七　公行制度

（一）公行之沿革与职责

中外关系之发生，由于通商，故欲知鸦片战前之外交，不可不知当时国际贸易之状况。自欧亚交通，以至乾隆二十二年，为江浙闽粤四关贸易时期。四关以粤海为最盛，因其地近南洋，且为唐宋以来市舶司所在地，贸易亘千余年不衰，而海关之积弊亦最深。故英人屡谋北移宁波。清廷鉴于海疆治安之可虑，特降谕："向来洋商由广东收口，经粤海关稽查征收，其浙省之宁波，不过偶然一至。近来奸牙勾串渔利，洋船至宁波者甚多。将来番船云集，留住日久，将又成粤省之澳门矣。于海疆重地，民土风俗，均有关系，是以更定章程，视粤稍重，则洋商无所利而不来，意示限制，不在增税也。"自此凡洋船驶往宁波、厦门、上海诸口者，各省官吏辄令回帆至广州贸易，所谓"不禁之禁"，而广州遂为对外通商之惟一口岸矣。自乾隆二十三年以至道光中叶，清廷严守一口通商政策，因此更增粤海关之腐败，公行行商，垄断外洋贸易，尤使各国商人，不堪受其束缚，纷纷要求改善。大吏以蔽于成规辄不许，是为鸦片战争之远因。及鸦片战败，五口通商，而外人之目的始达，吾国受帝国主义者之压迫，亦从兹始矣。公行之组织，外人记载以为始于康熙五十九年。实则官设牙行，明代即有，万历间有所谓三十六行（见周玄玮《泾林续记》），明末则减为十三行。故梁廷枏《粤海通志》谓："国朝设关之初，命牙行主之，沿明之习，命曰十三行。"十三行之名称，沿用最久，已成一专门名词，清代且以之名街,因而有时洋行之数,不仅十三,或少于十三,亦以十三行为外洋行之代表矣。所谓“夷馆”或“商馆”者,即洋行划出一部分房舍,租与外商居住贮货之所,以便行商之管理也。洋行之外,复有“本港行”、“福潮行”及铺商,乃作南洋诸国贸易,及售外商零星什物者,其规模较小,故不甚著名云。康熙四十一年左右,又有所谓皇商者,其性质系由官府指定一人为经纪,外人购货销货,皆出其手。然皇商未必为富豪之家,贸易既不免有迟延之弊,而皇商以外之行商,亦并失其营业之利权,群起反对,皇商遂不久失败。至康熙五十九年行商因联合组织一种机关,名曰“公行”。亦即十三行之同业公会也。其目的专为划定价格而设,虽非由于官命,然官吏每借此以为抑制外人之手段,故因其便利而承认之。自是并严禁公行以外之散商贸易,外人恨其垄断也,常以严重之抗议,要求解散公行,而公行之蔚立如故。其所立公约,别见上卷八十八节,兹不赘。当时行商有十六家,分头二三三等,新加入者,须先纳银一千两作为经费。最盛时且至二十余家。其殷实者并可作保商。公行之职责,介于中国官吏与外国商人之间,一方委之以代收租课,一方请之以代纳关税。盖外商以不懂我国之习惯与法律,官吏亦因言语不通之故,皆不得不请其为中间人,使之代办交涉。自此贸易之权,完全操于公行行商之手,匪特价格之制定,视为专责而已。乾隆三十六年,英人以三万镑贿当道,卒达其封闭公行之目的,但六年以后,清廷又给行商十人以专利权,行商仍以公行为会议所,以故公行势力,仍未削减。公行行商少则数人,多则十余人,行名及经理人,历年皆有变更,数目亦有增减,其详可参看梁嘉彬《广东十三行考》。大概乾隆时行商以同文行潘振承(启官),万和行蔡世义(文官)为最大,二人均曾任总商。嘉庆初,潘(同文)、卢(广利)、伍(怡和)、叶(义成)齐名。怡和行初创于伍国莹,以三子秉鉴出任行商,因乳名亚浩,称浩官(Howqua)又易名敦元。自嘉庆十四年以后,跃居总商,至道光二十二年洋行废止之际弗替。惟秉鉴于道光六年,将行务交其第四子元华(受昌)料理,道光十三年,元华病故,其五子元薇继之,改名崇曜,字紫垣,即林则徐奏称之伍绍荣也。崇曜时,家益富,财产在二千六百万元以上。素耽风雅,刻遗书其多,《粤雅堂丛书》其最著者。又以鸦片战争前后与外人交涉频繁,声名籍甚。秉鉴卒于道光二十三年,崇曜卒于同治二年,伍氏遂式微。此外矜行均兴替不常,而商名及外人所称之官名,复有祖孙父子兄弟相沿者,错综复杂,殊难备举也。行商十分之七为福建籍,则以外人曾于厦门、福州贸易,后渐归于广东,故商人亦随之而俱来也。行商既因政府之权力而巩固其地位,复为政府之手足以从事于活动,每年进款极多。除开支纳税外,尚有余息,以资捐纳。如天宝行梁纶枢(承禧)于道光八年,捐输南河工费银九万五千两,由训导议叙道员职衔。二十二年在本省捐输海防经费银二万两,奉旨议叙,加盐运使衔。故《彭刚直奏稿》有"十三家洋行独操利权,丰亨豫大,尤天下所艳称,遇有集捐之事,巨万之款,咄嗟可办"之语。则行用之巨额,可以推知矣。公行不仅在于代客卖买,征收租税,而外商之管理,官府亦责公行代行之。外人若有扰乱治安之事项发生,地方官惟责问公行,故公行不得不侦察外人之行为,而预为防范。公行与外商之屡次失和,此亦其一因也。

(二) 限制外人之规定

与公行贸易,而为外商之经营机关者曰"商馆",或曰"公司"。即俗称之洋行也。乾隆以前,英、法、荷、比、瑞典、西班牙、丹麦皆曾于广东建设商馆,其房屋地基,胥由公行租赁,在广州城外西南之河岸,概以二十一Acres(英亩名,约合中国六亩)为限。其营业之方法,固当受我国政府之法律支配,即日常生活之状态,亦莫不受官吏之干涉焉。自乾隆二十四年,总督李侍尧奏采所谓防范外夷之五事以来,对于外商之压抑,随时增补其条项,兹述当时所定之规则大要如下:

一、外国军舰,不准驶至虎门以内,即其保护商船之军舰,亦须停泊于江口以外,与商船之解缆,当同时拔锚。

二、妇人不得混入商馆,铳炮枪及其他武器,均不得持入。

三、所有航路引水人及买办等,概须我国澳门同知之特许登录。非受买办之直接监视,不许外国船泊,与其他商民之交通。

四、各商馆不得使用八人以上之华人(准用看门人二名,挑水夫四名,看货夫一名)并不得雇用仆妇。

五、外人不能与我国官吏直接交涉,遇必要时,必须经过公行之手续。

六、外人不许泛舟江上,惟每月初八、十八、二十八三日,得游览花地海幢寺一次,每次不得过十人(沈三白《浮生六记》:“十三洋行在幽兰门之西,结构与洋画同。对岸名‘花地’花木甚繁,广州卖花处也。”不准赴别处村落墟市游荡)。

七、外国人不准用轿,或在省城澳门通信,只准用无篷小船,不得用插旗舢板船只。

八、外人买卖,须经公行行商之手,即居住商馆者,亦不许随意出入,防其与奸商有秘密交易之行为。

九、通商时期已过(大约五六月进口,九十月出口,禁止夷商住冬),外人不得在广州居住。即在通商期内,货物购齐,亦须装载而归,否则,可往澳门。

十、外国船舶,得直接航行黄埔,徘徊河外,不能寄泊他所。

十一、不准购买中国书籍,学习中国语言文字(此为康熙末年杨琳所奏请,乾隆时刘亚匾即以借夷商资本,教夷人学习华文而伏法,后则渐宽)。

十二、公行行商不准有负欠外人之债务。

此规则之实行,于公行贸易末期,尤为严厉。道光十年英国商馆中,有三妇人入内,我国官吏,立即驱逐,并威吓以全部贸易之停止,三妇人旋即逃归澳门。是年十月,又有美国妇人来此,亦惹起纷纠。惟雇用仆妇,后渐通融,然有时官吏仍执以为词。至公行转禀事件,丝毫不能通融,律劳卑因此事而愤死,其厉行可知矣。惟公行有隐匿请愿禀单之事,准由外人至城门投递,此道光中叶之让步办法,然适亦成为具文而已。《中西纪事》云:“大班之在粤也,初寓洋行,继则立公局,久留粤中,已不复循回澳住冬之例。道光之初,粤城外不戒于火,民居多拆为平陆,英商欲广其公局,乃借修葺为名,以次侵占,拓地数里。而其地当对河居民渡口,居民欲返其故地,不得,乃控于大府。时大学士李鸿宾任两广总督,置不理,粤人谓其受洋商贿,乃乘其入觐之间,控于粤抚朱桂桢。朱在粤素有威望,洋商惮之，闻控震怒，立锁拿通事下狱，洋行惧误开舱事，跪求免究，乃亲督拆毁，平之。英商之桀黠者，果以八事入禀，要挟停止开舱，相持者半年，仍以孟加剌新到之船主，居间调停，事遂解。此道光七八年间事也。初洋商在粤通事，定制不得携带家属，自大班公司之设，出入自便，遂于八年秋有大班某挈一洋妇寄寓粤城，而其时十三洋行中，有东裕行司事谢某为置肩舆，出入乘坐，久之夜郎自大，反不许行中人乘轿入馆。大府廉得之，立拿谢某究治，瘐死狱中，大班闻其事，辄架大炮于夷馆外，设兵自卫，大府虑激变，乃遣通事蔡刚以理晓谕，令撤去兵炮，并速遣夷妇回国。于是洋行具禀，托以大班患病，需人乳为引，俟稍愈，当即遣之。大府据禀完案，不复根追，夷妇卒逗留不还。数年之后，义律来粤，竟以挈妇为援例之常，而边衅亦因之起矣。”按道光十年十月庆保奏称：“有英吉利大班盻师(William Baynes)携带番妇，来至省城，坐轿进馆。因讹言有派兵围逐之说，心怀疑畏，通信夷船，令水手乘夜将炮位及鸟枪等件，偷运夷馆。”十一年三月初九日上谕：“有人奏称，夷人违例八条：一、致毙汉民，藏匿正凶，抗不交出。一、在省城横行街市，汉民不敢与较。一、夷妇生子，多雇汉乳妈服役，及向汉奸私买婢女。一、内地书籍，例不出洋，近日汉奸多为购买，并有课其子弟者。一、上年夷人在洋行门外私设临水码头，以为偷税地步。一、夷人禁止洋商坐轿。一、向例夷人不准进靖海等门，上年二三百人以探听批禀为名，擅自拥入，莫敢拦阻。一、夷人销货完竣，不准逗留，近则往往在粤过年等语。以上各情节，以海疆重地，大有关系，岂可一味因循，长其藐玩？”观于此，则知防范章程之履行，久而渐偷，而首先具尝试之心，为猾华之渐者，又英人也。是以中英之冲突，乃势所必至者矣。

（三）商馆与公行之关系

广东商馆，虽多至十余，然自拿破仑战争以后，英国威望顿增，而英商与公行之往来亦独多，故当时英国商馆，在外国商馆中势力最大。此英商馆，即著名之东印度公司之代理处也。两国贸易之专利机关，在中国为公行，在英国为商馆。康熙二十六年顷，英商馆已实行专利政策，每年英船来广州,商馆派货头(Super-Cargoes)同行,每船约三人,各货头既不相联络,故事权亦不能统一。乾隆三十五年,东印度公司董事会,议决派货头委员会于广州,俟交易停止时,将房产交公行代管,暂往澳门休息,盖循我国之规定也。商馆中人员,除公司总管、一二等商人、四五等驻理(Factor)书记、船匠等外,尚雇用中国人为买办(Compradore)、通事(Linguist)、银师(Shroff),责任各有轻重,事权各有大小,俸薪各有一定。商馆用费,大约二分,股东之利息,每年发一分或八厘,以外供给进口税、营业税,及印度政府之财用,有余则尽数捐助于本国,以报答允许专利之权。凡九十五年间,商馆曾交付英国国库二千五百万镑,则其获利之巨,可想见矣。普通外舶抵港之际,居留商馆之代理人,即将货物细表,持交公行,并准备驳船经费催雇夫役,搬运商品于商馆以内。此项商品,系直接交与公行,商馆不能与一般市场有交易之权能,以故商品之估价,全为公行所宰断。公行对于某项货物,先将各项开销,如正税、规费、赠贿等通盘筹算,计其利息,而定价格。公行复抽若干之行用。据嘉庆年间,英人禀控之词,言棉花一石,价值八两,向例行用二钱四分,连税银不过四钱,其后每石行用,加至二两,几五倍之矣。又言茶叶税饷二两五钱之外,洋行会馆,每石抽费六元至九元不等,计茶叶出口之价,不过三四倍于八两一石之棉花,而税用两行,已亏折其十之三,则增设名目之渐也。《国朝柔远记》言行用者,每价银一两,奏抽三分以给洋行人之辛工也。继而军需出其中,贡项出其中,各商摊还洋货亦出其中,遂分内用、外用名目。此外尚有官吏之需求,与闲游之货价,以故洋利渐薄。洋商请减行用,巡抚韩葑与总督、监督核议不许。然行商得进公行,亦须纳相当之贿赂于海关监督,欲求歇业亦然,有时付款至数十万者,则其取偿之苛,亦无怪其然矣。大概公行与商馆二方,以专利之结果,恒不免有欺诈自私之行为,两国邦交,既非此辈所顾虑,而龃龉时生,各恃其凭借以求胜。商馆用枪炮以威吓,公行鼓动暴徒相抵抗,并假官府之势力以相制,以故沙面贸易,时有停辍。且行商以操奇计赢,坐拥厚赀者有之,挥霍无度,受官苛勒,因而破产者亦有之。常欠外商货银,无法偿还。如乾隆二十三年,资元行黎开观身故,欠法商九万余两。又挂欠入口货饷,无可完纳,致累众行,于承作茶价之内,割出代为捐填。此种事层见叠出,故至道光初行商倒闭者甚多,只怡和、同孚、东兴三行,能清偿债务,大宝、万源、广利三行,尚能支持,是旧时之十三行,可观者仅余其六矣。盖行商以包揽对外贸易之故,承保税饷,归还积欠,须负连带责任,对于官吏勒索,又奉命惟谨,不敢违抗,故常有拖累,动遭籍没,新商亦复裹足不前。乾隆时多至二十,少仅四家,嘉庆时存其十。道光时由七家渐增至十二,则以增设新行,只须两家担保故耳。

八十八　商品与关课

(一) 商品之出入

我国输出品,以茶、绢、砂糖、木棉等为大宗,输入品以棉丝布类、鸦片、象牙、细工等为大宗。而英国以鸦片之输入,交易益盛。初期十六年间,约占输入品六分之一,后期则达二分之一以上,其详数后当别述。次于鸦片者,为印度棉花,约占输入品四分之一,再其次则羊毛织物,约占八分之一,印度及香料等岛产品,约占十分之一云。输出品中,茶占百分之九十以上,此征之英人弥耳奔(William Milburn)所著之《东方商业》(*Oriental Commerce*, London, 1813)而可知者。是书载有东印度公司十七年之详细统计,于此统计中,广州运至伦敦之货价,茶占全数百分之九十五云。至茶市之所以独盛者,其因不详,以余推之:我国对于米谷输出,向有例禁,丝觔绸缎,虽无明文,然乾隆二十四年御史李兆鹏曾奏请禁止,嗣后凡私贩丝觔出洋者,照偷运米谷例治罪。是年九月,两广总督奏绸缎绵绢出洋,应否与丝觔一并定议处分,亦经奉谕,照例科断。二十七年英商白兰等请求照前通市,购买丝觔,经粤督苏昌奏准照东洋铜商搭配绸缎之例,每船许配买土丝(康熙年间,丝每担一百三十七两至一百四十二两,雍正年间,每担一百五十五两,乾隆年间,每担一百五十五两至二百二十二两云)五千斤,二蚕湖丝三千斤,其头蚕及绸绫缎匹仍如旧禁止,此所谓加惠英吉利之特恩也。至二十九年三月,两江总督尹继善、江苏巡抚庄有恭合词请弛丝禁。上谕曰:“丝觔出洋之禁,行之日久,丝价未减,抑有更贵者,可见生齿繁衍,取多用宏,物情自然之势,其故非尽由出洋也。今尹继善等议请弛禁,庄有恭并称前抚浙时,体察杭嘉湖三郡民情,亦以丝觔弛禁为便,浙江情形如此,余省亦可概见。况英吉利噶喇巴俱已特旨准其酌带配用,外洋诸国,亦宜一体弛禁。”虽然丝觔之禁已弛,而仍令地方大吏,悉心稽察,勿使奸商于成额外,影射增加,以示限制。是则丝觔既有禁制之例,而我国更无熟货出口,此茶市之所以独盛欤?方是时英美之通商中国者,每成三联之形式:即英人以货物输入印度,更以印度土产而输入中国,然后再运中国之茶绢等物以回英伦。美人以货物运至欧洲,以其所得之西班牙货币,满载而来,购我国之货品而归。当时银行业务,尚未举行,账项之决算,概用现金(惟英国商馆,已使用票据,荷兰亦于某程度间,略为放行,此为例外)。故各商馆中,颇需大量现金之准备。在手面上,持有百万金以上,绝非奇事。乾隆二十年洪任辉等至宁波贸易,两船即携有番银二十二万圆。道光十一年(一八三一年),美国三艘商船,航行广东之时,即携有美币百十万元云。

(二) 船钞之等次与需索之弊端

外国船舶之通关手续,亦甚复杂:初至澳门,即须向我国官吏纳入三百二十五乃至四百两之经费,雇用引水与浅滩所用小艇等费,共约百五十先令,翻译一员,约需百七十五至二百五十先令,但翻译兼办庶务者,另须报酬。由此而至黄埔,又须雇杂货商,以贩卖食物货品,工资自五十至二百六十先令不等。杂货商亦颇有独占之权利,往往抬高货价,借以牟利。船至虎门,须听命税关之量船。量船先由监督照会公行,由行商预派翻译与买办至船上布置妥贴后,再用小船插黄旗以迎接监督。监督至船休憩,翻译买办量船,以后桅至前桅为船长,中桅为船阔,长阔相乘十之一为船量,船量分三等,关税亦分三等,一等船对于积载量之一单位,为七两七钱七分七厘,二等船为七两一钱四分二厘,三等船为五两,比一等船大者,仍纳一等税,比三等船小者,仍纳三等税。纳税后付以船钞(吨税),始得再至黄埔停泊交易。据闻嘉庆十五年(一八一〇年),进港之一等船,其长为七九. 九(Cubits)幅二五. 九(Cubits),所纳正税为一千三百二十八两四钱六分三厘,附加税手续税一千九百五十两,共计三千二百七十八两余之征收费,若由现今之吨税规则言之,则不过为百五十两之小船而已(康熙二十六年,英船伦敦号与渥尔西斯特号(Worcestor)至厦门,关吏丈量,需纳二〇六五及一四七五两之钞银。英商不肯,经一月之争持,终以七五〇两及五〇〇两交纳。惟另纳三百二十两之贿赂而已。可见船钞亦有出入,非尽依规定也)。不特此也,正项以外,于监督则有礼物,于吏役则有赠贿,于政府又须有贡品,种种弊规,殊不堪言。故当时东印度公司谓二十三年间,由英国贩至广东之货物,其损失达一百六十八万八千一百零三镑,而《中西纪事》则论之曰:"国初海禁既开,设关有四,江、浙、闽、粤,无不可通,乃未几而粤东海关专其利薮,未几而十三洋行操其利权;税有定则,未几而益以规费支销名目,未几而益以归公充饷名目,始则取之在吏,继则取之在官。……洋商不堪其悉索,则控于地方官,地方官不能平其讼,则越控于大府,大府不欲穷其狱,乃回诉于本国。于是带兵船论讲,而干戈之衅以起。《书》曰:'若颠木之有由蘖。'语曰:'物必先腐也,而后虫生之。'由是言之,即使鸦片不入中国,亦未能保外洋之终于安靖而隐忍也!"此可谓善于自责者,然亦实情也。

〔附记〕 粤海关腐败之情形,英国牛津大学图书馆藏有法国商人戴蒙提(Demontignn)、达生(Damsin)、密其尔(Michel)等呈两广总督文,言之綦详。文繁不备录,其要项凡十:一、皇恩之赏赉,今日已移饱于关吏内司。二、沿途关口盘泛勒征人税,附挑夫高抬脚价。三、保家即保商,宜裁除免致滋累(按此条系欲取消公行制度,自由贸易)。四、船规银两恳豁免(按此为船钞外之馈送陋规,每船竟达二千两左右)。五、借办贡物名色,需一索十之恶习。六、违例私索税银(正饷分头外,每帮勒索花钱一百五十元至二百元,子口又每匹绸缎勒索二三钱)。七、保练差役及看船官头材官,故纵店艇卖酒。八、艇户盗偷货物,总巡水手,窝受分肥。九、黄埔口总巡馆勒索买办规礼。十、点验起落货物,措延取利(从前每日起四艇,每艇四百余担,近日起二艇,每艇二三百担。因起一日即有一日之规礼,故不肯多起)。此外尚控海关监督李永标袒庇家人吏书横行,不与外商见面,甘受左右蒙蔽等等。此乾隆二十四年事也。未几,以洪任辉北控,李永标革职。

八十九 外人居留地——澳门

(一) 中国保有澳门之主权

鸦片战争以前,欧美人之在我国贸易者,仅得出入于广州一地,然亦非于特定之时期内,不准来往居住,大概每年十月,商船由贸易风而入,翌年三月,再乘贸易风而出(《中西纪事》谓外国商船率以七月抵粤,停泊黄埔换货,不过两月,交冬即回帆去,即澳门住冬之例,说与此异),是为贸易期。除此时期中,外人得盘旋广东商馆外,余概行居留澳门矣。先是明嘉靖年间,我国官吏得葡人赠贿(详卷上第二十二章中),许以澳门建小屋晒货,岁课地租,自是以后,葡人锐意经营,俨然视澳门为殖民地。界址屡拓,租金屡减,并欲要求管辖之权于中国政府,而迄未允许。康熙六年,葡人曾派大使于北京,然不得要领而归。雍正二年,葡使墨奈择斯(Alexander Metells Souza Y. Menezes)又至,虽屡次上书,要求关于通商之权限,亦无效果。乾隆十八年,葡人又派大使,而清廷胥视为属国朝贡之礼,固不愿与议通商之问题也。我国以澳门为外人之居留地,即所谓别华夷之防者。盖广东既不准外人居住,乃不得不假澳门为栖流所,故外人与中国通商,以澳门为根据,广东则不过如季节之贸易市场而已。嘉庆七年,英国军队奉印度总督威尔苏里(Marquess Wellesley)之命,因防法人攻击,占领澳门,我国官吏以其侵犯境土,出而抗议。时英军闻亚敏(Amiens)条约成,遂退去。未几英法又决裂,明特奉英王命,守备卧亚,以防法人,复于嘉庆十三年,派军强占澳门,一时贸易停止,中英邦交,几至断绝。英人之意,以为既得葡人同意,则中国之交涉,毫不足以介怀,而清政府则以澳门系我领土,拟发兵击之,英军卒以引去(详见上章)。盖澳门虽租于葡,而主权在我,特以为外人之居留地,而不为积极之管理而已。苟他国欲有所侵轶,则自不得不加以强有力之干涉也。

(二) 关于裁判赋税之管理与澳门外侨之调查

对于澳门之管辖,我国既依旧维持其主权,则设官置吏,乃当然之事。万历十五年,明廷任命澳门官吏,此事始见纪录。嗣是凡中国人之诉讼,无论原告被告,皆归裁判。及后裁判之职权,渐移于卡塞勃兰卡(Casa Branca)之长官。此长官有万历九年横断地峡所建堡砦之监督权,其后康熙二十九年,香山县又排斥其顾问之人,凡澳门范围内事,自行裁断。乾隆九年,派特使曹丹(Tsotang)代香山县办理澳门之事,至嘉庆五年,常往来澳门,行使职权焉。当乾隆十四年时,有葡人犯罪,证据确凿,葡吏以悔过为名,不送至法庭惩治,而使之逍遥隐避于教堂,于是清吏对于葡人之日用,一切不令供给,并强之使出澳门。葡人不得已,始交出逃犯,而并订一种暂行之条约。条约第五项载:凡于卡塞勃兰卡犯杀人罪时,中国官吏至澳门公同相验尸身,判决时,当送其证物于广东。第七项若非完适当租税,得卡塞勃兰卡副执事允可者,不得于澳门建设家屋及堡垒等。惟此条至道光二十三年,耆英为删除之。此关于裁判之规例也。至财政之管理,中国政府,极为认真,设吏收税,已成财源。他国在此通商,与葡人有同等之利益,惟葡人得以租地建屋,侥于他商而已。康熙末年,葡元老院要求澳门特权,清廷不许,谓关此非元老院之所能干预云。雍正十年,粤督要求葡使将各进出口商船及所属国名与其只数、吨数、种类、往来之地详细报告。则以澳门为外人聚集之地,拟加以稽核也。葡国商务,虽渐就衰,而澳门一隅,则渐繁盛。外人之来中国者,皆赁廛而居,以为通商之根据焉。据十九世纪中之调查,外人住居澳门者,略如下表:

	嘉庆十五年(一八一〇年)	道光十年(一八三〇年)
白人　男	一一七二人	一二〇一人
白人　女	一八四六人	二一四九人
奴隶　男	四二五人	三五〇人
奴隶　女	六〇六人	七七九人
	四〇四九人	四四八〇人

就此表观之,男女之数不平均,而女子反多于男子,此一可异之现象,为殖民地中不恒经见者也。但以中国规定妇女不得入广州而言,则亦可知外人之东来者,恒留其眷属于澳门云。

九十 茶市之组织

(一) 饮茶风气之传布与茶市之交易

我国与外人通商,在鸦片战前,茶为出口货之大宗,故当时茶市之组织,有足纪者。欧洲人之知有茶,在明嘉靖二十九年左右,约二百年后,方见茶树。十九世纪中叶以前,印度锡兰之茶,尚未出世,欧人所用,尽属我国产品。葡荷两国,与我国通商较早,明末崇祯十三年,红茶(有工夫茶、武夷茶、小种茶、白毫等)始由荷兰转至英伦。康熙二十三年(一六八四),东印度公司通知英商云:"现时茶已通行,望每年购上好新茶五六箱运来。"盖此仅作馈赠之用耳。康熙四十四五年间,绿茶(有大珠茶、小珠茶、熙春茶——雨前皮茶属之,婺源茶、屯溪茶、拣培茶、松萝茶、包种茶、押冬茶等)始传至英国。是时英人虽已与我直接通商,而茶运须由班塔木(在爪哇西北角,即现时之巴达维亚 Batavia)转输,颇多不便。后需茶之量渐多,中英茶市,始变间接而为直接之关系。十八世纪初叶二十五年内,东印度公司每年平均运茶四十万磅。康熙四十三年(一七〇四)英船康德号即运茶十万斤。康熙五十九年(一七二〇)英商独购一万六百七十七箱。乾隆六年(一七四一)出口茶总量为三万七千七百四十五万担,十五年(一七五〇)且达六万八百四十二担。十九世纪初叶二十五年内,则平均数增加至两千万磅,凡五十倍之,英人饮茶之风,盖已逐渐普及矣。当茶叶之初到伦敦也,公司进贡英王,贵族仿而用之,而妇女之时髦者,深恐茶中有毒,饮后以白兰地酒解之。其关心世务者,则以茶之毫无滋补,徒耗金银,大倡反对之论。然以酒税之增加,酒价飞腾,贫民用茶代酒,故至嘉庆十八年左右,其风气已通行全国矣。约翰生(Samuel Johnson)自述其二十年嗜茶成癖,宜朝宜夕。《六合丛谈》所载《华英通商事略》言,英人以酒为饮料,酗暴滋事,及改饮茶,则养成彬彬君子之风,是茶为英国民性优良之恩物矣。茶之买卖,完全由公行与商馆订立合同,交受货物,然后再转卖于本国之商人,茶价之支配,其权操之公行,故公行可以完全操纵茶市。每年三月,商馆与公行订立合同,交茶一次,冬季再交一次,皆以前一年九月所采之样包作标准,苟成色不同,商馆可以拒绝,或酌量减价。公行茶之来源,皆先由茶商往产茶地方联络,并调查茶田之实况。每年二月,茶商至广州与公行谈论秋季茶市,行商即据以与商馆订立合同。茶商之资本不充,皆从公行借贷款项,然后方能办茶,当时茶商约一千余人,大率如此,故茶商之活动,亦受制于公行势力之下。茶价在雍正间每担十三四两,乾隆间增至十五两,乾隆二十年,已达十九两云。

(二) 茶之运输与数量(附欧人通商大略统计)

茶之运输,可分两段,由茶区而运至广州,是为陆运;由广州而运至欧美,是为海运;陆运公行司之,海运商馆司之,两方皆以全副之精神,解决交通问题。故商市之影响,又不仅在于政治外交方面也。是时出口之茶,来源于福建(红茶)、安徽(绿茶)、江西(二色)三省,而以江西河口为集中地,然后沿赣江南下至大庾岭,用劳工挑过莫林关,再由南雄沿北江运至广州,或黄埔。由茶田至口岸,水陆程二千四百余里,费时阅一二月,皆依赖劳工之搬运。而劳工所受之报酬,则甚为微薄,殊可惜也!嘉庆十八年,英商馆由福州用海船运百零一万九千七百二十磅之茶至广州,全程不过十三日,而三年后逐渐增加至八九百万磅,运输之方便,远过于陆路,而公行不利其行,请政府禁止之,英商虽恨其专断,然亦无可如何也!道光十九年,赖班脱(George Larpent)等在伦敦私拟条件,请政府要求中国取消公行,并开放福州、厦门为商埠,以便茶市之发达,则英人对于公行之感想如何,即此可知矣。海运在康熙二十八年前,胥由班塔木转运至印度,再转至欧洲,既以运费太重,方有直接之海运,其路程大约取道美洲。时在道光初年也(康熙五十年,英国会准伦敦至美洲之直接海运,道光四年,更准中国至美洲之直接海运)。乾隆四十七年,欧人在广东运茶一千四百六十三万零二百磅,内四百十三万八千二百九十五磅为英商馆所运输。数年后,英人运茶已比他国总数增多一倍,嘉庆十三年后,每年平均约二千六百余万磅,则茶运之利,几尽为英人所攘夺矣。盖英人最狡狯,有时欲垄断茶市,包购市上所有之茶;有时又故意不买,听法荷诸国之船离口后,始收购,而茶价已大落矣。然英政府课茶税极重,十八世纪初,即每磅收税五先令,各国茶商常私运入口,减低售价,以故东印度公司所运之茶,反形滞销,因之大起恐慌。是则各国商人之竞争,即此可见一斑矣。当时欧洲人虽谓我国之赋税过重,甚或因此亏折(东印度公司谓英货至粤,二十三年间,真正损失,达百六十八万八千一百零三磅),而通商之事,迄未少衰,且日滋繁盛焉。观于下表,盖可知矣。

年代	各国商船停泊黄埔只数							
乾隆十六年(西一七五一年)	英国	美国	法国	荷兰	葡萄牙	瑞典	丹麦	总计
	一八艘	九艘		二艘	四艘		二艘	一艘
乾隆五十四年(西一七八九年)	六一艘	一五艘	一艘	五艘	三艘		一艘	八六艘

中国物产繁富,人口众多,诚世界之良好市场,为外人所必经营者,故虽遇艰困,亦弗肯弃,卒有今日也!当拿破仑战争之时,英国已握海上霸权,而美国方严守局外中立,其与各国,皆无嫌怨,以故鲜明旗帜,翻翩海上者,惟英船美船而已。而嘉庆十七八年间,美之商业尤盛。及战争终局,各国对于远东事业,皆竭力经营。自道光十五年至二十四年,凡十年间,荷兰每年派一千五百二十赖司特(近代吨数二千六百六十吨)之船七艘东来,平均载价值四十九万八千九百五十先令之输入品,四十六万八千三百三十先令之输出品,其他诸国可视此推知云。

第十八章　十九世纪中之国际形势

九十一　概　论

（一）十九世纪中帝国侵略主义之膨胀

十九世纪之百年间，为世界史中极重要之时期，匪特鸦片战争，开我国数千年亘古未有之变局，即欧美国家，亦以通商殖民之故，互相竞争，互相猜怨，积痛日深，卒以酿成首次之欧战。今日所视为莫大之症结，而一时靡由得解者，其渊源盖已甚久。则二十世纪之纷纠事变，直不过十九世纪中所种之果而已。研究我国近百年史，外交上之伤心事件，实居于主要地位，顾我国自列于国际政治舞台，甚或为他人俎上之肉者，倘不从世界大势上为之说明，则仍无由知其所以孤立而被动之真象，故本章所述，本斯论恉。但亦只能就繁赜之史实中，提玄撮要言之，其与中国有深切之关系者，则特加详焉。自拿破仑失败后，各国开会于维也纳（Vienna），欧洲之有列国公会，虽始于二十年战后之西发里（Westphalia）会议，然于近世关系密切而别开生面者，厥惟维也纳会议。自法国革命以来，欧洲各国，内受自由党反动之忧，外被拿破仑侵略之患，斯会之开也，万国衣冠，纷然来聚，王侯将相，抠衣赴席，欧洲全土，上自朝廷公府，下至山巅水涯，无不颂扬威仪，喁喁望治，以为会集全欧才力最伟之人，讨论各邦永久和平之策，行见旭日丽天，万祀升晏，而孰知一会之中，嫉妒忿恨，排抵挥斥，争夺之状，不亚战场。洎拿破仑再入巴黎，战机又开，滑铁卢之役，一世英雄，凄凉荒岛。于是各国继续开会，然核其成绩，毫无可观。依据残谬之正统主义（Principle of Legitimism）而不用国际之开明主义，其质干大坏，遂遗欧洲累世不绝之战祸矣。此会告终之际,俄皇亚历山大(Alexander)第一,忽发起神圣同盟(Holy Alliance),表面上为维持基督教之道义,实则欲联合诸大国,压制自由思想,保护旧有王朝,厥后为奥相梅特涅(Metternich)所利用,移全欧外交界之中心于奥都,自此以迄于千八百三十年(道光十年)法国七月革命,其间正统主义,臻于全盛,支配欧洲政局。自法国革命成功,希腊及比利时两国之独立事业,亦告完成,正统主义之势力,始渐就衰落。迨至千八百四十八年(道光二十八年)专制主义失败,自由立宪之政治,勃兴于欧洲,神圣同盟之权力,全然倾覆,正统主义,遂一蹶不振矣。代正统主义而兴者,厥为民族主义(Nationalism),自后支配欧洲政局,为各国外交之原动力,而拿破仑三世适当提倡之任,称帝于法(千八百五十二年,即咸丰二年)。千八百七十一年(同治十年),普法战争终局,德意志以新兴民族国家,雄视欧洲,民族势力膨胀之竞争,演成四十年武装和平之局。自此以后,一变王位继承,民族解放之局部问题,而为新旧国家之势力冲突问题,独立大国民,向外发展,彼此争霸,所谓大斯拉夫主义、大德意志主义、大英帝国主义乃至于未恢复的意大利(Italia irredenta)运动,罔不以民族利益之名义,发挥帝国主义之精神,故所谓民族主义者,其实为侵略主义,而世界全局,因以大变,中国之受制于帝国主义,遂亦供其牺牲矣!

(二) 十九世纪中之国际战争

近百年来所谓国际关系,属于战事者,盖綦夥矣。其惟一之原因,则由于政策之不相容,野心之不相下,自私自利,罔顾他人之利,始而矛盾,继而轧铄,终且以兵戎相见。夫古者民族之战争,徒修怨释憾,以自取快耳。而十九世纪之战争,固异于此矣。自民权运动,日益发达,维护王朝者,尚欲逞其高压之手段,于是自由与专制日在搏击之中,而革命潮流,乃循环回荡,靡有已时。自物质文明,日益进步,汽轮邮电之交通因而便利,因工商之变动,乃所谓殖民政策焉。又进而有所谓帝国主义焉。盖自民族主义发生以后,战争原因,尤非昔比,列强既各挟其野心,为拓地殖民之举,浸假而互相冲突,互相忌嫉,互相排挤,各持一说, 以邀局外中立之赞

名称	交战国	远因	近因	经过	结果
希腊独立战争 The War of Greek Independence 一八二一—二八年 （道光元年—八年）	希腊俄法英对土耳其	自法国大革命后民主主义勃兴而希腊尚在土耳其羁绊之下心不能平	土人赋税繁苛耶教被虐殊甚 Heitra 党人举事失败已而复由 Morea 及 Burgas 起义	一八二七年希军不支降英法俄据伦敦条约出而干涉为土所拒因联军大破土舰队于 Navarins	一八二九年结 Adrianople 条约许希腊独立然希腊多内乱而俄之野心犹未戢也
俄土战争 The Russo-Turkish War 一八二八—二九年 （道光八年—九年）	俄对土耳其（十九世纪之土耳其即二十世纪之中国也近东远东同为世界之乱源耳列强之竞争俎肉苦哉刀下物矣）	英相 Canning 死后伦敦条约渐失效一八二六年俄土订亚卡曼条约心犹未餍盖俄自大彼得以来谋出黑海争海权而土适当其冲故战争屡起	土帝布告诸国辞气不啻对俄宣战复召集军队进逐耶教徒俄遂借口进兵	初土军大捷俄兵据 Varna 大兵踵至土军溃继而越巴尔干山脉逼君士坦丁而亚洲之 Kars 及 Erzerum 诸地皆为俄有土遂行成	一八二九年订亚德利安堡条约俄于多瑙河畔诸国负有特权高加索全部归俄他大尼尔海峡听列国公航土承认伦敦条约厘定希腊国境此后俄益凭陵土耳其矣
比利时独立战争 The Independence of Belgium 一八三〇—三九年 （道光十一十九年）	荷兰对比法英	自维也纳会议后 Netherland 王国始建然尼人与荷人不相能而荷之地小政权常占优势遂益趋于分	一八三〇年法国革命成功影响及于尼德兰比利时人因揭竿而起列强会议伦敦承认其独立勒波尔遂入布鲁舍拉以阻荷人	一八三一年比军势不支法援之乞荷撤兵订约荷不从英法联军攻荷降安都厄尔之守兵一八三八年始屈服于伦敦条约	一八三九年伦敦条约分卢森堡及玛斯的里为二以色尔德河荷比公航国债分担英法奥普俄公保比永久中立
俄罗斯合并波兰之战 The Annexation of Poland to Russia 一八三一年 （道光十一年）		波兰经一七七二年一七九三年一七九五年三次分割已失其独立一八一四年俄以波兰地瓦尔莎 Warsew 建大公国波人颇生反感一八二八年举兵未成	一八三〇年波兰受法国革命之影响欲与俄帝 Nicolas 开谈判俄意波不降伏当聚歼之而波政府则以俄帝退位为请	俄军损失甚多波人据瓦尔莎未几有阿斯多罗伦卡之败俄得援军因取瓦尔莎	俄废波兰宪法放逐主谋者于西伯利亚自是波兰完全灭亡成为俄之一州

续 表

名称	交战国	远因	近因	经过	结果
埃及半独立战争 The War of Semi-Independence of Egypt 一八三二—四一年 (道光十二—二一年)	土耳其普鲁士奥大利俄国英国对埃及	埃及太守 Mehmet Ali 夙抱野心欲扩其势于亚洲	Ali 于土有殊勋酬以克里特岛犹未餍所欲乃率子围 Acre 土政府视为叛徒出兵叙利亚	埃兵克小亚细亚俄倡言助土法恶之劝土割地以和及俄土温卡儿条约成俄于君士坦丁获有主权英欲维持土之势力法欲助 Ali 皆不利俄之南渐思防制之一八三九年埃军大捷而英俄奥普忽结协约逼 Ali 和	许 Ali 世有埃及撤叙利亚之师以海军还土耳其封锁他大尼尔峡以绝俄人南出之野心
第一阿富汗战争 The first of Afghanistan War 一八三八—四二年 (道光十八年—二二年)	英国及印度军队对阿富汗	英以印度与阿富汗相接虑阿为他国所并危及印度于俄人阴谋忌之尤深曾发表保全阿富汗独立并维持其领土之政策	阿王 Dost-Mohammed 方得势而英不利其所为议以故王族 Shuja 为王	一八三八年英印度兵进军干打哇行废立事取加布尔(阿都)以兵戍之一八四一年阿人逐英军次年复以大兵取之	Shuja 虽以英人之援得立而国人则深以受人之保护为惧
鸦片战争 The Opium War 一八四〇—四二年 (道光二十—二十二年)	英国对中国	中国鄙视外人持锁港政策英人素具野心欲以武力改善通商之地位且虽明知鸦片之毒而惧大利之坐失故保护鸦片贸易	中国因鸦片之有害国计民生禁止输入并焚毁存货订定条例英人一切不依遽引兵来攻两国先后宣战	英舰犯粤不利袭舟山取之因有琦善之和议既而陷厦门定海镇海宁波转略长江陷乍浦宝山上海镇江薄金陵清廷乃与英人言和	订南京条约开五口通商割香港与英赔款二千一百万两列强之经营中国此其滥觞矣

续表

名称	交战国	远因	近因	经过	结果
美墨战争 The War between Mexico and The United States 一八四六—四八年 (道光二六—二八)		自一八三六年 Texas 与墨西哥分离一八四四年美国并 Texas 为州	墨主 Texas 宜为墨属美人弗善也因借口墨常有侮辱之举遣兵攻之	美将特罗侵墨屡战屡胜一八四七年美军入墨西哥而翌年始宣言平和	结卡渣尔条约割 Texas 纽墨西哥及加尔赫尼亚与美国
匈牙利独立战争 The War of Hungarian Independence 一八四八—四九年 (道光二八—三九年)	匈牙利对奥大利南斯拉夫族及俄罗斯	自民族主义勃兴梅特涅流徙而死奥皇室乃日在飘摇之中匈故黄种与奥及斯拉夫人皆非同族各欲独立	匈军起事奥适有革命之事奥帝逃赖将军温特西古力克复之更立新帝匈人不肯承认	匈军大败于卡罗那既而卷土重来驱奥军出境外声明匈为独立国而奥得俄援匈人势卒不支	奥既征服匈牙利颇加以压迫防渐之术极为野蛮并宪法赋与之权亦削除之
意大利统一战争 The Unification of Italy 一八三一年 一八四八—四九年 一八五九年 一八六六—六七年 (约道光十一年—同治六年)	意大利诸州及法国对奥大利	自拿破仑失败 Venice 及 Lombardy 二州归奥大利其余亦散漫无统纪意人感外力之压迫统一思想逐年增长及法国七月革命成功意人益感奋	意境诸小邦以反抗梅特涅常起扰乱奥人深恶之时普鲁士方兴奥势日替法又忌奥势之南伸每助意人以为革命运动	撒丁尼亚王屡败奥军戡定内乱法初欲置意于自己保护之下计不成乃与奥订维那佛兰伽条约撒人愤而无如之何撒奥乃结苏黎世条约后奥让 Venice 于法法转赠意一八六六年维也纳条约签字而法之守兵未撤也	普法战争中法国将驻罗马保护教皇之军队撤回值塞丹战役以后意遂公然进兵罗马取为首都于是意大利完全统一

续表

名称	交战国	远因	近因	经过	结果
克里米亚战争 The Cremian War 一八五四—五六年 （咸丰四年—六年）	英法土耳其撒丁尼亚对俄国	俄人欲攘土耳其而有之英恐海权为所夺假扶弱为名抗争甚力法帝欲立殊功撒亦欲借外力以自重故相联合	法要求圣地之保护权俄亦要求并要求土耳其内希腊教徒悉归保护英唆使拒之俄军于一八五三年渡普鲁士河土战失利英法出兵干涉	克里米经年战争奥调停无效俄军败遂订约于巴黎	以黑海为中立地列强尊重土之独立土对耶回教徒待遇平等多瑙河地方于土帝主权下享有自治（然此约绝鲜效力土虽信誓竟未实行黑海中立维持至一八七〇年而土国渐即危殆亦未见列强之尊重其独立也）
印度土兵之举义 The Sepoy Mutiny 一八五七—五八年 （咸丰七—八年）	印度土兵对英国	自东印度公司经营印度佣土民为兵其数八倍于英人就中印兵自恃武健且与英人异教屡起轧铄又不满公司之政令因鼓煽土人乱机四伏	适公司采用安排而多铳炮筒擦脂油印教徒以为神牛之脂回教徒疑为猪油以此相争英兵捆之遂起事	土兵举义旗于米那多各地均影响英军进攻颇失利翌年英将维多兰始恢复全州一八五九年印土镇定	英女皇宣言收印度于政府统治之下自一八七六年以后遂兼称印度皇帝
英法联军之役（中国第二战争） The Second Chinese War 一八五七—六〇年 （咸丰七—十年）	英法对中国	南京条约虽许英人于五口通商设置领事而广州绅民则固执成规不许英人入城英人屡抗争之皆未遂时俄人于中国渐怀奢望而中国又方苦于内乱（太平天国）英法欲乘势有所要求	粤吏捕亚罗乘客十三人（华人）英领事责总督谢罪叶名琛置不理英遂遍告各国谋合而临我法帝好远略乃以广西曾杀教士为口实与英联盟	一八五七年十二月联军入广州执叶名琛翌年陷大沽取天津议和一八五九年因换约事英人不遵由北塘进又启衅次年陷天津迫京师清廷于是请和订北京条约	偿英款八百万两法款六百万两开天津诸口通商协定关税许外人旅行内地鸦片入口自此门户大开列强各逞其蚕食之野心以追逐于中原矣

续表

名称	交战国	远因	近因	经过	结果
墨西哥战争 The Mexican War 一八六二—六七年(咸丰十二年—同治六年)	法国对墨西哥	墨本西班牙属国后得独立一八六一年总统Juarez决一年不偿外债法英西联军攻墨得偿所愿而法帝拿破仑三世欲扩势力置墨于自己保护之下	墨政府财政紊乱法遂借为口实遣兵攻墨	法军初未得利既而援军至遂入墨西哥废共和立奥帝之弟Maximilian为帝逐共和党首领一八六五年美政府宣言不承认新政府法军不得已遂退	共和党首领如勒支得归卒杀Maximilian加勒支后迪亚斯代之秩序渐以恢复
南美战争 The South American War 一八六四—七〇年(同治三—九年)(南美在十九世纪战祸蔓延兹特其一例耳)	巴西乌拉圭阿根廷对巴拉圭(Paraguy)	巴西本葡萄牙属国于一八二二年宣告独立一八五五年巴帝彼得二世欲解决巴拉圭悬案遣军入Panama河巴拉圭亟退让而另以他策妨之	巴拉圭执政罗柏斯有民望不待开战即捕巴西船舶侵其土地并及阿根廷于是乌拉圭亦起	巴拉圭既得地利又有罗柏斯为之主故能使战役延长靡费无算至一八七〇年罗被捕战事始结	是役死伤甚巨只巴拉圭已减少十余万人而巴西对外问题虽解决国内共和运动势力益盛一八八九年遂废帝为共和国
丹麦战争 The Danish War 一八六四年(同治三年)	丹麦对普鲁士奥大利	自大日耳曼主义勃兴普相俾斯麦欲合并Slesvig及Holstein两公国兼欲与奥合纵以杜列国之干涉	外交纷议迭起英调停无效普奥于二月出兵于Slesvig	联军攻丹麦取其国土之大半普军进至丹麦北境一八六四年开伦敦会议未果复战翌年十月始议和于维也纳	两公国之一切权利完全让与普奥(两国皆德意志人其欲合势也丹既不能循其志复无术以弭之一八五二年伦敦条约英普奥已公认二国为丹麦永久属土丹不能预防虽曰俾相之手腕亦丹自取之耳)

续表

名称	交战国	远因	近因	经过	结果
普奥战争 The Austro-Prussian War 一八六六年（同治五年）	普鲁士及北德意志诸州意大利对奥大利及南德意志诸州	一八四八年以来德意志民族日谋统一而普奥皆欲为新帝国之盟主争论颇烈南部德意志党于奥北部与普相结势各不下同时普之同盟意大利与奥龃龉俾斯麦以为欲统一德意志非排奥于联邦以外不可	丹麦战后中立诸国对于普之统一运动奥之援助二公国事屡开会议谋解决卒归失败奥欲收二公国为己有遂召集 Frankfurt 会议普以有害联邦之组织议组新联邦经奥驳斥	一八六六年六月普军取 Hanover 及 Hesse 奥军败于葛尼格勒同时意奥亦开战奥海军败意于 Lissa 陆军败意于克斯特沙	以法帝拿破仑三世之调停缔 Prague 条约划 Main 河以北为一联邦二公国承认普之主权奥不复干涉德意志事
阿比西尼亚战争 The Abyssinian War 一八六七—六八年（同治六—七年）	英国对阿比西尼亚（非洲东部）	一八五五年之顷阿帝塞尔多尔方在全盛邻邦多被征服一八六四年因与英人换约问题惹起纷议	英领及馆员为阿皇所拘英遂以武力从事	一八六八年英军上陆攻阿之首都陷之	塞王自杀王子被虏道死翌年英军撤退阿犹能保其独立也
普法战争 The Franco-Prussian War 一八七〇—七一年（同治九—十年）	法国对普鲁士及北德意志诸州	普奥战争之终也法以曾执调停之任要求报偿为普所拒卢森堡为荷属国法欲得之与荷订买受草约然卢故德意志同盟也坚持反对法允舍此政策须以普撤戍卢之兵为条件各国助之普不得已从之是时普欲并南部德意志诸州而法实阻之积怨已久	西班牙继嗣问题起普人欲以 Leopold 为西王候补者法反对之普王允其请法人又要普王保证以后不再重提此事普王拒绝俾斯麦愤普王前举之有损国威妄改电文故意挑战法人大愤遂对普宣战	普军所向克捷九月二日拿破仑三世举全军投降于塞丹法组织国防政府宣布共和翌年与普订休战和约又订预备和约于 Versailles 时普军已入巴黎矣五月正式订约于佛兰克佛特	法割 Elsass 及 Lorraine 二州于德赔款五十万万佛郎以三年分纳于是南德意志与北部联合为一大帝国拥普王为帝欧洲形成一大势力不仅侵逼法兰西且根本破坏欧洲均势

续表

名称	交战国	远因	近因	经过	结果
俄土战争(二次) The Russo-Turkish War of the second 一八七七年—七八年 (光绪三—四年)	俄国对土耳其	俄欲南下争海权非占领君士坦丁不可数次战争虽渐得势而完全目的尚未达到也汉波二州乱奥相主张干涉经俄德赞同发柏林觉书劝土改革内政土不应会保加利亚有虐杀之事塞尔维亚门的内哥罗皆叛英欲掯制俄之野心开列国会议提出条件土不承认谓列强侵害主权提出抗议	俄遣使游说各国复提出土应速与门的内哥罗议和列国派员监视土耳其改革及不自改革列国当自保护基督徒之条件土拒其请俄遂宣战	俄军渡多瑙河以一八七七年十二月陷 Plevna 翌年入 Adrianople 土请和结 San Stefano 条约塞门罗马尼亚并听独立且扩其境界许保独立自治割阿美尼亚等地与俄英奥极力反抗因英有东方商务奥有南下政策使俄得势皆为所扼英因调海军于君士坦丁预备宣战	以俾斯麦之调停列国开会议于柏林保加利亚国境以巴尔干山为界塞罗独立皆受限制波汉二州割于奥另割 Thessaly 及 Epirus 与希腊英人以密约得土之居比路岛此约影响欧洲最大莳祸种于将来酿各邦之嫉视俾相之手腕固老辣而欧洲危机即四伏矣
第二阿富汗战争 The second of Afghanistan War 一八七八—八一年 (光绪四—七年)	英国及印度兵队对阿富汗	英恐俄人伸势于阿富汗等地以危及印度故百计阻之然俄谋土耳其不成乃侵略亚细亚以次征服波古哈那诸国英俄冲突势不能免	阿王不承认英国可以代表印度政府一八七八年又与俄订约英遂宣战	英军深入据其要塞王遁结干打马克条约一八八〇年希尔亚里立王国于北部英与协议既而其子破英军又取 Kandahar	英俄协议定阿富汗国界立阿布亚(即希尔子)为王至一九〇七年英俄协约成阿于两大之间借得保全
苏罗战役 The Zulu War 一八七九年 (光绪五年)	英国对苏罗兰 Zululand	英人侵略非洲时与苏有所龃龉	苏略 Natal 虐杀甚众英好望角知事 Chard 要求苏撤军保教苏置不答	Chard 进军并乞援政府不允一八七九年英军大败于 Isandwla 英政府乃遣兵援之败苏人囚其王	苏分十二州各置长受英监督之制裁一八八七年英吞并之

续 表

名称	交战国	远因	近因	经过	结果
突尼斯战役 The War with Tunis 一八八一年 （光绪七年）	法国对突尼斯	突为土属英法意各握有财政之权柏林会议英得居比路许法于突得自由行动借以酬之也	一八八〇年意购突及哥里他间之铁道法恐意势扩大借惩独立诸部为口实出兵征之	法击突之首都阿剌伯人抵抗甚力法军苦战于加克斯终克服之确立法于突之支配权订巴尔多条约	一八八三年订拿马尔萨条约突归法保护意否认之土亦抗议而法弗顾也一八九二年土欲厘突之境域而争论又起不能解决法意感情因之大坏
英之征服埃及 The Conquering of Egypt 一八八二年 （光绪八年）	英国对埃及	埃虽为土属无异独立一八四〇年以来埃托法人保护英则亲善土耳其既而英法共掘苏伊士运河财政归两国共管而英之势力寝凌法上	Crabi 之徒虐杀基督教徒埃及王不能防止列强会议于君士坦丁未决英遂出兵	英军攻亚历山大城埃军纵火大焚土欲与英开军事会议尚未签约英已败埃军于铁耳麦尔 Cradi 降	放 Crabi 及土之高等官吏于锡兰岛既而法人抗议英军遂久留不去而埃及为墟矣
中法战争 The China-French War 一八八四—八五年 （同治十—十一年）	法国对中国	自一八七〇年以来法于亚非二洲日谋拓张领土印度埃及既为英人所夺思取偿于安南一八七五年得安之保护权然安南我属国也故中法冲突不可免矣	法军进攻安南与结条约置安南为法保护国中国抗不承认嗣订约属二国尚未批准法内阁更易决与中国开战	法海军炮击福州造船局复取台湾之基隆及澎湖封锁中国南部而法军之在谅山者则为我军所败法内阁因此解散以税务司之调停与订天津条约	中国承认安南为法之保护国于中国南部择二港开为商埠至是不仅法之帝国主义完全实现其寖寖向我内地而我之屏藩既撤滇粤不得高枕矣

续表

名称	交战国	远因	近因	经过	结果
英之吞并缅甸 The annexation of Burma 一八二三—二六年 一八五一—八五年 （道光三—六年） （咸丰元—光绪十一年）	英国对缅甸	英于印度之势力膨胀邻邦畏逼加以英法竞争逐渐及于缅	（一）缅王夺英领亚薩姆（二）侮辱英国旗（三）缅与法人有协约之计划因引起一八八五年之通牒	（一）英军败于拉姆终进于阿瓦南一八二六年割地讲和（二）缅王不为印督下英军又进攻（三）英要求缅为保护国不应进军攻阿瓦王降然缅人尚独立交战至二年之久	一八八六年英宣言合并缅甸然缅我属国时我方苦于安南之役无暇兼顾事定乃成中英缅甸条约而法则乘势扩利权于中国南部成英法协约
中日战争 The China-Japanese War 一八九四—九五年 （光绪二〇—二一年）	日本对中国及朝鲜	十九世纪中叶以后日本勃兴于东亚起开拓领土之野心会朝鲜不振又与日毗连因屡侵之朝鲜我藩属也日欲与我协同改革韩之内政政府拒之日遂宣言单独行动	一八九四年日本对韩最后通牒关于内政改革强迫其采用日本之提案朝鲜尚怀事大（中国）主义因循未决日兵占领京城我国出而干涉	日军陷牙山捷鸭绿江突进营口破旅顺海军及于威海卫中国始与言和订约于马关	割台湾澎湖及远东半岛与日既以俄法德三国之干涉日本归辽东偿金二万余万因开列强分割中国之端沿海要地存者仅矣
阿比西尼亚战争 The War with Abyssinia by Italy 一八九五—九六年 （光绪二一—二二年）	意大利对阿比西尼亚	意自统一以来渐有帝国主义之野心突尼斯之经营既为法人所先占而一八八二年以加入德奥同盟仅保欧洲之均势红海方面则常受列强之影响一八八四年以后因锐意于非洲之经营	一八八七年意试遣远征军于阿无功而还适阿王及梅勒与意人订约认意为阿之宗主国因乞意援以抗政敌拉斯	一八九三年意军与回教徒战于麻哥打卡沙拿皆捷气益壮遂怀抱野心欲建一意领非洲帝国一八九五进攻阿比西尼亚颇失利渐绝保护之望次年巴拉基将军又大败于亚多瓦乃不得不屈服	意放弃其宗主权订亚得司亚巴巴之平和条约意领殖民地因之缩小自是意人外拓之计划失败遂专心于内政之改革以为他日卷土重来之因焉

续表

名称	交战国	远因	近因	经过	结果
苏丹战争 The Sudan War 一八九六—九八年 （光绪二二—二四年）	英国及埃及对苏丹回教徒	苏丹为回教徒所据一八八三年英将埃及军攻之败于爱尔嗣后遗哥尔进攻 Khartum 被困英军援之又失利哥尔死焉自是凡十三年苏丹全土悉在回人掌握英人以埃及故非灭之不可也	自意大利军败于亚多瓦英人遣兵牵制进攻东哥那会回人内乱因乘机以入苏丹	基其那率英埃联军进据东哥拿翌年敷设沙漠铁道取亚布及巴巴诸地一八九八年开罗援兵来因据阿姆丹曼要塞未几卡多姆亦陷	一八九九年英埃协商置苏丹于二国共同管理其总督由英推荐埃任命
希土战争 The War between Greece and Turkey 一八九七年 （光绪二十三年）	希腊对土耳其	克里多岛旧属希腊而让于土耳其一八八九年岛中废基督徒之知事代以回教徒耶回之徒连年暴动一八九七年基督徒宣言合于希腊希因以一军略之	希腊军备虽不充而好战之心则甚强土初无意与希人开战及希进军马其顿两国始决裂	希海军久顿无功土军略取拉里沙突破特沙利亚既而土军又大捷将迫勒米亚以列强干涉遂休战	订君士坦丁和约土军撤退希偿款四百万财政受列强监督克里多问题仍未解决（以希亲王为克岛代表者）巴尔干之纷争犹未已也
西美战争 The War between the United States and Spain 一八九七—九八年 （光绪二三—二四年）	西班牙对北美合众国	自十六世纪末叶西班牙国运已渐衰十七世纪以至十九世纪初西班牙内政不修美洲殖民地渐次独立一八二二年列强开会于卫洛拉处决西班牙问题主令法人干涉又欲以武力征服殖民地美国为孟鲁主义之宣言英亦承认殖民地之独立于是神圣同盟之计划不成西班牙之国运益衰	西班牙因镇压殖民地古巴之乱施行严酷政策美国仗义执言表同情于古巴既西之巡洋舰于哈瓦那港爆沉美乘机要求西政府撤驻古巴之军西政府拒之	一八九八年五六月间西海军再战皆北二舰队覆没美军遂取古巴菲律宾群岛及 Porto-Rico 诸地一八九八年于巴黎订平和条约	西班牙悉弃其所失诸殖民地即太平洋中之Caro ine 群岛亦于一八九九年售之于德矣至是西班牙之大殖民地国奄尔消灭仅局促于欧洲一隅矣

续 表

名称	交战国	远因	近因	经过	结果
南非战争 The War between Boer and Britain 一八九九——九〇二年 （光绪二五—二八年）	英国对特兰斯哇 The Transvaal 及奥伦治自由国 Orange Free State	特奥皆荷兰人所组成称之波尔犹言农夫也英人侵略南非波尔人常袭避之顾英侵不已波尔人愤一八八一年决战于梅久巴英军大败既而英人Cecil 等组织公司略取南非欲如印度然屡讨灭诸国	一八九九年英政府欲与古里额尔人修好遭其拒绝各国皆知英有野心共修戒备既而因采矿之利害关系益龃龉一八九九年特发最后通牒遂开战	波尔攻好望角围列德斯米斯及金巴勒英军败既而援兵解围而布罗爱姆复陷一九〇〇年英军援麦孚金古未几瓦勒司及布勒多里复失守此后战争又二年	一九〇二年订瓦里来新条约二国失其独立役属于英然保守党内阁因之失败继阁卡白尔承认特兰斯哇之自治焉是役英人轻视波尔致战事迁延欧人对之咸致不满
庚子拳变 The Boxer War 一九〇〇年 （光绪二十六年）	英美德法日俄奥意对中国	甲午以后外力日逼瓜分之局咄咄逼人于是变法自强之论骤兴于民间及戊戌政变康梁亡命清廷误信党人受外国之保护且以大阿哥之立遭列国干涉因积怒外人而民间则受天主教徒之欺压且以排外及迷信之心理故有扶清灭洋之志义和团假之以兴	义和团既起事直鲁长官颇纵容之端王直欲利用之以为自强之计引之入京时董福祥之甘军入京亦排外戕杀日本书记及德公使八国联军攻陷大沽清廷认为宣战遣军与义和团合	联军陷大沽为中国兵所阻不得进日本大兵来攻各国援兵亦至我提督聂士成战死天津遂陷以次陷北仓杨村通州直趋北京西太后逃	结辛丑条约（参看约章表）惩凶谢罪赔款四万五千万使馆永置卫兵铲除京津炮台俄人占据东三省致有日俄战争中国至此已几不国矣清既因此而速其亡民国亦三十余年而受此约之束缚也

助,于是纵横捭阖之术,跃然于政治舞台之上,鬼蜮伎俩,重重黑幕,罪恶滔天,靡有底也!兹将十九世纪中之最大战役,简单列表如上,俾读者了然近百年中世界之大势,而借知中国所处之地位焉。

十九世纪中之战争,其关系于吾国者,始于鸦片战争,终于义和团之变,自是以后,中国既无应战之可能,亦惟有任人宰割而已。此后二十世纪之战役,于欧洲则有意土之争,继之以两次巴尔干战役,而结于一九一四年之欧战(或谓欧战为第三次巴尔干战争)。西欧之局,虽一时暂告解决,而东亚之纠纷,仍如故也。于亚洲则有日俄战争,是由于中国而发耳。呜呼!世界二病夫(当时人称土耳其为近东病夫,称中国为远东病夫),土既不能于欧洲有立足之地矣,而中国方为列强征逐之场,滔滔之势,究何已乎?中国第一次之战役,当于本篇中述之,余俟后详焉。溯往迹之失败,审大势之攸归,读者于兹,作何感想耶?

(三) 十九世纪末叶之列强外交

自一八七一年普法战争终局,德意志帝国成立,不惟正统主义者之旧欧洲掊击无余,即民族主义之提倡,亦于斯暂告结束。此后数十年,完全为帝国主义发达时期,均势之外交,一变而为霸国之雄图,诡诈波谲,莫可究诘。兹取十九世纪末叶二三十年间之列强外交,提要述之:

一、柏林公会　俄土战役之再起也,土耳其势频危殆,割地以和,于是俄国历世南下之政策,得于巴尔干树一基础。是时英之东方帝国,业已完成,又购苏伊士股票,以握交通上之霸权,使俄得占取君士坦丁,出黑海,则英之优势,不免根本推翻,故抗议甚力,俄英几决裂。奥欲南下通海,亦欲攘巴尔干而有之,使俄国得势,作梗殊甚,故亦助英抗俄。卒以德相俾斯麦(Bismark)之斡旋,列强开公会于柏林。于此公会中,俾相虽自命为"诚实的经纪人"(Honest broker),而实则玩各国君相于股掌之上,罔不受其利用。德意志外交之成功,固一跃为世界第一强国,而内以长其骄气,使称霸之气焰益高,外以形成祸胎,致列强之暗斗愈烈,欧战之暴发,此其一因矣。

二、三国同盟　法德积仇不释,俾斯麦之所患也,欲孤法之援莫若结奥，故柏林公会中，德以黑(Herzegovina)、波(Bothnia)二州示恩于奥，于是一八七九年德奥同盟成立，自后三十余年间，为欧洲国际关系之枢纽。时意方经营地中海，而法以英德之赞助，突然占领突尼斯(Tunis，英以助土，得居比路岛，德欲引法国势力向外发展，使无暇与德为敌，故赞助之)，意人大愤，因欲抵制法国，遂与德奥结三国同盟(一八八二年，即光绪八年)。盖奥方患俄，德方患法，恐俄法之联合，势有不敌，故不得不多结与国。意之背同种而亲强邻，亦俾斯麦之阴谋所致也。

三、三国协商　俄以战胜之国，于公会中略无所获，则德实扼之，故心颇怏怏。惟以向来之亲交(普奥之战，俄曾助普，且有戚谊)，不愿一旦破裂，又加俾斯麦之弥缝术工，于是有三皇同盟复活之事(一八八一年。先是一八七二年俄德奥三皇协商于柏林，约维持欧洲现势。后德欲再战法，俄反对，始渐冷淡)，即所谓再保险条约(Reinsurance Treaty)者是也。至俾斯麦去位，威廉第二之政策大变，德既不欲联俄，于是促成俄法同盟之实现(一八九一年同盟已酝酿，一八九六年俄皇访问巴黎，世人确知有此事实。但两国并未订有条约，据一九一八年法政府发表之黄书，Livere-jaune 则知一般所谓俄法同盟，系依一八九一—三年之协商与军事协定而成)。然德意志之外交优势，并末因此而丧失。德皇则曲意联络俄法，使莫余毒。一方利用法国之殖民政策，引其向外发展，与意英冲突；一方怂恿俄国之经略远东，致与英日交恶，而影响中国。然此种局势，至十九世纪末年，渐见变化，其原因固由于德意志之世界政策，大海军扩充之计划，八各达铁路(The Baghdad Railway)之建设，南非洲事件之同情，使英人起猜忌之心，于是英德之竞争，致英人放弃其所谓"光荣孤立"(Splendid isolation)之地位，转而与俄法释怨修好。其结果有三国协商(Triple Entente)之成立(英法协商在一九〇四年，英俄协约在一九〇七年)。而同时法意妥协，意骑墙于两者之间，至是三国协商与三国同盟相对抗，而新树欧洲均势之局面。德之霸权，既已摇动，心不能甘，因屡次挑斗示威，或胜或败，卒以引起第一次之大战。

总之十九世纪末叶，德意志以新起之国，称霸欧洲，其与我国间接生关系者，则怂恿俄人经营远东。英人殖民海外，与欧陆无所竞争，维以印度之基础,与东亚之侵略,时与俄法龃龉。顾以德意志帝国之计划,反促成三国协商之局。此时特应注意者,东亚中有新兴之日本焉。自日本兴而有所谓英日同盟,而我国始有卧榻鼾睡之忧矣。

九十二 十九世纪中之大不列颠帝国

(一) 印度侵略之完成

十九世纪中,与我国关系綦切者,一英吉利,二俄罗斯。日本后起,自甲午一役始渐显著,本篇之指,非所拟论。今先就英俄二国之情况述之,惟其与我国特别交涉之事项,则另有专章焉。英帝国主义之成功,始于印度侵略之完成,此十九世纪中亚洲最大之事实,亦英国命运之所关也。孙中山先生谓:"除去印度,大英帝国不过世界之三等国。惟有印度,始能控御此周绕地球之殖民地;惟有印度,伦敦市场始得为世界中心;亦惟有印度,英国始得至今执欧洲之牛耳,横行于世界。英国之君,称为大不列颠合众国王,兼印度皇帝。英之所以为帝国者,在印度不在英伦也。"印度之于英,其关系如此,而其于中国,则土地相连,人口相若(印人口三万万),文化相通,自古相亲善,并立于亚洲数千年,固交好之邻邦也。自英墟印度,始以为根据,而侵略中国,中国所受英人之害,皆印度助其成。上海英租界之"红头阿三"即其象征矣。英人自十八世纪初期,由君主之中央集权,进而为国会内阁政治。一八三二年(道光十二年)复受法国"七月革命"(一八三〇年)之影响,成立国会改革案。于是新兴工商业之中流阶级,得以操纵政权,而向外发展之力量,始大增。其经营印度也,乃自一公司起,乘莫卧儿帝国之衰微,肆其蚕食鲸吞之伎俩。自十七世纪以来,英与西班牙、荷兰、法兰西作海上霸权与海外殖民之争夺,而渐占优势。印度人多倾向于法国,两国在印势力,本不相上下。一七四一年(乾隆六年)英法在欧洲连年战争不断。一七五六年(乾隆二十一年)又有所谓七年战争。两国在印度之争夺,更趋激烈。结果英以东印度公司社员克莱夫(Robert Clive)之奋斗,卒于一七六〇年(乾隆二十五年)将法人在印之势力摧毁。一七八四年英设监督会以遥制公司一切事务，自是始变私人经营之性质，而为政府侵略之基础矣。十九世纪初年，其属土已有孟加剌一带地，及沿恒河流域以达于德列（Dehli）印度东部沿岸一带及半岛之南端，以至锡兰岛，与西部孟买及 Surat（以后无正确之译名者，姑从原名）以北，亦无不在英人掌握之中。此外并有受英人之保护者，如 Nizam of Hyderabad 等是也。自是蒙古人所建之帝国，支解磔裂，已无统一之望，居于德列之皇帝，亦徒拥虚名而已。然是时中印诸部，尚能组织 Mahratta 之同盟，以与英人抗，英人苦之。惟以此疆彼界，互相猜忌，外患稍息，内乱辄来，卒以一八一八年（嘉庆二十三年），为英人所乘，以底于亡。倘使若辈无蛮触之争，则英人定有被挫之一日，孟子自伐之言，于斯可验矣。一八一六年，尼泊尔为英人所败，英遂东略缅甸，北通西藏，渐次与中国接触，而西南边徼，从此多事。方斯时也，英人既以经济而握有实权，复以武力而大肆侵略，贵族失势而抱怨，教徒被虐而侧目，乱机四伏，而遂有一八五七年土兵之叛。时英以法人发明之新枪，便捷可用，购给印兵。而新枪之弹筒，实涂以脂肪，兵士用时，须啮一端，而英政府初不想及印人以手触牛脂，视为较死尤恶之习惯也。既而闻之，允废不用，然是年 Meerut 之兵士，有不愿用者，英人辄处以十年监禁之徒刑，于是印度兵士，群起反抗。英名将 Collin Campbell 率兵来援，又得印度内奸及沿海诸省之助，各城之叛，相继平定。然英人所费，亦不赀矣。英人惩办叛党，施以极残酷之刑，至不可言喻云。兵变既定，英国会乃实行改革印度政府，设管理印度大臣（Secretary of state for India），夺东印度公司一切之权，归诸中央政府。一八七七年，英于进称印度皇帝，自后改革内政，建筑铁道，不遗余力，军事上得朝发夕至之功，商业上有运输便利之效，海外商业，七年来增至二十倍，新闻纸凡八百种（以二十二种方言印刷），学生有五百万人，而革命及参政之运动，亦正在进行云。

（二）加拿大领地之自治

英之最大殖民地，在亚洲者为印度，在美洲者曰加拿大（The Dominion of Canada），当美洲发现以后，欧洲各国，竞行殖民，于是英人占有北美之大部。及美国独立,英人之所有者,惟加拿大而已。十八世纪初期,法人在北美之势力,亦优于英国,两国之争夺战恰与在印度之争夺同时,而结果亦同。一七五九年英国攻占魁北克(Quebec),翌年(一七六〇年,即乾隆二十五年),即建政府于加拿大,时英人在加者,仅二十六万五千人,余均法人也。英法因人种之不同,彼此各分畛域,英人施治,亦多未当。盖因战争频繁,而国库之负担加重,遂课税于北美殖民地。殖民地以在国会无发言权,坚不承认。英政府思用兵力以强制之,于是北美十三州之独立战争爆发。经八年之奋斗(自一七七五年至一七八三年),而卒战败英国,以成立一美洲联邦共和国,开近代民主政治之先声。后二年而法国大革命亦发生矣。此二者实为世界最大之变局。皆在吾国乾隆末叶。当美国将独立之顷,英政府恐加拿大之携贰,许以信教各种自由,以羁縻之,即著名之“魁北克议案”是也。以故美国独立时,加人效忠母国,而美之帝国保王党(United Empire Loyalists)亦多迁徙而来,人数日增。一七九一年(乾隆五十六年),英建代议政府于加拿大,分其地为二省,嗣是英法人均能忠于英国,联合御侮。然两省中亦常有纷争之象,而守旧、进步二党,尤水火不相容。一八三七年,遂有叛乱之举,未几而平。一八四〇年英政府派员调查,力主殖民地之自治,一八六七年(同治六年),因联合加拿大诸殖民地为一联邦,设议院,惟总督(Governor General)由英王任命。自是物质之发达迅速,领土之增加日多,至十九世纪末年,人口已五百万(初叶仅五十余万)。而民族精神,则甚显著。先是加拿大与美国间,因有互利条约,故商业关系,极为密切。自美南北战争后,关税增高,与加之商业,顿生障碍,其结果加拿大转视英国为其工业之同盟。自一八七〇年(同治九年)以后,政府尽力于加拿大工业之独立,提倡所谓“殖民地之国家主义”(Colonial Nationalism),则其极意与本国联络以抗美国者,亦十九世纪中所特有之现象也。

(三) 澳洲殖民地之共和

澳洲及其附近岛屿中之土人本不甚多,性情亦平和,故十九世纪中英人占据澳洲,如入无人之境。澳洲矿产极多,大部位于温带之中,北近赤道,中乏水草,故殖民繁盛于东南。极南之迈尔波(Melbourne)城,与吾国天津之纬度相似(一在南半球,一在北半球)。初入其地者,为葡萄牙人,一六四二年顷(崇祯十五年),荷兰航海家塔斯曼(Tasman)发见塔斯曼尼亚(Tasmania)及纽西兰(New Zealand)诸岛,然不甚著。及英人库克(Captain Cook)旅行其地,始占领之,乃渐引起英人之注意。一七八七年(乾隆五十二年),英政府流国内罪人于澳洲之植物湾(Botany Bay),是为澳洲殖民之始。然英人之自由移住者,为数不多,大半以为迁客流寓之区。其后逐渐发达,城市建立。一八五一年(咸丰元年),金矿发见,英人赴者日众,于是荒貊之地,一变为富庶之邦,罪流之举,因反对而中止,废军政而代以民政,而各州亦渐得自治之权焉。一八九一年(光绪十七年),各殖民地代表组织宪法会议,编订联邦宪法,由人民批准。越九年(一九〇〇年,光绪二十六年),始得英国会通过,以建设澳洲共和(Commonwealth of Australia)之制,联邦由六州组织之,组织与美国无异。惟有总督一人,为英王代表,略似加拿大。离澳东南一千二百英里之海中,有纽西兰(New Zealand)岛,亦为英人所据,其面积较英本国为大,而社会改革之事业,如特别法院,以审理工人资本之争讼,规定贫民养老金,限制私有土地,女子有选举权,皆为世界所称道者。而维多利亚(Victoria)之建施,亦颇不亚于纽西兰,其禁止工业上之苦役,颁布劳工条例,创置秘密投票制(Secret voting 故世或称为"澳洲投票制"〔Australian ballot〕),皆为欧美国家开一先河云。

(四) 非洲殖民地之经营

英人侵略非洲之中心有二:一在极南之好望角,一在东北之埃及。海角殖民地(Cape Colony)在拿破仑战争时代,已自荷兰人手中夺得。十九世纪以来,虽有英人移入其地,然大部仍系荷兰人之苗裔。先是荷兰在南非之农民,世称波尔(Boer)者,因不堪英人之政策,渐次东北徙,先后建立奥伦极(Orange)及传斯惟尔(Transvaal)二殖民国,辟草莱以居。英人犹未肯遽舍,屡遣兵攻之,覆其国。一八八〇年,传斯惟尔人叛,歼英军于马速巴(Mazuba)山,时英相哥拉斯东(Gladstone)秉政,不顾主张帝国主义者之要求报复,竟允荷兰农民独立,与订承认之条约。不意传斯惟尔南部,忽有金矿发见,于是昔日人所唾弃之地,一变而为有价值之区,人口之增加,一时竟达三倍。农民之数既绌,深恐政权为外人所夺,因设法阻止外人入籍或获得公权。英人首先反抗,欲设法修改宪法,许英人有参政之权,不遂,乃叛。是时英人于南非亦有公司之设,如经营印度然。南非公司(British South Africa Company)之总裁兼海角殖成之知事如带丝(Cecil Rhodes)者,受政府之指使,向抱侵略主义,英人此举,实如带丝提倡之,不意事机不密,叛徒尽为农民所虏。至是传斯惟尔大置军备,以图自卫。英人遂宣言荷兰农民有侵占海角殖民地之野心,而农民则谓英人此言,欲借以为兼并两国之口实而已。一八九九年(光绪二十五年),传斯惟尔与奥伦极自由国,竟对英国宣战,苦战二年,英不能胜。德意志及欧洲诸国,多同情于农民之举动,然卒以国小力弱,外无与国,为英人所并。英人得于南非之地建设联邦,一仿加拿大与澳洲之例。英人之侵略埃及,始于十九世纪中叶以后。埃及为自古文明之国,十六世纪中为土耳其所灭,至是以苏伊士运河之开凿,东部地峡,骤形重要。埃及之总督伊斯梅尔(Ismall)第一者(一八六三年至一八七九年顷),昏庸奢费,库帑空竭,以贱价售苏伊士运河之股票于英政府,英之势力,坐是骤增。然埃及公债甚巨,卒为英法所迫,财政受其监督。一八八二年,埃及不愿受外人干涉,有反抗之举,英人独力平之,嗣是埃及遂为英人所占据。然至一九一四年,欧战开始之时,英政府始宣言埃及脱土耳其而独立云。英之领地,遍于五洲,自诩为国旗不逢日没,其奏功率在于十九世纪。嗣是列强竞逐,英人首向中国发展,故自中叶以来,割我领土,夺我藩邦,既输鸦片以烁我膏血,复假金银以攘我政柄。其锋若此,果操何术以致之?观于属土之扩张,亦可以知其涯略矣!虽然,英之于美澳非三殖民地,皆与以自治之权,欧战后,且完全独立。而印度则尚需待第二次大战后,岂异族防闲之术工,而依为侵华之媒介欤?呜呼!可以鉴矣!

十九世纪末叶大英帝国主义之膨胀,以数字表之:(一八七〇——一九〇〇年)

国土增加 四七五四〇〇〇方哩　人口增加　八八〇〇〇〇〇〇丁口

九十三　十九世纪中之俄罗斯帝国

(一) 专制之政策与佃奴之释放

俄人与吾国之交涉最早,关系綦深,在十九世纪中抱有绝大侵略主义,我国受其播弄,而失地丧权亦最巨。二十世纪初年,已颇有社会革命之倾向,卒以造成今日之苏维埃联邦政府。假共产主义为号召,以进行其所谓无产阶级之世界革命,面貌虽新,精神依旧,吾国又首当其冲,故殊有知其内情之必要焉。俄罗斯之与欧西发生关系,五十年来,始渐密切。自维也纳会议以后,俄帝亚历山大第一议组神圣同盟,与国内之旧党联合,以反对维新为事,检查出版极严,并痛诋维新者之幻想,有妨社会秩序安宁。俄国人种复杂,礼教各异,芬人(Fins)、波兰、日耳曼、犹太、鞑靼、蒙古以及 Armenians 人、Georgians 人,各怀二心,而全俄罗斯之专制皇帝(Autocrat of all the Russias)又方极独裁之能事,凡宣战媾和,任免官吏,捕杀人民,一任自由,甚至教会亦受监督,腐败专断,无所不为。于是新党革命,波兰独立,相继而起,虽不久即定;然尼古拉第一之迷信专制,较前皇尤甚,书籍之检查,信件之拆阅,通十九世纪中而未尝稍变云。俄国之人民,半系佃奴,其生活之困难,身体之不得自由,地位之卑下,与牛马无异。佃奴不堪其苦,故常有反抗之举。当尼古拉第一时代,前后作乱五百余次,政府虽防范极严,终不能济。及亚历山大第二即位,遂有释放国内四千万佃奴之令。惟此举并不彻底,佃奴仍附属于田地,无领土之权,并不准擅离其住村。所得自由者,仅婚姻、纳税、工作及不受鞭笞而已。且政府规定高律地价,先由国库支付地主,然后令政府农民分期缴还。其待地主则甚厚,于农民则不啻罚作苦役之罪人,故佃奴中有不愿被释放者,而则强之以收受"自由",并纳地税。各村之地,每于定期重新分配,但人口增加,地当减少,因之生活之穷困,日甚一日。一九〇六年,全国大饥,数千里之地,无一村足以自给者,农民辄以树皮及屋草为食,于是政府许农民得以自由离其村落,所分之地,令其自主,得免缴价。而古代村落制(Mir)遂荡然无存,专制之政体,至是已难继续矣。

(二) 政治上与工业上之革命

先是俄国专制政体已臻极点,国内有识者,渐生一种反抗之运动,即世人所谓"虚无主义"(Nihilism)者是已。是党初指为对于政治上宗教上及恶劣旧习惯旧道德之革命,主张理想的世界。俄政府颇畏惮之,压制不遗余力,人民既无集会之自由,党人之被逮捕者,辄视为罪大恶极。因是热诚改革者,知和平进行为无望,苟欲推翻专制,拯国家于昏暗之中,非用激烈之手段,以恫吓政府不为功。自是改革者一变而为恐怖者(Terrorists),一八七八年(光绪四年)以来,屡从事于暗杀之行为。政府知强抑革命之无用,拟颁布一种宪法,召集民选国会,以平党人之心。然为时已晚,亚历山大第二终于允许立宪之日,被刺身死(一八八一年,光绪七年)。其子亚历山大第三即位,一袭历世之专制政策,压制人民,不稍宽纵。然党人因时机未熟,亦颇敛迹,故国内相安无事者十余年。是时政治上之革命,既迫切如此,而同时工业之革命,亦有足纪者。蒸汽机之利用,工厂制之创立,当十九世纪末叶,始引入国中,俄罗斯数百年之农民生活,渐见摇动。自佃奴释放,工厂骤然发达,一八八七年以后,约十年间,工业产品,增加一倍,工人由一百三十一万八千四十八人,增至二百零九万八千二百六十二人。与工业同时并进者,尚有铁道之建筑。其始由政府贷款于西欧诸国以行之,大都以政治及军事为主。自克里米战争以后,俄人因感运输上之不便,铁道建筑,积极进行,至十九世纪末年,西欧中亚,次第贯通。而其工程最大,与我国有特著之关系者,则首推西伯利亚铁路。其干线由圣彼得堡以至海参崴(Vladivostok),延长二万余里,并有支路以达我辽东。至是俄国之势力,不惟远及于太平洋沿岸,且寖寖入吾内地矣。

(三) 革命精神之发达

一八九四年,尼古拉二世继其父亚历山大之帝位,对于检查出版,较前尤严。大学教授之稍持异论者,辄被免职,在校者,亦警告其少谈政事。芬兰本属异种,平素除承认俄帝为共主外,一切皆听其自由。人民进步极速,尼古拉二世欲使之俄罗斯化(Russiofication),夺军事立法之权,并强之使用俄语。未几芬兰总督被刺,俄帝不得已,始允恢复芬兰之主权。先是,俄帝任命方朴来惟(Von Plehve)为内务大臣,方氏向以残杀革命党,及虐待芬兰人著名者也。既就任,即虐杀不奉国教之异教徒,以犹太人受苦特甚,因是犹太人相率逃亡,入于美国者,数以万计。是时国内党人,略分三派:(一)立宪民主党,主张建设国会,人民有言论、出版、集会之自由,废止密探任意逮捕人民及虐杀异教,改良农工人之状况。(二)共产党,主张马克思之学说,除希望立宪外,并倡劳工专政之说,以工人管理土地矿产及工业,打倒资产阶级。(三)社会革命党,主张政府抑制人民或朘削以自肥者,人民有反抗之权利。常取官吏之贪暴者,加以暗杀,其组织亦较为完备。政府之压制愈甚,人民之反抗愈烈,一九〇四年以后,革命事业,乃成公开之运动。日俄战争中,党人以官吏处置之失当,败报传来,颇引为快。未几,方氏被刺,国内连年灾荒,秩序大乱,工人罢工,时有所闻。而官吏中饱军费,吞蚀赈款,自私自利,国事曾不稍恤。一九〇五年一月二十二日,工人男女老幼群集宫前,冀陈民瘼,而卫兵枪击,至杀死数百人,伤者无算,即世所谓"红礼拜日"(The Red Sunday)也。于是知识阶级之文人、律师发表宣言,谓政府已与国民宣战,社会上应出而援助工人。俄帝不得已,始召集国会,为一时弥缝之计。然规定工人及从事专门职业者无选举之权,又激起全国同盟罢工之举。虽国会卒从民意而成立,然俄帝固不乐其有所建革,故不久即解散之。于是暗杀之风,又复大炽,政府并特设军法院以审判新党,一年被杀伤者,至达九千人。时俄饥馑洊臻,人民涂炭,虽农村解放,而法令尤严。官吏始终以摧残自由及虐杀党人为事。国会仅有其名,非旧党则解散之。及一九一二年,国会为势所迫,亦颇有反对政府之精神,欲从事于改革,然距大革命爆发之期,已不远矣。

九十四　欧洲势力之扩充

(一) 国际商业之发达

欧洲自英人瓦特(Watt 生于一七二八年,卒于一八九一年)于一七六四年(乾隆二十九年)发明蒸汽机,渐应用于工厂。至一八〇七年(嘉庆十二年)美人福尔敦(Fulton)更创造蒸汽船。在瓦特同时,复有阿克莱特(Arkwright)发明纺织机,是为工业革命之开始。而亚丹斯密(一七二三——一七九〇年)之《原富》一书,尤为自由经济学之鼻祖。以是工商诸业,蒸蒸日上,制造之品,足以供给自用而有余,故常觅新市场于世界之各部。因欲与远东通商,遂引起美洲之发见。至十九世纪时,英法德诸国之制造品已通销于中国、印度及太平洋诸岛中。此种世界商业,为历史上大事之一。盖欧人之殖民于海外,与亚非二洲市场之垄断,莫不因世界商业而发生,因之各国间遂不免有可相竞争之迹。一九一四年之欧战,此亦其一因也。自蒸汽发明,运输便利,商业发展,益为促进,轮船铁道,合而造成世界为一大市场,而列强益追逐于拓地殖民之业,弱小民族遂不免供其牺牲矣。十九世纪中世界交通史上有一事应特书者,则苏伊士运河之凿成,时一八六九年(同治八年)十一月也。至后每年帆樯往来,数在五千艘以上,欧亚之交通,已不必远航好望角,而东西关系,始渐繁密,欧洲势力之扩充,至是有一日千里之概。英国铁道之建筑,始于一八一四年(嘉庆十九年),至十九世纪末年,全岛已有铁道二万二千英里,每年平均载客一千万以上。法国之有铁道,始于一八二八年。德国之有铁道,始于一八三五年。至亚非二洲之铁道,进行亦极迅速,若横断欧亚之西伯利亚铁道,前节已略述之矣,而俄罗斯又南建铁道以至阿富汗。英属印度,有铁道三万五千英里。即非洲内地之森林旷原中,在十九世纪欧人足迹所到者,亦复铁道纵横。且铁道所经,不仅握交通上之霸权,即所经地方之经济与政治,亦往往受监造者之支配。故欧洲各国,对于铁道尚未发达之国,莫不争先恐后,投资兴筑,如中国与土耳其,即其显著之例。与世界商业有密切关系者,除铁道轮船外,尚有邮政、电话、电报与海底电线等。电报发明于一八三七年(道光十七年),电话发明于一八七六年(光绪二年),其发达殊为可惊,自有线而无线,由传信而传真,瞬息万里,世界可通。电力之运用,已为工业之母矣。以欧洲生产力之大,而又加以运输之便利,致产出国外市场之激烈竞争,亚非二洲人民之无力自卫者,其领土几皆为欧人所占领,滔滔白祸,流入中国,亦势使然也。

(二) 列强之宗教的侵略政策

欧洲列强之外交及商业政策,类皆以二种动力为根据,即工厂之要求市场,与资本之要求投资是也。而帝国主义之盛行,其原因亦即在此。所谓帝国主义,为一种增加领地之政策,其始也则监督出产,垄断商业,或终取武力合并之形式,其例盖不胜举。亦有取划分"势力范围"之形式,为将来实行占领之预备者,中国瓜分之议,即肇端于此也。帝国主义之实行,基督教之传教士,每每为其先驱。然基督徒中,亦不乏抱"布福音于万物"之主旨者,似未可作抹煞之论耳。欧人知有新地,教士尝与军人商民联袂以趋之,当美洲及印度航路发见后,方济各(Franciscan)与多敏诺(Dominican)两派之托钵僧,冒险以传道为事。至一五四〇年,耶稣会中人,亦传道甚力。一六二二年,罗马旧教教会组织规模宏大之传道机关,名曰Congregatis de Propaganda Fide,其总部设在罗马城中,内有教皇委员二十九人,设专门学校以训练传道教士及学习应需之语言文字。土耳其、波斯、阿拉伯、印度、暹罗、安南、马来半岛、中国、高丽、日本、非洲诸地之旧教信徒,数以百万计也。宗教改革后,新教徒传道并不热心,其组织机关,以一六九五年英国教会之"提倡基督教智识社"(Society for the Promotion of Christian Knowledge)为最早。十八世纪,美以美会与浸礼会二派之教徒,始有合力传道之举。十九世纪初叶,美国有"外国传道部"(American Board of Foreign Missions)之组织。不久,各派亦相继而起,其力量之雄厚,竟与欧洲相埒焉。传教士中,有不明了各国之文明而漫肆攻击者,如对于中国、日本、印度每痛诋其习惯之不良与成见之非是,以致引起教外之仇恨。教士之被虐杀者,时有所闻,盖非无因矣。而各国政府又每假保护教士之名,以实行侵略土地之实,我国之租借地与势力范围,盖即其显著之例证耳。

第十九章　道光时代之内政与变乱

九十五　道光之内政

(一) 绵宁之嗣位与治略

嘉庆二十五年七月,颙琰驾幸热河,驻跸避暑山庄,将举秋狝之典,以途中感暑不豫。已而大渐,召御前大臣赛冲阿、索特纳木、多布斋,军机大臣托津、戴均元、卢荫溥、文孚,总管内务府大臣禧恩、和世泰公启匣,宣示御书,即嘉庆四年四月初十遵家法立皇次子绵宁为皇太子之旨也。未几,颙琰崩,绵宁奉遗诏即位,以明年为道光元年。官书纪载如此,似仁宗临终末命,立绵宁为太子者也。雍正帝不立太子,定"缄名于乾清宫正大光明匾额后"之制,高宗承之,两缄储名,一则先夭,一则亲行内禅,俱不待受遗而启。仁宗则缄而不置正大光明匾后,乃托之于内侍之身畔。据包世臣所撰《戴均元墓碑》云:"庚辰春拜文渊阁大学士,管理刑部。七月,公偕满相托文恪公(托津)扈泺阳围,圣躬骤有疾不豫,变出仓猝,从官多皇遽失措。公与文恪督内臣检御箧十数,最后近侍于身间出小金盒,锁固无钥,文恪拧金锁发盒,得宝书,公即偕文恪奉今上即大位,率文武随瑞邸(绵忻)成礼,乃发丧,中外晏然。"可见匣乃随身携带,而启则在仁宗弥留时矣。定御名回避例,遵高宗谕旨,改绵为旻,并缺一点为旻,改寧为寕,惟甯字虽音义皆同不讳。十月,上颙琰尊谥曰"受天兴运敷化绥猷崇文经武孝恭勤俭端敏英哲睿皇帝",庙号"仁宗"。绵宁之母曰孝淑睿皇后,以乾隆四十七年诞之于撷芳殿。幼从编修秦承业,检讨万承风侍学,长与礼部侍郎汪廷珍，侍读学士徐颋朝夕讲论，其业益精，乾隆间，随高宗行围，引弓获鹿，赐翠翎，高宗诗所谓"尧年避暑奉慈宁，桦室安居聪敬听，老我策骢尚武服，幼孙中鹿赐花翎"者是已，时年仅十岁耳。而高宗以十二岁随圣祖射殪熊，得蒙饴眷，故诗中又谓"所喜争先早二龄"，则武服之尚，幼已习然，故嘉庆十八年，林清宫门之变，用能御敌有功，得封智亲王，谕所谓"有胆有识，忠孝兼备"者，盖近似之矣！绵宁即位之初，亦尚欲锐意图治，整饬历朝秕政，无如材智平庸，易为人所蒙蔽。在位三十年间，曹振镛、穆彰阿先后当国，内以遗太平天国之大乱，外以开鸦片未有之奇辱。而当时风习，治术则拘守成规，不敢稍有变通；学术则崇尚考据，不能讲求实用。虽忠心辅弼之臣，若阮元（字伯元，号云台，江苏仪征人，事详李元度《阮文达公事略》及第三篇）、陶澍（字子霖，号云汀，湖南安化人，事详陈銮《陶文毅公行状》）、松筠（字湘浦，玛拉特氏，蒙古正蓝旗人。事详《先正事略》、沈尧《松筠公事略》及《吉林通志》）、林则徐（字少穆，福建侯官人，事详金安清《林文忠公传》及李元度《林文忠公事略》）等皆略有所为，卒无救于国运之衰颓也。

（二）海运之试行与淮北改行票盐法

东南大计，莫如盐与漕，然弊之甚者亦莫如盐与漕。有清二百年来，官民交困，其原因大都由于文法委曲繁重，致利不归下，不归上，而尽归中饱。间有讲求更革厘剔者，则中饱蠹蚀之人，交起而持之，畏事者率却步徐视，莫敢肩其任。以故弊日甚，害日积。道光五年，漕河大梗，诏江南大吏议海运。盖海运之便，嘉庆时已试办之，而终未实行（齐彦槐有海运南漕议，上之苏抚，苏抚召与诘驳，终以不必改章为言，寝其事），至是上海关侩挠于南，通仓胥吏挠于北，屯船丁役挠于中，不曰风涛，则曰寇盗；不曰霉变，则曰繁费。清廷移安徽布政使陶澍巡抚江苏，澍首请以苏松常镇太仓之漕百六十万石，归海运，并亲赴上海筹商船，定雇值，檄崇明狼山及山东登莱诸镇会哨海口，以壮声威。各艘由吴淞出崇明十滧，转成山入直沽口，水程四千余里，旬月抵天津，无一漂损者。清廷遣重臣赴验米色，率莹洁过漕运，而每石运费仅用银四五钱，视河运省一倍。人始知海运利国利民,为东南拯敝第一策,不得以风盗霉费之说相訾矣。既而澍疏陈海运章程八条,以格于部议不行。盖主事者亦以积弊为成规,而不愿多事更张也。历二十年,各省岁运漕额,逐渐短少,太仓积粟,动放无存。二十六年,诏复行海运,始为常例。盖上海有沙船三千五六百号,船主皆土著富民,名曰船商,每年运关东豆麦千余万石南来,布茶南货载而北行,然南货少不能满载,以之运漕,官商交利。至轮船通行,而招商局且揽为专利,无复运河之事矣。道光十年澍迁两江总督,承鹾政蛊坏之后,如淮南之窝价,淮北之坝杠,两淮之岸费,皆浮费数百万,仰食其间者以亿计。会值私枭黄玉林伏法,清廷命户部尚书王鼎、侍郎宝兴赴两淮会筹改法,为课归场灶之计。澍谓除弊即所以兴利,非减价不能敌私,非轻本不能减价,非裁冗费不能轻本。成本既轻,盐价自减,尽可敌私,民间亦何乐蹈买私之罪?将私贩不缉而自除。且清库款,革总商,以杜侵渔之渐;定秤桶,编船号,以绝影射之萌;挑道河,散轮规,以畅运销之路;酌带销缓积欠,以清套垫之源:使射利者无可借端,欠课者无从借口,似较课归场灶之法,确有旧辙可寻,因条上章程十五则。王鼎等遂请裁盐政,归总督管理,以一事权。澍于是殚心力以厘积弊,奏裁淮南窝价、岸费二百五十余万两,淮北则创改道不改捆之议,归贩不归商之制。其著有成效者,约有四端:一曰裁浮费以轻成本。凡公费、匣费、岸费、窝价数百万,其利皆不归于纳课行盐之商,故成本日重,澍一切裁减。复裁盐政陋规十六万有奇,缴还盐政养廉库银五千两,本源澄而浮冒绝矣!一曰慎出纳以重库款。盐库不分正杂,亏挪百出,又有总商管库,不行盐而专领费,甚至捐输皆出库垫,冒支从不报销。澍奏分二库,以正项存内库,备拨部,杂项存外库,革总商以杜侵渔。永禁印本减帖诸名目,俾勿贻后患。一曰禁粮私以清纲销。粮艘回空,向带长芦私盐,澍力禁之。漕督以调剂穷丁为词,奏请许带芦私,仍完淮课,御史亦以为言,澍三疏驳之,谓不但病鹾,亦且滞漕,坚持定议,芦私遂绝。至仪征商船,有官行私之弊,澍一切禁杜。又力主散轮随到随售,而久滞报淹之弊亦少。一曰革五坝十杠以清淮北。北盐十年无课,遍地皆私,商逊岸悬,盖由运道迂而成本重。澍因奏:

开纲以来，淮北止捆二万余引，较定额不及十分之一。本年将官收灶盐，督商办运，均择畅销之岸，先行运往，以冀早收库项，而滞岸仍无盐济售。民间既无官盐，不得不买向民贩；灶丁积有余盐，亦不能不卖与民贩。

清廷准如所请，淮北畅岸，仍归商运；其余滞岸，即仿照山东、浙江票引兼行之法，于海州所属之中正、板浦、临兴三场，分设行店，听民投行购买，运往售卖。择各场要隘之地，设立税局，给与照票，注明斤数，及运往何处字样，凡无票及越境者仍以私论。澍乃招商请票，不数月间，商贩辐辏，场盐一空。化私为官，皆从来所未有也。初淮南以十年行六纲，淮北以十年行三纲，亏帑本七百余万，而以帑利贻患后来，立"豫纳"、"减纳"、"帖息"诸名色，以数十年后之课，豫亏之于数十年前，至道光八年十年间，则已无可挪垫，无可借贷。自澍任事以后，重加厘剔，改引地为票盐法，凡八载，完正杂银二千六百四十余万两，而在岸缓纳之课，尚不与焉。库贮常实存三百余万，又带销残引百三十余万，至是日增月盛，遂为政府之一大收入。

（三）水手设教之查禁

漕运之弊，不仅在河道之繁费，而运丁寄食空粮，水手设教敛钱，皆为较著之事。道光五年六月，御史汪世绂奏称："各帮粮船舵水，设有三教：一曰潘安，一曰老安，一曰新安。所祀之神，名曰罗祖。每教内各有主教，名曰老官。每帮有老官船一只，供设罗祖，入其教者，投拜老官为师。各船水手，联名资助，统计三教不下四五万人，沿途纤手，尚不在此数。水手雇值，向例不过一两二钱，近年挟制旗丁，每名索二三十千不等。及衔尾前进，忽然停泊，老官传出一纸，名曰'溜子'，索添价值，旗丁不敢不从。水手滋事，必送老官处治，轻则责罚，重则立毙，沉入河中。沿途招雇纤手，必推曾经械斗受伤者为头目。遇有争斗，以红箸为号，人即立聚。新安一教，尤多匪徒。此次欲在江南众兴集地方招人报复，因船未渡黄而止。此案水手滋事，宜设法严办，以后遇有滋事，皆当加等重惩。明年倘暂行海运,此数万安保不滋生事端,尤宜妥为安插!”清廷以粮船水手,设立教名,敛钱聚众,不法已极。本年水手因争船起衅,械斗至四日之久,若不严行惩办,将来藐法之徒,何所底止?因谕漕运总督,及有漕各省督抚,细心访察。应如何分其党羽,示以惩创,须弭祸未然,固不可酿成巨案,尤不可激生事端。观此,可知水手设教聚敛,为当时运道上秘密社会之一种,此即所谓“青帮”也。其势力之浩大,足使官吏谈虎色变。清廷为防微杜渐计,虽不得不设法以惩制之,而激生事端,尤为所避忌,故效果甚鲜。盖数万教徒,最易滋事,川楚之祸,京滑之变,已足使清廷寒心矣。况当时漕河中阻,议筹海运(已见上目),水手失其生计,尤虑一触即发,故汪氏亦以安插为言,而海运之所以终废于一试者,亦未始不由于此也!

(四) 道光时之权臣与当时政治之影响

绵宁于宫门之变,机警御敌,及即位,又颇以俭德著称:衣非三浣不易,食物价昂,虽嗜弗索;宫中用款,岁不逾二十万;内务府司各堂官,皆有“臣朔欲死”之叹。颂之者,至谓为三代下第一人,宜若有可为矣,然内变踵起,外力逼来,近世非常之变,皆开于道光一朝。虽历世所积,官吏贪黩,军备腐败,士气凌夷,不得以为专咎,然绵宁任用非人,亦祸之所由阶也。曹振镛(安徽歙县人,文埴子,字俪笙,又字怿嘉,乾隆进士,历相三朝,卒谥文正)以嘉庆旧臣(嘉庆十八年以吏部尚书协办大学士,寻授体仁阁大学士,管理工部),列居权要(道光元年,改武英殿大学士),十余年间,专伺人主意旨。又复拘牵文义,毛举瑕疵,以钳制天下之人心。会绵宁倦勤,厌言官之多事,振镛因进言曰:“今天下承平,臣工好作危言,指陈阙失,以邀时誉。若遽罪之,则蒙拒谏之名;惟有抉摘其细故之舛谬者,交部严议,则臣下震于圣明,以为察及秋毫,自莫敢或纵。”绵宁从之,嗣后凡遇章奏,如有疑误,无论巨细,辄遭谴责。由是中外惶悚,皆矜矜自持,不复有敢言者。且自乾嘉以前,台阁书体虽称整齐,然尚多雅气,碑帖古字,时见层出,诗亦有拗体者。而振镛奉命衡文,字则专搜点画,诗则泥黏平仄,不问文章之工拙,若有破体帖字,平仄失调者,皆置下第。海内承风,士习因以阘茸,恹恹无生气。(陈康祺《燕下乡脞录》云:“近数十年殿廷考试,专尚楷法,不复问策论之优劣。以致空疏浅陋,竞列清班,甚至有抄袭前一科鼎甲策仍列鼎甲者。而读卷诸公,评骘楷法,又苛求之点画之间,有一字古体帖体,依《说文》篆隶而不合时式者,即工楷亦置下等。康祺偶见厂肆有乾嘉年间殿试策,不尔也。朱侍讲悠然云,其先德侍郎公及第时,不尔也。此风不知开自何时?后询之童少宰华云:'宣宗初登极,以每日披览奏本外,中外题本,蝇头细书,高可数尺,虽穷日夜之力,未能遍阅,若竟不置目,恐启欺蒙尝试之弊,尝问之曹文正公振镛。公曰:"皇上几暇,但抽阅数本,有见点画误谬者,用朱笔抹出,发出后,臣下传观,知乙览所及,细微不遗,自不敢怠忽从事矣。"上可其言,从之。于是一时廷臣,承望风旨,以为奏折且然,何况士子试卷?而变本加厉,遂至一画之长短,一点之肥瘦,无不寻瑕索垢,评第妍媸。以朝廷抡才大典,效贱工巧匠,雕镂组织者之程材。而士子举笔偶差,关系毕生荣辱。末学滥进,豪杰灰心,披靡若斯,虽尧舜皋夔之圣贤,岂能逆料与?'文正晚年,颇以为悔,故少宰获闻之。"按此事《春冰室野乘》载之,据言闻诸文道希学士,当可信云。)论者谓一时吏治日隳,学风日替,民族日坏,民生日困,内外兵祸,纷至沓来,开千古未有之变局,皆振镛有以造成之,庸人误国,甚于佞人,言虽过甚,然亦不得谓非无因也。振镛遇事模棱,以守成为惟一之的,态度圆和,谦柔自持,拘谨无为,囿于当世积习。或以其虽非大臣之体,尚不失为清廉之官,清廷重臣,往往如此,则身居大位,而不能有守有为,误国之罪,盖亦难数耳。然振镛当道光前期,犹非多事之秋,代振镛而揽权者,满人穆彰阿之庸暗无识,植党营私,说者以为不减于乾隆时之和珅。方穆彰阿之当国也,正值鸦片问题发生,穆固主和议,必欲罚林则徐之职,罪之遣戍伊犁。大学士王鼎(陕西蒲城人,字省厓,嘉庆进士,管刑部最久,多所平反,卒谥文恪)与之同值军机,素恶之,每相见,辄厉声诟詈,穆强为笑容避之。会自河防归,鼎因诘之:"如林则徐之贤,汝何故遣戍新疆?是直宋之秦桧,明之严嵩耳,行见天下事皆坏于汝手。"穆默然不与辩。绵宁反笑谓王鼎曰:"卿醉矣。"命内侍扶之出。次日,复廷诤甚苦。绵宁怒,拂衣起。鼎亟牵其裾,终不获申其说,愤甚,及归,遂效史鱼尸谏之义,自缢而死。遗疏数千言,痛劾穆彰阿等欺君误国之罪,力排和议之非,并荐林则徐可大用。旧例大臣自缢,必奏闻验视,然后解。穆闻之,使其门下士陈孚恩、张芾索观遗疏,并危言怵鼎之子伉曰:“昨日之事,上怒未解,若以此奏,则尊公恤典不可得,而子亦终身废弃矣!其勿奏便!”伉信其说,遂弃遗疏弗上,令军机章京聂沄别草一稿,以暴疾闻。绵宁虽震悼优恤之,亦不究其事。而鸦片败绩,卒以有南京之条约。穆之恶,直至咸丰即位,金田乱起,始并耆英而罚斥之云。

〔附言〕 王鼎尸谏之事,初或疑之,《耆献类征》辑陈康祺《纪闻》云:“蒲城王文恪公鼎为宣宗朝名宰相,长户部十年,综核出入,人莫敢欺。管刑部多所平反,先后谳狱九省,理重案三十余起,弹劾大吏,不少瞻徇。勘两淮盐务,奏上节浮费革根窝等八条,并请裁盐政由总督兼辖,淮纲为之一振。道光二十二年,河决开封,公奉命往治,驻工六阅月,糜帑少而成功速,皖、豫之民,至今德之。还朝值西夷和议初成,公侃侃力争,忤枢相穆彰阿,公退草疏,置之怀,闭阁自缢,冀以尸谏,回天听也。时军机章京领班陈孚恩方党穆相,就公家灭其疏,别撰遗折以暴疾闻。设当时竟以公疏上,穆相之斥罢,岂待咸丰初年?蕞尔岛夷,知天朝有人,或不至骄横如此!吁!朋奸害正,摧我屏藩,沧海鲸波,滔滔靡底,圣君贤相之灵,当亦在天赍恨矣!康祺初入京,闻老辈言是事,犹以为未确,不敢遽笔也。嗣见冯中允桂芬《显志堂集》,有公墓铭,称公自河上还,养疴园邸,行愈矣,卒以不起。词意隐约,殆公后人讳言之。朱侍御琦记公事,亦言一夕暴卒。顷见孙方伯衣言所撰《张文毅芾神道碑铭》,首云‘子丑之间,海鲸波山,有臣一个,奋回其澜。’又云‘额额蒲城,深曠太息,闭阁草奏,忠奸别白,疏成在怀,遂缳以绝。或匿不闻,闻以暴疾。’则情事昭然矣。文毅与文恪同乡,故铭辞借为缘起,古文家原有此例。”

(五) 满风之保存与开矿之奖励

道光之时,清运已衰,内则叛乱踵起,外则强邻逼迫,朝廷之威信渐替,军队之腐败日甚,满人既尽丧其朴厚尚武之风,汉族亦寖移其尊仰爱戴之诚，而朝廷守历世之遗训，犹复分别满汉，保存固有政策。如道光十八年谕：

朕恭阅皇考仁宗睿皇帝《实录》，嘉庆元年二月，钦奉谕旨："镶黄旗都统查出该旗汉军秀女内有缠足者，并各该秀女衣袖宽大，竟如汉人装饰，着各该旗严行晓示禁止等因钦此。"仰见皇考训诫周详，允宜永远遵守。今相沿日久，恐奉行不力，又复视为具文，或致再蹈此等习气，不可不重申例禁，加之整饬。我朝服饰本有定制，不惟爱惜物力，亦取便于作事，若如近来旗人妇女，往往衣袖宽大，甚至一事不可为，而其费亦数倍于前，总由竞向奢靡所致。至仿效汉人缠足，尤属违制，此等恶习，大约内务府汉军及屯居汉军旗人俱所不免，于国俗人心，关系甚巨。着八旗满洲、蒙古、汉军都统、副都统等随时详查，如有衣袖任意宽大及如汉人缠足有违定制者，一经查出，即将家长指名参奏，照违制例治罪。倘经训谕之后，仍复因循从事，不能实力奉行，将来经朕查出，或被人纠参，定将该旗都统、章京等一并严惩，决不宽贷！

此本善政，然说者每谓其存满汉之谬见，益以激动汉人之反感。盖清廷不能推此而及于汉人，虽出于不得已之敷衍政策，但亦可见内满外汉之素衷矣。又当时堪称善政者，尚有奖励开矿一事。盖清初惩于明末矿政之弊，一切禁止开采，康熙中虽定章纳课，而事不畅行，遂使大利坐弃，民生日困。及道光二十四年，始谕军机大臣等：

自古足国之道，首在足民，未有民足而国不足者。天地自然之利，原以供万民之用，惟经理得宜，方可推行无弊。即如开矿一事，前朝屡行，而官吏因缘为奸，久之而国与民俱受其累。我朝云南、贵州、四川、广西等处向有银厂，每岁抽收课银，历年以来，照常输纳，并无丝毫扰累于民。可见官为经理，不如任民自为开采，是亦藏富于民之一道。因思云南等省，除现在开采外，尚多可采之处，着宝兴（字见山,满洲镶黄旗人,时官四川总督)、桂良(瓜尔佳氏,满洲正红旗人。时官云贵总督)、吴其濬(河南固始人,字瀹斋,号雩娄农,时官云南巡抚)、贺长龄(字耦耕,号西涯,晚号耐庵,湖南善化人,时官贵州巡抚)、周之琦(河南祥符人,时官广西巡抚)体察地方情形,相度山场,民间情愿开采者,准照现开各厂一律办理,断不可假手吏胥,侵蚀滋扰阻挠诸弊。该督抚等必能仰体朕意,妥为筹办,固不可畏难苟安,亦不可抑勒从事,期于民生国计,两有裨益,方为妥善!

既而又谕:

前因云南等省向有银厂抽收课银,降旨令该督抚体察情形,如此外有可开采之处,准照现开各厂,一律办理!……天地生财,以供民用,若不能变通尽利,则民用易匮,而财货亦有弃地之虞。广西旧有各厂,前因采取过多,山空砂薄,是以暂行封闭,积之既久,地气亦郁而必宣。但能因地之利,顺民之情,自可著有成效。现在查勘各该处如果有矿苗重出,砂路复新,即着谆饬该委员等会同地方官劝谕商民试行采办,务在禁其扰累,去其烦苛,使民乐于从事。

自是对于开矿事宜,时见谕旨,则当时奖励之情形,盖可知矣!

(六) 河吏之奢靡与清廷之禁谕

河工之滥费,与漕运盐鹾俱为舞弊之渊薮。惟后者经陶澍之整顿,虽海运不行,而盐政差有起色。河工每年靡帑数百万,只以供官吏之挥霍而已。咸丰河决以前,治河有两总督,北督驻济宁,南督驻清江浦,北河事简费绌,繁剧迥逊南河。方道光中叶,天下无事,南河岁修经费,每年五六百万金,然实用之工程者,不及十分之一。其余悉以供官吏之挥霍,一时饮食衣服,车马玩好,莫不斗奇逞巧,其奢汰有帝王所不及者。河防如是,普通吏治,益可想见,宜乎大乱之成,痡毒遂遍于海内也。某河督宴客,豚肉一簋,须毙五十余豚,取其背肉一脔,余悉弃之。食驼峰则一席需三四驼,鹅掌猴脑,亦务取精华。即豆腐一盘,制法亦有数十种,且须于数月前购集材料,选派工人,统计非数百金不办。食品既繁,一席之宴,恒历三昼夜不能毕。故客至酒阑人倦,往往引去,未有终席者。各厅道自元旦讫除夕,非大忌,无日不演剧。每署幕客数十百人,游客或困顿无聊,乞得上官一刺,以投厅汛各署,无不立即延请。有宾主数年,曾未一谋面者。幕友终岁无事,主人夏馈冰金,冬馈炭金,佳节馈节敬,逾旬月必馈燕席。幕中人为樗蒲戏者,得赴帐房支费,皆有常例。防汛紧急时,有一人得派赴工次三五日者,同人争羡,以为至荣。其归也,主人必有酬劳,百金至数百金不等。其久驻工次,与署中有执事之幕客,沾润尤肥,非亲厚者不能得也。新翰林携朝臣一纸书谒河督,河督为之出醵,万金可咄嗟致。举人拔贡携京员一纸书谒库道者,千金可立致也。骄奢淫泆,一至于此。绵宁亦时闻之,因于道光二十四年正月谕曰:

> 朕闻近来江南河工时有过往官员及举贡生监幕友人等前往求助,该河督及道府等官,碍于情面,不能不量为资助,以致往来日众,竟有应接不暇之势。不知河工银两,丝毫皆关国帑,河员承领钱粮,均有购料修防之责,倘过往官员等视为利途,纷纷前往,该员等焉有自出己资之理?无非滥请支领,克减工程以为应酬之费,于河务甚有关系,不可不严行禁止!因思此等游客,不能无因至前,往往向在京官员,求索书信,以为先容;甚至属托该河督授意属员,广为吹嘘,此风可恶之至!着潘锡恩(安徽泾县人,字芸阁,官南河河道总督,任事十载,宣防修筑,务权缓急。清淮士民,称颂不衰)通饬所属,一律严禁。嗣后查有持信往谒,意在干求者,着该河督即将其人暂行扣留,指名参奏。其有向道厅求助,业经帮助银两者,即一并参办。概不得意存见好,稍事姑容!并着两江总督明查暗访,倘此后仍有前项情弊,该河督未即举发,即行单衔奏参。庶几惩一儆百,力挽颓风!南河既有此弊,东河亦所不免,着东河总督通行严禁,并责成山东河南巡抚一体访查。各省盐务衙门向来陋习,亦应严行杜绝,着通饬各省盐政,一概禁止,毋任虚縻课饷!

当时河吏之奢侈,既如上所述,清廷虽以谕旨严禁,能否生效,殊不敢必。官常之腐败如此,而清廷又方丰蔀自喜,固守成见,卒以酿成内叛外患之沓来。矧是时欧美文明,日有进步,西风东渐,如潮而涌,而我国士夫,除一二卓识,如阮元之著《天象赋》,探西人推步之源,撰《畴人传》,参欧儒代数之术;魏源之著《海国图志》,徐继畬之著《瀛寰志略》,究西洋之地理沿革:余则拘墟自守,不求进步,不惟无开明之新思想,而反笑髦彦者之趋于洋务。迨咸丰以后,遂一败而不可收拾矣!

九十六　回疆之变

(一) 回疆之乱源与张格尔之初起

回疆自乾隆二十年戡定后,各城设办事领队大臣,而统于喀什噶尔参赞大臣,并受北路伊犁将军节制。岁征钱粮土贡,数十分取一,视当日准部之虐取,两和卓木之骚动,不及参一;兼以苏成激变,高朴败检之后,宗宗侍卫骚扰荷校之余,清廷常慎选边臣,皆保举之满员,与左迁之大吏。回户赖以休息。及其久也,保举渐弛,多用侍卫及口外驻防,视换防为利薮,以瓜期为传舍,与所属司员章京,服食日用,无一不取于阿奇木伯克。伯克借供官为名,敛派回户,日增月盛。西域赤铜普尔钱一当内地之五,喀什噶尔岁敛普尔钱八九千缗,叶尔羌岁敛普尔钱万余缗,和阗岁敛普尔钱四五千缗;又土产毡裘金玉缎布,赋外之赋,需索称是。皆章京伯克分肥,而以十之二奉办事大臣。各城大臣不相统属,又距伊犁将军穹远,恃无稽察,威福自出。而口外驻防笔帖式更熟习回情,工搜括,甚至广渔回女,更番入值。奴使兽畜,而回民始怨矣!张格尔(Jehangir)者,故回酋大和卓木博罗尼都之裔也,博罗尼都当乾隆初以叛伏诛,其子萨木克自巴达克山逃匿敖罕,有三子,次即张格尔。清廷虑其潜蓄势力,终为边患,岁赂敖罕王银一万两使加约束。然萨木克虽以敖罕王之监视,不能有所举动,而张格尔有胆力,复以诵经祈福,传食诸部。天山南路诸回教徒闻之,渐有摇动之状。及嘉庆末,南路参赞大臣斌静,益以荒淫,失回众心。张格尔窥事机可乘,乃与故国逃人等自敖罕北投布鲁特,假其众数百,以八月袭喀什噶尔近边。布鲁特头目苏兰奇入边告警,反为章京绥善所逐,怒与张格尔合。于是领队大臣色普征额引兵击之,擒敌八十余。而斌静遂以苏兰奇交通逆裔聚众滋事等词入奏。清廷恐斌静、色普征额均不胜剿办之任,而起衅之故,或尚别有所在。乃命伊犁将军庆祥往勘,果得斌静纵容家奴,倚势婪索诸罪状。诏夺职按问,旋以永芹代之,时道光二年也。张格尔据那林河源,募集义兵,暨结内地回众,为之耳目,屡骚掠近寨。引清兵出边则远遁,又或诡词乞降,变诈百出。道光五年九月,领队大臣巴彦巴图引兵往捕,出塞四百里,不遇一敌,乃纵杀布鲁特游牧妇孺百余人而还。其酋汰劣克愤甚,率所部二千,追袭清兵山谷间,击杀殆尽,西四城回教徒闻之,一时尽变,敌遂猖獗。清廷乃以大学士长龄代庆祥镇守伊犁,而以庆祥代永芹,视师喀什噶尔,徐筹进战之计。

(二)西四城之陷落与阿克苏之防战

是时葱岭以西诸回国,惟敖罕鸷悍善战,有百回兵不如一安集延之语。其王摩诃末阿利(Mohammed Ali)新立,知人能任,威服近傍哈萨克诸部,任意侵略。张格尔既出入近边,知南路官军薄弱不足患,欲乘间席卷西四城,而又恐北路援兵速集。乃遣使敖罕乞援,约事成则分四城战利品,并割让喀什噶尔以报。而集众五百余,以六年六月先入,由开齐山路,突至回城,拜其先和卓木之墓(回人所谓“玛杂”也),据墓宫而营,距喀什噶尔八十余里。庆祥初信奸回阿布都拉言,奏劾阿奇木王努斯妄报萨木克有子,至是令协办大臣舒尔哈善,领队大臣乌凌阿,以兵千余剿之,杀敌四百。既而败还喀什噶尔,分其众为三营,令乌凌阿穆克登布分将之,迎战浑河,先后阵殁。清兵隔于敌,不得入城,东走阿克苏者七百人。(魏源曰:“此据《方略》,询之军中人,则云此七百人者,副将周某四川人率之,筑垒城外,回贼围城,则外兵攻其后,与城中犄角,力战七昼夜,铅硝尽,死之。未知孰是?但此时四城全叛,此七百人何由得达阿克苏?若死战则副将应优蒙恤典,皆于《方略》无考,故存疑于此。”)及七月,敖罕王将兵万人至,则张格尔已侦知喀什噶尔守兵甚寡,旦夕可得,悔背前约。敖罕王见张格尔中变,留数日引归,而张格尔复遣人追啖其众,投归者二三千人,用为亲兵。八月二十日,喀什噶尔陷,庆祥死之。于是英吉沙尔、叶尔羌、和阗三城,同时陷落,群回响应。先是七月,清廷知回疆乱事已成,决非伊犁、乌鲁木齐五六千援兵所能镇定。特诏陕甘总督杨遇春以钦差大臣统陕甘兵五千余,驰赴哈密;又命山东巡抚武隆阿发吉林、黑龙江骑兵三千出关:以长龄为扬威将军节制之,期会军阿克苏进剿。军未集而西四城已陷,敌前队且逼浑巴什河,转战深入,距阿克苏四十里。乌什、库车戒严。然张格尔方留滞喀什噶尔,亟亟以改革吏治为事,不暇乘机东进。于是阿克苏办事大臣长清遣百余骑骋沙扬尘,鼓噪御敌,遂渡河而阵。再战再捷,敌不敢窥河北。及十月,而大兵集阿克苏者万余,东四城始无恐。

(三) 西四城之克复

是时四方征回之师,先后出发者,计三万六千有奇,朝旨初议大军云集后,自阿克苏分奇正二路,向喀什噶尔进行:正兵出中路台站,循葱领北河而西,是为攻击之师;奇兵自乌什草地,绕出喀什噶尔边外,是为邀截窜逸之师。然乌什边外道险不易行,又环边布鲁特部落,情形叵测,恐孤军深入不利。而阿克苏、库车、乌什诸城,又势不可无留驻警备之兵,兵愈分而力愈薄。长龄等乃决意变更方略,以步骑二万二千,并力出中路,于七年二月六日出师。二十三日至洋阿巴特遇敌二万余。时军行半月,粮且尽,日食疲驼羸马,深恐敌以坚壁清野之策,不战困我。至是遇敌,争望杀敌因粮。洋阿巴特沙漠平旷,敌二万据横冈五六里。长龄、杨遇春将中军,武隆阿居左,杨芳居右,三路进攻,夺其冈。敌众披靡,更分路擒斩其半,尽得牲畜糗粮,士气百倍,二十五日至沙布都尔,多苇湖树林,敌数万临渠横列,决水成沮洳,骑难驰骋。城后林中各有伏兵,亦难绕袭。长龄令步卒冒险越渠,短兵鏖战,复麾骑兵绕左右浅渠,横截入阵。适敌营火药自轰,清军乘之,回众始溃。追逾浑水河三十余里,擒斩以万计。余回数万,据阿瓦巴特,清兵三翼攻之,而令千骑分探左右间道,绕出回后,夹击其背。敌大溃,擒杀各半,追北至洋达玛河,距喀什噶尔八十里。次日整队至浑河北岸,距喀城仅十余里。回悉其众十余万,欲为背城一战之计。阻河列阵，亘二十余里，筑横垒蔽之，穴垒列铳，鼓角震天，势张甚。会西南风起，撼木扬沙，大晦霾，长龄以敌据形势，且众寡不敌，欲退营十里，须霁而进。杨遇春不可，曰："是天赞我也！雾晦中贼不辨我多少，又不虞我即渡，时不可失！且客兵利速战，难持久。"乃遣索伦千骑绕趋下游，牵制敌势，而自率亲兵骤渡上游，据上风。前锋先扛炮轰敌，炮势与风沙势相并，若百十万兵，摧压骤至，敌阵乱。比晓，清军尽渡，风止雾霁，乘势冲入敌阵，回众大溃。清军乘胜抵喀什噶尔，时三月一日也。杨遇春欲急追之，时张格尔已先遁，仅获其甥侄及敖罕将二人，擒回兵四千余。于是杨遇春乘胜复英古沙尔、叶尔羌，提督杨芳复和阗。然西四城虽一时尽复，而张格尔已自木吉出边。清廷以命将出师，期歼元恶，乃巢临兔脱，诏旨切责，并夺长龄紫缰，杨遇春、武隆阿太子太保、少保衔。仍勒限期获。六月，长龄乃命杨遇春、杨芳引兵八千，分道出塞，踪迹张格尔。芳军至阿赖岭（帕米尔高原迤北），遇敖罕兵二千余，被诱入伏，鏖战一昼夜，亡失其众，卒严阵而归。清廷不得已，罢西征之师，使遇春率之东还，独留兵八千驻喀什噶尔，以杨芳为参赞，统之。

（四）捐西守东之议与张格尔之就擒

乾隆中之平定回部也，布罗尼特幼子阿布都哈里以俘虏送京师，给功臣家为奴。道光初始脱奴籍，与其家属并编入正白旗蒙古。及张格尔之变，又以亲属缘坐，发边省监禁。至是长龄筹回疆善后策，以张格尔未获，因奏言："愚回崇信和卓，犹西番崇信达赖喇嘛，已成不可移之锢习。即使张逆就擒，尚有其兄弟之子在浩罕，终留后患，势难以八千留防之兵，制百万犬羊之众。若分封伯克，令其自守，则如伊克萨、玉素普等助官兵，均非白回所心服之人，惟有赦阿布都哈里令归总辖西四城，庶可以服内夷制外患！"而武隆阿亦以西四城环逼外夷，所在受敌，留兵少则不足用，多则縻费无等，若捐西守东，费不及半，而功已倍之，议与长龄同。绵宁怒其悖谬，严旨切责，仍令相机颙敌，务获乃止。至九月，又命直隶总督那彦成（字韶九，号绎堂，章佳氏，满洲正白旗人）以钦差大臣赴回疆料量善后之事。张格尔世为白山党领袖，其据喀什噶尔时，颇滥用威权，虐杀异宗，以故南路诸黑山党徒,多阴通清军者。至是长龄等密遣黑山党徒出边,纵反间,言"官兵尽撤,喀什噶尔空虚,诸回翘首以望和卓"。时张格尔方寄食诸部,生计日蹙,亟思纠合残众,伺再举之机。会岁暮,信清军果无备,复率步骑五百,以十二月二十七日潜入阿尔古回城(乌苏河北)。觉所闻不实,折奔出边。杨芳率兵三路,星夜追至喀尔铁盖山,击斩殆尽。张格尔率残兵三十余,弃骑徒窜,为布鲁特人所欺,执而献之。八年正月,捷闻,诏封长龄二等威勇公,杨芳三等果勇侯,赉将士有差。又以平定外夷,特举行献俘礼。盖自乾隆中叶以来,数十年间所未有之盛也!是役用兵三万六千有奇,用帑银千余万。初恐敌深沟高垒,而遣偏师绕出东路,断绝饷道也,故多留屯兵,严防后路。实抵喀什噶尔者,尚不及二万云。

(五)回疆之善后与敖罕之入犯

张格尔既就擒,长龄复檄谕敖罕、布哈尔等国,献张格尔家属。敖罕遣使来贺,言俘虏可返,惟回人经典,无献和卓子孙之例。清廷知终不能得,惟谕那彦成、杨芳严守卡伦,绝敖罕贸易,俟其自困,于是那彦成先后奏章程数十,大要如下。

(甲)安内策:

一、严革各城积弊,俾各大臣岁终考核于都统参赞,又总考核于伊犁将军,互相纠察。并增其廉俸,许其携眷,定其属役。

一、印房章京,俱由京拣派,不用驻防,以重其选。

一、严定各城伯克资格,慎其保举,制其回避,杜其贿补之弊。

一、没收各城叛回所有地,并清查各城私垦地,以其岁粮供给本地兵饷,及各官养廉银之用(岁粮五万六千余石,支五城兵饷三万八千余石外,余粮万八千石,而喀什噶尔之大河沿,叶尔羌之亮噶尔新垦尚不在内,皆为酌增各宫养廉盐菜银之用。有余则变价解阿克苏,采买储仓)。

一、改城垣(回俗故无城郭,乾隆朝定回疆,始就各紧要回庄附近筑短垣,仅容官署兵房仓库,名曰汉城,至是乃就汉城稍增大之),增卡堡,练戍兵。

(乙)制外策:

一、绝敖罕贸易，严禁大黄、茶叶出口。其敖罕外诸部落入边贸易者，仍依旧制，纳税三十分之一，不得丝毫减免。

一、尽逐敖罕商民之流寓边内者，且没收其财产。

一、收抚各布鲁特指与地方，妥为安置。

那彦成既奏定上列诸策，次第实行，自是大兵渐撤，杨芳、那彦成并以九年先后还朝。而敖罕王寨诃末阿利以中国绝之已甚，欲以兵力回复通商之利。闻张格尔兄摩诃末、玉素普方在布哈尔，乃迎诸军中，以十年八月使其将哈库库尔及勒西克尔等奉之，率流寓之喀什噶尔人大举入寇。参赞大臣札隆阿闻警，初不之信，既而发兵拒战，先后覆没。玉素普长驱夺喀什噶尔、英吉沙尔、叶尔羌诸回庄，札隆阿及叶尔羌办事大臣壁昌各据汉城拒守，仅得不陷。时那彦成子容安为伊犁参赞大臣，统步骑四千余，以九月抵阿克苏，畏敌势盛，欲俟乌鲁木齐兵集而后进，旋绕道乌什，趋无敌之和阗。于是喀什噶尔、叶尔羌久在敌军包围之中，附近诸回庄子女玉帛，劫掠殆尽。

(六) 中国与敖罕之议和

是时清廷先后遣杨遇春、杨芳、长龄等调兵赴援，逮容安下狱，并褫那彦成职，深咎前此严禁贸易驱逐夷民之失计。而敖罕适与布哈尔有隙，不暇东侵，及清军进援，则敖罕兵已解围引去。玉素普故慈善不好杀，至是益知独立抵抗之难，亦踵之而西。清廷方以夷性反复，对付之法，宽则损威，猛则激变，不可不斟酌尽善，以为一劳永逸之计。而敖罕颇虑中国大举出塞，遣使俄罗斯通贡，欲以树援，又为俄人所拒，始决意求与中国平和贸易。十一年七月，长龄赴喀什噶尔筹善后策，得敖罕使臣上书，备述七十余年通商纳贡之旧好，及五年以来闭关绝市之苦累，请修好如旧。长龄乃提出媾和条件二：(一)缚献贼目，(二)放还所掳汉回兵民，遣使臣归报。两国卒以十月成约言如下：

一、敖罕将所掠中国兵民放还，并为中国监守和卓木族(惟缚献贼目事，应请免议)。

一、中国仍许敖罕通商，并许其免税。

一、中国将前所抄没敖罕民资产给还。

此约为敖罕所提出,而中国之让步,殆已达于极点。当时长龄奏言:“安边之策,振威为上,羁縻次之。敖罕与布哈尔等诸部落犬牙相错,所属塔什干、安集延等七处,均无城池,其临战皆以骑贼冲阵,然不能于马上施铳,倘遇连环鸟枪,则骑贼先奔。又卡外布鲁特、哈萨克皆受其欺凌,争求内徙,而卡内回众,亦俱恨其掳掠,果欲声罪致讨,但选精锐三四万人,整旅而出,并于伊犁、乌什边境,声称三路并进,先期檄谕布哈尔等部同时进攻,则不待直捣巢穴,而其附近仇部,已群起乘衅,四面受敌,可一举扫荡。惟是一出塞外,主客殊形,自喀浪圭卡伦至浩罕千六百余里,中有铁列克岭为敖罕、布鲁特交界,两山夹河,仅容单骑,两日方能出山,此路最险,不值劳师远涉。拟遣还前所留来使一人,令伯克霍尔敦寄信开导,为相机羁縻之计。”清廷命一切如其所请。盖方以玉素普之乱,归咎于那彦成之操切启衅,亟思变计故也。

(七) 再筹善后与七和卓木之乱

敖罕之盟既成,清廷筹策善后,令中外诸臣条上意见,交长龄、玉麟(伊犁将军)会议。遂奏移参赞于叶尔羌之策,其略曰:

> 此次入寇之贼,与张格尔不同,不过乌合夷众,挟驱逐钞没之憾,虏掠取偿,并无志于土地人民。而各白回畏贼骚掠,助顺守御,亦非上年甘心从逆之比。是此时战缓而守急。惟是兵未至而贼已先逃,兵久驻而贼无一获,战守俱无长策。诸臣条奏,如言增兵广屯,自为耕战,以省征调,言之似易,行之实难,即收效亦在数十年之后。至仿土司以西四城付阿奇木伯克,则回性懦弱,非浩罕敌,若无官兵守御,贼至必如入无人之境。臣等再四筹商,统兵之人,宜立于不败之地,斯能制人而不为人制。惟有移参赞大臣于叶尔羌,其地本回疆都会,距喀什噶尔六站,在不远不近之间,再移和阗领队大臣一员,以备调遣;其喀什噶尔留换总兵一员,与英吉沙尔领队大臣犄角;再于叶尔羌、阿克苏适中之巴尔楚克驻守总兵一员,以为树窝子咽喉锁钥:则

六城相距，均不过数百里，声势联络。其防兵之数，请于西四城六千额兵之外，再酌留伊犁骑兵三千，陕甘绿营兵四千，计新旧兵额万有二千。除阿克乌苏乌什各有兵千余，毋庸议增外，喀什噶尔拟驻绿营兵三千，哨探前敌；英吉沙尔驻步骑千有五百，为喀叶二城中权接应；巴尔楚克拟驻绿营兵三千，筑堡驻守，使贼不能绕截后路；和阗一隅，止需驻兵五百；此外满兵二千，汉兵四千，全驻叶尔羌，随参赞大臣居中调度。小贼各城自剿，大贼参赞相机遣援，无烦由内地征调。如贼敢深入，以主待客，前后夹攻，必可一痛创之。无后患即可酌减新兵，以复旧制。其新兵粮饷，应请于各省绿营兵额内酌裁百分之二，可岁省银三十余万，以为回疆兵饷。俟屯田兴举有效，地利日增，生聚日盛，兵民日固，即可以回疆兵食守回疆，仍撤还内地饷额。

奏上，得旨允行。是时长龄已请以西四城闲地，招民开垦，以供兵糈。回疆始行屯田法，而新疆题名，亦始于此。自是中国对于新疆，既一注于安内之策，而敖罕自通市后，连年与布哈尔构兵，摩诃末阿利卒以道光二十二年战败而死。数年后王族库达雅尔嗣位，不能用其众，而国内悍徒，复思嗾张格尔子弟起复仇之师。于是和卓木族加他汉等七人，募集同志，连合布鲁特族，以二十七年春入寇。喀什噶尔之敖罕贸易事务官那墨特，复为之煽动住民，使起内应。而回民自更数次变乱以来，颇深惩往事，无愿从逆者。加他汉等提兵往来喀什噶尔、叶尔羌间，不能逞志。及十一月伊犁兵赴援，遂不战而退。是谓七和卓木之乱。盖自道光初叶至此，天山南路以和卓木族之故，蒙兵祸者已三次矣。

九十七　湘粤瑶乱

（一）瑶乱之原因及猖獗

瑶亦苗族之一种，其始见于清纪，自康熙四十一年都统嵩祝平连州瑶始。厥后雍正中整饬苗疆，改设流官，然瑶之散处湖粤山峒者，固仍不相统率，其性戆鸷，鲜与人通。汉民欺其愚，恒加侵侮；官吏复右奸民以朘瑶,积怨则变,自古皆然,此瑶乱之远因也。道光初,楚粤人民有结天地会者,屡强劫瑶寨牛谷,党联官役,瑶无所诉。时湖南永州锦田瑶赵金龙与常宁瑶赵福才以巫鬼神其众,瑶民仰之。金龙于是煽惑群瑶,倡言复仇,此瑶乱之近因也。道光十一年金龙既起,使赵福才纠广东散瑶三百余。合湖南九冲瑶共六七百人,以十二月焚掠两河口,杀会党二十余人。十二年正月,江华知县林先梁,永州镇左营游击王俊,以兵役往捕,瑶已千余,据长塘夹冲。永州镇总兵鲍友智调兵七百,及永州知府李铭绅,桂阳知州王元凤,各募乡勇数百进剿。令游击李方玉由沂村绕袭其后,王俊等由东路直捣夹冲。遂毁其巢,毙瑶三百余人。二十三日,瑶窜蓝山之五水瑶山,所至虏胁,众二三千,图据九疑山巢穴。败参将成喜兵,遂旁掠宁远。清廷命两广总督李鸿宾,广西提督苏兆熊各防边界。时鲍友智俟续调宝庆各兵至,即分扼合攻,而巡抚吴荣光(南海人,字荷屋,号伯荣。嘉庆进士)、提督海凌阿劾友智轻进疏防。会蓝山告急,荣光又檄宝庆兵尽赴蓝山,而檄提督由宁远赴援。二月十四日,海凌阿率宝庆协副将马韬,以兵五百余,由宁远之下灌进剿。蓝山路险,且逼敌巢,海凌阿不侦地势,遽由小路冒雨深入,又不为备。瑶伪充夫役,为官兵舁枪械,行至池塘墟,山沟陡狭,伏敌四起,乘高下突,海凌阿等歼焉。瑶势始大猖獗矣。

(二) 湖南瑶乱之平定

时清廷已命总督卢坤(涿州人,字静之,号厚山,嘉庆进士,卒谥敏肃)、湖北提督罗思举赴剿,至是又移贵州提督余步云于湖南,而饬吴荣光回长沙。瑶虏胁将万,分三路:赵金龙率八排散瑶及江华、锦田各寨瑶为一路,赵福才率常宁、桂阳瑶为一路,又赵文凤率新田、宁远、蓝山各瑶为一路,每路各二三千,犄角出没。卢坤至永州,始奏罢不习山战之常德水师及荆州满骑,改调镇筸苗疆之兵。又以衡州水陆咽喉,而常宁屏蔽衡州,出敌冲,祁阳又入衡水捷径,且粮运后路,皆派兵勇防御。桂阳、新田、嘉禾三州县各团练乡勇土瑶自守,以防虏胁。是月,桂阳知州王元凤及鲍友智击斩赵福才,歼瑶五百,再战歼瑶六百。其赵文凤一路,闻官吏招抚,解散过半,惟新田以官兵须绕道未至,知县王鼎铭战没,瑶入城肆掠而去。

清廷以瑶皆山贼，蹻捷负险，恐蔓延两粤，或盘踞山峒，致稽搜捕，敕诸将诱至山外平野之地，聚而歼之。三月十日，罗思举至永州，以南路之蓝山、宁远、江华俱为入粤门户，隘口不一，乃议大兵由新田后路蹑敌，遏其南窜，与桂阳北路兵挟攻，并扼其西通道州、零陵、祁阳小路。于是三路瑶四五千人及妇女二三千为清兵驱逼出山，皆东窜常宁之洋泉镇。其地为入山水口，有溪通舟，市长数里，垣墙坚厚，瑶人守之。思举以瑶已逼归一路，且失其翻山长技，乃密檄北路兵齐赴，又渐移各守隘兵进逼合围。时运炮未至，瑶穴墙出矢铳，清兵反隔墙外，先持盾掷火，昼夜迭攻，以耗其火药。镇筸兵数十，跃墙而上，前者伤坠，后队继登，先后毙瑶千余。四月七日瑶诈降以缓攻师，欲乘间窜入山。思举以瑶不缴器械、缚首逆，攻益力，夺门巷战。瑶大呼乞降，仍斗且逃。内外夹剿，连日歼瑶六千，赵金龙中枪死。擒其子弟妻女及死党数十。奏闻，诏以卢坤、罗思举荡平迅速，各予一等轻车都尉，赏双眼孔雀翎；余步云亦加太子少保；在事文武进秩有差。先是清廷恐瑶势蔓延，又命户部宗室禧恩，盛京将军瑚松额驰往剿办。至是已抵衡州，未至军而已奏捷，因诘赵金龙死状虚实。思举旋获其尸及所佩印剑木偶，乃止。

（三）连州八排瑶之剿治

赵金龙虽败亡，其余党赵子青复自连州八排窜江华蓝山，虏胁二千瑶。罗思举、余步云驰堵之，破之于金田濠江冲，擒斩首逆，歼瑶五百，余党瓦解。清廷切责广东将校不如湖南之出力，而广西贺县复有瑶人据均华为乱，煽聚二千余。六月，为广西参将满承绪击败于芳林渡。逃至江华界，为湖南守卡兵所获。于是清廷以瑶人屡为乱，而连州八排瑶（连州自古无瑶，志乘载自宋绍兴年间，州乡宦廖姓者，为西粤提刑，及旋里，带瑶八人防道，见连地皆深山峻岭，易于耕锄，遂不去。始居州境油岭、横坑各山，刀耕火种。及日久种繁，越居连山境内，又分五排：曰大掌岭、火烧坪、军寮、马箭里、八峒，其小排十七冲或二十冲，散处不常，皆居峻岭邃壑之中，距县治甚迩）老巢，尚待剿除。因诏禧恩、瑚松额率余步云赴广东剿之。初八排瑶有黄瓜寨者，正月中被奸民官役掳掠，讼于官，连州同知蔡天培讯之,断民役偿瑶千二百金,民役不偿,瑶出掠图报复。蔡天培遂以湖粤瑶响应告变,总督李鸿宾,令提督刘荣庆,署按使庆林以兵二千往堵。荣庆以瑶无逆状,且峒险难攻,主抚;庆林力主剿,议不合。会四月,闻楚师告捷,将士皆邀懋赏,新任按察使杨振麟亦主剿。李鸿宾遂以五月十三日同刘荣庆率兵六千,三路进,八排瑶首八人出山跪迎,请缚黄瓜寨逆瑶以献。李鸿宾收斩之,奏称杀贼七百。于是瑶皆负嵎死拒。瑶山周围四百余里,峒险箐密,军侦无探;瑶铲要路,伏隘狼突,清兵惊溃,自相挤坠,三路皆败。游击都司以下,死者数十,士卒死者千计。以行营硝药失火误焚伤亡奏,而劾提督刘荣庆老病。清廷褫鸿宾职,因有禧恩、瑚松额之命。又以余步云代刘荣庆,率总兵曾胜等调湖南、贵州兵进剿。禧恩等至粤,初锐意用兵,及探知瑶峒天险,难深入,乃于二十五日奏大木根、大桥头之捷,二十七日复奏六对冲瑶之捷,所奏杀瑶皆数百计。然必有首逆始能蒇事,于是振麟日遣人赴寨招抚。瑶惩八人前事不肯出,官兵又惩李刘前败不敢入,旬日不得见一瑶之面。时清廷以卢坤移督两广,禧恩闻其将至,又急欲邀功,因责杨振麟刻期招降。振麟乃悬赏购募,并令熟瑶为质,始偶有出者,果得洋银盐布以归。于是瑶人贪利踵至,旬日得数百。又缚黄瓜寨附近瑶三人,诸将得以草草蒇事。卢坤至粤,禧恩尽以善后事委之,交印即行。诏进禧恩不入八分辅国公,瑚松额、余步云均世袭一等轻车都尉,而逮李鸿宾、刘荣庆戍新疆。时道光十二年八月也。

第二十章 鸦片战争

九十八 鸦片问题之纠纷

(一) 鸦片输入之沿革

鸦片在西洋自古用作药材,医书谓能使人忘忧多眠,安神止痛。印度以为治咳嗽之良药。其初入中国,大约在唐乾封二年(西历六六七年)。《旧唐书·拂林传》云:拂林遣使献底也迦,底也迦即希腊原字 Theriaka 之译音也,乃以鸦片制成之治痢药品。洎贞元时代(西历八百年顷),阿拉伯商人,已有输入罂粟者。时人谓之阿芙蓉,王玺《医林集要》云:"阿芙蓉,天方国种红罂粟花。"新旧《唐书》均载之。中原渐有种植者,亦称米囊花(见郭橐驼《种树书》及雍陶《归斜谷诗》)。宋代名罂子粟、柴囊子、御米,花极娇艳,实可为药。苏轼《种药苗诗》云:"畦夫告予,罂粟可储,罂小如罂,粟小如粟,实比秋谷。研作牛乳,烹为佛粥,老人气衰,饮食无几。柳锤石钵,煎以蜜水。可便口利喉,调肺养胃。"又云:"道人劝饮鸡苏水,童子能煎莺粟汤。"可见唐宋人以罂粟为药剂为补品,实道家养生之术。降至明中叶(十五世纪末),鸦片为南洋诸国贡品,其入禁宫者,常二三百斤,一名曰乌香。徐柏龄《蝉精隽》云:"成化癸卯,令中贵收买鸦片,其价如黄金,其国自名合浦融。"盖当时东洋贸易为葡萄牙人所垄断,而阿拉伯人所运送至马剌加之货品,有鸦片一物,华言亦谓之合浦融。李时珍《本草纲目》谓:"阿芙蓉前代罕闻,近方有用者,是罂粟花之津液也。"花名罂粟,而津液名鸦片,与英语之来源正合。英德法及拉丁语均作 Opium 由于希腊语 Öπwro 而来,其原意即为罂粟汁液也。中国译拉丁语作鸦片、阿片或阿扁耳。阿拉伯语之 Afyon 亦由希腊语转译，故吾国初译为阿芙蓉、合浦融，后则称鸦片、阿片矣。万历十七年(一五八九年)，定则例税鸦片十斤为二钱，关税表中，载鸦片二斤价值银条二个，则鸦片贸易之通行，由来久矣。然斯时用者，但以为治痢药剂，医书中恒见其名称与制法，如李时珍之《本草纲目》，朝鲜人许竣之《东医宝鉴》，李挺之《医学入门》等。明季以来，民间始渐有用以吸食者。稻叶君山谓制成近代形状之鸦片，不过四百年，实由中国造成之；并谓他国人之服用鸦片，概入之于口送之于胃，中国人独不然，以烟草吸用法为媒介云(见《清朝全史》)。意谓广东、福建沿海各埠，政府屡颁吸食烟草之禁令，往往取鸦片代之，积久成习，遂渐传染于一般人民。俞正燮《癸巳类稿》谓："吸鸦片于西域已早有之，其吸食之法，与今日大同小异。"是则吸食之法，在西域早有之，又不始于闽粤矣。西域人之吸食鸦片，当从印度传来，唐义净译佛经《杂事》曾载之。而闽人吸食，则由爪哇以入台湾，盖以荷兰人为媒介云(见余文仪《台湾志》)。鸦片之为物，吸之虽不暖不饱，然积久成癖，一度不吸，便如大病遽发，比不食粟尤加痛苦；且伤精败神，涸血烁体，至终身罹痼疾之患，而所生子女，亦成弱种，其为害等于鸩毒。雍正七年(一七二九年)，清廷公布吸用鸦片之禁令，贩者枷杖，再犯边远充军。则此风之滋长，即可知矣。然当时朱批谕旨中，有鸦片而非鸦片烟之折奏(雍正七年，福建巡抚刘世明奏称：漳州府知府李国治，拿得行户陈远私贩鸦片三十四斤，业经拟以军罪。及臣提案亲讯，则据陈远供称：鸦片原系药材，与害人之鸦片烟并非同物。当传药商认验，佥称此系药材，为治痢必需之品，并不能害人。惟加入烟草同熬，始成鸦片烟。李国治妄以鸦片为鸦片烟，甚属乖谬，应照故入人罪例，具本题参云)。盖当时吸食鸦片者，辄混合烟草而并用，至纯以鸦片为喷吐物，似又在雍乾以后矣。故英大使马戛尔尼之《日记》中，载吸烟所出之味，有鸦片及香料之混合物云。大概乾隆以前，吸食者绝少，当时宫廷之间，与朝疆大吏，尚有不知鸦片为何物者。鸦片而非鸦片烟之奏折，虽后之人引为笑谈，然在当时，实确非同物，盖吸之者以为非烟草不为力耳。乾隆中叶以前，每年鸦片之输入额，多不过二百余箱，后亦不过千箱，每箱纳税三两。又输入之者，以葡萄牙人为主。及乾隆四十六年(一七八一年),英吉利东印度公司自本国政府得垄断中国贸易之特权,而印度、孟加拉地方,又为鸦片产地,于是输入日增,而民间贩食之害,亦日甚矣。

(二) 鸦片贸易之情形

乾隆以来,清廷渐知鸦片之为害,严定"国内商人贩卖者,枷一月,杖一百,遣边充戍卒三年;侍卫官吏犯者,罚职,枷二月,杖一百,流三千里为奴"之律。一时鸦片之买卖见息,然不久法令渐弛,贩者吸者如故。嘉庆初年,奉诏申立严禁,裁其税额,自此入口之鸦片,悉暗中偷售,而其价益增。后查出叶恒澍夹带鸦片之案,又重申前禁,凡洋艘至粤,先由行商出具所进黄埔货船,并无鸦片甘结,方准开舱验货,其行商容隐查出者,加等治罪。有发见者,辄销毁之。二十一年,因烧鸦片三千二百箱。然禁令愈严,秘密买卖愈盛。英商等窃于广州湾中之伶仃岛及大屿山等地,设船囤积,谓之"鸦片趸"。广东商人专以包揽走漏为业者,皆蓄快艇,装以炮械,谓之"快蟹"。其私设之商店,在广州者,谓之"大窑口";分布各地者,谓之"小窑口";所在勾通吏役,结纳哨兵,终且与沿海各官衙,私缔契约,每输入鸦片一箱,纳贿若干。于是内地奸民,往来传送,包买则有窑口,说合则又有行商,私受土规则关泛为之奥援,包揽运载则蟹艇资其运送。自嘉庆二十二年,至道光十八年,二十余年间,输入额之增加,几至九倍。兹列表如下:

中　历	西　历	箱　数	价值(西班牙币)
嘉庆二十二年	一八一七年	三六九八(四一四〇)	四〇八四〇〇〇
嘉庆二十三年	一八一八年	四一二八(四三五九)	四一七八五〇〇
嘉庆二十四年	一八一九年	五三八七(四一八六)	四七四五〇〇〇
嘉庆二十五年	一八二〇年	四七八〇(四二四四)	五七九五〇〇〇
道光元年	一八二一年	四七七〇(五四五九)	八四〇〇八〇〇
道光二年	一八二二年	五〇一一(七七七三)	八八二二〇〇〇

续表

中 历	西 历	箱 数	价值(西班牙币)
道光三年	一八二三年	五八二二(九〇三五)	七九八九〇〇〇
道光四年	一八二四年	七二二二(一二四三四)	八六四四六〇三
道光五年	一八二五年	九〇六六(九三七三)	七九二七五〇〇
道光六年	一八二六年	九六二一(一二二三一)	七六〇八二二〇
道光七年	一八二七年	一〇〇二五(一二四三四)	九六六二八〇〇
道光八年	一八二八年	九五二五(一三八六八)	一〇四二五一九〇
道光九年	一八二九年	一四三八八(一六二五七)	一三七四九〇〇〇
道光十年	一八三〇年	一四七一五(一八九五六)	一二六七三五〇〇
道光十一年	一八三一年	二〇一八八(一六五五〇)	一三七四四〇〇〇
道光十二年	一八三二年	一六二二五(二一九八五)	一三一五〇〇〇〇
道光十三年	一八三三年	二一六五九(二〇四八六)	一四二二二三〇〇
道光十四年	一八三四年	一九三六二(二一八八五)	一二八七八二〇〇
道光十五年	一八三五年	? (三〇二〇二)	?
道光十六年	一八三六年	二七一一一(三四七七六)	一七九〇四二四八
道光十七年	一八三七年	? (三四三七三)	?
道光十八年	一八三八年	二八三〇七(四〇二〇〇)	一九八一四八〇〇

上表系依据摩尔斯《中国外交史》附表,(H. B. Morse, *The International Relations of the Chinese Empire*, pp. 209 – 210)括弧中所载之箱数,则据格林拜尔(Michael Gxeenberg)之《英国商业与中国开港》(*British Trade and the Opening of China 1800 – 1842*)中之附表。此书为剑桥大学《经济史丛书》之一种,一九五一年出版。其表有“公班”、“白皮”、“金花”三种分数,本表附录,乃总数也。姚薇元在民国三十一年著《鸦片战争史事考》附表亦大致相同,惟嘉庆二十二年,作二十一年,以后皆错一年,其销

售之箱数与价值,固无异也。该表又多出运华额一栏,其数目均多于销数若干箱,但亦有运少销多者,大约与剑桥表同,间有错误。惟附注云:此为"公班土"(Pengal Opium)一项,"白皮"(Malwa Opium)、"金花"(Turkey Opium)尚未计入。盖公班产于印度之 Patna,亦称乌土。剌班产于印度之 Benares 亦称姑泥。皆由东印度公司专卖,称为"大土"。每箱四十包,重一百二十斤。白皮产于印度之 Malwa,由地方政府出售。土耳其所产者曰"金花",波斯所产者曰"新山",亦曰"红肉"(Pensian Opium),皆每箱一百六十至二百包,重一百斤。土波产品,多由美商转贩。而刘彦《中国近时外交史》与汪荣宝《清史讲义》所引东印度公司之报告书,及英人美特日尔斯忒之所调查,则颇异于是。兹并录其大要如下:

嘉庆二十一年	三二一〇(箱)	三六五七〇〇〇(西币)
嘉庆二十五年	四七七〇	八四〇〇〇〇〇
道光五年	九六二一	七六〇八二〇五
道光十年	一八七五〇	一二九〇〇〇三一
道光十二年	二三六七〇	一五三三八一六〇
道光十六年	二七一一一	一七九〇四二四八

(三) 鸦片禁止之纷议

鸦片输入之盛,不独于人民卫生上、道德上,生种种之弊害而已,又于社会经济上,有非常之影响者也。先是中国产银甚稀,明清中外通商以来,由外国输入甚多(具见第二篇中),而政府犹以银额少,恐银货输出,有危国本,令内国商人与外国交易,只准以物易物,不准以银买货。及鸦片输入超过输出,势不得不以银补偿之,银之输出额渐多。道光三年至十一年,广东海口岁漏银一千七八百万两。十一年至十四年,岁漏银二千余万两。十四年以后,渐漏至三千余万两(此据黄爵滋奏疏,而《中国近时外交史》谓:"自道光三年至十一年共漏银一千七八百万两。十一年至十四年,共漏银二千余万两。十四年至十六年共漏银三千余万两。"与此大相悬殊,因“共”与“岁”二字之差,不知刘氏何所根据耳。按摩尔斯《东印度公司与中国贸易考》〔*East India Company Trading to China*〕所列道光七年中英贸易输入额为二〇三六四六〇〇元,输出额为九九二九七六七元,两比入超一〇四三四八三三元。是东印度公司已赚银千余万元,再加散商及他国商人,则岁漏一千七八百万两,亦不为过矣。黄氏疏语,必有所本,故仍采其说)。此外福建、浙江、山东、天津各海口,合之又数千万两。于是内地银荒日甚,银价递增,每银一两,至易制银一千六百有奇。清廷忧之,渐谋所以处决鸦片问题者。而太常寺卿许乃济乃上书言:

> 近日鸦片之禁愈严,而食者愈多,几遍天下。盖法令者胥役棍徒之所借以为利,法愈峻则胥役之贿赂愈丰,棍徒之计谋愈巧。臣愚以为匪徒之畏法,不如其鹜利;且逞其鬼蜮伎俩,则法令亦有时而穷。究之食鸦片者,率皆浮惰无志不足轻重之辈,亦有逾耆艾而食之者,不尽促人寿命,海内生齿日繁,断无减耗户口之虞。而岁竭中国之脂膏,不可不早为之计。闭关不可,徒法不行,计惟仍用旧制,照药材纳税,但只准以货易货,不得用银购买。应将纹银番洋,一体严禁偷漏。又官员士子兵丁,不得漫无区别,犯者应请立加斥革,免其罪名。该管上司及统辖各官,有知而故纵者,仍分别查议。似此变通办理,庶足以杜漏卮而裕国计。

许氏弛禁之策,系袭嘉应吴华所著《弥害篇》之说,吴文见《桐花阁文钞》,中述鸦片贸易之始末,与严法厉禁之流弊,主用“权变之术,饬外番照旧纳税,交付洋行兑换茶叶。内地种者勿论”。道光初,吴任宜训道兼监粤华书院时,山长即许乃济。许于道光十六年四月二十七日奏呈两折,一折即上文所引,另一折则系提倡国产鸦片。谓“中原土性和平,所制价廉力薄,食之不甚伤人,上瘾者易于断绝。……应请敕查各省旧种罂粟处,如果于早晚两稻均无妨害,亦准听民之便,庶外洋无奇可居,而夷舶之私售鸦片者,久之可以渐绝”。折上,奉旨交疆臣会议,粤中大吏,如两广总督邓廷桢,广东巡抚祁𡏖,粤海关监督文祥等颇赞同许氏主张,因综合公行行商之意见，规定九条，大要如下：

一、输入之鸦片，全数以货易货。

一、派遣巡船稽查，防止奸商以银偷买鸦片。

一、循嘉庆二十三年例，夷船剩银准其带回三成，最多以五万元为限。

一、鸦片与他种洋货一例交易，不设专局。

一、输入税每担三两附加税三钱计量费八分六厘。

一、价格听其随时涨落，不必预定。

一、各省海船运销鸦片，须由粤海关印给执照，无执照者，船货没收。

一、宽禁民间栽种罂粟，以资抵制外货。

一、士子官员兵丁吸食鸦片者斥革，民间贩吸不禁。

而一时九卿台谏之列，谓其有伤政休，于是内阁学士朱嶟清重申鸦片例禁，其大意谓："从前禁令，咎在地方官奉行不力，又加汉奸为之传送，其无效至不待言。夫既能禁止银币之输出，何不能禁止鸦片之输入？如借内地栽种，以抵制外国之输入，则内地产额甚多，有万害而无一利。英夷之以此输入中国，实与荷兰人之征服爪哇相等，鸦片之毒，足使国民腐败，道义隳落，相率而就自灭之途。滔滔之祸，尚堪设想耶？"给事中许球奏称：

> 弛鸦片之禁，既不禁其售卖，又岂能禁人之吸食？若只禁官与兵，而官与兵皆从士民中出，又何以预为之地？况明知为毒人之物，而听其流行，复征其税课，堂堂大朝，无此政体！臣愚以为与其纷更法制，尽撤藩篱，曷若谨守旧章，严行整顿！自古制夷之法，详内略外，先制己而后制人，必先严定治罪条例，将贩卖之奸民，说合之行商，包买之窑口，护送之蟹艇，贿纵之兵役，严密查拿，尽法惩治，而后内地庶可肃清。若其坐地夷人，先择其分住各洋行著名奸猾者，查拿拘守，告以定例，勒令具限，使寄泊零丁洋金星门之趸船，尽行回国。并令寄信该国王：鸦片流毒内地，戕害民生，天朝已将内地贩卖奸民从重究治，所有坐地各夷人，念系外洋，不忍加诛，如鸦片趸船不至再

入中国,即行宽释,仍准照常互市;倘仍前私贩潜来勾诱,定将坐地夷人正法,一面停止互市。似此理直气壮,该夷不敢存轻视之心,庶无所施其伎俩。

清廷因谕:"鸦片烟来自外洋,流毒内地,例禁綦严,近日言者不一,或请量为变通,或请仍严禁例,必须体察情形,通盘筹画,行之久远无弊,方为妥善。"因着两广总督邓廷桢等悉心妥议,力塞弊源,据实具奏。是时鸦片弛禁之议已不行,疆臣奏复,率请严定贩卖吸食罪名。于是禁止鸦片之议决,越二年而遂有钦派重臣赴粤查办之事。

(四) 鸦片禁止之成效与秘密买卖之盛行

方是时鸦片禁止之议,已成为政治上惟一急切之问题,广东厉行禁令,驱逐贩卖鸦片之外人及船舶,有不遵从者,辄停止通商以挟之;或绞杀罪犯于商馆之前,以示警戒。一时广东骚扰已极。各国商馆,或提书抗议,或下旗示威,而大吏意在必行,不稍顾也。然禁令愈严,秘密买卖愈盛。胥役借以为奸,私收税例,已为历年以来通有之现象,故欲于一旦严执法令,其收效殊未易言也。道光十八年,鸿胪寺卿黄爵滋(江西宜黄人,字德成,道光三年进士,初充江南乡试副考官,道光十二年,任福建道监察御史,翌年转陕西道,旋迁兵科给事中,以遇事敢言受知。道光十五年擢鸿胪寺卿),御史朱成烈又痛论国内银钱日缺,无赖游民日增,其原因实由不禁鸦片之故,奏请严塞漏卮,以培国本。兹录黄疏于下:

为请严塞漏卮以培国本事:窃见近年银价递增,每银一两,易制银一千六百有零,非耗银于内地,实漏银于外洋也。盖自鸦片流入中国,道光三年以前,每岁漏银数百万两。其初不过纨袴子弟习为浮靡,嗣后上自官府、缙绅,下至工商、优隶以及妇女、僧尼、道士随在吸食。粤省奸商勾通兵弁,用扒龙快蟹等船,运银出洋,运烟入口。故自道光三年至十一年,岁漏银一千七八百万两。十一年至十四年,岁漏银二千余万两。十四年至今,渐漏至三千万两之多。福建、浙江、山东、天津各海口,合之亦数千万两。以中土有用之财,填海外无穷之壑,易此害人之物,渐成病国之忧,日复一日,年复一年,臣不知伊于胡底!各省州县地丁钱粮,征钱为多,及办奏销,以钱易银,前此多有盈余,今则无不赔赔。各省盐商卖盐俱系钱文,交课尽归银两,昔之争为利薮者,今则视为畏途。若再三数年间,银价愈贵,奏销如何能办?税课如何能清?设有不测之用,又如何能支?今天下皆知漏卮在鸦片,所以塞之之法,亦纷纷讲求,而实未知其所以禁也。夫耗银之多,由于贩烟之盛;贩烟之盛,由于食烟之众。无吸食自无兴贩,无兴贩则外夷之烟,自不来矣。今欲加重罪名,必先重治吸食。臣请皇上准给一年期限戒烟,虽至大之瘾,未有不能断绝,一年以后,仍然吸食,是不奉法之乱民,置之重刑,无不平允。查旧例吸食鸦片者,罪仅枷杖,其不指出兴贩者,罪止杖一百、徒三年,然俱系活罪。断瘾之苦,甚于枷杖与徒,故不肯断绝。若罪以死论,是临刑之惨急,更苦于断瘾之苟延,臣知其情愿断瘾而死于家,必不愿受刑而死于市。况我皇上雷霆之威,赫然震怒,虽愚顽之沉溺既久,自足以发聋振聩。在谕旨初降之时,总以严切为要。皇上之旨严,则奉法之吏肃。奉法之吏肃,则犯法之人畏。一年之内,尚未用刑,十已戒其八九。已食者竟借国法以保余生,未食者亦因炯戒以全身命,此皇上止辟之大权,即好生之盛德也。伏请饬谕各督抚严饬府州县清查保甲,预先晓谕居民,定于一年后取具五家互结,仍有犯者,准令举发,给予优奖。倘有容隐,一经查出,本犯照新例处死外,互结之人,照例治罪。通都大邑,往来客商,责成铺店,如有容留食烟之人,照窝藏匪类治罪。现任文武大小各官,有逾限吸烟者,照常人加等,其子孙不准考试。官亲幕友家丁除本犯治罪外,本管官严加议处。各省满汉营兵,照地方官保甲办理,管辖失察之人,照地方官办理。庶几军民一体,上下肃清,漏卮可塞,银价不致再昂,然后讲求理财之方,诚天下万世臣民之福也。臣为民生国计起见,谨据实以闻。谨奏。(魏源《道光洋艘征抚记》及芍塘居士《防海纪略》载黄奏有"此烟制自英吉利,夷严禁其国人勿食,有犯者以炮击沉海中,而专以诱他国之人,使其软弱。既以此取葛留巴,又欲以此诱安南,被安南严令诛绝,始不能入境。今则蔓延中国,横被海内,槁人形骸,蛊人心志,丧人身家,实生民以来未有之大患,其祸烈于洪水猛兽。积重难返,非雷厉风行,不足以振聋发聩,请仿《周官》用重典治以死罪!"而《东华录》亦有"贩烟之盛由于食烟之众,今如实力查禁,必先加重罪名,闻红毛国法有食鸦片者,必集众环视,系于竿上,以炮击之入海,外夷如是,何况中国"等语。惟上文系据《中西纪事》所载,未有此节。按黄氏原奏,载《筹办夷务始末》道光朝卷二页四至九,疏长二千一百余字,上录不及其半,当有省略。黄奏原文,有"咬嚁吧本轻捷善斗,红毛制造鸦片,诱使食之,遂疲羸受制,其国竟为所据。红毛人有自食鸦片者,其法集众红毛人环视,系其人竿上,以炮击之入海"。又云:"臣又闻夷船到广,由孟迈经安南边境,初诱安南人食之,安南人觉其阴谋,立即严刑示禁。"此为《圣武记》、《防海纪略》二书所本,而系夷字于英吉利下,似并为英人之所为,实大误。盖咬嚁吧乃爪哇,一作葛喇吧,又作呀瓦,红毛则指荷兰人也。事见余文仪《台湾志》,云:"红毛法尚严,约束红毛及唐人〔中国移民〕无得吃鸦片,犯则重罚不宥。"并无系竿沉海之语。黄奏引余书,殆传闻之误。英东印度公司所贩鸦片由孟买出口者,转至中国南洋,其诱安南人吸食被拒,容或有之。据一八七一年,东印度公司《财政报告书》载斯密司〔Dr. Geordge Smith〕之调查,缅甸未被英人占领时,本严禁鸦片,吸者死罪。及归英统治后,则鸦片公然贩卖,其价极廉,俟吸食成癖,则次第涨价,以攫巨利云。此可以知英人统治殖民地之政策矣。黄奏所述,事虽有误而大恉不差。)

清廷采其议,申禁三条:(一)合十人为一保,互相警戒,其中一人犯禁,十人受罚;(二)家藏鸦片及烟具者处死;(三)如官吏受贿不报者,削其官职。并令各省督抚各议章程具奏,总期净绝根株,为中国除一大患。时湖广总督林则徐(字元抚,一字少穆,晚号竢村老人。嘉庆十六年,年二十七,成进士。道光三年由淮海道擢江苏按察使,决狱平恕,民颂之曰"林青天"。七年按察陕西,迁江宁布政。十年补湖北布政使,寻调河南。

十一年复调江宁,擢东河总督。十二年调江苏巡抚。十七年春,擢湖广总督)厉行禁令,设局收缴烟具,数月之间,成效大著。其《查拿烟犯收缴烟具情形折》附片言"迨流毒天下,则为害甚巨,法当从严,若犹泄泄视之,是使数十年后,中原几无可以御敌之兵,且无可以充饷之银"。绵宁以为深虑远识,特诏则徐来京,面授方略,佩钦差大臣关防,驰驿前往广东,查办海口事件,兼节制广东水师,实行杜绝鸦片贸易之策。时道光十八年十一月也。先是鸦片在康熙十年以前,以药材上税。乾隆三十年前,每年不过二百箱。嘉庆元年因嗜好日众,始禁其入口。嘉庆末,每年私鬻者至四五千箱(据摩尔斯书所记,嘉庆五年至十六年,每年平均四千零十六箱,嘉庆十六年至道光元年,每年平均四千四百九十四箱)。始设栈囤积澳门,以货船驶入黄埔,道光初严旨查禁,乃移于伶仃岛之趸船。浙闽江苏商船,即从外洋贩运。粤商则皆在口内议价,而从口外运入。始趸船尚不过五艘,其烟至多不过四五千箱,当时若筹严禁,不难一炬也。而清廷戒阮元不可妄动,暂事羁縻,徐图驱逐,于是因循日甚。道光六年,两广总督李鸿宾设巡船缉拿运烟之快蟹,而巡船每月受规银三万六千两,放私入口,于是藩篱溃决。及道光十二年,总督卢坤始裁巡船,责水师实力稽查堵截,迭获烟犯,顾以大利所在,小民轻死,水师积重难返,虽惩治亦未见成效。道光十七年,总督邓廷桢复设巡船,而水师副将韩肇庆专以护私渔利。与英商船约,每万箱许送数百箱与水师报功,甚或以水师船代运进口。于是韩肇庆以获烟功擢总兵,赏戴孔雀翎。水师兵丁,人人充橐,而鸦片遂岁至二三万箱矣。(道光十八年,邓廷桢奏报:"查明久住之趸船,实二十五艘,即间有或去或来者人率不逾此数。以英吉利所属之港脚为多,此外美利坚、佛兰西、荷兰、小吕宋、连国各有三四只及一二只不等。"按港脚即英商Country Ship译音,小吕宋指西班牙,连国即丹麦。)

(五)林则徐之查办

道光十九年正月二十五日,则徐至广东。先窥英商馆之动静,闻先年愤归之英商复返者甚多,又华商频有出入商馆者。则徐知为鸦片密卖关系,与邓廷桢谋,先捕斩出入英商馆之华商数名于馆前示威。二月初四日传洋商伍崇曜(怡和行,时与广利行之卢继光同任总商)谕令往夷馆开导,将伶仃岛所泊二十二艘之烟土,限三日呈缴,免其治罪;否即断绝薪水,停止贸易。又采粤人舆论,奏革水师总兵韩肇庆之职。至期,英人不奉命。二月初八日,饬广州府及南海番禺二县捕拿烟犯英人颠地(Lancelot Dent 在粤设 Dent and Copany 专贩鸦片。另一英商查顿 William Jaodine 设 Matheson H. Co. 亦专贩鸦片,闻风先离粤矣),未获。二月初十日,领事义律潜由澳门回广州商馆,欲翼护颠地逃脱,经查觉截回。则徐乃谕令封舱停止贸易,并派兵监守夷馆,断绝交通,迫令就范。英人不得已,出一千三十七箱。则徐度其非全数,令各国商民退去,断英人粮食,令出鸦片四分之一者给婢仆,出二分之一者与食物,出四分之三者,许贸易如旧。并遍贴布告,晓以利害,大旨如下:

天道报施不爽,逆天者不得善终。如英人罗拔图占澳门,卒不能达其目的;律劳卑亦存心险恶,中道夭死。大皇帝待遇外人,恩泽深厚,外人当遵守中国法令,与本国同。若以鸦片之故,致通商全行停止,则茶及大黄等需要之物,亦不可得。何苦以鸦片之故,而牺牲全体通商?倘交还鸦片之后,仍准照旧贸易,利害得失,一目了然。何去何从,幸善自择!

是时英国商人等困守商馆,交通阻断,因要求许可出港,暂返澳门,其辞殊倔强。大吏以请求通航,而置鸦片呈缴之问题于不顾,殊非遵从命令之道,严斥不许。领事义律知无可调停,乃劝谕英商出鸦片全数(查顿一行缴七千箱,颠地一行缴一千七百箱),以十四日(按义律请缴鸦片,据摩尔斯书为西历三月二十八日,当阴历二月十四日,《信及录》该禀下注十五日到。林奏作十三,盖系十五之笔误)具状请缴,凡二万二百八十三箱(《清朝全史》谓实际船中所有,不过一万九千七百六十箱,因拜火教徒之二商社,误为重复之报告,合有五百二十三箱之不足,义律不得已,更购自他处,以补其不足之数云。《防海纪略》谓并寄信各夷船,令将驶往东洋之烟,尽驶回粤,则实缴一万九千一百八十七箱又二千二百一十九袋,较允缴数尤多,盖已尽括英商所有矣)。则徐会同邓廷桢亲驻虎门舟次验收,至四月初六日收毕,每箱酌赏茶叶五斤,其烟土则驰驿奏请送京师销毁。御史邓瀛以广东距京师辽远,烟土为数较多,恐委员稽查难周,易启偷漏抽换之弊。诏毋庸解送,即交则徐等督率文武官吏公同查核,目击销毁,俾沿海共见共闻,咸知震詟。则徐因就虎门海岸,凿方塘二,纵横各十五丈,前设涵洞,后通水沟,实盐其中,引水成卤,以鸦片投入,然后倾石灰沸之,夕启涵洞,令随潮出海,凡月余而始毕事。计所缴鸦片除留八箱作检查样品外,凡焚化二百三十七万六千二百五十四斤,时烟价在印度每箱合二百余元,广州出售辄七八百元。英商损失六万三千二百六十六镑,约合华币千余万元。于是英人自领事义律以下,皆怏怏去广州赴澳门,诸外国商民相率从之,一时广州城外二百八十余艘之商船,留者仅二十余艘云。

〔附言〕《夷氛纪闻》云:“林公至粤,居越华书院,洋行总散各商侨寓其侧,备日夜传讯。义律呈缴禀至,夜传总商入见,责以‘汝为官商,倘有私许以价,而后设法赔补事,慎汝脑袋!’总商叩首力言不敢而出。盖是时粤人纷疑夷人居奇之物,不数日而呈缴净尽,意行商必许以事后给价。及闻公言,畏得罪,不能不负约以自保,不暇复计夷怨,而夷已禀缴无及。然语皆出揣测,事秘罔有显据也。”余安清撰《林文忠公传》云:“公才望赫奕冠寰宇,英酋义律,慑公威望,与广府余保纯,洋商伍姓者,密议,愿缴在海船土二万一千箱,易丝茶价。余乃常州绅士,为公抚吴时激赏。伍则与义律最昵,知使节不久留,欲弥缝其间,而阴与洋行分年偿其值。……陶文毅卒,旋奉旨调两江,枢相忌其功,思困之,乃请以邓调两江,而移公为粤督。命下,余、伍之初计沮。”以上两说,皆粤人传闻之辞,虽无则徐许给烟价之语,而余、伍等出私议以弥缝,一则因则徐警告而负约,一则因则徐留粤而变计,其言先许后负,出于行商者一也。实则《夷氛纪闻》有伯麦致大清国大皇帝奏本一通,仅言林、邓围困寓行,不受杀亦要饿死,只得含恨忍气以缴之。讵料缴后又要具结,有“人即正法”语。西洋无杀头之刑,万一有一二不肖,私自夹带,岂不累人?因此不肯具结。即着封港,不准交易,英商所失之本,何可胜言。绝无一语道及许价负约事,可知粤人传说,纯出揣测耳。

(六)鸦片新例之制定(附林则徐十九年粤东缴销鸦片原奏)

当是时,清廷禁绝鸦片,不遗余力,自十八年查禁以来,京城内外各衙门,拿获鸦片罪犯,分别奏咨交刑部审讯者,不下数百起。仍以烟土来历,兴贩伙党,开设烟馆,以及吸食之人,根究未清,谕令嗣后切实追根,除恶务尽。十九年五月,诸王大臣议定新例三十九条,其要如下:

一、开设窑口,勾通外洋,囤积鸦片者,为首斩枭,为从绞监候。该管官知情故纵者,革职;失察者,分别议处。

一、员弁兵丁受贿故纵,拟绞立决;知情徇纵,发往新疆为奴,或当苦差。

一、吸食之案,止准官弁访拿,不许旁人讦告。

一、开设烟馆,首犯拟绞立决,从犯发新疆为奴。

一、栽种罂粟,造制烟土,及贩烟至五六百两或兴贩多次者,首犯拟绞监候,从犯发极边烟瘴充军。兴贩一二次数不及五百两者,为首发新疆为奴,为从发边远四千里充军。

一、吸烟人犯均予限一年六个月,限满不知悛改,无论官民,概拟绞监候。

一、平民吸烟在一年六个月限内者拟杖流,如系旗人,销除旗档。

一、制卖鸦片烟具者,照造卖赌具例,分别治罪。

一、宗室觉罗吸烟者,发往盛京严加管束,如系职官及王公,均革职革爵,发往盛京,永不叙用。如犯在一年六个月后者,照新章加重拟绞。

一、太监吸食者,限一月自首免罪,三个月内如有收藏烟具者,审明从重治罪。半年以内,有在禁门以内吸食者,均拟绞监候;在外围者,枷号六个月,发极边烟瘴:遇赦不赦。

一、各省海关监督,于洋船带烟进口,知情纵放者,革职;失察者,分别议处。

奏入,得旨:“并着纂入《则例》,永远遵行!”然此三十九条之新例,止适用于内国人民。而则徐自销毁鸦片后,复欲为杜绝来源之计,一方则请设专条,凡洋人如带有鸦片入口图卖者,分别首从,处以斩绞,由督抚审明交地方官督同洋人头领将各犯分别正法;一方则布告各国,凡商船入口者,皆须具结:“有夹带鸦片者,船货没官,人即正法。”葡萄牙、美利坚诸国,皆具结愿互市如旧。独义律不欲,禀言违禁犯烟之弊,亟须设法早除,请派委员至澳门会议,可冀永远除绝也。则徐批示奖励,而义律复禀请本国货船,泊近澳门。则徐以澳门向例惟准设西洋额船二十五艘,若英人援此例不入黄埔,则海关虚设,而私烟夹带,更无从稽察,严驳不许。义律倡言不准泊澳,便无章程可议,因不肯具结,言必俟国王命定章程,方许货船入口。英船一朝失利,咸怀怨望,而义律以总摄领事,耻见挫辱,遂以此鼓励英人,怂恿国主,于是烧烟之衅成,而索逋之师起矣!

〔附录〕　林则徐十九年粤东缴销鸦片原奏

为英吉利等国夷人,震慑

天威,将趸船鸦片,尽数呈缴,现于虎门海口,会同验收,恭折奏祈

圣鉴事:窃照鸦片烟来自外洋,流毒中国,滋蔓既久,几于莫可挽回。幸蒙我

皇上涣号大宣,

乾纲独断,力除锢弊,法在必行;且荷

特颁钦差大臣关防派臣林则徐来粤查办,顾兹重大之任,虑非暗昧所能,仰赖

谕旨严明,德威震远,不独禁令行于内地,且使风声播及重洋。复蒙

谕令臣邓廷桢等益矢奋勤,尽泯畛域,下怀钦感,倍思并力驱除。在臣林则徐未到之先,已将窑口烟贩,及吸烟各犯拿获数百起,分别惩办,又派令水师船轮流守堵,水陆交严,东路夷船及在省奸民后先驱逐,节经奏蒙

圣鉴。臣林则徐于正月二十五日到省,已将会同筹办大概情形,具奏

在案。维时在洋趸船二十二号已经陆续开行,作为欲归之势,若但以逐回夷界,即为了事,原属不难,惟臣等密计熟思,窃以此次特遣查办,务在求杜其源,不敢仅顾目前,因循塞责。查夷情本属诡谲,而贩卖鸦片者,更为奸猾之徒。此次闻有钦差到省,料知必将该夷船发令驱逐,故先开动,退至向来所泊之洋面,以明其不敢违抗。其实每船内储存鸦片,闻俱不下千箱。因上年以来,各海口处处严防,难于发卖,而其奸谋诡计,仍思乘间觅售,非但不肯抛弃大洋,亦必不肯带回本国。即使驱逐于万山之外,不过暂避一时,而不久复来,终非了局。内地匪船,亦难保不潜赴外洋,勾结售卖。必须将其趸船鸦片,销除净尽,乃为杜绝病根。但洪涛巨浪之中,未能都有把握,因思趸船之存储,虽在大洋,而贩卖之奸夷,多在省馆:虽不必遽绳以法,要不可不论以理,而慑以威。臣林则徐旋译谕帖:责令众夷人将趸船所有烟土,尽行缴官,许以奏恳大皇帝天恩免治既往之罪,并酌请赏犒,以奖其悔惧之心。嗣后不许再将鸦片带回内地,犯者照天朝新法治罪,货物入官等语。与臣邓廷桢、怡良酌商,即于二月初四日公同坐堂,传讯洋商,将谕帖发给,令其赍赴夷船,带同通事,以夷语解释晓谕,令其即日禀复,一面密派兵役暗设防备。查外洋各国,自公司设局以后,每年派有四等职夷常川守住洋行,专司其事。维时臣等传谕之后,各夷皆观望于英夷,而英夷则又推诿义律。另有通晓汉语之夷人义瞻等四名,经司道暨广州府传至公所,面为晓谕。该义瞻等呈禀尚属恭顺,当即赏给红绸一匹,黄酒两坛,着令开导各夷,速缴鸦片,未据即行禀复。至二月初十日义律由澳门进省,其时奸夷颠地等希图乘间脱逃,经臣等查明截回,谕责义律以不能约束之罪,并照历届夷人抗违即行封舱之案,移咨粤海关督臣豫堃将住泊黄埔之货物,即行封舱,停止贸易。又夷馆之买办工人,每为夷人暗递消息,亦令暂行羁禁,并将前派暗防之兵役,酌量加添,凡远近要隘之区,俱令严为防守,不许夷人往来,仍密谕弁兵,不得轻率肇衅。在臣等以静制动,意在不恶而严,而该夷怀德畏威，固已不寒而栗。自严密防守之后，省城夷馆及黄埔、澳门与洋面趸船，信息绝不相通。该夷等疑虑惊惶，自言愧悔，臣林则徐又复迭加示谕，劝戒兼施。即于二月十三日据实禀复，情愿呈缴鸦片。维时距羁禁买办之期，业已五日，夷船食物，渐形窘迫，臣等当即赏给牲畜等物二百四十件，复向查取鸦片确数。经义律向各夷反复推究，始据呈明共有二万二百八十三箱。查向来拿获鸦片各外夷原来之箱，每箱计土四十包，每包计三斤，每箱计重一百二十斤，日久晒干，亦约在百斤以外，以现在报缴销数核之，不下二百数十万斤。臣等犹恐所报尚有不实不尽，访之在洋水师及商贾人等，佥称外洋高大趸船，每船所储，亦不越千箱之数，是趸船二十二只核与报销数不甚悬殊。即谕令驶赴虎门，以凭收藏。除商明臣怡良在省弹压防范外，臣林则徐、邓廷桢俱于二月二十七日自省乘舟，二十八日同抵虎门，水师提督关天培本在虎门驻扎，凡防堵洋船，查拿私售之事，皆先与臣等随时商榷，务合机宜，自收缴之谕既颁，尤须严密防范。前趸船二十二只陆续驶赴虎门以外，臣关天培当即督饬将弁，领带各营兵船，分排口门内外，声威极壮。粤海关监督臣豫堃亦驻虎门税口，照料稽查。当饬候补知府署南雄直隶州知州余葆纯等分派大小文武员弁随收随验，随运随储。惟为数甚多，所载之箱，即须数十只剥船，始敷盘运，而自口门运至内地堆储之处，又隔数十里，若日期过速，草率收缴，又恐别滋事端。臣邓廷桢至收三日后，先回省，臣林则徐自当常住海口，会同提臣详细验收，经理一切。容俟收缴后，查明实在箱数与该夷所报是否相符，再行恭折奏报，并取具夷人永不夹带切结存案，以杜其复萌偷售之心。惟该夷贩卖鸦片多年，本干天朝法纪，若照例内所载，化外人有犯并依律科断之语，即予以正法，亦属罪有应得。惟念从前该夷远隔重洋，未及周知，今既遵例全缴，即与自首无异。合亟仰恳天恩，免追既往，严禁将来。并求俯念各夷人鸦片起空，无资买货，

酌量

加赏茶叶，凡夷人名下缴出鸦片一箱，酌赏茶叶五斤，借以奖其恭顺

之心,而坚其悔过自新之念。如蒙
恩准,所需茶叶十余万斤,应由臣等捐办,不敢开销。至夷人呈缴鸦片如此之多,事属创始,自应派委文武大员,将原箱解京验明,再行销毁,以昭实在。是否有当,臣等谨会同具奏,并录谕夷原稿及夷禀二件,恭呈
御览。谨奏。

九十九 战争之发生

(一) 战争之开端

中英国际纷争之酿酝,既非一日,而鸦片问题之葛藤,又已不可理解,于是战端之开,迫在目前。然间接为是役之导火线者,尚有村民林维喜被杀之一事。先是焚烟之役既竣,越五月(道光十九年五月二十七日西历一八三九年七月七日),英国水手于尖沙嘴因领酒不得,遂起暴动,村民男女老幼被害者甚众,而维喜死焉。则徐严谕义律,交犯人抵罪,而义律方以二千元,购募凶手,并出一千五百元抚恤死者家属,欲依自己之裁判以了事。义律组织裁判之公庭,卒判决水手五人之罪,其最重者罚金二十磅,监禁六月而已。则徐以英人处中国领土以内,杀害中国人,而不假中国以裁判权,殊属有伤国体,义律欲以金钱之力,而草率完案,又不遵章具结鸦片之事,欲借绝交以困之。七月,因与邓廷桢遵例禁绝英人薪蔬食物,并以澳门寄寓,原为经理贸易,今既不进口贸易,即不应逗留澳门。义律率其眷属及澳门英人五十七家同迁出澳,寄居尖沙嘴(香港对岸)货船。留连海上,进退维谷,遂决死战。先是义律以中国禁烟情状,报告本国政府,又要求印度总督派遣军舰保护英侨。印度总督乃派军舰伏拉号(Volage)以七月二十五日抵香港海面,义律大喜,遂以兵舰及武装货船共五艘,于二十七日进迫九龙,假索食为名,突发炮攻击。水师参将赖恩爵挥兵御敌,互轰约半小时,英船始稍退。旋复增援进迫我巡查师船,相持至晚始退。两方各有死伤。八月,西班牙货船必尔别号(Bilbaiuo)逗留潭仔洋面,为我水师守备黄琮攻毁,盖误以为英船维及尼亚(Virginia)也。

后经查明，卒偿西人二万五千元了事（《夷氛纪闻》所载伯麦致中国皇帝奏本，言吕宋船人上英船看望，林、邓命人烧毁，英王怜其无辜，即如数赔其银两。以后琦善奏折，仅有释放俘人，并无赔偿之事）。义律九龙之役，初不过为示威之举，非真愿决裂也。及见则徐坚持不动，又恐我水师围攻尖沙嘴，乃以八月七日致函澳门同知蒋立昂，要求会议，明定章程。则徐令蒋饬其遵办三事：（一）新到各夷船，如带鸦片，即须呈缴。（二）交出林维喜案正凶。（三）空趸及烟犯，克日离粤回国。以上三项办到，始准货船停尖沙嘴。义律谓正悬赏缉凶，如获当照本国法律审判，并言未接得国王训令前，不能准英货船进黄埔。则徐以义律既不交出林案正凶，又新得训令，有“不患卿等孟浪，但患过于畏葸”之语，遂于九月十七日下令索凶犯，限英船于三日内具结入口，或开回本国，不得滞泊零丁洋面。时英商困顿已久，颇欲承认具结，一切遵中国之法令，而义律以未得英政府之训示，自离省以来，即不许与中国通商。英船担麻斯葛（Thomas Coutts）号先已遵式具结验无夹带鸦片，于九月初九日入口，另一英船萨克逊（Royal Saxon）号亦于二十八日具结报入口。而义律以自己之威权攸关，遣二兵船（一为伏拉号，一为海新斯号〔Hyacinth〕船长名 W. Warren 林奏称华仑）阻之，且投禀请毋攻毁尖沙嘴之船，以俟国王之信。水师提督关天培以凶犯未缴，掷还其禀。时我国兵船五艘巡逻洋面，正欲向前查究，英军舰伏拉号船长斯米斯（H. Smith）要求撤退，天培以林维喜之案，罪人未得，苟英人能交出凶犯，则兵船当立可撤还。斯米斯因下令发炮攻击，我水师亦发炮应之，此为大战之开端，时九月二十八日午刻也。激战约一小时，英舰始退。我军三船，受击漏水，兵弁死十五名，伤数十，英船亦不支而退。未几，我军营尖沙嘴迤北之官涌山者，颇得地势，于是九、十月来英军虽屡于川鼻岛、尖沙嘴附近发炮攻击，而终未得逞也。时英政府之态度，尚不明了，义律虽主张用兵，然亦未敢遽向中国宣战。洎停止贸易之谕下，两国国交，遂无转圜之望矣。

（二）英政府之态度与出兵

先是五六年来，英领事义律屡请政府训令，以增威权，而英政府始终无训令以表明其特别之意见。时已至此,英外务部明悉在广东外交纷扰,仍无训令发表。当政府接义律请派军舰救援之报,名士铁儿额尔等以鸦片为不德义,污辱大不列颠国旗,力排斥之。英政府遂亦取和平政策,谕义律:“勿以军舰驶入广东河口,以召中国政府之猜忌。”及接则徐烧鸦片之报,复谕义律:“女皇陛下之政府,不能援不德义之商人,若中国政府实行国法,致我国商人受损害,原系商人自孽自得,须自负责任。”及战端既开,英女皇维多利亚(Victoria)于一八四〇年一月十六日,向国会演说,态度转趋积极。四月(道光二十年二月),向议会要求对华用兵之军费。议场争辩甚烈。众议院有力议员如 Sir James Graham, Mr. Glastone, Sir Willéiam Eollett, Dr. Lushington, Sir John Hobhouse 等,均谓:“我政府若重德义,数年前当与中国政府协力严缉奸商。纵不然,宜与奸商断绝关系。彼等以不正当贸易,所蒙损害,政府可不过问。乃事不出此,致中国政府不知我政府之意向所在,以有今日,政府不可不负责任。”外交大臣巴马斯东(Palmerston)及陆军大臣马哥烈(Macaulaiy)辩曰:“政府为欲杜绝密卖,曾竭十分之力,无如东西隔绝,不能尽如所意。政府只得尽其可为力者而止。今事实已由在彼处商人与中国政府开战,若坐视不救,不但损国威,辱国体。实大不列颠民族之大耻辱。”于是议会中分两派:政府党以为侮辱英国,英人在中国者危险至极。主张援助商人;而反对党则主张继续通商,唱非战说以应之。而伦敦之东印度公司及各商业协会,亦提出建白书与政府,务使政府执活泼之态度。议会中经若干时之激论,卒以九票之多数(二六二对二七一),议决:“对于中国人之侵害行动,必须得满足与赔偿,以此目的,捕获中国船舶及货物,自属正当。如中国政府肯认赔偿,并行让步,则英政府亦不必为复仇而战争。”[1]议会既有此议决,英政府遂表示一切负其全责。使清政府对于过去须赔偿其损失,将来须保证其安全。遂派乔治懿律(George Elliot)统陆军,伯麦(Bremed)统海军,率好望角印度之海陆两军一万五千人,军舰十六艘,武装汽船四艘,运输船二十八艘,大炮五百四十门,向广东进发矣。

〔1〕原文:... Only to the injurious proceedings of the Chinese, and to the necessity of training satisfaction and reparation; and with that object declared that is expedient to detain and hold in custody the ships of the Chinese and their cargoes. It was reprisals not war, which the government intended to make unless the Chinese government refused to make reparation and concessions. H. B. Morse, *The International Relations of the Chinese Empire*, p. 243。

(三) 停止英人贸易与林则徐之战备

先是,道光十九年十一月初八日,清廷宣布停止英吉利贸易之谕:"英吉利自禁烟之后,反复无常,若仍准通商,殊非事体。至区区关税,何足计论?我朝绥抚外人,恩泽极厚,英人不知感戴,反肆鸱张,是彼曲我直,中外咸知,自外生成,尚何足惜!其即将英吉利国贸易停止!"时林则徐原奏有"夷船遵法者保护之,桀骜者惩拒之"之语,并得谕批云:"同是一国之人,办理两歧,未免自相矛盾!"此政府因禁烟而并断贸易之决心也。是时英国商船先后至者五六十艘,皆以和议未谐,不得进口(仅已具结之萨克逊船于十一月二十四日进口)。观望流连,寄泊铜鼓外洋。而粤洋渔船蟹艇亡命之徒,贪薪蔬之厚值,并以鸦片与之交易,趋者如骛。义律尚遣使调停,略言事苟不背本国政府之令,则一切当依大清律办理,乞仍许英人回居澳门。则徐以朝旨新下,难于骤更,复严斥不许。京朝官主张排外者,气焰日高。大理卿曾望颜至奏请封关禁海,尽停各国贸易。则徐力陈不可,且谓各国不犯禁,无故被禁,必将协而谋我。议始寝。则徐自抵广州以来,日使人刺探西事,翻译西书及新闻纸读之。至是绝市谕下,则徐任两广总督,大治军备。自虎门至横当山亘以铁链木筏,增购西洋大炮合旧有共三百余位,列置两岸,又备战船六十六,大舟二十,小舟百余,募壮丁五千,演习攻战之法。(《防海纪略》谓:"则徐知夷人极藐我水师而畏沿海枭徒,及渔船蜑户,于是募丁壮五千,每人月给费银六圆,赡家银六圆,其费则洋商、盐商及潮州客商分捐。")道光二十年正月二十七日,遣游击马辰,守备卢大钺、黄琮,把总杨雄超等,各带水勇,合趋夷船寄椗之处,出其不意,一齐发火。烧去"济夷匪船"二十三只,及沙滩所搭篷寮六处,生擒接济匪犯十名。英船虽被延烧,亟驶逃避,扑救渐息。盖则徐怒奸民贪利慢法,私济英人故也。又拟稿照会英王,略云:“闻该国禁食鸦片甚严,是固明知鸦片之为害也,既不使为害于该国,则他国尚不可移害,况中国乎?中国所行于外国者,无一非利人之物,利于食利于用并利于转卖,皆利也,中国有一物为害外国否?……设使别国有人贩鸦片至英国,诱人买食,当亦贵国王所深恶而痛绝之也。向闻贵国王存心仁厚,自不肯以己所不欲者施之于人。……贵国本皆不产鸦片,惟所辖印度地方……连山栽种,开地制造,累月经年,以厚其毒,臭秽上达,天怒神恫,贵国王诚能于此等处拔尽根株,尽锄其地,改种五谷,有敢再种者重治其罪,此真兴利除害之大仁政,天所佑而神所福,延年寿长子孙必在此举矣。”义律窜居尖沙嘴,复行文索偿烟价,则徐复文责之。及英兵舰以道光二十年五月集澳门附近,谋封锁广东海口,则徐于初九日夜,发火舟十艘,乘风潮攻之,焚其舢板小船二。延烧大小办艇十一艘,获烟犯十三名。遂大张赏格:有生擒英夷主帅者赏洋五万元,获兵船者,除炮械缴官外,余尽充赏。其近珠江之内河在澳门西虎门东者,尽以重兵严守。其余海口多礁浅,非洋船所能入。英人见广东无间可乘,始转谋北向矣。则徐于七月二十日并亲赴狮子洋校阅水师五千人,演放大炮,射火箭,掷火罐等技,声势甚壮。虽拟择日整队,令全军出大洋并力剿办英舰,因觉水师无致胜把握,仅饬加紧防守而已。林、邓七月二十四日奏称:“夫震于英吉利之名者,以其船坚炮利而称其强,以其奢靡挥霍而艳其富,不知该夷兵船笨重,吃水深至数丈,只能取胜外洋,破浪乘风,是其长技。惟不与之在洋接仗,其技即无所施。……且夷兵除枪炮之外,击刺步伐,俱非所娴……是其强非不能制也。”可见英人之船坚炮利,则徐并未掉以轻心也。

〔附言〕 英人贸易,既被停止,英国货物,依然由英船运来,不能公然输送广东,长置船中,受莫大之损失。于是义律致书澳门葡国知事,谓因与中国人断绝贸易,请纳普通市税,允许英货运至陆上,以便贮藏。知事答云:中国当局者谕,无论国内何处,不许英国货物上陆,若英人上陆,必视为在葡萄牙人拥护之下,实不敢负此责任云

(往来函件原文,见 Lindsay, *Remarks an Occurrences*, p. 18,译文见林则徐《密陈驾驭澳夷情形片附夷信》)。然是时美商未被禁止,常暗中代英人输运货物,或英船而树以丹麦国旗。又内地奸民,渔船蟹艇,偷运传送,而英人闻封港之令,辄将货物载回,鸦片换入粤洋,于是有"货去烟来"之谣。则徐调拨师船,沿海搜捕,始稍戢。而则徐屡次奏折,均未曾讳言之也。

一百　第一次和战

(一) 厦门之防战与定海之失守

英政府虽派军东来,原欲借武装为后盾,以达其要求赔偿之目的。故英外相先致义律之训令,在如何能使此要求转达于清廷。其致中国宰相书共三份:拟分别在珠江口、长江口、白河口送递。义律以在粤递书,恐则徐先知内容,反为不利。乃改投厦门,专向中国北部活动,盖白河口距北京最近也。于是懿律率舰队四十余艘北去。留兵舰四艘,汽船一只,封锁广东海口。则徐飞檄闽浙江苏等省,使加意防范。时邓廷桢调督闽浙,知英师将取道窥厦门,预募水勇在洋巡缉,欲乘其不备而攻之。道光廿年六月四日,英兵舰卜隆德(Blonde)号抵厦门,拟投巴马斯东致中国宰相书之副本,舰长包诅(Bourchier)派陶姆(Thom)乘小舟登岸呈递。悬白旗,水勇不知其意,呼噪拒绝。翌日,改乘较大舢板,悬大字中文通告述来意,兵民麇集岸上,张弓扬刀以逐之,陶姆惊仆,急回驶。包诅乃下令发炮,岸兵溃,陶姆登岸系书滩头。英舰以目的已达,即日离去,水勇乃捏造捷报以邀功,而置其书不答(《防海纪略》谓:"是月夷船三十一艘赴浙江,先以其半攻福建厦门。时水师提督陈堦平先期告病,总督邓廷桢督金沙兵备道刘曜春,连开百余炮,一炮击中其大兵船火药舱沉之。又募水勇数百,伪装商船出洋,攻诸南澳港。是夜无风,夷船不能驶避,且柁尾无炮。我舟低,又外蔽皮幕,铳弹不能中。遂坏柁尾,掷火罐喷筒,歼其夷兵数十。会风起夷船窜避。"皆非事实)。英师北上,复留舰名卜雷海(Blenheim)者,封锁厦门。伯麦率舰四艘,侦舟山之无备也,攻陷之。定海额设总兵一,四面环海,无险可守。六月初二日,瞭见洋船游弋于山之前面,初以为商舶,不备也。初四日,南风正发,见洋船分为二帮,一向西行驶,一北入定海,计兵船共二十六艘。时定海总兵张朝发议亲督水师出洋,又调派中军游击罗建功,护左营游击王万年等分路堵剿。初五日,突有英舰二艘至定海之头道街。张朝发遣人询其来意,答云来占此岛,望派官员至英舰会商。于是定海知县姚怀祥偕罗建功登英舰威来斯来(Wellesley)晤伯麦,因言语不通,则手出照会文书一角,胁大令献城(有传其书者皆用汉字,内称“英国水师统领子爵伯麦,陆路统领总兵官布尔利〔Burrell〕敬启定海姚县主知悉:现水陆军师到此,须即将定海所属各海岛堡台一切投降,惟候半个时辰,即行开炮轰击”等语。或言知县随亲兵数名,抵英舰问来意。英将以言语不通,良久,出文理不清之汉文书一封与之,大致言“先年广东大吏无道凌辱英商,今大英国派大军来此,老爷必先以定海及附属海岛一并投降”云云。见《中国近时外交史》)。怀祥不答,退谋于张朝发。朝发曰:“城非吾责,吾领水师,知扼海口而已。若纵之登岸,则大事去矣。”罗建功等以外洋炮火利于水而不利于陆,请将水陆各兵一半撤至距城一里之半路亭,扼要堵守;一半撤至城中登陴接应。朝发不可。初六日,朝发复督水师,齐集港面防堵,英人以小舟径造其船,投递信函,朝发不受。初七日下午二时,英人大小兵船排列口门内外,首先开炮,朝发亲统各营兵弁放炮相持。英人以飞炮自桅樯上注,攻其左右军,各营溃乱,兵士之伤亡者无数,船亦碎裂沉焉。朝发方身先接战,猝被炮轰伤其左股,不能军,众兵抢救登岸,送回镇海。于是英舟进泊城下。先是朝发出港,怀祥与典史全福谋守城之计,令四门皆塞以土袋,并语罗建功曰:“在外者主战,战虽败不得入;在内者主守,守虽溃不得出。”及朝发兵败,建功等托以城门重闭,不得入,亦相继回镇海。怀祥见城内无兵,预遣全福前赴村墺招募乡勇数百人,甫至城,闻变溃焉。初八日,英兵登岸占领关山(亦名东岳山,因山上有东岳庙,英人称 Joss House Hill)炮台,连夜轰城。至四更时,由东门梯而入。定海遂陷。怀祥赴北门投水死。全福不屈,亦被戕。浙江巡抚乌尔恭额督兵赴援,抵镇海,闻定海已陷而回,与提督祝廷彪相与束手无策。英军既据定海,派布尔利为驻守官,时复分兵窥钱塘,攻乍浦。水手抢掠靠近海滨之城,逐室搜劫,凡不便携带者,一概击毁,以致城市为墟(见 John W. Edmonds,美人,*Origin and Progress of the War Between England and China*)。据英国国会《蓝皮书》所载之奖赏金,在舟山、镇海、宁波夺得之财物,退还国库者,已达五万八千六百余镑,未退者更可想而知。一战地军官在《去年在中国》(*Last year in China*,1843)中云:"我在慈溪又抢掠并焚烧一个官员的房子。""印度跟班,从宁波回来,满身都是压着丝织物掠夺品。""在宁波抢夺了堆积如山的钱文,并且那些价值十六万元的制钱,被他们抬走了。"此英美人之自述,其军纪之败坏,已可见一斑矣。英舰之在定海者,兵船司令斯密斯屡攻近澳迤北之关西一带,谋登陆,均为我水师所击败。顾和议方兴,大局将变,林、邓一去,事不可为矣。

(二) 朝旨之变更与天津之和议

是时承平日久,沿海空虚,诸文武大吏惧祸及,颇不悦则徐所为。及定海陷,诸大吏益造蜚语上闻:有言上年广东缴烟,先许价买而后负约,以致激变者;又有言邓廷桢厦门军报不实者。清廷以定海孤悬海中,非舟师不能恢复,而水战又英人所长,且道光帝节俭成性,最怕动用国帑,于是朝旨变更。既得则徐奏报英船赴津之讯,因敕直隶总督琦善,遇英人投书,即收受驰奏。并派两江总督伊里布为钦差大臣,赴浙视师,谕以"此次英人内犯,其致寇根由,传闻各异,有云绝其贸易,有云烧其鸦片,究竟启衅实情,未能确切,着到浙密行查访,或拿获夷匪,讯取生供,或侦探贼情,得其实据,据实具奏"。七月,懿律、义律与伯麦以兵舰五艘、汽船运输艇三艘,由定海赴天津投书,书为其外交大臣致中国宰相者,大意谓:中英通商以来百有余年,向甚和洽。乃去岁有某某官宪,因欲禁止少数贩卖鸦片之英商,而残害英侨,凌辱英吏。禁烟办法尤不公允。一、单禁外国人,不禁本地人;二、禁烟向等具文,今认真施行,应先通告英商;三、中国官吏包庇烟贩,应先惩官吏而后外商;四、拘捕烟商,不应殃及普通英商,尤不应连带义律。英侨处该官宪淫威之下,不得不缴烟以赎死。无故受此凌辱及损失,不能不索赔偿,兹要求下列诸项:

第一,偿还烟价(初次投书,尚以货价为名,未敢显言,及见琦善复书,不及禁烟之事,遂明索烟价)。

第二,中英官吏平等相待。

第三,索一岛或数岛为英商根据地。

第四,索还商欠。

第五,赔偿军费。

为交涉便利计,英国已派兵舰封锁中国各海口,若不允所求,势必战争云云。

此书系道光二十年正月十六日,即西历一八四〇年二月二十日由伦敦发,其时英政府尚未向议会要求用兵得国会之议决也。何以有英国已派军舰,封锁中国各海口之语,殊属不解。道光朝《筹办夷务始末》所载译文,虽无发书年月,而军机处档案及两江总督裕谦转呈英外相字帖,均有中历年月日,惟永寿宫所贮留中密奏中之译本,有"管外国十五衙门,京城多隆汪(伦敦)二月二十日,一千八百四十年"字样,可知此本为英书原译文,而《夷务始末》,已不免稍有增饰,封锁海口之言,盖后加耳。英舰队于七月十二日抵大沽口外,十四日义律乘汽船至大沽炮台下,琦善派游击罗应鳌驰往查询,通事马礼逊(Morrison)告以有重要公文,请派员接受。十七日琦善派千总白含章(英人称为 Captain White)携食物送往英舰 Wellesley 74 号,晤懿律,懿律授以一函,即巴马斯东致中国宰相书之正本也。另附汉文译本,或即永寿宫所藏者,文载故宫《史料旬刊》第三十八期。琦善收书奏闻。时天津道陆建瀛谓:"英人尚据定海,逆情显著,而托以请抚为词,是据邑以要我也,请以此时录夺其舟船,而羁系其酋长,俾之缴还定海,然后徐议。"又请以废止鸦片贸易之事,为先决问题。苟英人承诺,则许以免税代第一款,以海关监督与之平行代第二款,以开放澳门代第三款,其余仍令回广东与则徐定议。而清廷以英外相惟咎禁烟之失当,若查办林则徐,必可使英人就范,因谕"禁烟措置失当,大皇帝早有所闻,必当逐细查明,重治其罪。现已钦差大臣,定能代伸冤抑。着即返棹南还,听候办理可也"。并密诏拒绝其所提条件。当英舰交书时,声言限十日答复,遂以其间分往辽宁复州湾之长兴岛,山东登州属之砣矶岛,及河北丰润之涧河,测绘地势,购取食物。八月初一日,复齐集大沽口。初四日,琦善邀英使义律及莫礼逊十余人,会议于海滩帐篷,未得结果。仅英人见琦善辞色易与,箕踞椎髻,飞刀舞枪,嬉笑怒骂,出入抗行。琦善隐忍受辱,不敢与计也。而英人又时以甘言耸诱,有"中堂若赴广东,我等即可永远和好"之语。琦善堕其术中,毅然以为己任。大局破坏,不堪问矣!

(三)定海之休战与广东之议和

是年八月,清廷命琦善为钦差大臣赴广东查办。并谕沿海各省,遇洋船经过,或停泊外洋,不必开炮。九月,因鸦片肇衅,责则徐等办理不善之所致,革则徐及邓廷桢职,令留粤听勘(道光二十年七月二十四日上谕:"林则徐等奏获贩烟人犯,得旨:外而断绝通商,并未断绝,内则查拿犯法,亦不能净,无非空言搪塞,不但终无实济,反生出许多波澜,思之何胜愤懑!看汝以何词对朕也?"则徐革职后,奏请戴罪赴浙效力。并谓中国造船铸炮,至多不过三百万,即可师敌之长技以制敌,此时但固守藩篱,即足使之自困。帝批"一片胡言","无理可恶"。先是邓廷桢请添造大船六十只,每只配炮位三四十门,计工费约需银数百万两。帝亦不准。打仗不愿费钱,此鸦片战争之所以败也)。而以琦善署两广总督,颜伯焘继廷桢督闽浙。义律等虽不得请,然以天气渐寒,英军多病,不如赴粤交涉,遂自天律启椗。行至山东,东抚托浑布具犒迎送,至有各夷向岸罗拜之奏。归过江苏,两江总督裕谦,重赏购义律。乃急赴定海,入见伊里布于镇海,索被俘之炮兵司令安突德(《夷务始末》伊里布奏中称晏士打剌打厘〔Anstruther〕于是年八月二十一日,在定海县属青林岙山上测量地势,为巡丁所捕获。又英船 Kite 号于二十日游弋慈溪县观海卫派舢板载兵登岸,该县知县蒋锡卿督乡勇围击,毙英人七名,生擒四名。是晚 Kite 号至余姚县近海,欲追击中国船,余姚知县令巡船引之陷于软沙,全船沉没,生擒英人二十二名,旋因伤重死二名,余乘小舟四散,其中一舟,飘至沥海所,为上虞官兵捕获四名,英妇一名,即 Kite 号船长 Douglas 之妻 Mrs. Noble 也。此三四日间,三处共毙英人九名,生擒二十九名)等。伊里布欲英舰先撤退定海,然后释放,卒未成议。十月初一日,伊里布遣家人张喜,千总谢辅陛前赴海上,馈以牛酒,假称犒师,请还定海,喜首贺以林、邓去职之事。伯麦摇首曰:“林公自是中国好总督,有血性,有才气,但不悉外国情形耳,断鸦片烟可,断贸易不可。贸易断则我国无以为生,不得不全力以争通商。岂为仇总督而来耶?”懿律等于十月十三日与伊里布定休战之约,遂撤定海军舰之半,还屯澳门。是时琦善至广东,清廷误以和议已成,谕令裁撤水师,解散壮丁,尽废一切守备,欲以释英人之猜嫌。专用汉奸鲍鹏(鲍鹏原名鲍聪,或亚聪,广东人,为英人颠地作买办,专贩鸦片,经林则徐访拿,逃往山东,化名鲍鹏。鲁抚托浑布以其娴英语,用往犒敌,并推荐琦善)及千总白含章往来传信。有报缉汉奸缉鸦片者,辄被呵斥。甚至责备副将,不应在炮台上施放号炮,惊动夷人,致令生气。故当时江督裕谦咨会苏抚,谓此等谬妄情形,可咤可恨云。而义律以琦善易与,词色转厉,于前索六款外,复提出和议条件十六项,内有割让香港全岛,开放福建、浙江、江苏、天津六处商港,在北京驻公使,各埠设领事,及文书直呈皇帝等项。琦善惟允偿烟价六百万圆,欲借笔舌之力弥缝了事。而英将以广东无备,于十二月十五日突攻沙角、大角两炮台,乃虎门外第一门户也,副将陈连升守之。连升久历戎行,然兵止六百,英船炮攻其前,而陆战队及汉奸,梯山背攻其后,兵丁死伤过半。大角因火药局被击轰发,延烧兵房,守军溃围出。英军舰又绕赴三门口焚我战船十艘,水师或溃或死。其横档、靖远、威远各炮台仅能自保,且俱隔于敌船,不能相救。连升父子皆战死,沙角、大角两炮台遂陷。时提督关天培,总兵李廷钰,游击马辰尚分守各炮台,兵仅数百,相向而哭。廷钰至省乞援,哭求增兵,阖省文武亦皆力求。琦善仅允发二百人,黑夜以小船偷渡,分布各处。而连夜作书,令鲍鹏持送义律,再申和议,于烟价外,许开放广州,割让香港。义律亦许还付定海及大角、沙角两炮台。以道光二十一年正月初三日议定《穿鼻草约》(琦善舟次师子洋河面,与义律会于莲花城,当面允许,未盖用关防):

一、香港之港及岛让与英国,但中国仍可征收商业上正当诸税,如在黄埔所施行。

一、赔款六百万元于英政府,当交一百万元,其余限至一千八百四十六年缴清。

一、两国官吏平等相待。

一、广州之通商,于阴历新春十日以内恢复,英商得至黄埔或黄埔以上贸易。

于是英人一方则召还舟山列岛屯驻军舰(英舰于二月初四日开始撤退。前一日,伊里布即释放英俘,令张喜等送还。初五撤尽),一方则于香港出示(英军于道光二十一年正月初四日,即西历一八四一年一月廿六日,占领香港,由义律、伯麦具名通告,有"现尔等既为大英女皇之子民,自应顺从英官,尽其义务"。粤抚怡良奏劾琦善,并附寄英人告示),起造房屋埠头,视为已有,而不知大难之方兴未艾也。

〔附言〕　道光帝以琦善负交涉之任,以为"不日即可戢兵",遂谕沿海各省,酌量裁撤水勇,以节浮费。此事固未可全责琦善,然林则徐于尖沙嘴及官浦所筑之"惩膺"、"临冲"两炮台,新购大炮五十六位,驻兵八百名,用银三万二千两,孤悬海外,屏蔽岩疆,岂得谓为无用?而琦善到粤,即令撤往新安县城,任英人将两台占据,非撤防而何?邓廷桢在横档海面,安设排练二道,意在障碍敌船,使炮台得以趁势轰击。沙角、大角炮台陷后三日,第一道排练因英人破坏,漂流出口,耆善不加修复,亦未惩护练官兵。其增兵虎门、沙角,及总路口、大濠头一带,"借以虚张声势""俾该夷知我有备",实则谓军备"处处棘手,缓不济急",非真欲设防也。广东海口,原有兵勇万人,遵旨撤裁二千余,尚有七八千人,何以在前线仅布置二千人?近人辄谓耆善未撤防,并已"妥为密防",殊难解其颟顸之罪。盖其于英人之意,全不了解,徒欲敷衍求和,而卒以偾事。

一百一　第二次和战

(一) 和议之决裂与宣战

琦善与义律所订草约,英政府不肯承认,以为当英国军舰完全奏功之时,而所得赔偿,不敷损失。以后英人居留之安全保证,尚无着落,而香港割让,尚有交纳税赋之条件。即舟山撤兵,亦觉太早。因经阁议决定对于过去损害,要求多数之偿金;对于将来通商,要求确实之保证。并令海军再占舟山,为强挟之地步。召义律回国,而以璞鼎查(Sir Henry Porttinger)代之。先是琦善之陛辞也,绵宁谕以英夷但求通商则已,如要挟无厌,可一面羁縻,一面奏请调兵,原未令其撤防专款也。十一月间,广东撤防师船,半途为英军劫掳,经署总督怡良奏闻。清廷着琦善详加诘问,并严饬文武员弁,密加防范。琦善不体朝意,反诘劫船之役,先开炮者何人,欲斩副将以谢英人,兵心因是解体。十二月,琦善奏英人回粤,词气傲慢。因谕相机办理,并申饬疆吏,严密海防。旋又接琦善“夷情渐形迫切,兵船日增,驶进虎门”之奏,因有“不得不加以创惩”之谕。命沿海督抚将军加意操练,以期有备无患。当是时,英人方要求割让香港,琦善未敢遽许,迁延不复,义律因有“先战后商”之言。琦善驰奏筹备情形,仍未敢据实上闻。而清廷以英人既非情理可谕,即当大申挞伐,于是调湖南、四川、贵州兵驰赴广东,听候调度,命林则徐、邓廷桢随同办理。然琦善不与则徐等商议一事,且和议已绝,尚不许关天培增兵为备。而英人遂日资号召,器械益备,气焰百倍于前矣。及沙角、大角两炮台既陷,绵宁震怒,欲亲征尽歼丑虏,以伸国威,廷臣谏止。道光二十一年正月七日,遂再下宣战之谕:

我朝抚谕外夷,全以恩义,各国果能恭顺,无不曲加优礼,以期共乐升平。前因鸦片流毒日甚,特颁禁令,力挽浇风,惟英吉利不肯具结,是以绝其贸易。乃突于上年六月间,驾船数十只,直犯定海,占据城池,复于福建、浙江、江苏、山东、直隶、奉天各省洋面,任意往来,多方滋扰。因念投递书函,自鸣冤抑,不可不为之查究,以示大公。特命大学士琦善驰赴广东,据实查办,自应全数赴粤,听候办理。乃一半启椗南行,一半仍留定海,迨琦善抵粤后,明白开导,仍思索偿烟价,又复请给码头。朕早料其非信义之所能喻,特于年前简调精兵,前赴广东、浙江预备攻剿。兹据琦善驰奏:该夷于上年十二月十五日,纠约汉奸,乘坐多船,直逼虎门洋面,开炮轰击,伤我官兵,并将大角炮台攻破，沙角炮台占据。现在各省劲兵，计可赶到，着伊里布克日进兵，收复定海。并着琦善激励士卒，奋勇直前。至沿海各省洋面，叠经降旨严密防范，着各将军督抚等加意巡查，来则攻击。并晓谕官民人等，人思敌忾，志切同仇，迅赞朕功，共膺上赏。朕实有厚望焉！将此通谕中外知之。

先后命御前大臣奕山为靖逆将军，户部尚书隆文、湖南提督杨芳为参赞大臣，赴广东，调江督裕谦为钦差大臣赴浙江，饬伊里布回江督本任，夺琦善大学士。于是全局又一变。

（二）英军之攻击虎门

琦善亦知香港割让之约，未必遂得政府之许可，顾其所谓"地理则无要可扼，军械则无利可恃，兵力不固，民情不坚，若与交锋，实无把握，不如暂示羁縻"（并琦善奏折语）者，固不可谓非当时之事实。及草约已定，而宣战之谕，又相逼而来，于是狼狈益甚。不得已，乃饰美女，列珍味，盛飨英使，冀迁延时日，徐图万一之补救。而义律戒心不弛，遂与伯麦续行攻击虎门之计。其时奕山等及所调援兵尚未至，杨芳于去冬入觐出都，行至安徽，奉命先往，以二月十三日驰至广东。而英军已于二月六日乘风潮先以兵船截攻横档炮台，再破虎门炮台，提督关天培战死。（琦善于二十年十二月初四日，奏称历任率皆文臣，笔下虽佳，武备未谙，现在水陆将士中，又绝少曾经战阵之人，即水师提督关天培亦情面太软，未足称为骁将。而奴才才识尤劣，欲置造器械，训练技艺，遴选人才，处处棘手。不但经费无出，亦且缓不济急。故于地方官请兵之事，辄主慎重，恐"义律一闻派兵，益生疑忌，大酿事端"。关天培致书琦善，谓请勿以我为念。此种无可奈何之神情，盖预知其必死也。说者尚以不守下横档为虎门失陷之原因，而归罪天培，吁！过矣！）各要隘大炮三百七八十门，内有则徐去年所购之西洋炮多尊，尽为敌有。湖南兵九百新至，琦善仓卒即遣御于乌涌。甫交绥，粤兵先走，湖南兵且战且退，后阻四河，溺死者半，署提督祥福又死之。英人乘胜深入，初十日，占猎得炮台，二十一日占大黄滘。广东省河广阔,惟东路二十里之猎得、二沙尾,西南十五里之大黄滘河面稍狭,可以扼守。杨芳至,相度形势,使总兵段永福率千兵扼东南十余里之东盛寺,为陆路三面咽喉,然其地距河五六里,不能扼敌水路也。又使总兵长春以千兵扼大黄滘后五里之凤凰冈,惟筑濠垒,横木筏,沉船下石,敌舰可闯而过也。其猎得及二沙尾虽沉船塞石以拒,而固无兵炮守御,敌至可拔而除也。芳谓敌炮命中,能在船舶荡漾中击我实地,较我实地所发转有准,此必邪教挟术所致。传令地方保甲,遍收妇女溺器为厌胜具,载以木筏,约闻炮急溺器口向敌,伏兵即抄出夹攻。敌掠筏而过,守筏副将先遁,芳急勒兵入城。粤兵迎敌,辄护窑艇为利,战争直如儿戏。英人初詟杨芳宿将威名,又未悉内河虚实,使人持书至凤凰冈投递(二月十一日广州知府余保纯曾至黄埔,与义律议和,未成),从以汉奸,沿途探水。总兵长春收书送城中,待报,即掩帐而卧。一任汉奸导英人遍历营垒,尽得虚实。是时英政府闻琦善缓兵之计,急命驻印度陆军少将卧乌古(Genera Sir Hugh Gough)率印度戍兵,续向中国进发。于是二十六日英军以战船十艘,大举攻破凤凰冈营,连陷东西炮台,海珠炮台,入据洋行,高揭英旗,而杨芳亦束手无策矣。

(三)广州之危急与议和

英军虽以船炮坚利之暴力,所向竹破,而各国商船四十余艘,云集港外,以罢市日久,皆不直英人所为;即英人亦恐以长期战争之故,生商业上之损害。且瞩于清廷决议宣战,恐林则徐再起用,而和议转成僵局。于是二十四日,美利坚领事戴剌那(M. M. Delano)与知府余保纯议恢复贸易。义律亦于二十六日,托行商伍怡和递书调停,言义律初无他求,但得与各国一体通商,无不同声感戴。因定二月二十八日起,恢复贸易,各国商输照常入口,中国行商亦复业。杨芳、怡良即以入奏。然其时清廷新得英人占据香港之实状,方怒逮琦善,并鲍鹏押解赴京严讯,必欲一雪此耻;遂严词拒绝。并以杨芳、怡良迁延观望,有意阻挠,怠慢军心,革职留任。三月二十三日,奕山、隆文及新任总督祁𡎴并抵广州。时要害尽失,敌入堂奥,我军攻具未齐,又所慕义勇亦未集。奕山问计于杨芳、林则徐,皆言寇势已深,而新城卑薄,无险可守,宜遣人计诱夷船,退出猎得、大黄滘之外,连夜下桩沉船,岸上迅垒沙城,守以重兵大炮为省城外障,俾夷人不能制我之命,而后调集船炮兵勇,以守为战。俟风潮皆顺,苇筏齐备,再议乘势火攻,庶出万全。奕山然之,主固守不浪战。已而则徐奉命驰赴浙江,奕山惑于翼长李湘芬、西拉本、段永福、张青云等之言,不战则军饷无由开销,功赏无由保奏,急欲侥幸一试。遂不谋于杨芳,并不探风色顺逆,期以四月朔夜半,三路突攻英船。日暮,兵已出城,奕山始诣杨芳卜休咎。杨芳大怒,拔剑忿诟,而兵已不可挽回。时水勇木筏未集,先用四川、湖南兵中熟习水性者千余人,乘小舟,携火箭、火弹、喷筒,分路夜伏,闻炮齐起,以长钩钩其船底。其结果,仅击破英军双桅大船一,舢板小船五,纵掠其商馆,并误虏美利坚商船。而英军反以翌朝大集,尽焚港内木筏数百具,油薪船三十余艘,直向广州矣。初三日上陆,张营阵于东北山上,向东门炮击,城外街市火起,烟焰涨天。兵民争逃城内,英军乘势进击。四川、湖南及各外省兵皆溃,总兵邓永福战死。越初四五日,而泥城港及城西北之天字炮台,悉为所据。城北山顶之四方炮台,最称险要,守兵力战,近至肉搏,死伤约千余人,遂陷。广州形势,已在敌军掌握之中。四方炮台俯视全城,炮火不息,幸大雨盆注,无一延燎。而奕山奏称"火药库在观音山下,贮火药三万斤,为汉奸抛掷火弹,正将爆炸间,忽见有白衣女神,展袖拂火,顿即熄火。俄而大雨倾盆,逆敌火箭炮弹,无一延烧"。清帝以为神助,亲书"慈佑清海"匾额,以答天庥。此种荒谬愚蠢之君臣,担当国事,其败宜矣！英军炮击城内,兵民慌乱,奕山等皆大恐怖,将混身士卒逃出。臬司王廷兰怒请曰:"英兵虽强,以多寡论,不及我十分之一,奈何以十倍之兵,弃城而走？请以满洲、四川、贵州兵与我,誓死收回四方炮台!"奕山不听。初六日,英军并力专攻城东南隅,箭弹入贡院,棂甍皆破。奕山等避入巡抚署中,面无人色。不得已,乃于城头悬白旗,遣署广州知府余保纯出城议和。初七日遂议定休战条约如下:

一、限一星期内,先偿英军军费六百万圆,日落前先交一百万圆。

二、奕山等及外省兵限六日内退驻六十里以外之地。英军仍驻原地。

三、偿金悉交付时,英军退出虎门。各要隘不得再设军备。偿金逾限未清,加一百万,逾十四日增二百万,逾二十日增三百万。

四、对于商馆及西班牙二樯船比耳别号(Bilbaino)之破坏,限一星期内赔偿损失。

五、此约经广州知府及三钦差大臣(指奕山、隆文、杨芳)盖印发生效力。

(四) 平英团之奋起与粤民义勇(附王廷兰与曾望颜论英人犯粤情形书)

先是奕山等莅粤,以为粤民与洋人交通日久,皆不免汉奸贼党之嫌疑(奕山屡奏粤民多汉奸,粤兵多贼党),故舍本省水勇不用,而远募诸福建。官军搜捕汉奸,辄不问其是否而杀之。南海义勇与湖南兵之间,已坐是相仇杀,仅以将军之慰谕得解。而英军初至,颇申明约束,不妄劫杀。所获乡勇皆释还,或间攻土匪,禁劫掠以要结民心。以故粤民对于官军擒斩敌人之赏格,未尝有应命者。及和议已定,奕山等方以此六百万之偿金,为广州住民生命财产之代价,议以四百万由藩司、运司、海关三库发给,以二百万由广东行商分担,日夜搜括,惟恐不及。而英军顾以其间,游行街市,大肆淫掠。于是粤民种种不平之感,一旦迸发。初九日,英兵扰北门外萧关三元里,轮奸一妇人,村民愤甚,歼十数人。举人何玉成柬传南海、番禺、增城诸村,各备丁壮,出护附郭。初十日,英兵千余方自四方炮台回泥城,三元里民忽大树"平英团"之旗帜。一时鸣金揭竿而起者,联络一百有三乡,顷刻间男妇数千人,各处义勇云集,四面设伏,誓与决一死斗。英兵陷重围不得出。乡民愈聚愈众,顿至万余,忽大雨如注,竟夕不止。彼火药尽湿,枪无所施。且水满,泥深,路歧,奔踣稻畦中,或窜伏豆篱瓜圃,多为义勇觅杀,少校毕霞(Becher)及士兵死者二百余人。移书统将 Sir Hugh Gough 遣人入城告急知府。余保纯往解,义勇始渐散去,英人乃得回船。时偿金授受已毕,英军遂以十八日完全撤去广州。其大船有搁滞浅沙者,各乡民复思截而火之,夺回偿款之银。义律惧,复移文总督,祁埙出示晓谕,众始解散。而佛山义勇从陆路攻英人于龟冈炮台,先从上风纵毒烟以眯敌目,歼敌十数,又击破应援之船,当事先后奏闻。诏责诸将调集各省官兵,何反不如区区乡勇?其一切交部议处。义律亦惭且愤,强出告示,言"百姓此次刁抗,蒙大英官宪宽容,后勿再犯!"粤民愤甚,复回檄讨之曰:"尔自谓船炮无敌,何不于林制府任内攻犯广东?尔前日被围时,何不能力战自拔,而求救于首府?此次奸相受尔笼络,主款撤防,故尔得乘虚深入。倘再入内河,我百姓若不云集十万众,各出草筏沉沙石整枪炮截尔首尾,火尔艘舰,歼尔丑类者,我等即非大清国之子民!"是时南海、番禺二县团集义勇,昼夜演练,数达三万六千余名,反英空气,愈形紧张。及璞鼎查于六月二十四日抵澳,始传令英军北上,遂复有厦门、长江之师。

〔附〕　王廷兰与曾望颜论英人犯粤情形书

再启者:粤省此番用兵,所调各省之兵,万有七千,不可谓不多;各库银款数百万,饷不可谓不足;木料买自广西,火药枪炮,解自江西、安徽,军装器械,不可谓不备。而卒至决裂溃败,一至于此!实由当事既鲜有章程,用兵复漫无纪律。有笔墨之所不能言,而又有所不敢言者。此邦乃足下桑梓之地,自必望信甚殷,特就当日实在情形有不可解之事四,有可惜之事机二,有可为痛哭者三,为足下陈之。广东设炮台以来,大角、沙角、虎门、三连、横档、乌涌、猎德、二沙尾以及省河各处,皆为要隘。古人相度地利,棋布星列,一气联络,实今人所不能及。夷船之初至省河也,固汉奸所引进,实因我无备使然。琦相来粤,先存一不敢战之心,畏之如虎,使早为未雨绸缪,断不至此!贼破虎门、乌涌,急撤猎德炮台之兵。贼至二沙尾,急撤省河炮台之兵。以为我不撤兵,兵必为彼所败,所以姑退收兵入城,以为讲和地步。不知省之有炮台,犹人家之有门户也,贼到门而门不关可乎?开门揖盗,百喙难辞,迨卧榻之前,已被贼人鼾睡,乃犹归咎于始事之人,此不可解者一也。夷船之进内河,其初并不知内地虚实,用一二杉板小船,带汉奸探水,次第而入,至我所载石沉船之处,不见一将一兵以为守御,故得将木桩碎石,陆续起去,放心前进,此无人之境,非如入无人之境也。城守时有拿获汉奸多名,讯知彼处每日有汉奸十六人,分四班进城侦探。我处探事,终日诳报,自相恐吓者居多。故兵船撤退之时,望见夷船有搁浅数日,不能动者,或用小船起拨,或用火轮船牵曳。使平日有一二能事者探得实情,用快蟹艇载水勇向其搁浅之船,四面围绕,用火焚之,非易事与?乃彼有用心探水之人,而我从未闻有一夷奸作外间者,此不可解者二也。更不可解者:贼踞香港,盖帐棚百余间,出有伪示,初一日引水探报所盖帐棚忽拆去大半,又据报夷众纷纷上船,凡夷船在猎德、乌涌一带二十余只,火轮船数只,杉板船十余只云云。弟早间行香时,因于进见,妄参末议,以为夷众既由香港上船,彼处现必空虚,如能分兵一路,暗袭其巢穴,一面用重兵守泥城,如省河打仗时,可以出奇,由花县兜其后路,纵未必全胜,亦可牵制其师。奈当事以书生之见,无应者,迨事败之后,群归咎于发令太早,不知夷船已全数驶进虎门,其意何在?我不击彼,彼必击我,先发制人,未为不可,特布置失当耳。初一日打仗后,夷船稍退,以火轮船二直趋泥城。泥城为北门咽喉,亦为佛山要路,此重地也。先是横档失守,有参将刘大忠者,兵败而逃,当事以殉难闻,奉旨赐恤。嗣因逃回,始以受伤凫水得生为解。复派伊与某协岱昌同守此地。岱昌从未身历戎行,一卑鄙无赖小人,因系亲信,派充营伍,日日以算口粮争供应为事。因制办火药木材可以沾润,复夤缘而往,雇一小艇。逍遥于其间。距泥城水口仅里余,闻炮声即仓皇遁去,至今未知作何区处!又初五日贼逼炮台,兵将卷炮而走,夷船扬帆至天字码头,放空炮数声,亦皆遁去。其实千把以上将官皆在城内不出,是难以敢死大义责之兵丁也。维时城门全闭,五六七三日以来,夜间贼用火箭火弹直打城中,城外东西南三处火光烛天,烧去民房千余,呼号之惨,不堪言状。大帅有令,官兵自城外逃回,开门准进,而城中百姓,不准放出一人。夫兵所以卫民,今乃借民以卫兵,此不可解者四也。义律住洋行十余日,省河中夷船杉板数只而已,不难擒也。伊亦毫无准备。有时义律乘轿买物,往来于市廛间,此时如遣敢死之士数十人擒之,直囊中取物耳。乃屡次进言于当路,辄以现在讲和,未可轻动,是可谓宋襄仁义之师矣。此可惜者一也。初十日贼退出四方炮台,将取路泥城，三元里村众因其淫掠愤极鸣锣，一时揭竿而起，联络一百零三乡男妇数千人，围之数重。夷众仅千余，冒死突围而出，共毙百余人，又斩兵目二人，其余受伤无数。百姓虽有伤亡，然人众可恃，愈击愈多。斯时我兵在城者万余，齐参赞新到，有生力军五百名，近在金山，如其有令，两路齐出接应乡民，使其腹背受敌，纵不克聚而歼旃，当亦剿杀过半矣。乃计不出此，不知义律何时将余守请出，属其弹压，又不知何时余守私出城外，为夷人解和。彼百姓安知大义？不过因其轮奸一老妇人起衅，虽人众直乌合耳。见官如此，遂渐渐解散，而夷众乃得遁回舟中，盖逆夷自破虎门以来，未有如此之受创者也。事机之失，至今扼腕。夫逆夷滋事，岂但汉奸引导，实亦百姓使然。盖粤东自少翁查办烟案以来，禁兴贩，杜走私，未免操之过刻，故兵怨之，夷怨之，其私贩之莠民亦怨之，当积重之余，以为绝我衣食之源也。故当逆夷蠢动之时，群相附和，此等蚩氓，不畏王章，何知国法？反恐逆夷不胜，鸦片不行，则前辙不能复蹈。而该夷又四布流言，以为与官为仇，绝不向民加害。于是奸民贪其利，顽民受其愚，虽督抚晓谕，示以能擒逆夷者赏有差，数月以来，绝无成效。及至贼破四方炮台，复淫掠不堪，始悟其奸，操戈相向。设使当时被围不解，迟之数日，必有内应而开门迎贼者。食毛践土，乃良者少而莠者多，此可为痛哭者矣。国家承平日久，民不知兵，官不知兵，即兵亦不自知其为兵。当粤中告警之时，官民无不引领而望，以为某处调兵数千，某处调兵数百，指日云集，似此小丑跳梁，不难即日荡平，恃以无恐。乃夷众未到以前，只风闻路中有抢掠人财物者，有殴伤差役者，及到省，兵不见将，将不见兵，纷扰喧呶，全无纪律。斯时心虽知其不可用，而犹幸其不滋事也。不料初五日后，往往互斗，放手杀人，教场中死尸不知凡几。城中逃难之百姓，或指为汉奸，或劫其财帛，内外汹汹，几至激变。尤可异者，初二日夷兵抢夺十三洋行，官兵杂入其中，肩挑担负，遂有无数千百成群竟行遁去者，点兵册中，从不闻清查一二。及至沿途讨要口粮，竟有城外各处将逃兵数千重新应付回省，反以追逐洋鬼迷路为词，当事者犹以众兵追敌放赏。试思追赶敌人，理应向前，岂有迷路反走者?今日之兵如是,则异日可知;一省之兵如是,天下可知。国家养兵千日,用兵一时,兴言及此,能无痛哭乎?某以铨才,毫无远识,然要好之心,未尝不矢诸梦寐。自到贵省,于今四月,乃竟有此际遇!即有时自尽其分所当为,并欲自效其力所能为,无如分浅言轻,徒多掣肘。提库中之国帑,惟有伤心;竖城上之白旗,能无指发!既承乏于此地,恐亦在众人清议之中。然实有不可活,不得死,不敢病,不能走之苦。纳手扪心,能毋痛哭!以上数事,皆系实情,无一虚诳。虽属贵省劫运使然,实亦国家气运所关。所虑一蹶不振,从此为外邦所轻,更恐无赖匪徒,渐生心于内地。侧身四望,天下能当重任者,更有几人?欲著武功,惟有慎选大将,纵有小衅,未可轻调重兵。足下在同谱中,未知鄙见有当否?又福建水勇初五日进城,适逆夷由陆路上四方炮台之时,督抚持令箭饬令出城应敌。无如司管不开城门,将其拦回,而炮台从此不守,亦一恨事!……

按廷兰为广东臬司,曾谏止奕山弃城潜逃,见本节中。是书闽督颜伯焘得而上之,又照抄粤东民人誓词二纸,英人文告五件,一并呈奏。因言该夷请抚,实非真情,香港为商船驶进内洋必由之路,既被占据,不惟该夷往来自便,即我师船出入,反为所扼。疏上,清廷方以夷情安帖,抚局可恃,饬各路官兵调回归伍,不两月而厦门失守矣。

一百二　第三次和战

(一)厦门之攻陷

广州和议既成,四月十六日,奕山、隆文遵约退屯金山,先撤回湖南兵,独留杨芳驻城弹压。隆文至金山,于五月间遽卒,杨芳寻亦以病归。广州虽以此城下之盟,仅得保全,然奕山等会奏,则谓英人只求照前通商,且以偿金改称清还商欠,其烟价、香港问题,皆一字未及。清廷谓事已妥洽,惟饬将军等会同督抚筹议妥章,增修守备。又以广东兵政废弛,临事全无实用,追论历任总督罪,并遣则徐戍伊犁,以为惩前毖后之策。而英人固以上年所索六款及香港割让之约,尚未得中国政府之决答,不肯罢兵。以故一方率军舰退出虎门，经营香港，规复广东贸易（《防海纪略》言："道光二十一年四月，英夷之受款于广东也，在我师则以救一时之危，在夷则亦急欲得银以济兵饷，故通商章程彼此皆未暇议。及夷酋大困于三元里，自知已结粤民之怨，又畏粤民之悍，不敢复至内河贸易。欲洋商赴香港，而香港风浪不可泊舟，洋商无肯往者。夷遂欲以香港易尖沙嘴及九龙山，将军总督以香港尚未奏允，何况二地，约其仍来黄埔。夷遂不许我水师修复虎门炮台，尽拆横档各炮台之石，移往香港，筑台砌路，修建洋楼。且欲我拔去内河沙石桩筏。彼此相持，虽有通商之名，而无通商之实"）；一方则思借战胜之势，移军北进，威吓清廷，必尽遂所欲而后已。会伯麦新自印度续调战舰来粤，遂与义律等以六月决议北犯。无何飓风大作，破其快艇运输舢及舢板帆船二十余艘。两广总督祁等张皇入告，谓"撞碎夷船无数，漂没夷兵汉奸无数，所有帐房篷寮新修石路，扫荡无存，浮尸蔽海"。清廷方发藏香，谢海神，布告中外，允广东保举守城文武至数百员，而英政府所遣大使璞鼎查（代义律者），海军少将巴尔克（Parker）适至。于是卧乌古、巴尔克率军舰十艘，汽船四艘，测量船一艘，运送船二十一艘，载兵二千五百余人，以七月十日（八月二十六日）攻陷厦门矣。先是上年英人之攻厦门也，水师提督陈阶平平日购火药、刊兵书，敌至辄告病，敌退复视事。闽督邓廷桢督同兵备道刘曜春止守旧炮台，垒沙垣，据形势，故敌攻不破。及颜伯焘嗣廷桢任，首劾陈阶平之规避，与琦善、杨芳之主款，意气甚锐。然虚㤭自大，且轻邓廷桢之仅仅自守，奏言"用守而不用攻，则贼逸我劳，贼省我费，大炮止可施诸岸上，不能载之水中，小舟止可焚诸内港，不能施之大洋"。遂请饷银二百万，造战舰五十余艘，募新兵数千，水勇八千，欲与出洋驰逐。又于口外之崌屿、青屿、大小担四岛，及北岸白石头、安海、水操台，滨海之会厝坡、可厝乡等处，增建各炮台，备多力分。新铸千炮，又多未就，空船空台，徒同废物。适广州和议，奉撤兵省费之旨，尚余练勇水勇九千余名。水师提督窦振彪巡洋未回，内备单弱，而七月初九日英船数十艘突至。当局派人往询来意，则致书令让出厦门。次早先以数船往返哨探，试我炮路，盖我炮皆陷于石墙孔内，惟能直轰一线，不能左右转运，故以舟试之，知其所值，则避之也。既而诸舟蜂拥齐进,青屿、仔尾屿、鼓浪屿守兵三面环击,英军分攻各炮台,并以舢板载兵登陆,各炮多陷落。时伯焘督同兵备道刘曜春守白石头一带石壁,会英船飞炮堕空,伯焘及曜春退回提署。总督一退,军心皆乱,岸上水勇及遣散水勇变为汉奸,从中呼噪,敌遂登岸,反旋转炮台大炮,轰击厦门。一昼夜,官署街市尽毁。伯焘、曜春,退保同安。十一日,英军入城,淫掠无所不为。二十日英军离厦北去,惟留兵舰三艘军队四百人,占据鼓浪屿(据谢兰生《思忠录》所记,英人在厦门肆掠,有乡民陈氏与之接战,英军五千,我兵五百,夷用车炮,民用抬枪,以一击十,英兵死者以百计,伤者千计,陈氏之死者三人,伤者十二人耳。是以不敢久驻厦门而退屯鼓浪屿也。此说虽不确,然民众与散敌接战,如三元里事,则系实情)。八月,伯焘督兵至厦门,遂以收复奏闻。然同知潜处四乡,未敢回署视事,诏降颜伯焘三品顶戴革职留任,遣侍郎端华驰赴福建,勘实以闻。时英兵之驻鼓浪屿者,招匠增造小船,为进窥内河计。是月以大船五,小船三十余,驶入厦门之木桩港口,炮沉我兵船五,副将林大椿、游击王定国中炮死。提督普陀保、总兵那丹珠督兵御之,始退出外洋。其福州省河之五虎门,潮至通舟,潮退搁浅,故英船未驶入也。

(二) 浙东之防备

先是,英人之撤退定海也,伊里布得广东咨会,遣员收复。奏闻,奉上谕:“伊里布不遵谕旨,惟知顺从琦善。屡次奏报,始以兵炮未集,借词缓攻;继以接得缴还定海之札,即信以为真。已有旨令其折回本任,命裕谦驰赴浙江,作为钦差大臣,会同提督余步云迅速剿办,钦此。”初裕谦总督两江,闻伊里布在浙逗留,不敢进兵,心弗善也。至是以钦差专任浙事,上书主战。并以义律心怀叵测,缴还定海之说,恐售其欺,请饬寿春镇标官兵,仍行前进。奉旨:“所奏极是。逆夷攻踞定海之后,奸淫抢掠,荼毒生灵,凡我士民,志切同仇,人思敌忾,裕谦此次赴浙,以顺讨逆,以主逐客,以众击寡,必当一鼓作气,聚而歼旃!朕伫望该大臣迅奏肤功,懋膺上赏,钦此。”时英兵已去定海,总兵王锡鹏、郑国鸿、葛云飞以兵五千驻守,辑流移,修城垒炮台为善后计。裕谦任事刚锐,而不娴武备,与颜伯焘同。

前此倾心于林则徐,则徐旋有遣戍新疆,改赴河工之命。则徐去而浙事无所倚。及奕山议和广东,奉旨撤兵省费,裕谦以英人又有图浙之谣,因奏请统带江宁八旗劲旅,并徐州精兵前赴镇海,会同提督余步云,巡抚刘韵珂体察情形,相机筹办。又言:"该夷以通商为命,而通商有一定码头,奕山等既为吁恳天恩,自当筹及全局,与之要约坚定,为一劳永逸之计,断无仅令其退出虎门,仍复滋扰他省之理。现既闻有赴浙之谣,何以不向该夷诘问明白,转行咨饬严防?以致沿海各省讹传不一,风谣日甚,不但各省调防之官兵未便请撤,即居民人等亦皆同仇敌忾,舍其本业而荷戈以待。实于国计民生两有关系,应请饬下靖逆将军奕山等向该逆严行诘问,究竟是否诚心乞抚?抑仍是得步进步之故智?使各省有所遵循!"时英人赴浙之谣,虽传遍粤中,而奕山以城下之盟,讳不上闻。清廷果以夷情恭顺,谕:"该夷赴浙滋扰,既属风闻,从何究其来历?且果别有思逞,断无先将传播泄漏之理?着裕谦仍遵前旨,将江浙调防官兵,酌量裁撤,不必为浮言所惑,以致糜饷劳师等因,由六百里谕知!"讵裕谦甫抵镇海,而厦门告陷之警报已闻,于是飞檄三总兵,令扼其内犯之路。时精兵五千皆在定海,其镇海、宁波仅兵四千,分布各口。

(三) 舟山、镇海及宁波之攻陷

八月初二日,英军以小舟在镇海县双岙登岸,探视虚实。放枪烧毁沿海草舍甚多。经守备黄梦赉率兵击退。同日英汽船因缺乏燃料,乃贿一渔夫为向导,阑入象山县石浦之铜瓦门内港,攻炮台,守兵溃散,四出抢掠薪木,达七十吨,翌日满载而去。十二日,英军乘潮阑入定海竹山门,窥测形势,我军自半塘土城开炮迎击,敌船即由吉祥门驶出。十四日,英舰三艘进攻晓峰岭,炮数百发,我兵皆隐崖侧未伤。十五日又攻,其小舟登岸者,为郑国鸿督兵扛炮击退。会连日阴雨,转战泥淖中,援兵不至,士卒渐疲。英军据定海南约三里之五奎山(海中小岛,俗名乌龟岩,共二岛,一名大五奎,一名小五奎)筑阵营为根据。十六日,攻东港浦及晓峰岭、竹山二处,均经我军击退。十七日,英人分三路进攻,以小舟渡兵登山,撤舟死战,首陷晓峰岭,王锡朋中枪死,寿春镇一营遂溃焉(锡朋为寿春总兵,国鸿为处州总兵)。有顷,竹山门溃,郑国鸿死之。葛云飞守近城,关山炮台,以扼道头街之市埠,孤军奋战,被敌人挥刀削其半面,犹持矛手杀数人,植立于崖石间而死。是役也,三镇血战七昼夜,前后歼敌数百,惟定海无险可守,所凭者不过三面之山,敌逾山而入,势遂不支。兵不过五千,备多而山高,力分而守劳,此其所以败也。英人既破定海,设民政部治理之。舟山列岛,悉归占领。置守兵四百,而统其得胜之师,自蛟门岛进攻镇海。时裕谦驻节城内,令提督余步云守招宝山下之东岳宫,游击张从龙驻招宝山上之威远城。狼山总兵谢朝恩守金鸡岭。镇海以笠山为外障,以招宝为内屏。山之上有威远城,明朝所筑以御倭寇者。浙东惟余为宿将,故裕谦令守之,而别遣朝恩守金鸡岭以为犄角。定海告急,裕谦自东门城上,瞭见招宝山上悬挂白旗,心窃讶之。乃择日誓师于关帝天后之神,与各营将士约,毋得以退守为词,离却县城一步;亦毋得以保全民命为词,收受夷人片纸。如有不用命者,明正典刑,幽遭神殛。刑牲酾酒,示无转念。步云托腿疾不跪。裕谦祭毕回营,知余有贰志,乃奏言:“夷船黑兵及汉奸不下万人,贼可并帮来犯,我必扼要分守;贼可数日不攻,我必昼夜防备。彼众我寡,彼聚我散,彼逸我劳。又海艘乘风潮而至,前艘稍退,则后艘必自相撞碎,故有进无退。我兵未历战阵,各存一炮火难御之见,是贼五船一心,且众船一心,而我兵则一人一心。是以自粤至闽,莫之敢撄。臣何敢轻视!惟有殚血诚,厉士卒,不敢以兵单退守为词,离镇海半步;不敢以保全民命为词,受逆夷片纸。”余心恨之。二十六日,英船攻镇海,分犯金鸡山及招宝山,每路数千。裕谦登城督战,自辰至午,惟金鸡岭力战,而余步云则不许士卒开炮,且两次上城,请遣外委陈志刚赴英船讲和,或退守宁波,裕谦不许。敌甫由招宝山后攀援而登,余步云即弃炮台西走,裕谦令城上兵以铳截之,溃兵已下而复却,遂绕山后溃窜。敌踞招宝山俯攻镇海,于是守金鸡岭之兵见之亦乱。总兵谢朝恩率亲兵三百力战死。英兵由东城缘绳而入,兵民由西门溃逃,势如山崩。裕谦知事不可为,令副将丰伸护钦差关防,赍送浙江巡抚,自沉泮池死之。(《中国近时外交史》曰:“先是朝廷以裕谦为钦差大臣继伊里布防御镇海,兵不满二千,裕谦张虚势于城外,布列虚营,建旗竿数千,夜间焚篝火,鸣钟鼓,示有大军之势。而一方力募新兵,奈应募者甚稀,新军不成。又镇海地势低下,八月望后连日大雨,平原出水,城外忽水深三四尺,士卒将火药火器悉送城内。二十六日,夜半,海啸,城外士民皆乘舟欲趋城内,以水大不能开城悉集城下。英军乘水势,十余艘军舰直迫城下,大小炮齐发,数千人民立死于猛火洪水中。卧乌古用水攻计,以大炮裂城壁,崩十余丈,浊流滔滔入城,英兵以炮兵继其后,城内人民死者无算。裕谦投水死。")镇海遂陷。余步云逃守宁波。二十九日,英军直溯甬江,进迫宁波城下,余步云复弃城走上虞,知府邓廷彩从之。居民相率树顺民旗于户外,闭门不出。英军长驱入城,视为垂手而得之胜利(Never indeed was there a more peacealle Victory)。敌以定海苦瘠,宁波富饶,预定息卒数月,再图大举。时宁波以西,江浙浅狭,英舰不能复西,而舢板小船则可驶至慈溪、余姚、奉化,于是三城亦逃散一空。土匪四起,讹言传播,浙西大震。

(四)恢复之师之失败

九月,清廷闻定海、镇海相继陷落,诏大学士奕经为扬威将军,侍郎文蔚,都统特依顺为参赞,进军浙江,筹恢复之策。以广东巡抚怡良为钦差大臣,移驻福建;以河南巡抚牛鉴总督两江,分任南北沿海之防御。奕经用宿迁举人臧纡青言,奏调川、陕、河南新兵六千,募集山东、河南、江、淮间义勇及沿海亡命数万。分伏三城,水陆并攻,不动大队,惟用散战。道光二十二年正月朔(一八四二年二月十日),至杭州,留特依顺驻守,而自与文蔚渡江,以十六日次绍兴。英军自去年占领宁波后,惟时遣小舟犯慈溪、余姚、奉化,入城纵掠即去。及闻大军进逼,则尽移镇海屯兵据城东北甬江口招宝山之炮台,而移宁波屯兵入舟,独留数百人守城上大炮以待。而奕经、文蔚闻敌酋远出,夷兵上船,有准备放弃之谣,喜形梦寐,已忘臧纡青所献伏勇散战之策,力排异议,锐意恢复,议定进军方略如下。

一、奕经以河南、山西兵一千余人,屯绍兴之东关镇监督作战。文蔚以二千山西、安徽、四川、江宁兵,屯慈溪城北之长溪岭,以江西兵一千往来接应粮械。

二、副将朱贵率甘兵八百,河南兵五百,本省兵一百,分三队由慈溪城西之大宝山以图镇海。游击黄泰第率兵五百为后备。

三、总兵段永福率四川兵九百,本省兵七百,由余姚东南大隐山,以图宁波。游击张富率兵八百为后备。谢天贵率兵九百,乡勇三千,驻骆驼桥为策应。

四、海州知州王用宾率陕甘兵一千、乡勇二千,驻乍浦,故总兵郑国鸿之子鼎臣统帅水勇,乘小舟渡海,潜伏岱山,以图定海。特依顺统湖北兵一千,陕甘兵二百,驻万松岭为策应。

三路约是月二十九日(三月十日)夜中同时进兵,各预遣乡勇,招致汉奸为内应。定海形势隔绝,布置不易,郑鼎臣以欲报父仇,先期率义勇队,渡海袭击,为英人发觉,无功而返。其逾宁波南门入者,都司李燕标率之,南门由内应洞开,纵我兵直趋府署,欲擒夷酋毛利(Morris)英兵踞街楼屋甍之上,铳箭两面齐下,我兵有刀矛无火器,不能仰攻,溃而退。段永福自西门入,亦以巷狭墙高,前后受敌,幸入城者皆金鸡山屯练兵,骁悍死斗,故死者仅二百余。英军出城,追击七八英里,遇伏截击始返。此宁波之师也。入镇海者,朱贵遣部将刘天保率河南劲勇五百人为先锋,以内应开城入西门,英将杜伯(Daubeuy)督军应战,三次进出,卒以后援不继败退。朱贵率溃军回屯大宝山,而英军反以二月四日(三月十五日)由陆海军两司令率千五百人,自慈溪登岸,进攻朱贵军阵地。贵军以扛炮数十,击退者再,英兵颇有死伤。及英军绕出朱贵阵后,刘天保军亦溃,朱贵及子昭南力战而死。大宝山距参赞文蔚、长溪岭营仅二十里,当鏖战时,朱贵遣弁请援兵五百,截敌后路,文蔚不应,跪争久之,始允发兵二百,薄暮未遣。及朱贵阵亡,侍卫容照,司员联芳皆争请退避,文蔚遂夜弃辎重西走,沿途赏舆夫舟子,惟恐英兵追及。文蔚既走,全军遂溃。妄以后营夜被汉奸焚毁奏闻。其实次日下午,始由卧乌古率一军,至长溪岭,获所遗军需米面极夥。岭营既溃,军气沮丧,即有献策,请抽去溃兵,劾斩逃将,别选新到之兵,与敌死战,一以牵其北扰江苏之路,一以沮其骄索无餍之气,而后再与议款者。奕经心乱,言不入耳,初七日,即与文蔚弃绍兴走西兴(萧山县城西)。巡抚刘韵珂飞檄毋许一人过江,违者军法从事。文蔚不得已,仍回绍兴。奕经迳渡江回杭州,而乍浦之万余水师亦遣散,事遂不可为矣。

(五) 廷议之变更与乍浦之陷落

英军既连陷大宝山、长溪岭,无西顾忧,遂以初六日引还宁波。镇海知县叶堃及生员王师真禀报火攻镇海英船,焚毁甚多,其事皆无左验,而报销军需已数十万。于是浙抚刘韵珂力主和议(二月十七日,刘奏十大困难:一、军气消沉,势难再振。二、再调各省精锐亦已不及。三、敌人火器精良,我兵技勇无济。四、敌军兼长陆战,且有汉奸为导。五、海军远游各方。六、人民不怨敌军,反畏官兵。七、游民掠抢,盼夷内犯。八、浙省年歉粮饷可虞。九、各地匪徒蜂起。十、糜饷劳师,伊于胡底),奏请起伊里布来浙主款(刘谓伊里布公忠体国,并无急功近名之心,平生所见,止此一人),廷议复为之一变矣。清廷用刘韵珂言,赏伊里布七品顶戴,赴浙效力。以尚书耆英为钦差大臣,署杭州将军,以齐慎为参赞。诏诸军按兵罢攻,惟严守要地以俟机会。(二月丙申谕:"此次大兵进剿,势将得手,旋被横冲,以致各兵溃败,人心惶惑,俱系实在情形。现在奕经等分据要隘,务当各矢血诚,安抚士民,保卫郡县。"己亥奕经等奏请续调官兵,力图进剿,得旨:"事已如此,添调何难。前番布置,似乎确有把握,一经动作,受亏退步,又欲俟数千里外续调之兵到齐,再行进剿,无论旷日持久,能必保其成功乎?")而郑鼎臣一军尚以三月四日围攻英军于道头港,报称焚沉敌船大小数十余,溺死敌兵三四百。奕经奏闻,奉旨优奖。是时,奕经已复渡江至绍兴,深悔不从臧纡青之言,致蹈覆败,欲相机攻袭,以赎前愆。而清廷反以其"调度有方,出奇制胜"赏双眼花翎。文蔚驻防曹娥江,亦赏头品顶戴。英军以政府命扼中国北部要害,迫订一满意之条约,乃索浙江十一府志,又登范氏天一阁取去《一统志》,长江图及黄河图,兼造小船,为驶入内河之用。适印度总督额林波劳伯(Earl Ellenborough)之训令至,因决定转略长江,以扼我南北之交通。遂勒索宁波绅士犒军银二十万圆(此事或谓不确,然以英军到处劫掠之情形观之,想有可能。二十万圆在一商业城市中,盖小数,非巨额也。况中国商民欲免军队滋扰,常有犒师之习,征诸扬州盐商之举动可知矣。浙抚刘韵珂致耆英伊里布书云“宁郡为全省菁华,又为洋人搜括一空”。足证英人于宁波必有勒索之事,何致二十万元而即难集耶),以三月二十七日(五月七日)尽撤宁波屯兵,惟留少数军队,守镇海、定海及鼓浪屿,余悉驶出大洋。浙抚初遣人侦之,不知其所往也。未几,英船游弋于江苏之金山洋面,吴淞戒严,而英人谋进窥苏中,以牵制江浙两省,遂转入嘉兴之乍浦矣。时乍浦有汉兵六千三百人,满兵一千七百人,望见英舰如邱阜,皆气索,所发炮丸率不达。四月九日,英舰连樯而进,又另以舢板小船数十,每船一二十人,泊西山嘴、唐家湾等处,分两队进攻,我兵分御力薄,陕甘调防之兵死者三百余人。其驻防之八旗兵分守天尊庙者,凡二百余人,由佐领隆福率之,英兵猛冲,受创极重,中校及队长死焉。后援军至,用重炮轰击,我军困重围,苦战达三小时,卒因众寡不敌,兵弁伤亡殆尽,隆福自戕。英军陆战队以初十日占领灯光山等处,铳炮齐发,突有潜通英人之汉奸在内接应,敌遂逾东城尽焚满营,杀戮甚惨,以泄天尊庙重创之忿,我兵力战阵亡及被火死者二百余人。(《中国近时外交史》言:“先是天津议和之后,朝廷命伊里布视查乍浦形势,建设炮台,鉴于各处炮台易被攻陷,特聘驻北京之俄国筑城家为监督,故新炮台全欧罗巴风,甚坚实。工成后,伊里布大悦,置兵八千守炮台,另满洲精兵一千七百任防御。至此英军舰十二艘排阵入港,城上炮兵心乱手疏,所发大炮无一中敌者,敌军直上陆迫城下。将卒狼狈多逃。独洪副将率满洲兵二百人潜伏市中,当英军乘势袭来,俄起背后,狙杀英兵甚多。卒以无援,兵多战死。洪毙于炮,众溃城下。”按《夷务始末》、《中西纪事》、《乍浦殉难录》等均无洪副将之名,不知何据?据《始末》所纪,英人入城,城中并无抵抗。)副都统长喜投水死,水师把总韩大荣署同知韦逢甲等十余人力战死,其他驻防及本镇士民妇女或被戕或赴水死者又百余人。盖变起仓卒,迁避不及,浙省被兵以来,人民涂炭,未有若是役之酷烈者也!

(六) 杭州之戒严与和战之不定

乍浦既陷,杭州嘉兴同时戒严,伊里布亟派人至英舰议和,而英人复以大兵已集,不得不战。清廷以嘉兴为江浙咽喉之地,设有疏失,关系非细,宁波、镇海俱系残破之城,收复自可从缓。诏奕经驰往嘉兴防堵。又以乍浦兵力,不为单弱,而顷刻之间,遽尔奔溃,令奕经查明具奏,并锁拿提督余步云来京治罪。因余于定海、镇海、宁波接踵失事,贪生畏敌,并未究办,遂使将弁怀侥幸之心,皆余为之倡也。先是耆英甫抵嘉兴,忽奉命前赴广东,其杭州将军职务,着特依顺署理。盖据御史苏廷魁之奏,风闻孟加腊已攻歼英人驻防印度之兵,英师将回兵救援,因有退出宁波之事,故命耆英前赴广东,体察虚实,乘机攻香港。及乍浦陷落,江左告急,复命中道回浙防堵。时香港英船十余艘,兵千余,汉奸海盗,薮聚其间。奕山等既奏招回汉奸三千余,安插虎门以外,其香港汉奸头目之内向者亦十之五六,各愿立功赎罪,请包修虎门炮台,并冬令晦朔,出其不意,与香港内应,表里夹攻,一举歼之。而奕山方听祁墳言,惟恐触怒英人,不敢犯。翌五月,诏责奕山视师半载,毫无方略,屡命收复虎门,攻香港,以牵制闽浙敌势,皆以造船未就为词,惟以填塞河道为事,革去御前大臣。祁墳等亦革职留任。而颜伯焘以久未剿除鼓浪屿停泊敌舰,革职,以怡良代之。当是时清廷对于和战事宜,并无一定之方略,既两次出师剿击,未有成功,而大学士穆彰阿乃一意主抚,于是有王鼎尸谏之事(参看第十九章九五节四目)。浙抚刘韵珂奏请伊里布来浙议款,亦未能成议,仅将英俘十余人送诸乍浦,则英舰已于四月十八日北去,又改送诸镇海,则英舰以五月一日(六月九日)进逼吴淞矣。

(七)吴淞、上海之陷落

时两江总督牛鉴驻师上海。江南提督陈化成驻防吴淞,闻乍浦失守,飞檄请增兵,以资戒备。牛鉴答言有河南、徐州、江宁兵三千,藤牌兵八百,化成颇恃以无恐。及英军由外洋探水而入,牛鉴方由沪抵淞(或言牛鉴甫至上海,即有为英人作说客者,许酬以重金而撤吴淞之防,牛鉴密允之,惟惧为化成所觉,故佯出视师),见其连樯内进,枪炮相接,樯帆高出海塘丈余,轮烟蔽天,惊疑无所措手。化成亟慰之曰:“外洋所恃,不过枪炮,某经历海洋五十年,此身在炮弹中入死出生者屡矣,今日火攻,颇有把握,愿以身当之,苟得挫其锋,援兵一鼓齐进,英实不足平也。”鉴意稍定。

初五日,牛鉴接奕经檄令权宜设法羁縻,鉴迟至初七日始遣员赍札赴英舰,事已无及。初八日黎明英舰入犯,化成麾令开炮,击伤其战舰二艘。英兵势却,绕出小沙背后。适牛鉴统兵来观战,提营将士皆欢呼踊跃,战益奋。须臾,英司令官由樯头瞭见牛鉴舆,突飞炮注攻,逐其左右队而击之,徐州兵先溃,河南参将陈平川遂以藤牌八百拥牛鉴回城。牛鉴亟弃冠靴杂军校而走,令一卒坐其舆伪为制军状。英军由东炮台登岸,绕其西。时守备韦印福等守西炮台,力战死之。化成见军无后援,抚膺顿足,潸然而叹曰:"英夷频年猖獗,今日得少挫其威,内江全局,关系匪轻,不料垂成之功,败于一旦,制使杀我矣!"腹背受敌,遂中弹伤,喷血而死。塘上之兵亦溃。英兵乘胜趋宝山,牛鉴自西门逸出,走嘉定。西炮台火起,火药被焚,东炮台及江湾之兵,同时奔溃。宝山遂陷。上海距宝山八十里,闻变大震。参将继伦,兵备道巫宜禊,知县刘光斗先后弃城走。十一日,英军入上海,次日更发兵窥松江。寿春镇总兵尤渤率兵二千整阵以待,敌开炮数十,尤渤令我兵皆伏之,炮过而起,我炮齐发,相持半日,敌始退。故松江得无恙。英军拟窥苏州,使火轮船测水,至泖湖,轮胶于水草,乃返。十五日,英舰退出上海,会泊吴淞,乃决议溯长江攻镇江府,以行遮断运河之策。

(八) 镇江之陷落

宝山既陷,清廷命奕经酌遣参赞一人赴苏,又命耆英、伊里布驰赴上海(未几又命伊里布回乍浦副都统任),会同牛鉴相机筹办,以刘允孝署江南提督。及上海继失,牛鉴回江宁,一方则遍谕居民,谓长江沙线曲折,敌断不深入;一方则奏请仿乾隆朝征缅罢兵仍许朝贡故事,准予英人通商。无何,英舰连过福山、江阴、圌山关诸要隘,以六月八日(七月十五日)薄瓜洲,遂窥镇江。(《中西纪事》谓:"六月,英夷欲由海入江,先自上海驾舢板小舟扰及无锡之边界,及江阴、靖江等县,乡民聚众逐之,不胜去,遂自福山放洋游奕于圌山关外,关为由海入大江之口。先期有镇江士绅请于常镇通海道周顼以圌山江面狭隘,一水中泓,两岸设防火攻,足以及之。周乃亲诣圌山,相度形势,士绅皆往为指陈堵截守御事宜,需费数万。周历海口笑曰:‘铤而走险,彼必不来,来则俟其搁浅而图之,虏在吾彀中矣。糜数万金以设万一之防,谁其任之?’时当盛夏,海洋潮汐正盛之时,又值南风司令,英舟扬帆乘潮而入,是月十四日抵镇江,官兵内外数千人不战而溃。周项及府县先后弃城走。”)镇江为南北及长江上下游各省咽喉,依北固山为城,以运河为濠,形势险固,牛鉴既失吴淞,不能相机扼守,敌遂径进,于是参赞齐慎,提督刘允孝皆督兵赴援。驻防副都统海龄严拒不纳,使战城外,惟以驻防蒙古千余守城内,禁居民迁徙,日夜搜捕汉奸,虐杀无算,合城鼎沸(《防海纪略》言镇江繁富十万户,海龄禁民间迁徙,先以城险兵单,上章求助,又请圌山以下拦扎木簰,惜皆未遂其志,迨番舶至,海龄亲冒矢石,率兵堵御,城中仅驻防兵千余,与绿营兵六百,寥若晨星)。十三日,英将卧乌古分全军六千余人为三队,以巴尔德勒(Bartley)、娑尔敦(Saltoun)、叔特(Schaedde)三将分统之,而自率炮兵队五百七十人(队长 Montgomerie)指挥全军。翌日,娑尔敦之右翼军,先破我城外兵;叔特之中军,佯攻北门,巴尔德勒之左翼军攻城西南,卧乌古以大炮攻南门:交战二小时,娑尔敦队以火球掷入西门城内,城内火起,叔特军遂梯而入,城遂陷落。海龄全家自杀(或言海龄为乱兵所杀,或言跃入烈火而死,后经查实,全家自缢,英人亦极赞其死事之烈)。将卒战死及市民男女缢死者无数。而英军官兵阵亡者约四十人,受伤者一百二十八人,为鸦片战争中敌损失最大者也。齐慎、刘允孝退走新丰镇。自瓜洲至仪征之盐船估舶,全被禁于运河南北口支港中。扬州官绅令盐大使颜崇礼效郑商人弦高故事,始犒以牛酒鸡豚,继馈银三十五万五千两免祸。(梁茝林《浪迹丛谈》并有“头顶说帖,跪献江干”之语。《中西纪事》谓:“京口既溃,瓜仪一带之盐枭,乘间劫掠,夷艘来往游奕,击而焚其船,居民望见烽火,弗辨也。佥以淮扬居天下膏腴之地,又当其下游,顺风扬帆,半日可到。淮之场运两商尤岌岌抱垂堂之惧。时有汉奸之谍者在扬,谓可乘危以徼利也,乃扬言英人戒师期,将因粮于扬,以规取江宁。非速备赎城以求者,祸且旦夕至。赎城者,夷人挟兵索贿之口号也。商人闻警,将谋尽室行,适有在扬城开设书画馆之江寿民者,素善于淮商之门下客颜某,请身之京词之。谍者以告马利逊,呼之入,索赂款六十万。江寿民请减其半,马方欲疾趋江宁,意不在扬,而获傥来之利,许之。归以告商人,而淮商皆中落,咄嗟无以办,具白于鹾使但明伦。但不可,商人曰:'纳赂以行成,不犹愈于赍粮而借寇乎?'但啾唶无以应,乃作为商人提借之款,饬总商具领,事后归偿,即日交颜某偕江寿民致送京口,遂以纾祸。迨白门抚议定后,在于本年所付之六百万内划扣。")陈康祺谓"此举倘出自盐商为捍卫牢盆,保全场灶起见,当时和战未定,或可行权;若守土之大官,奈何买城以求活乎?"(见《燕下乡脞录》卷二)呜呼,达官无耻,为富不仁,赂敌求全,良可慨已!英人遂留叔特一军守镇江,余悉溯江而西。二十九日(八月五日)璞鼎查及卧乌古乘汽船 Queen 号,薄江宁,次日巴克尔亦乘战舰 Cornwallis 驶到,及七月四日(八月九日)而全军达府外矣。

(九)南京之和议及条约

自镇江不守,耆英、伊里布、牛鉴、程矞采等连章请款,清廷不得已,始决意与英人谋和,命耆英、伊里布示意敌军。英使璞鼎查以耆英等未得全权之委任,拒不与议。清廷乃以耆英、伊里布、牛鉴为全权大臣,便宜从事。牛鉴接旨后,即飞书照会,而伊里布亦先遣家人张喜(喜著有《抚夷日记》,述历次交涉及问答语甚详。尚非一味将顺之流,故耆英谓"你之议论高超,我所不及"。而伊里布诗有"且喜惟筹来管乐,非为掉舌有苏张"。直视喜为智囊已)往英舟传意,言俟耆英至,方可定款。七月六日,英炮兵已一部由马塘埂登岸,各船均挂红旗,即将开始炮击。会耆英等至,乃派佐领塔芬布及张喜等遗书英使请派员会商,英军方下令停止攻击。而是时忽有流言我军增募寿春兵,将断敌后路者,卧乌古怒甚,复命运大炮置卖糕桥,将攻太平门,声势汹汹。(《防海纪略》言:"诸帅会奏言夷设炮钟山之顶,全城命在呼吸,盖仿袭粤省失四方炮台之说,其实绝无其事。维神策门外有三段泥炮,距钟山十余里,并不临城。夷兵退后,假炮始为雨毁。且钟山距夷船数十里,又顶极峻峭,大炮无路可上,即有炮亦冒空而过。若安于钟山之麓,则满汉兵数万,铳炮林立,有坐视敌兵扛大炮往据咽喉,不一轰截之理?夷兵岂有舍离巢穴而自投绝地之理?"按英人置炮钟山,并无其事,但在娑尔墩军所住之村中,安设一炮兵营,置九磅弹大炮以备攻击太平门则不虚。)耆英等百方辩解,始止。英人所索割地赔偿诸款,本可议裁,顾耆英等心怯胆裂,一切维命,即由八百里驿递驰奏。奏称:“若不借此转机,速为招抚,该夷豕突狼奔,何所不及?且该夷船坚炮猛,初尚得之传闻,今既亲上其船,目睹其炮,益知非兵力所能制伏。……利害相权,安危攸系,不得不降气抑心,冒死强忍,以冀事之有成。”英人喜出望外,璞鼎查乃于十三日通知卧乌古谓和局已始,登岸各军应取友谊态度,静候解决云。绵宁览奏愤甚,以示首相,穆彰阿谓:“兵兴三载,糜饷劳师,曾无尺寸之效,剿之与抚,功费正等,而劳逸已殊,靖难息民,于计为便。”绵宁不得已从之。亲批云:“徒增忿恨,念生民之涂炭,抑遏勉从。”十五日,三全权赴英舰,与璞鼎查当面商谈。十九日,璞鼎查亦往仪凤门外之静海寺答拜。自是往返措议,以道光二十二年七月二十四日(即西历一千八百四十二年八月二十九日)缔结中英修好条约,即所谓《南京条约》者也。是日耆英、伊里布、牛鉴率黄恩彤(布政使)、鹿泽长(宁绍台道)、舒受恭(石浦同知)、咸龄(侍卫)及张喜等同登英军司令舰皋华丽(Coruwallis)号,与璞鼎查签约,约凡四本,各执其二。英舰发祝炮二十一声,悬两国国旗以贺,英兵并高呼英后万岁,战局始结。该约全文,大致如下:

　兹因

大清国大皇帝

大英国君主欲以近来不和之端解释,息止肇衅,为此议定设立永久和约,是以

大清大皇帝特派

钦差便宜行事大臣太子少保镇守广东广州将军宗室耆英,头品顶戴花翎前阁部督堂乍浦副都统红带子伊里布

大英伊尔兰等国君主特派钦奉全权公使大臣英国所属印度等处三等将军世袭男爵璞鼎查公同各将所奉之

上谕便宜行事,及

敕赐全权之命,互相较阅,俱属善当,即便议拟各条,陈列于下:

一、嗣后

大清大皇帝

大英国君主永存平和,所属华英人民彼此友睦,各住他国者,必受该国保护身家之安全。

一、自今以后,

大皇帝恩准英国人民带回所属家眷,寄居沿海之广州、福州、厦门、宁波、上海等五处港口,贸易通商无碍。英国君主派领事管事等官住该五处城邑,专理商贾事宜,与各该地方官公文往来,令英人按照下条开叙之例,清楚交纳货税钞饷等费。

一、因英国商船远路涉洋,往往有损坏须修补者,自应给予一处,以便修船及存守所用物料,今

大皇帝准将香港一岛,给予英国君主暨嗣后袭主位者常远主掌,任便立法治理。

一、因

钦差大臣等于道光十九年二月间将英国领事官及民人等强留粤省,吓以死罪,索出鸦片,以为赎命,今

大皇帝准以洋银六百万圆偿补原价。

一、凡英国商民在粤贸易,向例全归额设行商亦称公行者承办,今

大皇帝准其嗣后不必仍照向例,凡有英商等赴各该口贸易者,勿论与何商交易,均听其便。且向例额设行商等内有累欠英商甚多,无措清还者,今酌定洋银三百万圆作为商欠,由中国官为偿还。

一、

钦差大臣等向英国官民人等不公强办,致须拨发军士讨求伸理,今酌定水路军费洋银一千二百万圆,

大皇帝准为补偿。惟自道光二十一年以后英国在各城收过银两之数,按数扣除。

一、以上酌定银数共二千一百万圆,此时交银六百万圆,癸卯年(道光二十三年)六月间交银三百万圆,十二月间交银三百万圆,共银六百万圆。甲辰年(道光二十四年)六月间交银二百五十万

圆,十二月间交银二百五十万圆,共银五百万圆。乙巳年(道光二十五年)六月间交银二百万圆,十二月间交银二百万圆,共银四百万圆。自壬寅年起,至乙巳年止,四年共交银二千一百万圆。倘按期未能交足,则酌定每年每百元应加息五圆。

一、凡系英国人,无论本国属国军民等今在中国所管辖各地方被禁者。

大皇帝准即释放。

一、凡系中国人前在英人所据之邑居住者,或与英人有来往者,或有跟随及伺候英国官人者,均由

大皇帝俯降

谕旨,誊录天下,

恩准免罪。凡系中国人为英国事被拿监禁者,亦加恩释放。

一、前第二条内言明开关,俾英国商民居住通商之广州等五处,应酌进口出口货税饷费,均宜秉公议定则例,由部颁发晓示,以便英商按例交纳。今又议定英国货物自在某港按例纳税后,即准由中国商人遍运天下,而路所经过税关,不得加重税例,只可照估价则例若干每两加税不过某分。

一、议定英国住中国之总管大员与中国大臣无论京内外者有文书往来用照会字样。英国属员用申陈字样,大臣批复用札行字样,两国属员往来,必当平行照会。若两国商贾上达官宪,不在议内,仍用奏明字样。

一、俟奉

大皇帝允准和约各条施行,并以此时准交之六百万元交清,英国水陆军士当即速退出江宁京口等处江面,并不再行拦阻中国各省商贾贸易。至镇海之招宝山亦将退让。惟有定海县之舟山海岛,厦门厅之古浪屿小岛,仍归英兵暂为住守,迨及所议洋银全数交清,而前议各海口均已开关,俾英人通商后,即将驻守二处军士退出,不复占据。

一、以上各条,均关议和要约,应俟大臣等分别奏明

大清大皇帝

大英国君主各用硃亲笔批准后,即速行相交,俾两国分执一册,以昭信守。惟两国相离遥远,不得一旦而到,是以另缮二册,先由

大清钦差便宜行事大臣等

大英钦奉全权公使各为

君上定事,盖用关防印信,各执一册为据,俾即日按照和约开载之条施行妥办无碍矣。须至和约者。

是约于八月十一日,经清帝批准,送达南京。英女王于十一月二十七日批准,翌年五月,在香港交换。

一百三　战争之余波及善后事宜

(一) 英军之撤退与浙抚刘韵珂论和议书

先是耆英等以议款上闻,清廷不得已许之,惟以福州省会,饬换给泉州。所请钤用国宝,着易以钦差大臣之关防。时英人有"议款无可更易,倘一不从,则请相见以兵"之言,耆英等奉批旨,惧和议中沮,秘不闻,惟奏乞俯如前请。绵宁虽知诸臣危言要挟,而度其终不能战也,遂许之。八月杪,英军得六百万圆之偿金,闻大皇帝之报可,即日去江宁,尽调碇泊长江之舰队,还屯定海。于是卧乌古自香港返印度,璞鼎查以功任香港总督,兼陆军大将。而清廷追论牛鉴不守江口罪,夺职逮问,以耆英代之。命伊里布以钦差大臣至广东议互市章程。又逮奕山、奕经、文蔚、余步云等领兵大员下刑部治罪,惩处失守城池诸文武官有差。就中余步云罪较重,以是冬伏法焉。初,和议既定,浙抚刘韵珂恐人议其奏起伊里布为请抚之地以解浙危,又见所允议款,多碍大局,遂致书耆英、伊里布等,略曰:

闻抚局已定,后患颇多,伏念计出万全,自必预防流弊。而鄙人

不无鳃鳃过虑者：查英夷船只，散处闽粤浙苏较多，其中称有他国纠约前来者。又闻粤东新到夷船十只，倘该逆退兵之后，或有他国出而效尤，或即英人托名复出，别肆要求，变幻莫测，我未能深悉夷情，又安能尽服丑类？此不可不虑者一也。该逆在粤，曾经求抚，迨给予银两，仍复滋扰不休，反复性成，前车可鉴。此次议定后，或又称国主之言，谓马、郭（按马指马礼逊乃英人之谙华语者，居中任翻译。郭指英司令卧乌古，实则卧统陆军，从未与和议事，一少校马恭〔Malcolm〕居间往来）等办理不善，撤回本国，别生枝节。此不可不虑者二也。该逆屡有前赴天津之谣，去年投书之某某，今年所获之陈禄，皆云虽给银割地，决不肯不往天津。而现索通市马头，又不及天津，殊为可疑。能杜其北上之心，方可免事后之悔。此不可不虑者三也。通商既定，自必明立章程，各有关口，应输税课，万一该逆仍阻商抗课，势必难听。一经禁止，必启事端。此不可不虑者四也。通商之后，各省均照粤东定制，民人与该夷狱讼，应听有司讯断，万一案涉夷人，抗不交出凶犯，如粤东林维喜之案，何以戢外暴而定民心？此不可不虑者五也。罢兵之后，各处海口，仍须设防，如修造炮台战船，添设兵伍营卡，本以防海，非以剿夷。倘该逆猜疑阻扰，以致海防不能整顿。此不可不虑者六也。今日汉奸，尽为彼用，一经通商，须治奸民，所有内地民人现投该处者，应令全数交出，听候内地安插。否则势必恃夷犯法，从此不逞之徒，又将陆续投洋，匪徒有害良民，万一该逆庇护，官法难施，必寻衅隙。此不可不虑者七也。既定马头，则除通商地面，余皆不容泊岸。倘有任意闯入，以致民众惊皇，或取牲畜，或掠妇女，民人不平，纠合抗拒，彼必归咎于官，而兴问罪之师。此不可不虑者八也。名曰通商，本非割地，而现在已将定海城垣拆毁，建筑洋楼，绵亘数里，夷兵挈眷居住，大有据邑之意。倘各省均如定海，恐非通商体制。腹内之地，举以畀夷，转瞬之间，即非我有。此不可不虑者九也。中国凋敝之故，由于漏银出洋。今各省内有夷船，漏银较前更甚，大利之源，势将立竭。会子、交子之弊政将行，国用、民用之生计已绝。嗣后虽准以货易货，较前更须严禁漏银出洋，犯者无赦，而衅隙之门,即在于此。此不可不虑者十也。至议给之款,各省分拨,承示须勒绅富捐输归款。浙省自军兴以来,商民捐助饷需,为数已多。宁郡为全省菁华,又为洋人搜括一空。去岁复遭灾歉,各属饥民滋事,业经劝捐赈济,实已竭蹶从事。若责以赂夷之款,势必不应。若如川省之议增粮赋,江浙万不能行,必至忠义之心,渐成怨毒之气。故剿夷之银可劝,而赂夷之银不可劝捐。他省完善之地,或有可劝捐,浙省残敝之区,万难劝捐。惟有据实陈明,不敢妄有欺蔽。惟含容亮察之!

再成败安危之机,自此而定。如病症本合用大黄、芒硝,忽尔瞑眩,一医遽易以参、术,后医知其误治,仍用硝、黄,而铢两轻减,配方杂乱,屡试屡剧,于是庸医群以为硝、黄固不可用,投以大剂参、术,不复瞑眩,而自是遂成痼疾,不可为矣。就今天下大势而论,文官爱钱而又惜死,武官惜死而又爱钱,加以兵无斗志,民有乱心,帑藏空虚,脂膏竭尽,战亦败,和亦败。然战之败败于无人,和之败败于失策。逆夷之反复,姑不具论,即善后事宜而论,已儳焉如不终日之势。导之为逆者汉奸也,除寻常受雇持刀放火各犯外,其为逆主谋,以及荷戈相从,何止万人!夷虽戢兵,若辈果散归田里乎?如仍混迹于夷,借夷之势,作奸犯科,以谋衣食,官不能诘,吏不能捕。况夷既以兵胁和,固已夜郎自大,通商马头,清道而来,文武官吏,皆将趋避,取人财货,掠人妻女,敢问乎?一也。名曰四处马头,实则随地可到,假令从数十百里深入渐进,又遨游苏、杭、嘉、湖等处街市,孰能御之?二也。不轨之徒,干犯国纪,窜身夷馆,即属长城。三也。民犯夷则惟恐纵民以怒夷,夷犯民又将执民以媚夷;地方官只知有夷,不知有民。四也。水师将弁,本皆懦怯,洋盗出没伺劫,只须悬一大英国旗号,我兵便已胆落。五也。挟兵通商,自必免税,沿海诸国,大率为英人所胁服,此后货船,皆附入英夷,我设关而彼收税。六也。然此时所痛心切齿者,只在用兵,如兵可用,区区之税,固不足云耳。黄岩一县,无不吸咽,昼眠夜起,杲杲白日,阒其无人,月白灯红,乃开鬼市。烟禁大开,鬼世将成。七也。两年来干戈扰攘,专为禁烟,专为漏银。烟禁仍开,银尽可待。八也。夫国家所恃以治天下者法也,民所恃以约税课通货物者银也。今法穷于夷，银尽于夷，虽欲戢兵，其将能乎？然大局既坏，攻补两难，而徒责今日庸医杀人，则亦未为平允耳。

（二）台湾俘虏事件（附姚莹致刘韵珂及方植之论台事书）

当两国战争中，英舰曾数窥台湾，皆为总兵官达洪阿、兵备道姚莹所败。初于道光二十一年八月，英舰驶入鸡笼口，对三沙湾之炮台开炮攻击。达洪阿等督官兵乡勇抵御，适炮中敌舟，折其桅索，英舰仓皇退出口门，冲礁立碎，纷纷落水，死者数十。我鸡笼守备许长明、艋舺守备欧阳宝等督兵丁乡勇，乘快艇追捕，并在各荒岛搜索，共斩白夷五人，红夷五人，黑夷二十二人，生擒黑夷一百三十三人。而英人纪载谓此运输船 Nerbudda 号，由鼓浪屿开往浙江，船上共二百七十四人，欧人二十九，菲律宾人一，余皆印度人。因为风浪所阻，被迫避入鸡笼口之万人堆，触礁下沉。仅三十四人得逃脱。溺毙者当有七十五人矣。九月，英舰复犯鸡笼毁我兵房，率众登岸。我师自炮台伏兵邀击，轰毙多名，久之始退。道光二十二年正月三十日，英舰一艘攻大安港，见我军防守严密，不得进（英人谓系商船 Ann 号，由舟山开往澳门者）。达洪阿等密饬所募渔船之粤人与英船上广东汉奸，操土音请任乡导，诱之自土地公港进口，为暗礁所击，搁浅中流。官兵乡勇乘势邀击，生擒白黑敌军凡四十九及汉奸五人（英人纪船上共载五十七人，其中英美人十四名，葡萄牙人四名，中国人五名，印度人三十四名，无一得逃，想有三黑夷溺毙矣）。达洪阿等方以军务时代，得专折奏事之特权，遂先后胪陈战迹，飞章上闻。其时清廷以沿海诸省屡战屡败之余，忧疑无措。及台湾第二次捷奏入，以为破舟斩馘，大扬国威，亟加达洪阿太子太保，姚莹二品顶戴，风示中外。一时台湾镇道之名籍甚士大夫间，达洪阿等气益锐，谓俘虏久羁非善策，请速诛之以绝内患。英舰屯鼓浪屿者，闻之大愤，虚声恫喝，胁令厦门洋商寄书入台，谓将请兵大举以逞报复。闽督怡良惧祸及，亟令泉州知府飞函转达，属将所获之敌人汉奸，悉数解至内地，欲以示德英人而弭患。达、姚等相与谋曰："大府之意，殆欲借以退鼓浪屿之兵，适足为该夷所绐耳。今察看该夷，其势甚锐，而其志益骄，方视厦门如囊中物，又安肯以此百余不甚爱惜之累囚,而自弃其必争之地哉？地不可反,而先示之以弱,不如杀之。”(姚莹致怡良书曰:“奉到二月二十四日书,系念台疆,示以持守之大猷,不在争锋于海上,乃金石之论。惟逆犯犯顺,于今三载,恶贯满盈,神人共愤。某未娴军旅,勉力从戎,幸蒙圣明指示机宜,未致贻误,乃荷天恩迭被,迥异寻常,曷胜皇悚。所有办理情形,具详公牍,谅邀垂鉴。昨奉旨复讯夷供,已连日督同府厅再加研讯,具得其情,谨会同达镇军据实复奏,并绘图说进呈。窃意夷虽强,本亦乌合各岛黑夷而来。与我争利者,红白夷也,其人少,每船仅数十人,余皆黑夷,愚蠢无知,惟仰食于红白夷。工资口粮,所费甚巨。今闭市久,夷之钱粮无所出,其所丧失,亦复不少。夷以财货为命,两年以来,折耗资本不可胜计,情势亦必中绌,则求通市之心,自必益亟。特狡诈性成,乃更扬为大言云云。复以大兵前来,水陆并进。胁令闽人在番贸易者为之致书厦门郊行以绐我;复择富饶之区,沿途扰骚以胁我:凡此无非急求所欲耳。且闻夷人孟加剌地方屡为东印度旁国所败,掳其将士妇女千余,夷必回兵往援。若我更坚持三月,夷将内溃。惟诸将迭经挫衄之后,怵于夷威,未知能计及此否？台湾前获夷犯,已遵旨分别留禁正法。泉州沈守两次来函,深以夷人性好报复为言。尝熟思之:夷性畏强欺弱,我擒其人,久而不杀,彼以我为惧彼,是明示以弱也。沈守又以舟山、厦门失守为夷人报复之证。试思夷初至舟山,非有所仇也,近之上海,又岂有仇乎？逆夷垂涎台湾已久,即不杀夷囚,彼亦可以破舟丧师索偿于我,前所斩溺之夷,无不可为报复之词也。不杀徒以示弱,杀之犹可壮我士卒之气。惟当抚安人心,益修守备,严拿奸民,尽心力而无懈耳。两军对仗,势必交锋,非我杀贼,即贼杀我。乃先存畏彼报复之见,何以鼓厉士卒乎？愚昧之见,伏祈训示!”〔见《东溟后集》〕)因以五月将百六十余名之黑人尽处死刑。鼓浪屿之英人闻之,遍张告示,传播厦门,誓将大军破台,得镇道而甘心焉。无何,《南京条约》成,两国当交还俘虏,怡良飞檄台中,释其余俘。时英人虑有反复,更遣官目身自渡台请之。达洪阿等以事关和局,即遣员护送至厦,凡英人一二十名(英人 Bernard,*Narrative of Voyages Services of the Nemesis* 所记,仅九人得生还)。因守风澎湖,稍稽时日,于是讹言四起。英人乃诡以台中两次俘获,均系遭风难民,而镇道乘危徼功，遍诉诸江浙闽粤四省大吏，胁令上闻。诸大吏怵于敌威，虑兵端再启，各据英人递词劾奏。奉旨交怡良渡台查办。怡良既渡台，即欲传旨逮问，而台郡兵民望其骀从，相与喧噪不已，达洪阿亟谕解之。次日，又持香赴愬行营，复经镇道抚循遣散。而全台士民远近奔赴，合词申理。怡良惧激变，受其词，慰而遣之。然胸有成竹，不欲误和抚之局，思从权完案。遂以三十三年正月宣传清廷意旨，迫达、姚等具供以两次洋船之破，一系遭风击碎，一系遭风搁沉，实无兵勇接仗之事。据以奏闻。又称"此事在未经就抚以前，各视其力之所能为，该镇道志切同仇，理直气壮，即便过当，尚属激于义愤。惟一意铺张，致为借口指摘，咎有应得"。达洪阿、姚莹不敢坚持前情，呈递亲供，求为奏明治罪。奉旨逮交刑部，会同军机大臣议拟奏闻。一时尊攘之徒，议论嚣然，义形于色。清廷亦终鉴其枉，仅予革职不深咎。而议者颇以此狱归咎于当时军机大臣穆彰阿之指受，及耆英、怡良等之娼嫉，至比诸宋时莫须有三字谳。至咸丰元年特旨昭雪，中外始翕然称颂焉。

〔附录〕姚莹奉逮入都上浙抚刘韵珂书：

"莹与达镇军以擒斩夷俘，为夷酋谲愬，大帅相继纠弹，更有摭拾浮言为夷之助者，致干宸怒，逮问入都。既负圣明特贲之恩，又辜上台知荐之德，皇悚难言！即当赴省候文就道，不得面辞，歉仄尤深。在泉州承明谕：原奏未尝不是，惟斩夷太急，再逾两月，则抚议成而事可免。又谓'镇道此行非辱'，甚矣大君子持论之允也！顾一得之愚，尚有未白于左右者，今当远违，率敢布其区区，幸垂察焉。今局外浮言，不察情事，言镇道冒功，上干天听。夫冒功者必掩人之善以为己美，未有称举众善而以为冒功者也。鸡笼之地，距郡程十日，大安稍近，程亦五日，皆在台之北境。两次擒夷，均非镇道身在行间，惟据文武士民禀报之词耳。自古军中验功，皆凭俘馘旗帜铠仗，有则行赏，故人人用命，非如狱吏以摘奸发伏为能。是以周师耀武，史有漂杵之文；项羽自刎，汉有五侯之赏。所谓兵贵虚声，宽则得众也。鸡笼之破夷舟，虽似冲礁，大安之破夷舟，虽云搁浅，然台中擐甲之士，不懈于登陴，好义之民，咸奋于杀敌，乘危取乱，未失机宜。夷舟前后五犯台洋,草屿贼船,勾结于外,逆匪巨盗,乘机散乱于内,卒得保守岩疆,危而获安,未烦内地一兵一矢者,皆赖文武士民之力也。第无以鼓舞驱策之,焉能致此哉?况当日各路禀报,皆称接仗计诱,所谳夷囚炮械衣甲图书,既验属实;复有绿营旗帜军衣刀仗,与浙抚营官印文火药道里数册,确系骚扰内地之兵船。其时夷焰方张,蹂躏数省,荼毒我民人,戕害我大将,朝廷屡有专征之命,关外曾无告捷之师,宵旰忧勤,忠良切齿。郡中得破舟擒夷之报,咸额手称庆,谓海若效灵,助我文武士民,歼兹丑类,亟当飞章入告,上慰九重焦愤之怀,且以张我三军挫夷锐气。在事文武,方赏劳之不暇,岂为镇道不在行间,功不出己,遂贬损其词哉?镇道原奏,皆据禀报汇叙,未言镇道自为。即文武禀报,亦未没士民所获,士民亦未控文武攘功者。怡宪渡台逮问镇道,成算早定,一时郡民不服,其势汹汹,镇军惧变,亲自拊循慰谕乃散。翌日犹人持一炬香赴钦使营泣数行,而全台士民,远近奔赴,佥具呈为镇道申理者,皆未邀夷案议叙之人也。虽宪批不准,然皆已受其词,有案可稽,非镇道有冒功之心明矣。鸡笼夷舟到口三日后乃开炮,我兵亦开炮相持。大安夷舟,实为渔人所误搁浅,兵民因而乘之。当日陈词,初非臆造。讵逆夷就抚后,追恨台湾擒斩其人,遍张伪示,以为中华之辱,莫甚于此,计逐镇道以快其私。大帅相继纠参,而台湾冒功之狱成矣。在诸臣创巨痛深,以为甫得休息,窃惧再启兵戎,谋国之意,夫岂有他?正月二十五日钦使渡台至郡,传旨逮问,以所访闻,令镇道具词。莹与镇军熟计:夷人强梁反复,今一切已权宜区处,肤愬之辞,非口舌所能折辩。镇道不去,而夷或至,必不能听其所为,夷或别有要求,又烦圣廑,大局诚不可不顾也。且愬出夷人,若以为诬,夷必不肯服,镇道天朝大臣,不能与夷对质辱国。诸文武即不以为功,岂可更使获咎,失忠义之气?惟有镇道引咎而已。盖未抚以前,道在扬威;既抚以后,道在息事安民。镇道受恩深重,事有乖违,无所逃罪,理则然也。且上年十二月初三日镇道见夷伪示,即照录具奏,自请撤回查办。其折在口守风,闻钦使已奉旨渡台,乃追回抄呈怡宪舟次,缮折犹存。今以罪去,诚乃本怀,将来入都,亦必如前请罪,以完此案。……

惟大君子有知己之感，区区微忱，不敢怀匿而去，幸维亮察之！"

又与方植之书云：

"年前接读手书及论洋务文，深为叹息。所论何尝不中？无如任事人少，畏葸者多，必舍身家性命于度外，真能得兵民心，审事局之全，察时势之变，复有强毅果敢之力，乃可言之；此非卤莽轻躁所能济事也。虽有善策，无干济之人，奈之何哉？今世所称贤能矫矫者，非书生，则狱吏，但可以治太平之民耳。晓畅兵机，才堪将帅，目中未见其选也。况局势已成，挽回更难为力耶？莹五载台湾，枕戈筹饷，练勇设防，心殚力竭，甫能保守危疆，未至偾败。然举世获罪，独台湾屡邀上赏，已犯独醒之戒。镇道受赏，督抚无功，又有以小加大之嫌。况以英人之强黠，不能得志于台湾，更为肤愬之辞，恫喝诸帅，逐镇道，以逞所欲。江南闽中，弹章相继，大府衔命渡台逮问，成见早定，不容剖陈。当此之时，英为原告，大臣靡然从风，断非口舌能争之事！镇道身为大员，断无哓哓申辩之理，自当委曲以全大局。至于台之兵民，向所恃者镇道在也，镇道得罪，谁敢上控大府外结怨于凶酋乎？委员迫取结状，多方恐吓，不得不遵，于是镇道冒功之案成矣。然台之人固不谓然也，始见镇道逮问，精兵千人攘臂呶呼，其势汹汹，达镇军惧激变，亲自抚巡，婉曲开譬，众兵乃痛哭投戈而罢。士民复千百为群，匍伏于大府行署，纷纷佥呈申诉者凡数十起。亦足见直道自在人间也。复奏已上，天子圣明，令解内审讯，寻绎谕辞，严厉中似犹有矜全之意，或可邀末减也。委员护解启程，当在五月中旬。大局已坏，镇道又何足言？但愿委身法吏，从此永靖兵革，以安吾民，则大幸耳。夫君子之心，当为国家宣力分忧，保疆土而安黎庶，不在一身之荣辱也。是非之辨，何益于事？古有毁家纾难，杀身成仁者，彼独非丈夫哉？区区私衷，惟鉴察焉。倘追林、邓二公相聚西域，亦不寂寞，或可乘暇读书，补身心未了之事，岂不美哉！"

（三）广州续约之成立及粤闽排外之气焰

台湾俘虏交涉，既草草毕事，同时广东复有排外之运动。先是，粤民自三元里决斗后,与英人感情日恶。英人亦畏粤民之强,不遽入内河贸易,惟胁督抚停止虎门炮台之修复,尽拆各台之石,移筑香港。及《南京条约》成,广州为公开商港之一,英人至者渐众。是年冬,粤民有与英水手斗殴负伤者,舆情大激昂,民众万余,云集英国商馆,肆意焚掠,不复受官吏之约束。璞鼎查以英人态度傲慢,且不应许水手上街,只索赔修商馆了事。而粤督祁𡎴、巡抚梁宝常奏称:十一月初六日,适有红毛黑夷水手在十三行地面,向华民买食水果,不给钱文,卖水果者向讨,反被用刀划伤。众民不平,追呼围绕夷楼争斗,夷人用砖瓦向下掷打。臣等闻知,即饬地方官前往弹压,至起更时,众人渐散,而夷楼内忽然火起。又即亲往救护,四鼓火始渐息,已烧去夷楼四间,夷民互有伤毙。已拿抢火匪徒十余名,照例惩办。烧去夷楼,传谕洋商妥为办理云云。会伊里布奉会议商约之命,以钦差大臣、广州将军就任,英使璞鼎查闻伊里布至,大喜,方提出通商之条件,求定期会议。而伊里布以七十二岁之高龄,既始终附成和议,为时指摘,又见粤事多棘手,渐寝疾不起。二十三年二月,卒广州,于是清廷遣耆英代之。是年五月,两国全权于香港行交换批准条约之式,同时复议定通商章程,自关税规定及其余细目,凡十五条,以为《南京条约》之附录。(《五口通商章程》,系六月二十五日在香港公布,十五条中以第五条,英船进口每吨只输银五钱。第六条,五口进口货物,按新定税则〔大致百分之五〕纳税,各项规费,丝毫不能增加。第十三条,英商控告华民,应向管事官投禀,间有华民赴英官控告英人,管事官应一律调解劝息。……倘双方争讼不息,双方官吏会审,各依本国法律治罪。第十四条,五口各准停泊官船〔兵船〕一只……经查验后免税:最为重要,盖已有领事裁判权之规定矣。而关税协定,租地建屋及最惠条款,则更于《虎门条约》十七条中,规定尤详,是约名为《通商善后条款》,八月十五日在虎门签字,西人称为《虎门条约》。实等于《南京条约》之续约,盖懵懂中又损失若干权利耳。可参看《约章表》。)自是广州等五港之开放,次第实施。英政府得于各港派遣领事,处理商务。而粤民忽有严拒英人入城之议,于是鸦片战争之局终,而他日广州事变之机,又始于此矣。当是时福州开港,闽人闻其粤东请入省城为粤民所格,亦欲援例阻之。道光二十四年,英舰至闽,有领事李某(厦门领事记布里〔Henry Gibble〕,此李某未详)者请入督署会商事件,闽浙总督刘韵珂不得已许之。及面晤,英人请于福州外自南台至乌石山建筑商坞,起造洋楼。南台在城外河下,乌石山为城内形胜之地,韵珂难之。闽绅许有年等联名禀阻,且援粤东上年之案,韵珂据以照会英领。英领怒,诉于两广总督耆英,谓二十三年粤人阻止入城之议,系督抚借端推诿之词。今闽人又将效尤,请即照会闽督,加意弹压。耆英复称和约第二条所载领事官住五处城邑,并非专指城内而言。今百姓同心疑阻,岂能遽治以违抗条约之罪?至十一条内言明两国属员往来平行照会,此乃文书往来,非指住处,未可牵引比附!惟时英人尚据有舟山、鼓浪屿,以背约不还相要挟,虽琦善等往复与之辩论,而终不能胜,英人卒占居城内之积翠寺,并鼓浪屿亦造房久居焉。

一百四　鸦片战争我国失败之原因及其影响

(一) 战争失败之原因

鸦片战争启衅之原因,说者或以为由于停止英人通商,致令其朝野愤激,抵死开战,是固不然。夫毒物禁例,各国皆有明文,查出销毁,岂谓过举?停止贸易,我国视为惟一挟制外人之方策,数数行之,而皆未有索逋兴师之事,何以此次独出意外?盖英人之狡焉思逞也久矣,鸦片战前,我国以天朝大邦自居,视外人如夷狄。(张喜《抚夷日记》云:"罗伯聃〔Robert〕将一字帖上写逆夷、夷匪、跳梁小丑等字问喜曰:'这些字样,都是你们这边说的,我们何逆何匪何丑?'喜将其字帖扯得粉碎,连唾数口,彼面额发赤。喜曰:'尔等生得不类人形,行得不类人事,何谓不丑?到处杀人掳物,行同无赖,深为可耻,何谓不匪?以外夷犯我中华,以小邦侵我大朝,何谓不逆?'喜在其舱内拍案大骂,该夷面带怒色,黑夷闻声拔刀,即将舱门拦住,并将船边悬梯撤去,刘建勋等神色惊慌,不知所措。夷酋璞鼎查曰:'有话慢慢商议,不必动气!'喜冷笑曰:'尔现在得胜者,亦不过是乘其不备,偶胜一二处,断不能处处皆胜,若能处处皆胜,亦遭海外各国所嫉,若恃船坚炮猛,亦恐造物不容。倘若不支,一败涂地,后事则不可设想矣。'该夷等俱各点头,容色稍悦。")而英人之贸易者,既受本国公司之挟持,复遭广州行商之朘削,久不能平。诉之大府,无由得达。而当时英人对于印度之侵略,又逐渐完成,其于中国,已不免跃跃欲试。故商人与监督领事之间,皆有武力活动之建白于政府,谓不以兵力,而派遣使臣,皆属无益,此其心已洞若观火矣。我国之所以失败者,内则任用非人,外则不明大势,以致战守茫然,毫无方略。林则徐之举措,未尝不足以有为,乃群肆荧惑,谗舌得逞,而卒以遣戍矣。琦善庸暗无识,惟事敷衍,致使战事扩大,欲壑难填,着着失败。然当时美人出为调解,未尝不可以转圜,而清廷固执雪耻之言,将帅亦昧于应付之机,暗袭商馆,误伤其人,因不肯为力。法兰西与英世仇,英与中国构衅,屡在粤愿助造兵船。道光二十三年冬,法兵船二艘来粤(一名 Erigone,船长为 Cecile,有炮四十四门,一名 Faoorite,船长为 Page,有炮十八门),言有事愿面见将军,奕山及总督祁埙与再会于城外半塘地方,屏左右密语,谓英人阻隔诸国贸易,法王遣兵前来保护,并命从中调解,请即赴江浙贷款,必能折服英人,使不敢为无厌之求,倘英人不从,亦可借口与之交兵(士思利〔Cacile〕与奕山谈话,系自带法国教士作翻译。奕山命至香港与英人试谈,士思利与璞鼎查晤谈二次,回告奕山,英人只索香港及烟价三百万元)。乃奕山始则拒不肯奏,及良久奏闻,又言夷情叵测,难保其非阴助英人,代探我虚实。法人待命半载,及翌年七月,始驶赴吴淞口,则英人已深入长江。法舰请我兵导之入口,苏松太道巫宜禊,往返申请稽时,婉拒之。及法人自封王裕隆之沙船入江,则和议已成。法人闻之,顿足而返(士思利在英舰与耆英晤面,受英人奚落。以耆英反问英使也)。事机之失一至于此。此其昧于世界大势,而不能利用强援者也。然真其一意主战,亦必当慎选良将,筹画兵略。乃奕山偾事蒙蔽而不知,奕经轻举妄动而不察,牛鉴之暗弱,调以防江,耆英之昏庸,衔命入浙。中国真无人乎?绵宁亦未尝不自知其任用非人,而固不能行断然之处置,抑枢臣穆彰阿有以障之也?当英兵之下江宁也,牛鉴奏请仿照乾隆年间征缅罢兵仍许朝贡事,准予英人通商。绵宁批:"中伊里布之害不浅矣,曷胜愤懑!"又批:"朕之用兵,实出于万不得已,若将征缅之事比拟,事不相类,似甚不伦。想卿必为伊里布簧惑矣!朕愈加忧愤！傥将士有所窥伺，稍有解体，将成瓦解，何堪设想耶？总因朕无知人之明，自恨自愧！”是时奕经奉命援苏，不敢往，因奏江省待援紧急，浙省防剿亦不容缓，不敢率行带兵前往，候旨遵行。绵宁谕：“两省将军督抚，筹画将及一载，有何功效？迨成今日之势，尚自从容候旨遵行，朕忿懑而外，有何堪谕！自恨无知人之明也。”既而奕经又奏请调陕甘兵屯扬州，鄂赣皖三省兵屯燕子矶，相机会剿。得旨：“正所谓缓不济急，梦呓之谈耳。浙江非前鉴欤？不但无尺寸之功，翻致贼势益张。朕惟自恨自愧，不能知人。即再简派阃帅，无非又添一层忿恨，于国计民生，有何补救？”观于此，则知绵宁愤懑之情状，而条约批准时之痛苦矣。（《清室外纪》言：“条约既定，帝阅之，徘徊于廊下，直至夜分，从者时闻帝叹息之声，或自语曰：不可！不可！夜三钟，忽顿足携约款入殿，以硃笔批准，收入封筒，令太监送至军机处。太监言此时宫门尚闭，军机均未入朝。帝命其在军机处等候，俟穆彰阿入即授之，勿令人尽见。帝虽批准条约，乃茹苦含恨，不得已而为之。此中国朝廷第一次受欧洲之逼迫也。”）顾所以酿成城下之盟者，诸臣危言要挟，欺蒙偾事，亦由绵宁平素无知人之明，临机无应变之策。而又节俭成性，吝惜帑银，于林则徐、邓廷桢购炮造船，以资防守之议，均所不许。反信奕山神助之妄言，若君若臣，智识如此，焉得不败？《防海纪略》论之曰：“夷寇之役，首尾三载，糜帑七千万，中外朋议，非战即款，非款即战，未有专议守者，何哉？且其战也，不战于可战之日，而偏战于必不可战之日；其款也，不款于可款之时，而专款于必不可款之时；其守也，又不守于可守之地，而守于必不可守之地。琦善不议守而专款，是浪款也；奕山不议守而即战，是浪战也；颜伯焘、裕谦、牛鉴不择地而守，是失守也。诚能择地利、守内河、坚垣垒、练精卒、备火攻、设奇伏、先为不可胜以待敌之可胜，则能以守为战，以守为款。以守为战，则不特我兵可用，即法兰西、美利坚皆可用，即廓尔喀亦为我用（按廓尔喀与印度接壤，道光二十年秋，闻中英交兵，即禀我驻藏大臣，言小国与底里所属之地相连，每受其侮，今闻底里与京属构兵，京属屡胜，小国愿率所部往攻底里所属，以助天讨。时廷臣未知其所谓底里者，即英之属孟加剌，所谓京属者，即我国广东也。顾答以“蛮触相争，天朝从不过问”。于是廓尔喀罢攻印度,而英人无内顾忧。是役英人之所以能持久而胜战者,印度之力为大。我若能利用外援,捣其后路,则英之不覆败者,盖亦几希),以外夷攻外夷也;岂特义民可用,即莠民亦可用,以汉奸攻逆夷也。以守为款,则我无砻于彼,有求于我,力持鸦片之禁,关其口,夺其气,听各国不得贸易之夷,居间调停,皆将曲彼而直我,怒彼而匿我,匪特烟价可不给,而鸦片烟亦可永禁其不来。"此种议论,盖皆林则徐之意见也。

(二) 对于林则徐之评论

则徐对于英人之船坚炮利,在奏疏中曾屡言之,如谓:"无非恃其船坚炮利,以悍济贪。"(十九年十月十六日奏)撤职后,复奏云:"议者以为内地船炮非外夷之敌,与其旷日持久,何如设法羁縻?抑知夷性无厌,得一步又进一步,若使威不能克,即恐患无已时。……以船炮而言,本为防海必需之物,虽一时难以猝办,而为长久计,亦不得不先事筹维。且广东利在通商,自道光元年至今,粤海关已征银三千余万两,收其利者必需预防其害,若前此以关税十分之一制炮造船,则制夷已可裕如,何至尚形棘手?……粤省税关既比他省丰饶,则以通夷之银,量为防夷之用,从此制炮必求极利,造船必求极坚,似经费可以酌筹,即裨益实非浅鲜矣!"英船之坚,则谓:"其船旁船底,皆整株番木所为,且全用铜包,虽炮击亦不能遽透。"(十九年十月十六日奏)又云:"破浪乘风,是其长技。"(同年七月廿四日奏)英炮之利,则谓:

彼之大炮,远及十里内外,若我炮不能及彼,彼炮先已及我,是器不良也。彼放炮如内地之放排枪,连声不断。我放一炮后,须辗转移时再放一炮,是技不熟也。求其良且熟焉,亦无他深巧耳。不此之务,即远调百万貔貅,恐只供临敌之一哄,况逆船朝南暮北,惟水师始能尾追,岸兵能顷刻移动否?盖内地将弁兵丁虽不乏久历戎行之人,而皆觌面接仗,似此之相距十里八里,彼此不见面而接仗者,未之前闻。余尝谓剿匪八字要言:器良、技熟、胆壮、心齐而已。第一要大炮得用,今此一物置之不讲,真令岳、韩束手!奈何奈何!(遣戍途中致友人书)

其于中国师船之“木料不坚，未便穷追远蹑”，“与其交锋于海洋，未必即有把握；莫如诱擒于内地，逆夷更无能为”。亦知之甚明，何尝有丝毫骄虚自大之气，而其识固不如琦善乎？（《近代中国外交史资料辑要》上卷第四节《引论》谓琦善的立脚点，根本与林文忠不同。琦善对于英人的军备，切实调查了一番，觉得他们的“船坚炮利”，实在可怕！这是琦善的知彼工夫。中国方面的设备，他觉得可笑极了，“山海关的炮，尚是前明之物”。任军事者“率皆文臣，笔下虽佳，武备未谙”。这是他的知己工夫。林文忠对于中外强弱的意见，完全与琦善相反，谁是谁非，现代人应该不难决定了。）顾则徐之所以制英人者：“惟严防海口，总不与之接仗。”“一面断其薪水，使之坐困。至偏僻港口，大艘断不能行，三板小船，应防阑入”（十九年七月廿四日奏）。“仍须厄其要害，务使可守可攻”（十九年十月十六日奏）。一面则造船购炮，以敌之长技而制敌，此即《防海纪略》所谓“以守为战，以守为款”之策也。《防海纪略》系抄袭魏源之说，所谓“调夷之仇国以攻夷，师夷之长技以制夷”。又主张“以守为战，而后外夷服我调度，是谓以夷攻夷；以守为款，而后外夷范我驰驱，是为以夷款夷”。是皆则徐于浙江时，以告魏源者，并授以所译西人《四洲志》之底稿，魏因著《海国图志》。当斯时也，中国之军械不精，智识落伍，昧于世界大势，未能利用外交，固为失败之最大原因；然若采用林则徐严防坚守之政策，则未始不可“使之坐困”。谓以一二万之英印士兵，即能征服中国，其谁信之？而林则徐“细察夷情，略知底蕴”，比较琦善等只见英人之船坚炮利，即先存不敢战之心，畏敌如虎（王廷兰《致曾望颜书》）者，宁不略胜一筹？况则徐抱“苟利国家生死以，敢因祸福避趋之”、“余生岂惜投豺虎，群策当思制犬羊”（见《云左山房诗钞》）之精神，雍容坐镇，应付裕如；而琦善、耆英但思“急则治标”，“暂示羁縻”，以为“交锋实无把握”，“惟有赶紧料理”，谨图敷衍了事而已。既欲敷衍了事，则法美人之调解，未尝非一转机也，但又不信其言，谓为“于中取利”。因循贻误，愈弄愈僵，而英人之条件，亦愈提愈苛矣。林则徐谓：“时事之难，运数之奇，有不独关乎一身者，南望侧身，叹喟欲绝！”（《文钞·游龙门香山寺记》）是则徐之叹绝，系乎国家之运数，而非一身之安危，盖其坚守政策虽非“百战百胜”之“古法”,究犹胜于绵宁之徒然愤懑,琦善等之一味敷衍为无策也。及咸丰帝即位,宣示穆彰阿、耆英之罪状云:“数言夷如何可畏,如何必应事周旋,贻误国家,厥罪惟均。”而于林则徐,则谥曰“文忠”,悼祭之文有云:“荷中禁鸣驺之宠,宣岩疆远驭之威,虽控制偶疏,难辞薄罚,而宣防永固,用赞成功!”左宗棠挽则徐联云:“附公者不皆君子,间公者必皆小人,忧国如家,二百余年遗直在!”曾寅光谓:“谗间一时,腾谤无已,必有人指天誓日,不得不大声疾呼,拯人魇寱者!”是朝廷之赏罚与舆讼之是非相趋一致,后之人抑何必作违情诛心之论,以和战二字定功罪,以翻案文章示新奇哉?刘韵珂云:“兵无斗志,民有乱心,战亦败,和亦败,然战之败败于无人,和之败败于失策!”由此可知鸦片战争之失败,非关一人一事,而实由于帝相人民与在事诸臣之懵昧无知,战守茫然,匪特不能视林则徐有两重人格,即琦善、耆英、伊里布之流亦不足深责矣!则徐诗谓:“谪居正是君恩厚,养拙刚于戍卒宜。……白头到此同休戚(指与邓廷桢),青史凭谁定是非?”此其于后人之哓哓不休,盖已预见及之!惜乎,其所提倡之海防运动,如魏源所云:“且可省犒夷数千百万金,为购洋艘洋炮练水师火战之用,尽收外国之羽翼为中国之羽翼,转外国之长技为中国之长技。惟太上能先时,惟智者能不失时,又其次者,过此而悔,悔而能改,亦可补过于来时。”竟不能得当时人了解,以致英法联军之役,再遭挫衄,始有文、曾、左、李之自强运动,亦已迟延二十年之光阴矣!乃犹不知悔,不知改,不思补过,以故则徐临死,尚大呼“星斗南”,谓“终为中国患者,其俄罗斯乎?”是其世界眼光,真可谓高瞻远瞩,大计百年,亦奚论乎鸦片一役哉!

(三) 中美、中法条约之成立与鸦片战争之影响

《南京条约》,一旦公布,欧美商界大欢迎之。荷兰、比利时、葡萄牙、西班牙、普鲁士诸国,争求派遣领事若公使来广东。而美利坚、法兰西两国,且特命全权公使向中国议结和约。道光二十四年正月,美公使古新(Caleb Cushing)遂以其总统国书,通意清廷。政府仍命耆英主其事。于是,《中美条约》以是年六月于澳门成立。越月而法公使拉享纳(Theodase

M. J. de Lagrene)踵至,复以九月与耆英会于黄埔,缔《中法条约》如例。其间璞鼎查已自香港归国,继之者为达维斯(官书作德庇时 Francis-Davis)。及二十六年,中国对于英政府之偿金,已达总额。耆英复与达维斯会于虎门,请撤舟山及鼓浪屿驻兵;并告以粤民鸷悍恶外,广州实行开放,再延期二年。达维斯以舟山列岛永不割让他国为承认条件,耆英许之。于是先订舟山永不割让与他国之约。达维斯始亲赴定海,行还付之式,尽撤舟山及鼓浪屿之兵。鸦片战事,始完全结局。至是,中国与欧美大国,先后订约者凡三,朝廷始确认诸国为平等敌体之友邦,公文照会,禁用夷字。于是数千年来中国自尊自大之心理,与夫历代闭关锁港之政策,乃不得不变。而他日外力之压迫,国势之凌夷,均此战朽以启之也。外人重视此战,谓为东西国际平等之钥,故波得(F. L. Hawks Pott)云:"此与中国首次之战争,亦极东与西方战争之开端也。中国与西方各国之平等外交商务,均不允许,故西方力争之。"(见 *A Sketch of Chinese History*, p. 134)而日人亦曰:"支那在鸦片战争败北以前,全不通西国情事,亦不知待外人之法。呼其人曰洋鬼,称其地曰蛮夷;赠品也,目为贡物;外臣也,强之叩头。除葡萄牙人独占澳门之外,外人惟得出入于广东一港耳。觉支那之大梦而使之开港者,实鸦片之战也。"(见斋藤奥治《西力东侵史》)自是,吾国既一变其优越之地位,而与国际平等;而当时清议者之势力,尚于尔后数十年间,左右一世之舆论,虽政府亦时为其所劫持焉。独其为战争原因者之鸦片问题,朝野上下,竟漠然视之。耆英于议和时,既不能诉之名誉与道义,力求英政府协同禁止;清廷于议和后,亦不思将来鸦片为患之无所底止,竟不加禁,而人民吸用之习,蔓延益甚。从此英商之输入,亦依然盛行(道光二十七年至二十九年,平均每年一万八千八百十四箱,价值一千一百一十八万五千圆。至咸丰三年输入二万四千二百箱。七年输入三万一千九百零七箱,八年输入三万三千零六十九箱)。咸丰九年,清廷不得已,遂公然弛禁,以洋药之名,征收关税。由是吸食鸦片之弊风,不啻为法律所默许,其损失较之《南京条约》,何啻倍蓰?爱德华(Edward Fly)《中英与鸦片》一书云:"为自卫其国体,及阻止其人民之陷于罪恶,中国之所要求于洋商者,固非无理取闹,亦非超乎主权。"霍特斯根(Hodskin)

《中国家族》一书云:“终结战争之条约,反使鸦片贸易为合法,是乃英吉利之大羞。”可以见之矣。而诸外国人反从而丑诋之,或且携一二粗制烟具陈诸博物院,以为我国民风俗之代表,殊可慨已!我国以五千年之文明古国,近百年来,所以受制外人者,经济枯竭,民生凋敝,体力衰弱,思想顽固,皆由鸦片烟之影响。一榻横陈,满室吐雾,夜多鬼火,昼少行人,困顿终身,遗传后代,国欲不贫,民欲不弱得乎?此固英人之所贻也。英人酗酒滋事,自吾国之茶叶输入,改酗酒为饮茶,始有彬彬君子之风(Gentleman),而英之国势,亦蒸蒸日上矣。事见英人所著《华英通商事略》。呜呼!以利易害,以怨报德,此中西文化之根本有异乎?

(四) 鸦片战后中国在国际法上之失权(附录《中西纪事》所载宁波及青浦交涉事件)

鸦片战后继《南京条约》而起者,有《虎门条约》、《中美条约》、《中法条约》,兹四者以历史眼光观之,殆属一系。故于通商之点,内容相同,特以中英《虎门条约》第八条规定之最惠条款,插入于《中美条约》第二条及《中法条约》第六条耳(参看《约章表》)。外国裁判权及居留地制度,亦包括于此范围之内,而后此与各国缔结之约,亦多有此条。此为中国在国际法上失权之始,不可不研究也。

一、居留地之起源 《南京条约》已含有可于居留地问题生关系之规定,其第二条有下列之句:

“His Majesty the Emperor of China agrees, that British Subjects, with their families and establishments shall be allowed to reside, for purpose of carrying on their mercantile pursuits without molestation or restraint, at the cities and towns of Canton, Amoy, Fuchowfu, Ningpo, and Shanghai, . . . ”

此言中国皇帝准许英国人民携带所属家眷,寄居广州、厦门、福州、宁波、上海五口通商贸易无碍。盖已打破从来仅限于广州一港通商之例。至是外人于五口取得自由居住贸易之权。居住贸易云者,当释为包有得于该处取得土地或租借土地以建筑房屋,得购买或租借建成之房屋,及得为礼拜堂,或其他日常生活所必要之设备等事;而于外人居住营业所在地之位置,未有别项规定;故于此等市内,随地均可。然以是与居民纷争,或难于得地,双方为便宜起见,多由两方官员,彼此协议,定某地域以供外人之用。此等关系,《中法条约》第二十二条,颇足表明。其文如下:

"Tout Francais... arrivera dan l' un des cinq parts, pourra quelle que sait la duree de son sejour, y lauer des maisons et des magasins paur depaser ses marchandises, aubien affermer des terrains et y batir lni-meme des maisons et des magasins. Les francais paurront de la meme manierre, etablir dese glises, des hopitaux, des haspices, des ecales et des cimetiere. Dans ce but, l' autarite locale apres Setre concetree avec le consul, desingera les quartiers les plus convenables, pour la residence des francais et les endroits dans les quels pourront avoir lieu les constructions precitees."

此地域:即为后日之居留地。外人渐于其域内,排斥中国之干涉,植自国之政权,遂以有清末民初之外国行政地域矣。故中国开港史,亦构成外国居留地发达史;自是厥后,中国各地开商埠,而租界地亦有渐次增加之迹,从可寻矣。

二、裁判权之让出　关于裁判权,《南京条约》虽未规定;而《五口通商章程》则有之,所谓双方会审,各依本国法律治罪。同时中国与美法缔结条约,更详加规定。就中关于刑事裁判权,《中法条约》第二十七条,最为明了。其文如下:

"Il en sera de meme en toute circonstance analogue etnon prevue dans la presente Convention, le princeipe etant que, pour la repression des crimes et delits commis par eux dan les einq ports, les francais seront const ament segis par la lai francaise."

其关于民事裁判权,《中美条约》第二十五条前半,于美人间发生案件,有所规定曰:

"All questions in regard to right whether of property or person, arising between citizens of the United States in China, shall be subject to the jurisdiction, and regulated by the authorities of their own government."(美国人民互有争讼,由美国政府制裁。)

复次:美人与第三国人间之案件,其第二十五条后半有所规定曰:

"And all controversies occurring in China between citizens of the United States and subjects of any other government shall be regulated by the Treaties existing between the United States and such Governments respecting without interference on the part of China."(美国人民与其他各国人民争讼,由美国与其国按条约处理,中国不得干涉。)

复次:于中国及美人间之案件,其二十四条末段有所规定曰:

"And if controversies arise between citizens of the United States and subjects of China, which can not be amicably settled otherwise, the same shall be examined and decided conformably to justice and equity the public officers of two nations acting in conjunction."(中国人与美国人所发生之案件,由两国官员,会同审断。)

总之:欧美诸国,对于中国优待外夷,依事实上之惯例取得者,至是乃以明文规定;一切案件,均网罗之。而当事者竟不注意,可慨也矣(参看今井嘉幸《中国国际法论》)。按吾国对于外人犯罪之裁判,《唐律疏议》有所规定曰:"诸化外人同类自相犯者,各依本俗法,异类相犯者,以法律论。"(卷六名例)盖因其风不易其俗,以寓怀柔远人之意,纯出于恩惠的特许,非有所胁而然。其本意"须问其本国之制,依其俗法断之",原则上并不以审判权授诸外人也。然对于外国一一调查其俗法,为事颇繁难,故为程序简易起见,往往委番长以便宜从事,此实为领事裁判权之嚆矢。

宋代相沿,然亦仅限于轻微罪而已。朱彧《萍洲可谈》云:"广州蕃坊,海外诸国人聚居,置蕃长一人,管勾蕃坊公事。"又云:"蕃人有罪,诣广州鞫实,送蕃坊行遣。徒以上罪,则广州决断。"若遇伉直守法之长吏,每当官而行,不稍假借,外人固无如之何。《宋史·王涣之传》:"蕃客杀奴,市舶使据旧比,只送其长杖笞。涣之不可,论如法。"又《汪大猷传》云:"大猷知泉州,故事蕃商与人争斗,非伤折罪,皆以牛赎。大猷曰:'安有中国用岛夷俗者？苟在吾境，当用吾法！'”又《张昷之传》云：“徙广南路转运使，夷人有罪，其酋长得自治而多惨酷，昷之请一以汉法从事。”此地方官亦时不假番长以裁判权也。《明律》始改为“化外人并依律处断”。法律观念虽较进步，然习惯相沿，政府常笃守“各治其民”之意，漫然处之，或特示恩惠。于是外人始利用此特恩而认为正当权利，为治外法权之要求。如《明史·日本传》：“景泰四年，入贡至临清，掠居民货，有指挥往诘，殴几死。所司请执治，帝恐失人心，不许。”又：“成化四年，日本使臣清启复来贡，从者伤人于市，有司请治其罪，诏付。清启奏言：‘犯法者当用本国之刑，容还国如法论治。’且自服不能约束之罪，帝俱赦之。自是使者益无忌。”是《明律》虽有所规定，而事实上仍假外酋以裁判权矣。清人对此，尤为懵然，故与俄国订《恰克图条约追加条款》第十条，定“持械越境，意图行劫者，审明治以死罪。中国人由审问衙门定拟，俄人由俄国刑司科处”（乾隆三十三年）。《恰克图市约》由中国颁定，第五款亦有：“两边民人交涉事件，如盗贼、人命，各就近查验缉获罪犯，会同边界官员，审讯明确后，本处属下人由本处治罪，尔处属下人，由尔处治罪，各行文执照示众。”竟自愿放弃司法权，可见中国人对于各别审拟，视为息事宁人怀柔远夷之一道，其观念由来久矣。耆英诸人，何足有王涣之、汪大猷之智识，故于《五口通商章程》中，轻与英人以领事裁判权，而美法且载诸约章。至咸丰英法联军之役，而与英所订之《天津条约》，更以三款作明确之规定，此即不平等条约之最著者也。

〔附录〕《中西纪事》云：“宁波之通商也，越二年，有夷人在宁波市中，以细故口角，擅杀鄞县平民二人。禀请地方官相验填格，饬令交出首从凶犯。查白门原约，领事官住札各口，遇有华夷交涉事件，应由地方官会同该国领事官查办，而领事夜郎自大，有事辄诣监司署中面议，不识府县也。于是宁波府县上其狱，请由宁绍台道照会该口领事，查缉首从凶犯，会同讯明正法。旋准领事托以凶犯逃逸，应俟通缉解到办理等因。嗣经事主查明凶犯二人，实潜匿洋馆中，恃领事为护符，于是居民汹汹，谋纠众入馆，劫出凶犯。地方官惧激变，一面饬止,一面飞咨到粤,请示办理。粤之领事,谋之粤督,请饬解赴粤中,由总领事讯明正法。经耆相咨回至浙,浙之大吏亦相与掩耳盗铃,其事遂解。自此交涉事件,华夷非惟地方官不能绳之以法,即大府亦依违迁就,图顺夷情,不复能平其曲直也。

沪中通商,遂为五口之首,外洋贸易之暇,辄驾杉板船游弋各处,而英人为尤横。道光二十七年夏,有夷民麦都思等舟泊青浦县地方,与居民口角起衅,遂有青浦看守减歇之粮艘,集舵工水手人等助之,相与揞击夷众受伤,坏其船只。于是在沪之领事闻之,自诣上海道请按问主者,穷治首从。观察素恶英夷之横,又以事关地方,不应越诉。乃漫语以斗殴细故,不足深诘。领事怒,语侵观察,适持长枋折叠扇在手,乃以手拍观察之首而击之。观察拂衣而入。语上海大尹曰:'番汉杂处,平民斗殴,此犬兔之逐耳,执民以媚夷,吾不为也。'夷人求之不得,乃遣其副领事罗伯孙等六人乘舟至江宁,诉于制府。时李文恭公星沅方奉命受两江总督,莅任未久,适操阅绿营兵,忽飞报有火轮夷船二,泊下关,制府大惊,亟传令停操,饬文武员弁驰诣下关侦之,乃知其自沪中来也。夷酋要以入城面见制府,诉其事。制府遣人制之,不可,乃传询文武员弁中二十二年之在江宁者,则以抚事定后,三帅相见于上江考棚,用平行仪注对。遂以越日遣员弁道夷以入城。礼毕,因诉称青浦被殴及上海道不为申理等情,并船只货物之被毁损者计若干万。制府权词抚之,令其回沪,听候奏请查办。夷船乃以次日起碇去。制府方奏委江宁藩司赴沪查办,适耆相自粤东召回,过江苏,遂奉旨谳其狱,于缉治青浦水手外,又以赂款作赔,完案。是役也,上海道怒其哮阚,欲以此稍挫其锋,而耆相煦煦然惟恐伤其意,卒寘观察于劾典。予时在江宁,闻文恭初欲援旧档禁止夷人入城,旋恐有误抚局,从权许入,然以此悒悒不怿者累日。又当夷酋入城之际,白门人以壬寅报恩寺之怨,相与喧噪,夷兵呵而逐之,居民竞抛砖石掷其酋。导行之员弁,委曲调护,归以告制府,制府默然。逾年,遂以微疾乞养归。自此夷人在沪,并监司亦弁髦视之。”观此二事,则知中国失权之渐,盖亦有由来矣!